WESTEND

베스텐트 2013/1

WESTEND

WEST
사회 비판과 대안 모색을 위한 잡지
END

2013/1
베스텐트 한국판

연구모임 사회비판과대안 편저

사월의책

차례

한국판 서문 / 디지털 정체성과 멜랑콜리

스마트폰은 아니더라도 핸드폰 하나쯤은 누구나 가지고 다니는 세상이 되었습니다. 바야흐로 디지털의 시대입니다. 이제 인터넷에서 떠도는 유행어를 잘 알아듣지 못하면 시대를 따라가지 못한다는 비난을 감수해야 합니다. 인터넷이 보편화되면서 많은 학자들이 새로운 시대의 도래를 진단하고 삶의 변화를 예견했습니다. 이 문제는 아직도 현재진행형이기 때문에 섣부른 판단은 하기 어렵습니다.

특히 정보기술의 발달이 우리 사회의 민주주의를 발전시키는 데 긍정적인 역할을 할 것이라는 판단을 긍정하기는 여전히 망설여집니다. 낙관적인 민주주의 예찬가였던 미국의 존 듀이는 20세기 초기에 전신기술이 보급되는 것을 보고 그것이 의사소통의 방식을 한 단계 끌어올림으로써 민주주의 공동체를 만드는 데 기여할 것이라고 희망적인 예측을 한 적이 있습니다. 문제는 정보기술만 발전했을 뿐 듀이가 기대했던 '의사소통의 예술'은 아직 답보상태라는 점입니다.

사람들이 쏟아내는 정보의 양은 이전 시대와 비교할 수 없을 만큼 커졌습니다. 소위 빅 데이터(Big Data)의 시대에 우리는 살고 있습니다. 빅 데이터 전문가들은 디지털 데이터베이스에 축적된 방대한 양의 데이터를 읽어내면 앞으로 어떤 제품이 히트를 칠 것인지, 또 어떤 사람이 대통령으로 당선될 것인지, 어떤 사업에 투자를 해야 돈을 벌 수 있을 것인지 등등에 대해 알 수 있다고 장담합니다. 그들의 말을 듣다보면 우리는 어느새 미래의 모든 것을 예측할 수 있는 수정구슬이라도 얻은 것 같은 착각을 하게 됩니다.

일본의 떠오르는 젊은 지식인이라는 평을 받는 아즈마 히로키 같은 경우가 아마도 정보기술의 발달에 관한 대표적인 낙관론자일 것입니다. 그는 최근에 국내에도 번역된 『일반의지 2.0』이라는 책에서 디지털 데이터베이스가 새로운 민주주의의 가능성을 열어준다는 도발적인 주장을 펼치고 있습니다. 대중의 수많은 욕망이 집적된 디지털 데이터베이스만 분석하면 대중이 무엇을 원하는지 알 수 있고, 그것이 바로 루소가 말했던 일반의지의 정보사회 버전이라는 것입니다. 대중은 자신이 무엇을 원하는지 스스로 알지 못합니다. 그들이 원하는 것은 바로 디지털 데이터베이스 속에 존재합니다. 이제 정치가 해야 할 일은 국민의 의사를 듣고 그것을 제도와 법을 통해 구현하는 것이 아니라, 디지털 데이터베이스를 분석하고 어떤 욕망이 실현해야 할 욕망인가를 판단하는 것입니다. 히로키는 이런 방식의 정치가 난관에 봉착한 대의민주주의를 보완할 새로운 길을 열어준다고 확신합니다.

민주주의란 과연 무엇일까요? 대중이 스스로도 정확히 알지 못하는 욕망을 누군가가 선별해서 실현하는 것, 그런 것이 민주주의일까요? 다시 듀이로 돌아가 봅시다. 듀이는 민주주의를 공동체의 목표에 대한 공동체 구성원들의 공통의 관심과 실천을 통해 이루어지는 어떤 것이라고 보았습니다. 일단 민주적인 공동체를 만들어가려면 공동체 구성원들이 공적인 논의에 참여하고 또한 어떤 공동체가 바람직한가에 대한 의사소통에 참여해야 합니다. 히로키가 루소의 일반의지를 끌어들여 정당화하려고 했던 것은 공동체 구성원들의 관심이나 의지와 상관없는 공동체의 목표가 존재한다는 관점입니다. 이 지점에서 히로키는 듀이가 말하는 민주주의와는 좀 멀어집니다. 듀이의 민주주의에서는 공동체 구성원들이 자신들이 무엇을 원하는지 몰라서는 안 됩니다. 자신들이 진정으로 원하는 공동체가 어떤 공동체일지에 대한 끊임없는 성찰과 의사소통이 전제되지 않으면 민주주의 사회를 만들기 위한 실천 자체가 불가능합니다. 민주주의는 성숙한 시민을 필요로 합니다.

이제 『베스텐트』 한국판 제2권의 '쟁점'에 대한 이야기로 넘어와야겠습니다. 이번 호의 '쟁점'은 "디지털 자아—인터넷 시대의 개인적 정체성"입니다. 정보기술이 우리의 삶과 뗄 수 없는 것이 되었다는 사실을 부정할 수는 없을 것입니다. 이것은 근대적인 의미의 민주주의에 대한 상상력이 처음 제시되었을 때 그것을 실현할 주체로 상정되었던 독립적이며 자율적인 개인의 의미에 대해 다시 생각해야 할 때가 되었다는 것을 의미합니다. 개인의 정체성이 사회적인 관계 속에서 형성되고, 특히 그가 하는 말이나 행동에 의해서 그리고 그가 쓰는 글에 의해서 만들어지는 것이라면 우리는 오늘날 디지털 매체를 떠나서 개인의 정체성을 말하기 어려운 상황에 처해 있습니다. 심지어 이 글을 쓰는 필자 역시 컴퓨터 자판을 두드리고 있습니다.

이번 호에서 '쟁점'을 다루고 있는 저자들은 우리가 일상에서 접할 수 있는 디지털 환경에서 어떻게 개인의 정체성이 형성되는지를 여러 각도에서 서술합니다. 먼저 셰리 터클(Sherry Turkle)은 우리에게 친숙한 컴퓨터 게임을 통해 개인의 정체성에 대해 이야기합니다. 컴퓨터 게임의 세계는 오프라인과는 전혀 다른 또 하나의 가상 세계입니다. 우리는 아마도 그 세계에서 현실 세계에서는 상상하지도 못했던 자신과 만나게 될지도 모릅니다. 두 번째 저자인 카이 드뢰게(Kai Dröge)는 한 걸음 더 나아가 온라인 데이트를 분석합니다. 아마 지금도 온라인에서는 서로의 짝을 찾기 위해 수많은 사이트를 찾아 헤매는 외로운 솔로들이 많이 있을 겁니다. 드뢰게는 온라인에서 만난 사람들이 어떻게 상대방을 '낭만적인 주체'로 경험하게 되는지, 그리고 온라인에서 형성되는 인간관계가 고유하게 가지고 있는 특성이 어떤 것인지를 설명합니다. 세 번째로 바이오스 카라바스(Vaios Karavas)는 '디지털 인격'이라는 흥미 있는 개념을 제기합니다. 우리는 흔히 어떤 범죄가 발생했을 때 경찰이나 검찰이 피의자의 컴퓨터를 압수하는 장면을 TV를 통해 보게 됩니다. 카라바스가 제기하는 문제는 오늘날과 같이 디지털 매체와 인간의 경계가 모호하게 된 상황에서 한 사람의 인권을 보호하기 위해서는 그의 정체성을 형성하고 있는 디지털 공간의 정보도 함께 보호되어야 한다는 것으로 보입니다. 마지막으로 올리비에 부아롤(Olivier Voirol)은 디지털 자아의 정체성을 상호주관적 정체성 형성 이론의 관점에서 분석하고 디지털 공간에서 일어날 수 있는 소외의 문제를 다룹니다. TV나 자동차와 같은 새로운 발명품이 등장했을 때 호사가들은 새로운 인간형의 등장을 점치며 호들갑을 떨곤 했습니다. 인터넷과 스마트폰의 등장을 둘러싼 디지털 자아의 정체성에 대한 논의 역시 과장된 수사로 스쳐지나갈지 모릅니다. 그러나 과학기술의 발달이 우리의 삶의 방식을 바꾼다는 점은 부정할 수 없을 것입니다. 그리고 그런 변화를 통해 스스로를 성찰하고 새로운 민주주의의 가능성을 꿈꾸는 일이 전혀 불필요한 일은 아닐 것입니다.

이번 호의 '논단' 논문 중 주목할 만한 것은 '진보'의 의미를 다루는 클라우스 오페(Claus Offe)의 글입니다. 우리는 이미 사회주의 실험의 실패를 경험했습니다. 지구상의 어떤 지역에서 진보란 자본주의적인 변화를 뜻하며, 보수란 공산주의로의 회귀를 뜻합니다. 어떤 곳에서는 국민의료보험을 개혁하는 것이 진보이고, 총기협회에 편드는 것은 보수입니다. 우리 사회에서도 80년대 민주화 운동 세대의 정서를 말하는 것은 더 이상 진보의 의미로 받아들여지지 않습니다. 도대체 진보란 무엇일까요? 우리 사회가 어떤 방향으로 나아갈 때 진보했다고 말할 수 있는 것일까요? 오페는 이론가답게 매우 조심스러운 결론을 내립니다. '퇴행적 잠재성에 대해 민감하게 반응하게 하는 것'이 바로 진보 정치가 해야 할 일이라는 것입니다. 우리 사회 도처에 놓여 있는 퇴행적 징후와 위험성들에 대해 경각심을 불러일으키기에 충분한 글이라는 생각이 듭니다.

이번 호의 '한국판 특집'은 "비판의 멜랑콜리"입니다. 칼 슈미트는 정치적 좌파들이 늘 실패하는 이유의 하나로 사람들의 감성을 무시하고 있다는 점을 듭니다. 멜랑콜리는 이성으로 포착할 수 없는 어떤 것을 우리에게 드러나게 하는 비판의 틀이 될 수 있다는 것이 이번 특집을 기획한 김동규 박사의 기본적인 생각인 것 같습니다. 최문규의 「근대성과 심미적 현상으로서의 멜랑콜리」는 멜랑콜리를 통한 근대성 비판 및 전복의 가능성에 대해 역설하며, 김홍중의 「멜랑콜리와 모더니티—문화적 모더니티의 세계감 분석」은 '세계감'(世界感)이라는 신조어를 통해 새로운 근대성을 발굴합니다. 그리고 김동규의 「만해의 '기룸'과 하이데거의 '멜랑콜리'—비근대와 탈근대, 동과 서, 그리고 시와 철학의 만남」은 만해와 하이데거의 멜랑콜리를 비교하면서 동서양의 근본 정조의 차이를 논합니다. 이들의 멜랑콜리 담론이 세상을 보는 현명한 틀로서 기여할 수 있기를 희망합니다.

'연구모임 사회 비판과 대안'은 독자 여러분께 우리 사회를 좀 더 낫게 만들 방안을 함께 고민하자는 취지에서 이 책의 번역과 편집에 열심을 다했습니다. 모쪼록 이번 『베스텐트』 한국판이 독자 여러분이 세상을 바르게 보는 데, 그리고 당장 직면하게 된 우리나라의 밝지 않은 정치 상황 속에서도 민주주의에 대한 희망을 간직하게 하는 데 작은 도움이 되었으면 합니다.

2013년 1월 5일

이유선

『베스텐트』 한국판 책임편집자

논단

논단

오늘날 우리에게 정치적 "진보"란 무엇을 의미하는가?

클라우스 오페

일상에서 흔히 쓰이는 관용어로서 "진보"는 무엇을 뜻하는가? 병에서 회복하는 사람이나 시험을 준비하는 사람에게는 진전이 있다. 시장 점유를 늘리는 기업은 진척을 보이며, 새로운 컴퓨터 소프트웨어는 이전 버전보다 진일보한 것이다. 군사적 조치도 역시 적군의 패배를 이끌어 내면 성과를 올린 것이다. 이와 같이 일상-행위이론적 용법은 도처에 산재해 있다. 그것은 성공적으로 의도한 방향대로 전진한다는 생각과 동일한데, 여기에서 추구하는 의도나 착수된 조치 그리고 그 발기인은 중요하지 않다. 이때 관찰자는 임의적인 행위자의 관점을 취한다. 하지만 정치적 맥락에서 이와 같은 진보에 대한 애매하고 과도한 화법은 전적으로 부적합하다.

I.

이와 달리 정치적 진보 또는 "진보적" 정치에 대한 담론들에는 세 가지 핵심 이념이 한데 묶여 있다(Sztompka 1990을 참고할 것). 첫째, 진보는 **이성이 주도하는 집단적이고 목적지향적인** 노력의 산물이다. "우리"는 우리가 원하는 바에 대해 의견을 같이하고, 조정된 노력을 통해 그것에 도달하고자 한다. 달리 말해, 진보란 시장이나 기술적 변화 또는 사회의 포괄적인 합리화 과정(베버)을 원동력으로 하는 맹목적인 진화를 의미하지 않는다. 사회적 변화에 대한 진화론적 관점에서—그것이 사회학적 현대화 이론이든 아니면 자본주의의 "객관적 운동법칙" 학설(카우츠키)이든지 간에—진보의 범주에 부여되는 운신의 폭은 극히 제한적일 따름이다. 변화가 점진적으로 일어난다는 이러한 견해와는 정반대로 "진보주의적" 관점은 변화를 사회적 세력들이 의도한 대로 전진하는 어떤 것이라고 본다. 그들의 정치적 노력은 결국 논변과 이해관계 표명의 자유로운 교환에서 생겨나는 **입법**으로 귀결된다. 이렇게 보면 진보란 **권리**의 선언이고, 정치적 조치와 기본 정책 그리고 새로운 제도에 권한이 위임되는 이러한 권리들의 효과적인 관철이다. 진보적 입법자와 그를 지지하는 사회 세력들은 **현존하는 상태**와, 변화를 위한 투쟁을 통해 창출**되어야 하고** 또 창출**될 수 있는 상태**를 구별하는 식별의 논리에 따라 사고한다. 이로부터 진보는 입법하고 법을 집행하는 **국가**에서 일어난다는 사실이 도출된다. 다만 정치적 공동체의 결정기관이자 실행기관으로서 국가는 최종심급에서 진보를 관철시킬 수 있을 뿐이다(이는 국가 행위능력의 약화나 또는 그 붕괴가 진보의 가능성을 결정적으로 훼손할 수 있다는 점을 함축하고 있다).

둘째, 진보는 (시민이든 계급이든, 아니면 국민, 소수자, 소득층 또는 인류 전체이든지 간에) 사회 집단의 **해방**에 있다. 그것이 빈곤, 무지, 착취의 권력관계, 공포**로부터의** 해방이든, 아니면 이러한 집단의 자율성**으로의** 자유, 즉 다른 집단에 종속되거나 그로부터 통제받지 않고 스스로 다스릴 수 있는 자유이든 매한가지다. 여기서 해방이 낳는 자유는 정치적 공동체의 구성원들에게 똑같이 동일한 방식으로 효력을 갖는다. 동일한 해방의 기준이 충족되어야만 비로소 해방의 행위가 그저 특정 사회집단의 **특권**이 될 수 없다는 것을 보장할 수 있다. 이렇게 보면 자유를 누릴 수 있는 기회 평등은 단지 자유를 관철하고 **보편화하는** 수단에 불과한 것이지, 그 자체가 목적이거나 자유의 경쟁자는 아닌 것이다.

셋째, 진보적 변화란 본질적으로 **쟁취하는 것**이다. 전형적인 세력관계는 진보적 변화의 대척자로서 그러한 변화를 거스르는 세력("보수주의자")뿐 아니라, 이전에 이미 쟁취된 변화를 무위로 돌리는 데 적극적인 세력("반동주의자")이 등장하는 데서 볼 수 있다. 진보는 **비용을 치르고**, 진보의 옹호자와 옳든 그르든 특권의 상실이라는 형태로 자신이 손실을 부담하게 되리라는 것을 아는 사람들 간에(Schils 1981) **사회적 갈등**을 불러일으킨다. 반동적 대척자는 해방의 진보적 변화를 전통이나 사회적 질서, 심지어 진보 옹호자의 ("진정한") 이해관계를 위협하는 파괴적이고 반(反)생산적이며 치명적인 권력이라고 죄악시하는 데 몰두한다(Hirschmann 1992 [1991]). 결국 진보란 오로지 갈등을 극복하고, 민주적 제도와 절차를 통해 완수되고 확보되는 만큼 일어난다.

II.

진보는 18세기 이전에는 거의 알려지지 않았던 현대적이고 세속적인 이념이다. 그 이전에는 한편으로 유토피아적 견해가, 다른 한편으로는 인간의 통찰과 이성 그리고 그 의도에서 벗어나는 신의 의지에 따라 우리의 영혼이 구원될 것이라는 관념이 존재했다.

얼마 전부터 (사회적, 경제적, 정치적) 진보 개념을 둘러싸고 벌어지고 있는 논쟁(Cramme/Jaroba 2009)의 배경에는 20세기 후반기에 성립된 진보의(또는 "좋은" 사회에 근접하는 길의) 제도화된 기준들에 대해 **의구심**을 표명하는 것을 거의 보편적으로 받아들이는 상황이 있다. 의구심은 세 가지로 서로 연관되어 있다. 무엇보다 적어도 이러한 기준들의 상당수가 한마디로 잘못되었고 규범적으로 효력을 상실한 것으로 간주되는데, 왜냐하면 그 기준의 적용으로 말미암아 발생한 비용과 예기치 못한 결과들을 진보의 적대자뿐 아니라, 이른바 그 수혜자도 짊어지기 때문이다(Bloch 1956). 진보관이 대부분 시대에 뒤떨어진 것이거나 적어도 많은 논란의 여지를 남기고 있다는 점은 분명하다. 이와 관련된 사례가 민간 목적으로 쓰이면서 안전을 보장할 수 있는 핵에너지의 개발 문제이다. 진보의 첫째 딜레마는 예측컨대 기술-물질적인 측면에서나 도덕적인 측면에서도 유감으로 생각할 것이 뻔한 일을 계속 추진한다는 데 있다. 이와 같은 진부한 기준을 적용하면, 우리는 비양심적인 일을, 즉 공정한 판단으로는 예상할 수 없는 일을 계속하게 된다. 둘째 딜레마는 그 정반대의 경우이다. 우리는 전적으로 유효한 것으로 남아 있는 진보의 기준에 따라 즉각 행할 수 있고, 또 행해야만 하는 일을 등한시한다. 사회와 그 제도화된 체제는 이러한 기준들의 수행에서 실질적으로 실패하고 있다. 우리는 우리 자신의 실행 가능성에 달려 있을 뿐 아니라, 여전히 규범상 바람직하고 권장할 만한 것으로 통상 칭송되는 일을 완수하지 못하고 있는 것이다. 그 예로 기근과 극빈(極貧)의 퇴치, 또 간단하게 극복할 수 있는 병의 근절을 쉽게 떠올릴 수 있다. 이러한 사례와 이와 유사한 사례(유엔이 엄숙하게 선포한 밀레니엄 목표를 참고하라)에서는 최선의 의도에 대해 곳곳에서 끊임없이 확언이 이루어지고 있는 반면, (지불 준비라는) 결단력과 관철력은 지체되고 있다. "진보" 세력들도 역시 규범적 관심사를 배반하고, 이를 허울 좋은 행위의 구실로 삼아 웃음거리로 만들고 있다.

셋째 딜레마는 이와 같은 두 가지 모순의 끔찍한 속박 속에서 살아가고 있는 현대 OECD 회원국의 많은 주민들이 진보관을 가능한 한 포기하고 냉소적인 관조의 대상으로 삼고 있다는 점이다. 이들 회원국들은 현존하는 상태와 마땅히 이루어야 하고 또 이룰 수 있는 (바람직한) 상태의 차이를 광범위하게 좁혀놓았다. 어찌됐든 이러한 긍정적인 차이의 자리에 불안으로 가득한 부정적인 차이, 곧 이전에 살았던 정상상태와 임의적으로 연출 가능한 공포의 환영(테러리즘에서 실직 그리고 노상강도에 이르기까지)이 들어서고 있다. 정치적 자유주의 세력에 있어서나 사회주의 세력에 있어서도 긍정적인 차이의 의미—"다른 세상이 가능하다"라는 생각—는 기본적인 것이었다(그리고 그러한 의미는 오늘날에도 여전히 세계적 저항운동이나 세계사회포럼의 주요 슬로건이다). 실제로 이와 같은 긍정적인 차이가 거부된다면, 민주주의 자체는 상당히 둔감한 이념이 될 것이다. 이처럼 차이의 가능성을 전제하는 진보관은 오늘날 **무관심**(무차별성, Indifferenz)과 숙명론의 포스트모던적 정서, 곧 사안이 복잡하고 상호의존적이어서 어떠한 경우에도 바꿀 수 없는 문제는 받아들일 수밖에 없으며, 따라서 역사는 종말에 이르렀다는 시각에 길을 양보하고 있는 것으로 보인다.

분명한 것은 정치적 엘리트와 그들의 정책도 역시 이와 유사한 전망에 사로잡혀 있다는 사실이다. 이들 정책의 초점은 "진보적" 목적을 열망하고 소망하는 것에 있지 않다. 오히려 어떻게 하면 표면화된 장애를 극복하고 공포를 수반한 파국적인 전개를 피할 수 있는가라는 문제에 초점이 맞춰져 있다. 은행은 구제되어야 하고, 자동차 기업과 개별 무역체인은 연명될 수 있어야 하며, 지방은 자연재해로부터 보호되어야 하고, 국가 전체의 재무 시스템과 통화 시스템은 붕괴를 모면해야 한다. 정치적 통합은 이제 개선의 여지를 선전하는 정부의 능력만으로 더 이상 도달할 수 없으며, 그리하여 그 대용으로 "공포정치"에 의해 창출될 수밖에 없다. 주민의 두려움은 특정 위험으로 향하게 되고, 그들에게 소방대원(아니면 군대, 중앙은행, 정부의 비밀정보기관 등)의 손에 맡기는 일 외에는 "다른 대안이 없다"는 믿음이 주입된다. 도처에 도사리고 있는 공포는 탈정치화된 권위주의를 설파한다. 어찌됐든 대안이 없는 곳에서는 예외상태를 관리할 전문가를 방해해서는 안 된다고 말이다. 그들의 임무가 시급하다는 점에서 항의나 규범상의 검토는 그 자체로 금지된다. 이러한 (실제 또는 그저 연출된) 상황의 위급성은 민주적 정부가 짊어지는 모든 책임 장치를 뒤흔들어 놓기에 안성맞춤이다.

이와 같은 상황에서 제기될 수 있는 물음이란 명약관화하다. 구제되어야 마땅한 것이란 정확하게 무엇인가? 구제는 가치가 있는가? 왜 정부는 예비조처와 예방의 대안적 전략으로 피할 수도 있었던 상황을 더 이상 어떤 대안도 찾을 수 없을 때까지 방치했던 것일까? 구제조치에서 발생하는 직접비용과 기회비용은 누가 부담하는가? "정상적" 조건의 복구가 조직과 관련된 인사가 재차 전권을 획득함으로써 위기 상황이 재발되는 상황으로 이어지지 않으리라는 보장은 어디에 있는가? 이와 같은 물음에 대해 민주주의적 기본 원칙에 걸맞은 방식으로 논쟁하고 답하지 않는 한, 사실은 우리가 구제 전문가들의 경솔한 행동주의로부터 구제되어야만 한다는 전망만이 남아 있을 뿐이다.

이것이 "진보적" 정치에 답을 제공해야만 하는 물음의 방식이다. 그리고 그것은 우리가 더 나은 미래의 방향을 가리키고 경제성장과 완전고용, 기술혁신과 외연적 군사안보 정책으로 나아가는 길을 지시하는 **화살**의 사유 모델을 그만둘 때 성취될 수 있다. 방향화살의 자리에 다른 교통표시, 곧 **정지표지판**을 세워야 마땅하다. 그것은 방향지시를 위해 있는 것이 아니라, 우리가 이미 누리고 있는 규범적으로 중요한 상태와 조건들이 위험에 빠지는 것을 방지해준다. 새로운 세기의 첫 10년에 성장한 세대가 자기 부모들보다 물질적으로 더 나은 삶을 누리지 **못하리라**는 사실은 (비록 침묵하고 있을지라도) 우리 상식의 일부가 된 지 이미 오래며, 그것은 많은 이전 세대들의 기대 및 경험과 비교할 때 추세의 전환점을 이룬다. 이 세대의 구성원들에게 있어 "진보"는 개인적이거나 집단적인 "전진"을 의미할 수 없다. 그들의 관점에서는 퇴행이 더욱 확실하게 배제될 수 있고, 또 주어진 권리와 자원의 안정이 확고하게 **지속**되며, 도처에 깔린 위험지대로부터 벗어나는 것이 이미 진보인 것이다.

이제 나는 앞서 언급한 세 가지 점, 곧 진보의 비용과 수많은 규범적 요청들의 허상 그리고 정치적 냉소주의 및 숙명론에 대해 상세하게 논하고 싶다.

(1) 국가사회주의의 종말은 소위 진보적 전략이 퇴행적일 수 있음을 보여주었다. 이는 이 체제에 의해 도달한 것을 초래된 비용과 비교해 보면 결과적으로 매우 초라하다는 사실에서 여실히 드러난다. 자신의 진보 이데올로기에 흠뻑 취한 국가사회주의 체제는 자기 자신의 파멸에 대해 실제적 대응은 말할 것도 없고, 그것을 인지조차 하지 못한 무능을 드러냈다. 소위 진보적 전략은 **미래의** (게다가 어쩌면 환상적인) 해방이라는 명목으로 사회 구성원들에게 **현재의** 권리와 자유가 박탈되는 부담과 속박을 짊어지게 할 수 있다. 이러한 실패에 비추어볼 때 "진보적" 체제는 자신의 생존조건으로 간주되는 강압에 의존할 수 있는데, 사실은 이러한 강압이 체제의 생존을 잠식한다. 베를린 장벽과 그 궁극적인 붕괴가 이러한 강압의 변증법을 강력하게 입증하는 사례였다. 오늘날에는 모종의 "진보" 정치 투사들이 이러한 교훈을 망각할 개연성은 거의 없으리라 간주해도 좋을 것이다.

자본주의적 민주주의에서 우리는 자기붕괴에 근접하는 유사한 모형을 볼 수 있다. 이 사회에는 "손익" 계산과 그 비교가 제도화된 회계양식이란 것이 있다. 이 양식의 심각한 결함 중의 하나는 (효율성, 성장, 경쟁력처럼) 화폐로 양화하는 크기를 파악하지만, 정작 (노동력의 손상이나 장기적인 환경훼손과 같은) "질적" 비용과 외인(外因)적 효과는 기입되지 않는다는 데 있다(Judt 2009). 세계 정치경제의 몇몇 주요원칙—기술적 진보, 효율성 내지 생산성, 성장과 안정과 같은 기준들의 우세—은 애초부터 잘못 고안된 것이라고 말할 수 있다. 따라서 우리에게 필요한 가정은 "생산력"의 지속적인 발전이 공리상 복리와 해방, 사회적 진보 등에 기여하지만, 지속적인 파괴에는 거의 그렇지 않다는 점이다. 오히려 증명의 부담은 우리가 이러한 공리를 고집하길 원하는가에 있다. 우리에게 친숙한 경제성장 방식이 결코 자동적으로 주민의 복리증대로 이어지지 않으며, 그것이 실행되고 있는 곳에서조차 이러한 복리가 지속적이지 않다는 것은 오늘날 심오한 분석적 통찰 없이도 어렵지 않게 알 수 있는 사실이다(Stiglitz/Sen/Fitoussi 2009; Jackson 2009). 비용절감이라는 지배적인 강박관념은 우리가 늘 치르고 있는 비용을 절감한다는 역설적 유형으로 귀결된다. 왜냐하면 비용을 치르는 것은 "비-경제적"인 부정적 외부요인을 가리키는데, 그것은 우리의 관행적인 진보 측정 방식으로 파악하기에는 분류상 적절하지 않기 때문이다. 민주적 자본주의가 경제성장에 의존하는 방식은 국가사회주의가 강압에 의존하는 방식과 동일하다. 곧 장기적 관점에서 보면, 강압도 성장도 모두 그것이 유지되어야 하는 한 자기파괴로 작용하듯이, 그것 모두는 단기적 안정을 위한 동일한 조건일 따름이다. 그러나 사회의 자기관찰에 활용되는 개념적 도구의 결함은 이러한 유사성의 인지를 허용하지 않고 있다.

(2) 첫째 의구심의 거울 이미지라 할 수 있는 진보에 대한 둘째 의구심도 적지 않게 현재성의 의미가 있다. 평등한 자유라는 진보적 규범이 (법치국가, 인권, 자유민주주의, 사회적 안정이라는 제도들에 구현되어 있는 것처럼) 발전된 나라 곳곳에서 (물론 그곳만은 아니지만) 광범위하게 받

아들여지고 또 공표되고 있는 반면, 규범적인 일상신조를 확고하게 이행하는 데 있어서는 우리가 무능하다는 사실이 도처에서 발견되고 있다. 이러한 이행의 결함은 사회적 행위자의 의지부족이나 근시안적 시각과 관련이 있을 뿐 아니라, 자유민주주의의 구조적 약점, 가령 재무구조와 국제무역에서 발생하는 적자상태에 뿌리를 두고 있는 것이기도 하다. 자유민주주의의 진보적 규범이념은 신조와 요청의 차원에 확고하게 근거를 두고 있지만, 현실은 엄청난 신뢰성의 손상으로 몸살을 앓고 있다. 독일에서는 15퍼센트의 어린이가 빈곤 속에서 성장하고 있다. 대략 동일한 백분율의 인류가(숫자로 따지자면 10억의 사람이) 엄숙하게 선포된 밀레니엄의 목표에도 불구하고 굶주림과 심각한 영양실조에 시달리고 있다. 금융시장에서 활동하는 극소수가 세계경제에 심각한 해를 끼치고 국가재정의 상당 부분을 독점하는 사태는 저지되지 못하고 있다. 매년 아프리카와 다른 곳에서는 수천의 사람들이 저렴한 비용으로 손쉽게 예방할 수도 있는 병들로 죽어간다. 아프리카 선박난민의 수백 명은 지중해를 넘어 유럽에 도달하려다 익사한다. 그러는 동안 엄청난 비용을 들여, 이기는 것도 적법한 것도 아닌 것이 분명한 전쟁이 치러지고 있다. 관타나모와 아부그라이브 수용소 그리고 또 다른 곳에서는 인권이 "테러전쟁"이라는 지상명령과 갈등을 일으키는 것으로 보일 때, 일시적으로 인권이 중단되고 있다. 구축된 생산방식과 소비방식은 인간 종(種)의 자기감소로 귀결될 수 있을 정도로 기후와 환경 시스템을 위협하고 있다. 체르노빌과 뉴올리언스는 인간의 행동과 태만이 초래한 파국의 이름들이다. 그리고 기타 등등….

전혀 독창적일 것도 없는 나의 요점은 여기서 언급한 어떤 문제나 전개양상도 우리 모두가 여전히 지지하는 규범으로 정당화될 수 없다는 사실이다. 우리 사회에서 어느 정도 교양 있는 사람이라면 기회평등이 본래 훌륭하고 도덕적인 일이라는 생각에 동의하지 **않기**란 어려울 것이다. 그럼에도 불구하고 우리 교육제도의 구조와 결과를 들여다보면, 기회균등이 아니라 상당 정도 신분세습을 양산하고 있음을 알 수 있다. (취학 이전에 적절한 언어습득 기관에 보통 진입하지 못하는 이민자의 아이들을 생각해보라. 요컨대 그들은 추후에 수학 성과와 그 밖의 다른 것을 상당히 좌우할 능력을 취득하지 못하고 있다.) 여기서도 실상은 마찬가지다. 누구도 거의 도덕적 타당성을 부인할 수 없는 규범과 원칙은 실천적 측면에서 광범위하게 충족되지 못하고 있다.

(3) 요컨대 언술한 두 가지 모순—곧 우리가 성장과 완전고용이라는 지상명령 속에서 양심적으로는 바랄 수 없는 결과를 의도적으로 만들어내면서도, 그 타당성을 강력하게 신봉하는 규범과 원칙을 실현하는 데 있어서는 재차 실패하는 모순—은 노골적인 냉소주의의 성향을 양산하고 있다. 우리는 도덕적 스캔들과 기만 그리고 속수무책 속에서 사는 것이 불가피한 일이라는 것에 익숙해 있다. 도처에 만연한 정치적 비합리성에도 익숙하다. 예컨대 우리는 **즉시** 시정하지 않으면, 쉽게 해결할 수 있는 문제의 비용마저도 완전히 폭등하리라는 것을 알고 있지만, 다른 한편으로는 이러한 시정에 착수하기에 앞서 (현 경제상태와 재정상태의 절박함이나 잠정적으로 해결할 수 없는 집단행동의 문제 때문에) **시간이 더** 필요하다는 식이다(Stern 2006). 이러한 관성의 결과는 숙명론과 냉소주의 그리고 포스트모던적 무관심일 수 있으며, 적어도 앞서

언급한 비합리성을 정치적 수단으로 고칠 수 있다는 신념이 약화될 수 있다.

III.

명백하게도 우리 사회는 우리 자신이 초래한 도덕적이거나 물리적인 파국, 그리고 자기파괴적인 위기를 막아내는 데(아니면 그것들을 효율적으로 다루는 데) 상당히 무능하다. 노예사회의 정치적, 철학적 엘리트들은 (스탈린주의적 근대화의 집행자들 역시) 그나마 그 사회의 규범적 전제조건과 조화를 이루며 살 수 있었다. 규범적 요청과 실천적 실현의 이와 같은 조화를 우리는 누릴 수 없다. 그러나 만약 우리가 무관심과 타협하지 않으려 한다면—실제 현재 조건에서 진보 구상에 유일하게 적합한 것으로서—진보적 대안은 **파국과 문명의 퇴행을 예방하기 위한 우리의 집단 능력을 강화**하는 데 있다. 이것이 나의 테제이다. 이를 위해 우리에게 필요한 것은 "더 이상" 진보가 아니라, 이미 우리가 만들어놓은 (이른바) 진보의 결과들을 완수하는 고양된 능력이다. 우리는 과거 혁명이론가들이 한 자 한 자씩 써내려갔던 것처럼, 새로운 가치나 비전 또는 원칙이 필요하지 않다. 진보의 옹호자로서 우리에게 필요한 것은 우리 스스로를 진지하게 받아들이고, 또 우리에게 허용된 조건을 창출할 수 있는 용기이다.

오늘날 사회적, 정치적 진보를 위해 포괄적으로 착수해야 할 그 어떤 제도적 정비란 더 이상 없으며, (오늘날 여러 부류의 자칭 사회주의자들이 외쳤던 바를 되돌아보면 오히려 헛된 빈말에 불과한 사회주의의 설계처럼) 대변혁의 설계도 더 이상 존재하지 않는다. 정의로운 사회의 건설을 위한 이 같은 포괄적인 청사진은 더 이상 존재하지 않을 뿐 아니라, 아마르티아 센(Sen 2010 [2009])이 자신이 명명한 "선험적 제도주의"의 비판을 통해 분명하게 밝힌 바 있듯이, 그러한 청사진의 부재조차 슬퍼할 일이 못 된다. 정반대로 (인정컨대 매우 방어적인 견해지만) 저항력이 없는 규범적 요청의 퇴보와 침해에 대해 어느 정도 현대사회의 면역력을 키우기 위해 필요한 것이라면 모두가 "진보적"이다. 그러한 현대사회는 이와 같은 진보의 결과로서 자신의 퇴행적인 잠재력에 맞설 때 덜 무방비상태에 놓일 것이다. 물론 이 같은 방식의 예방조치가 신자유주의 경제학자들이 권하는 조건 속에서 이루어진다면 순조롭지 못하리라는 강력한 징후들이 있다. 이유는 간단하다. 시장은 놀라운 일을 해내지만, 명백하게도 연대적 사회관계와 장기적인 행위귀결에 대한 거시적 안목, 말하자면 우리 자신의 미래적 자아와의 연대를 고무하는 일은 하지 않는다(Lukes 2005). 우리가 여기에서 탐색하고 있는 "방어적" 진보 개념에 실천적 의미를 부여하려면, 바로 이러한 판단과 행동이라는 두 가지 정비가 전제되어야만 한다.

(사회적 차원과 시간적 차원의 "연대"라는) 이 두 가지 덕목의 실행을 강화하기 위해, 관례적인 진보 개념을 옹호하는 사람은 우선 우리에게 궁극적으로 필요한 것이 **더 많은** 진보라는 역설적 견해에 익숙해 있었을 것이다. 그러한 진보는 경제성장, 생산주의, "완전고용", 소비주의, 시장에서나 개인적 생활태도에서도 적용되는 선택의 극대화 등으로 측정된다(Fritzpatrick 2004; Goodin 2001). 생산력 및 경제성장의 발전은 항상 자본주의 사회를 통합하고 평화를 수립하는 사회적 장치였다. 성장(의 기대) 없이 투자자는 투자하지 않을 것이며, 노동력은 증대하

는 실질수입이나 그에 대한 전망으로 보상하는 경영노동 체제로 편입되지 못할 것이다. 정반대로 방어적 진보 개념을 옹호하는 사람은 다른 "진보"의 처참한 귀결을 적어도 완화할 수 있는 적합한 장치들을 숙고해야 할 것이다. 정치적, 경제적으로 전진하는 사회에도 엄연히 존재하는 퇴행적 경향에 직면하여, 그리고 부분적으로 야만으로 복귀할 위험과(Offe 1996) 자기위기를 바탕으로 다음과 같은 질문이 제기될 수 있다. 어떻게 하면 우리는 이성적인 방식으로 퇴행에 대한 사회 · 경제적인 과정의 면역력을 키울 수 있으며, 또한 지속성(곧 자기호환)을 유지할 수 있을까? 앨버트 허시먼(Hirschman 1993)은 과거에 획득한 진보를 공고히 하고, 그 의미와 견고성을 유지할 필요성에 대해 말하고 있다. 의심할 나위 없이 이것은 보수적이라고 할 수 없을지언정 방어적인 태도이다. 그러나 그것은 맹목적인 합리화 과정의 톱니바퀴 속에서 무너질 위험으로부터 보호되어야 할 제도와 규범 그리고 생활조건에 대한 숙고를 고무한다.

IV.

21세기 정치 어젠다에서 전 지구적 체제통합을 위해 에너지, 군사적 안정, 기후라는 서로 긴밀하게 연관된 세 가지 문제가 전면에 부상하리라는 것은 어떤 예언자적 능력 없이도 충분히 예측할 수 있다. 이러한 도전들 중 그 어떤 것도 더 많은 경제성장과 더 많은 고용으로 해결될 수는 없다. 오히려 정반대이며, 그래서 이러한 내인(內因)적 도전과 위기를 극복할 수 있는 제도적 유형에 대해 숙고하고, 실험하며, 그것을 옹호할 필요가 있다. 이를 위해 오늘날 "훌륭하거나" "잘 정돈된", 아니면 "포스트-혁명적인" 사회라는 전체적인 청사진이 활용될 수 없으며, 또 그것은 말했다시피, 바람직하지도 않다. 만약 진보적 정치세력이 "진보"를 새롭게 규정하는 기획으로 나아간다면, 그것은 아마도 분야 혁신과 순차적인 혁신의 형태로 일어날 것이다. 그러한 혁신의 실행은 잘된다면 현재의 현실과 자유주의 및 사회주의 전통의 규범적 요청 사이에서 벌어진 괴리를 메울 수 있을 것이다. (내친 김에 말하자면, 전 지구적 자본주의가 2차 세계대전 이후로 가장 심각한 위기를 겪고 있는 바로 이 시점에서, 왜 사민당이 가장 가파르게 몰락하고 있는가라는 문제는 최근 많은 문인들에게 두통거리이다. 어쩌면 그 답 중의 하나가 사회민주주의자들이 경제공황과 그 영향을 통해서 이미 깊이 신뢰를 상실해버린 관례적인 진보의 의미—성장과 완전고용으로서의 진보—에 몰두했다는 사실에 있는지도 모른다.)

내가 여기서 숙고하고자 하는 수정된 진보 개념은 더 이상 "앞으로 나아간다"는 은유에 사로잡혀 있지 않다. 정반대로 적절한 은유는 개인으로서 또 사회 전체로서도, 우리를 퇴행적 경향으로부터 보호하기 위한 정지표지판일 것이다. 현재 이루어지고 있는 사회 정책과 노동시장 정책을 둘러싼 많은 다툼들은 방어적 숙고로 구조화되어 있다. 가령 어떻게 하면 피고용인, 연금생활자 등등의 권리를 유럽과 전 세계 신자유주의적 세력의 공격으로부터 **방어**할 수 있을까라고 진보의 옹호자들이 물을 때 그러하다. (개별 집단과 특권 분야가 아니라, 민주적 법치국가와 사회복지국가의 모든 수혜자들의) 확실한 재산보호는 오늘날 진보 정책의 매우 야심찬 기획에서 제외되어 있다. 여기서 서술한 두 가지 운동의 유형—"앞으로 나아가는 것"과 반동의 저지—은 그 사회학적 성격에 따르면 역동성의 면에서 구별된다. 권위 있는 정치 엘리트들은 기술관료주의적 고문들과 행정참모들과 함께 성장률, 일자리, 국제수지, 소득분배, 국가재정 등에 대한 양적 지표의 **달성**을 뽐냄으로써 스스로를 진보 행진의 지휘자인 것처럼 내세울 수 있는 반면, **예방**되고 **저지**되어야 마땅한 문제들은 보통 시민의 처지와 경제적 진보의 부정적 수반현상에 대한 그들의 판단이 함께 고려되는 가운데 답을 찾아야만 한다. "좋은" 사회는 긍정적 결과의 목록을 통해 정의될 수 없다. 오히려 그것은 (나에게/우리에게) "X"는 일어날 수 **없는** 일이라는 사회 구성원의 근거 있는 확신에서 나온다. 여기에서 "X"는 개인적 또는 집단적 성격을 지닌 것으로서, 사회적, 정치적 행위자가 의도치 않게 불러일으키거나, 아니면 막을 기회를 놓친 현저한 폐해를 뜻한다. 이와 같은 사회는 충분한 완충장치와 정지표지판 그리고 제동력을 갖추고 있으며, 사회의 작동방식에서 나타나는 부정적인 사회적, 물리적 귀결에 안전조치를 취하는 주권으로 특징지어진다.

진보의 방어적 재해석의 논리를 보여줄 수 있는 또 다른 경우는 최상의 정치적 목표로서 "완전고용"은 시대에 뒤떨어진 것이 아니냐는 전반적인 의혹과 관련이 있다. 이러한 목표란 OECD 회원국의 경제상황에서는 지속적으로 달성될 수 없다는 점이 분명하기 때문에(아니면 그러한 목표는 수입, 고용보장, 노동조건, 직업과 사생활의 조화와 관련해서 제도화된 규범과 보장에 따른다면 결코 받아들일 수 없는 조건에서만 도달할 수 있기 때문에), "방어적" 대답은 시민권으로 형성되는 기본보장을 마련하고, 소득의 요구와 생업 간의 연계를 부분적으로 분리하는 데 있다. 이러한 생각은 전망적으로 한 나라의 모든 시민(또는 지속적인 정주자)이 조건 없이 기본소득을 받을 수 있도록 하고, 불안정과 빈곤화로부터 위협받는 불확실한 사회경제 상태를 예방하는 소득분배 체제를 목표로 삼는다(van Parijs 1995). "완전고용 대신 자유를"이라는 구호는 전망의 전환을, 말하자면 무엇("완전한" 고용)에 대한 "긍정적" 요구에서 "부정적" 요구, 곧 생계 압박으로부터 실제적 해방으로의 전환을 보여준다. 예방적인 정치적 전망은 (장기간 실업에서 발생하는 빈곤, 경영상 · 행정상의 재해와 같이) 최악의 경우가 발생할 가능성을 시민권적 기본보장을 통해 배제하는 일에 정향되어 있다. 덧붙여 말하자면, 이와 같은 프로젝트는 평등주의적 분배정치의 정의 관념과 명확하게 대립한다. 왜냐하면 개인적 결과들은 전적으로 실제 적법하게 결과한 것만큼 평등하지 않을 수도 있기 때문이다—물론 기본보장에 의해 아무도 빈곤하게 만들거나 강탈될 위험에 빠질 수 없는 한에서만 그러하다는 점에 유념하라.

어쩌면 내가 강조하고 싶은 차이를 명확하게 하는 데 있어 "명목진보"(Brutto-Fortschritt)와 "실질진보"(Netto-Fortschritt)의 구별이 적합할지도 모르겠다. "명목진보"란 모든 부정적인 외부적 요인을 고려하지 않은 경제성과의 양적 기준일 것이다. 이와 반대로 "실질진보"는 경제활동의 결과로 나타나는 해방과 복지증대에 대한 질적 기준일 것이다. 이 둘 간의 구별은 증대하는 "명목진보"가 **감소하는** 실질진보, 즉 생산자와 소비자의 복지 감소를 수반할 수 있는 논리적 가능성을 열어놓는다. 그러나 실질진보의 양적 규정을 허용하는, 명확하고 논쟁의 여지가 없는 기준을 사용하지 않는 곳에서는 "명목진보"의 부정적 수반현상과 장기적인 외부적 요인을 질적인 규정을 통해 측정할 수밖에 없는데, 그것은 생산자와 소비자를 직접 이해당사자로 평가하는 것을 의미한다. 어찌됐든 진보적 정치의 목적은 부정적 수반현상들을 확실하게 식별하고 또 축소할수록 더욱더 잘 실현될 것이다.

달리 말해 진보는 관례적으로 이해된 ("총")진보의 추구에서 발생하는 (광범위한 의미의) **비용**을 통제하는 사회능력의 증대이다. 이와 같은 **예방적** 진보 개념으로의 전환은 "명목진보"의 희생이 "나의"(또는 "우리의") "실질진보"에 기여할 수 있는지 그리고 어느 범위에서 그럴 수 있는지에 대한 비판적 숙고를 요구한다. "실질진보"를 심각하게 손상하지 않기 위해 우리는 관례적인 "명목진보"의 비용을 얼마나 절약할 수 있을까?

이를 일목요연하게 설명해보기로 하자. 현대사회에서는 대부분 고속도로와 자동차 그리고 화석연료가 기동성의 토대를 이룬다. 이와 같은 기동 시스템은 생태계와 기후라는 중요한 외부적 요인 때문에 영속적일 수 없다는 사실을 우리는 알고 있다. 하지만 이러한 기동 시스템에 순응하며 살아갈 것인가, 아니면 (걷거나, 자전거를 타거나, 자신의 이동을 극소화하거나 하면서) 그것에 저항할까 하는 결정은 대다수 사람들에게 대부분 올바른 대안이 아니다. 왜냐하면 그것은 일하고 공부하고 물건을 사며 거주하는 (보통 멀리 떨어진) 장소 사이를 왕래하는 것에 달려 있기 때문이다. 이러한 상황에서 능률적인 공공교통 시스템의 건설은 사람들에게 개인 자동차 대신 다른 교통수단의 사용이라는 **받아들일 만한** 결정을 가능하게 하기 때문에, 실제로 진보적인("해방적인" 즉 선택권을 높이는) 변화이다. 이제 사람들에게는 책임 있는 이동을 실천할 자유가 주어진다. 물론 **정치인들**에게는 전래되는 기동 시스템에 비해 기술적으로나 경제적으로도 경쟁력이 있는 공공교통 시스템을 구축할 결정의 기회를 열어놓는 자유조차 없을지도 모른다. 이러한 부자유는 서로 연관된 두 가지 상황 탓일 수 있다. 즉 하나는 그들에게 이와 같은 공공교통 시스템을 건설하고 운영하기 위해 필요한 재정자금이 없다는 점이고, 또 다른 상황은 실제로 운전자 대다수가 공공교통 수단을 이용한다면 (그들의 관점에서 볼 때 완전히 받아들일 수 없는 것으로서) 자동차 산업에서 실업이 발생하리라는 두려움 때문이다. 우리는 이러한 우울한 이야기를 다음과 같이 요약할 수 있을 것이다. 공공교통 수단의 "실질진보"에 대한 긍정적 판단이 대중에게 널리 퍼져 있음에도 불구하고, 우리는 시민들에게 그들 스스로가 감당할 수 있는 선택권을 마련해주는 것을 정치적으로는 감당할 수 없다고 말이다.

시민이 생산품의 창출과 사용에서 발생하는 외부적 요인을 제각각 달리 평가한다는 것은 당연하다. 그러한 점에서 어떤 외부적 요인이 우선적으로 통제되어야 하는가라는 문제는 즉흥적인 합의를 기대할 수 없다. 그렇다면 진보적 정치의 첫걸음은 사람들을 우리 삶의 사회적, 정치적, 경제적 배치들에 내재해 있는 퇴행적 잠재성과 자기손실의 가능성에 대해 민감하게 반응하도록 만드는 데 있다. 두 번째 걸음은 정치적 냉소주의와 숙명론, 무관심과 방임은, 우리 스스로를 진지하게 받아들이는 것을 방해한다는 점에서 선택할 수 있는 선택권이 아니라는 점에 확신을 갖는 것이다.

번역_고지현

참고문헌

Bloch, Ernst 1956: Differenzierungen im Begriff Fortschritt. Berlin: Akademie-Verlag.

Cramme, Olaf und Elena Jaroba(Hg.) 2009: Responses to the Global Crisis: Charting a Progressive Path. Handbook of Ideas. London: Policy Network. www.policy-network.net/publications/publications.aspxid=2940.

Fitzpatrick, Tony 2004: A Post-Productivist Future for Social Democracy?, in: Social Policy and Society 3, 213-222.

Goodin, Robert E. 2001: Work and Welfare. Towards a Post-Productivist Welfare Regime, in: British Journal of Political Science 31. I, 13-39.

Hirschman, Albert O. 1992 [1991]: Denken gegen die Zukunft. Die Rhetorik der Reaktion. München und Wien: Hanser.

Hirschman, Albert O. 1993: The Rhetoric of Reaction - Two Years Later, in: Government and Opposition 28. 3, 292-314.

Jackson, Tim 2009: Prosperity Without Growth? The Transition to a Sustainable Economy. London: Sustainable Development Commission. www.sd-commission.org.uk/publications/downloads/prosperity_without_growth_report.pdf.

Judt, Tony 2009: What ist Living and What is Dead in Social Democracy?, in: New York Review of Books, 17. Dezember, 86-96.

Lukes, Steven 2005: Invasion of the Market in: Max Miller (Hg.): Worlds of Capitalism. Institutions, Gouverance and Economic Change in the Era of Globalization. London und New York: Routledge, 298-321.

Offe, Claus 1996: Modern Barbarity, in: Constellations 2. 3, 354-377.

Sen, Amartya 2010 [2009]: Die Idee der Gerechtigkeit. München: C. H. Beck.

Shils, Edward 1981: Tradition. Chicago: University of Chicago Press.

Stern, Nicholas 2006: Stern Review on the Economics of Climate Change. http://webarchive.nationalarchives.gov.uk/+/http://www.hm-treasury.gov.uk/stern_review_report.htm.

Stilglitz, Joseph E., Amartya Sen und Jean-Paul Fitoussi 2009: Report by the Commission on the Measurement of Economic Performance and Social Progress. www.stieglitz-sen-fitoussi.fr/en/dokuments.htm.

Sztompka, Piotr 1990: Agency and Progress. The Idea of Progress and Changing Theories of Change, in: Jeffrey C. Alexander und Piotr Sztompka (Hg.): Movements, Forces, and Ideas at the End of the 20th Centry. Winchester, MA: Un-

win Hyman, 247-267.
van Parijs, Phillippe 1995: Real Freedom for All. What (if Anything) Can Justify Capitalism? Oxford: Clarendon Press.

오늘날의 리얼리즘
예술과 정치 그리고 재현에 대한 비판

율리아네 레벤티쉬

올해 독일에서는 (무엇보다도 제6회 베를린 비엔날레를 통해서) 예술적 리얼리즘의 가능성에 관한 논쟁이 새롭게 활기를 띠었다. 아카데미 안팎에서 토론이 이어졌다. 한편으로 사람들은 "리얼리즘"(Realismus) 개념으로 현대예술을 바라보는 것에 매력을 느끼면서도, 다른 한편으로 예술적 창작활동에 리얼리즘 개념을 요구하거나 사실상 너무 큰 부담을 주는 이 개념으로 현대예술을 설명하는 것에 대해 주저한다. 그런데 논쟁은 매우 빠르게 원칙적인 문제로 전환하고 있다. 말하자면 문제는 오늘날 예술 전체의 윤리와 정치에 관한 것이다.[1] 현대예술이 제도

1 현대예술에 관한 제6회 베를린 비엔날레의 부록 출판물에 나와 있는 "리얼리즘 논쟁" 전체가 그것을 증명해준다. 이 논쟁은 "밖에서 기다리는 것"이라는 제목을 달고 있다 (Rhomberg 2010).

적이고 비판적인 주목을 많이 받고 있기 때문에, 예술과 현실의 관계에 대한 일반적인 물음과 그와 관련된 물음, 즉 과연 20세기 리얼리즘의 유산을 상속해야 하는지, 만일 그렇다면 언제, 어떻게 상속해야 하는지에 대한 물음이 강력하게 제기되는 것은 결코 우연한 일이 아니다. 왜냐하면 "현대예술" 개념의 표준적 의미는 예술이 역사적 현재를 생생하게 떠올릴 수 있도록 해야 한다는 데 있기 때문이다. 현대예술은 자기 시대의 예술이어야 한다. 더구나 예술적 의식 수준(비판적 관점에서든 기술적 관점에서든)과의 관계뿐 아니라, 그것이 발생한 사회문화적 실재와의 관계에 있어서도 그렇다. 예술이 현재에 적합한지, 올바르게 될 수 있는지는 이 두 가지 물음에서 결정된다. 동시에 이것이 의미하는 바에 따르면, 언급한 차원 중 하나 아니면 둘 다에서 예술이 시대에 부적합하고 뒤떨어졌거나 퇴행적이기 때문에, 이런 이중적 요구에 뒤처진 현행 예술적 생산들이 존재할 수 있다.

그런데 리얼리즘 논쟁에서 예술적 전위(Avanciertheit)에 대한 물음과 예술적 생산이 사회문화적 외부와 가지는 관계에 대한 물음은 여전히 아주 긴밀하게 연관되어 있다. 예술이 사회문화적 외부와 맺고 있는 관계로부터 고립해서 예술적 형식을 창작하려 고심하는 사람은 처음부터 리얼리즘 기획에서 떠난 셈이다. 그렇게 이해된 형식주의와는 다르게 리얼리즘은 그 정의상 불순하다. 왜냐하면 리얼리즘은 언제나 이미 윤리·정치·인식적 요구에 열려 있기 때문이다. 리얼리즘은—태도, 기획, 생산으로서—충실성(Treue)을 요구한다. 말하자면 충실성은 윤리·정치·인식적 관점에서 꼭 따라야만 하는 현실과 대면해 있다. 리얼리즘은 현실을 증언하지, 현실을 산출하지 않는다. 리얼리즘 기획과 현실 충실성에 의무를 지는 사람들의 동시대성은 이 점을 함축하고 있다. 물론 리얼리즘 기획은 실증적으로 또는 자동적으로 주어진 것을 기록하는 데 머무르지 않는다. 그래서 리얼리즘은 형식주의에 반대하지만, 반드시 추상에 반대하지는 않는다.

리얼리즘 예술과 사회적 외부와의 관련은 묘사(Darstellung)의 물음과 불가분의 관계에 있다. 왜냐하면 리얼리즘 예술은 현실의 **이미지**를 제공해주기 때문이다. 이로써 리얼리즘과 현실은 변증법적 관계를 맺는다. 현실 이미지는 리얼한 묘사를 통해 비로소 생겨난다. 그러나 묘사된 것은 언제나처럼 잠재적으로 주어진 것으로 간주된다. 더구나 문제는 리얼한 묘사가 아니다. 리얼리즘 기획은 현실로 주어진 것을 산출하고 가시화—현실화—한다. 그래서 리얼리즘은 위대한 근대 미학 논쟁에서 결정적으로 비판적인 기획으로 이해되었다. 그 기획은 주어진 일반적인 규정이 사회적 현실과 곧바로 관련될 수 있다는 자연주의(Naturalismus)와는 구분된다. 그 기획에서의 비판적인 전망은 더 많은 것을 내포하고 있다. 왜냐하면 리얼리즘 이미지는 자체가 잠재적으로 현실 개입적인 성격을 가지고 있어야 하기 때문이다. 그것의 목표가 사회적 세계를 눈앞에 그려 보이는 데만 있는 것이 아니라, 동시에 그것을 변혁하는 데 있기 때문이다. 그럼으로써 리얼리즘의 현실 충실성은 이중적인 성격을 내포한다. 즉 그것은 주어진 것(Gegebene)에 의무가 있다. 하지만 주어진 것 자체 때문이 아니라, 그것의 실천적인 변형 가능성 때문에 그렇다.

이제 생각해보아야 할 점은 오늘날 이런 연관성을 더욱 섬세하게 이해할 수 있는 방법이다. 왜냐하면 리얼리즘 문제를 돌이켜보면, 그것은 지난 40년대에서 50년대까지 나타나는 예술과 그 이론의 변화를 배경으로 삼고 있는데, 이러한 심오한 변화는 의심할 나위 없이 근대 리얼리즘 논쟁을 규정한 역사철학적 구성의 위기와 결부되어 있었기 때문이다. 이러한 관점에서 전개양상을 특징지을 수 있는 결정적인 핵심어는 "탈경계"와 "경험"이다. 탈경계(Entgrenzung)라는 개념은 작품의 열린 형식을 향해 급진적으로 전개해가는 현대예술의 추동력으로서 지난 수년간 자리를 잡았다. 그런 현대예술의 전개방향은 예술 체계뿐 아니라 개별 작품의 폐쇄성을 급진적으로 의문시한다. 그럼으로써 모든 진리미학의 전제가 무력해지며, 심지어 역사철학적 진리미학의 전제마저도 무력해진다. 왜냐하면 진리미학은 작품의 객관적 소여성(Gegebenheit)이라는 이념에 토대를 두고 있기 때문이다. 다른 측면에서 경험(Erfahrung) 개념은 예술의 탈경계적 경향에 대한 반응으로 산출된 미학이론의 핵심어가 되었다. 그 이론에 따르면, 예술작품의 진리내용 일반은 더 이상 그 어떤 철학적 체계와 역사철학적 구성을 통해서도 확보될 수 없다.

동시대 리얼리즘에 대한 물음이 소위 예술과 예술들의 탈경계화가 가장 급진적으로 성취된 영역인[2] 조형예술의 영역에서 절박하게 제기된다는 사실은 예술과 사회적 현실과의 관계가 어떻게 사유되어야 할지에 대한 물음이 너무나도 근본적이어서 예술을 시의성 있게 이해하는 데 그것이 핵심적인 물음이라는 점을 보여주고 있다. 왜냐하면 이런 물음은 예술의 윤리학, 정치학, 인식론에 대한 물음을 포함하고 있기 때문이다. 그리고 이런 것들은 결코 예술 개념에 있어서 한갓 부차적인 물음들이 아니다. 오히려 그 물음들은 예술 일반의 실존적 정당성, 즉 예술이 무엇을 위한 것인지(Wozu)와 관련되어 있다. 근대라는 조건 아래에서야 비로소 예술이 무엇을 위한 것인지가 문제시되었다. 그런데 예술이 자율성을 얻고 교회와 국가에 대한 봉사에서 자유로워졌을 때, 불안한 생각이 일어난다. 즉 예술은 이런 기능들로부터 해방됨으로써 자유라는 허울 아래 단지 새로운 지배자, 곧 시장(Markt)에 봉사하기 위해 고유한 조건마저 허물 수도 있다는 생각이 일어난 것이다. 리얼리즘 논쟁은 "무엇을 위한 예술인가?"라는 물음을 강조하고 이 물음을 중심에 놓는다. 그리고 이러한 사실은 미학적 근대에 대한 논쟁에서 이 논쟁이 차지했던 중심적 역할을 설명해주고 있다. 오늘날 예술과 예술이론에서 리얼리즘 문제를 다시 다루는 데에도 원칙적인

2 그렇게 조형예술은 모든 예술들 가운데에서 메타예술(Metakunst)로 가장 선명하게 발전했다. 뒤샹(Marcel Duchamp)이 극단적으로 비예술적 요소를 예술에 포함시킨 이래로, "회화란 무엇인가?" 또는 "조각이란 무엇인가?"라는 물음들은 더 이상 제기되지 않거나 중요한 물음이 아니다. 차라리 이런 물음들은 이제 원칙적인 물음, "예술이란 무엇인가?"라는 물음 다음에 놓였다. 예술 일반의 개념이 문제가 된 곳에서 단지 이전의 장르이론에 따라 구획된 지형만으로 대결하는 것은 더 이상 유의미할 수 없다. 때문에 오늘날 조형예술계가 상호매체적 실험들에 대해 개방적인 것은 너무나도 당연하다. 그런데 사실 상호매체적 실험들은 본래 다른 예술들로부터 나온 것이다. 우리는 존 케이지(John Cage)의 계승자들—Yoko Ono에서 Tony Conrad에 이르기까지—을 생각할 수 있으며, 마찬가지로 실험영화의 인물들—Harun Farocki에서 Michael Snow까지—을 떠올릴 수 있을 것이다. 그런데 마찬가지로 그들에게 다음과 같은 사실이 분명하다. 즉 그들은 다른 어디에서보다 조형예술계 내부에서 오늘날 그들의 관객을 발견한다. 극장 역시 포스트드라마로 변한 곳, 설치적 · 퍼포먼스적인 실천으로 변모한 곳으로 넘어간다. 그리고 그런 것도 조형예술에 잘 편입될 수 있다. 이 전개과정에 동반하는 예술비평과 예술학적 담론 역시 이에 상응한다. 오래전에 이미 그것은 더 이상 예술사만의 독점 담론이 아니다. 그 담론은 학제 간으로 개방되었다. 왜 오늘날 예술 일반 개념에 대한 대결이 당연히 독점적이지 않으며, 더구나 조형예술의 제도적 범위 내에서 그것이 자주 눈에 띄게 일어나는지를 이런 전개과정이 잘 설명해준다.

물음이 중요한 것이지, 예술 양식사에서 다른 사조들 곁에서 동급으로 분류될 수 있는 한갓된 "주의"(Ismus)가 중요한 것은 아니다. 20세기 위대한 리얼리즘 논쟁을 아주 짧게나마 회고해봄으로써 우리는 여기서 관건이 되는 것을 체계적으로 명료화할 수 있고 동시에 리얼리즘 문제가 오늘날 다시 수용된 상황을 부각시킬 수 있을 것이다.

I.

주지하다시피, 게오르크 루카치는 예술의 정치적 인식 기능을 주요하게 생각했다. 그래서 리얼리즘 소설은 한 단면에서 독자가 사회적 현실 전체를—그 현실의 합법성, 발전경향, 그 속에서 인간의 역할, 짧게 말해 현실의 객관적 진리를—기억하게끔 만들어야 한다(다음을 참조. Lukács 1958: 105). 당연히 사회주의는 이런 것들을 인식할 수 있도록 해주어야 한다. 그런데 예술에 대한 이런 규정에는 이미 철학의 관념론적 전제, 즉 현실의 총체성에 대해 통찰할 수 있을 뿐 아니라 현실의 총체성이 역사 발전의 논리를 제공할 수 있다[3]는 전제가 문제시된다. 우리와 관련해서는 최소한 다음과 같은 점도 문제다. 즉 이런 모델에 따르자면, 예술은 미리 알려진 것을 단지 직관할 수 있게 하는 것일 뿐이라는 점 말이다. 그런데 미학 외적인 사회 진단을 우위에 두는 것은 루카치의 리얼리즘 이론뿐 아니라 그의 적대자에게도 결정적인 것이었다. 그래서 소위 표현주의 논쟁이 이미 1930년대 망명의 시대에

3 이 점에서 루카치에 대한 비판을 위해서는 다음을 참조. Wellmer 1977: 477 이하; Habermas 1995 [1981]: Ⅰ, 486.

반복된다. 누구보다 에른스트 블로흐는 루카치에 대해 적대적인 입장에 있었다. 표현주의적으로 묘사된 세계와 주체의 분열이 후기자본주의 사회의 고유한 본질을 표현하는 것인지 또는 단지 허위의식, 즉 현실에 상응하는 통찰을 방해하는 허위의식의 증상일 뿐인지에 대한 물음을 두고 말이다. 도대체 어느 편이 옳은지, 즉 총체성의 리얼리즘이 옳은지 그 반대로 분열의 리얼리즘이 옳은지, 19세기 소설 또는 20세기 표현주의가 리얼리즘적으로 탁월한지 또는 반리얼리즘적으로 비난받을 만한지는 예술의 시각에서가 아니라 역사철학적 시각에서 결정된다.[4]

1950년대 말 테오도르 W. 아도르노가 루카치의 리얼리즘 이해와 대결하고자 했을 때, 마찬가지로 이것은 미학 외적인 역사철학을 재수용하는 가운데 일어났다. 그의 역사철학의 이성 비판적 염세주의는 루카치의 사회주의적 낙관주의와는 정반대였다. 그러나 루카치적 낙관주의처럼 아도르노적 염세주의도 모순을 유발했다. 위르겐 하버마스는 아도르노와 호르크하이머가 『계몽의 변증법』에서 공식화했던 전면적인 이성 비판에 문제가 있다고 비판한다. 그의 비판에 따르자면(Habermas 1995 [1981]: I, 489 이하), 아도르노가 비판적 리얼리즘의 요청을 자기 방식대로 미학이론을 통해 만회하려 했던 변증법적 구성조차도 설득력을 잃을 수밖에 없다. 우리 논의와 관련해서 리얼리즘의 도전에 대한 아도르노의 답변은 그 도전이 우선 미적 차이(ästhetische Differenz)의 옹호로 나타난다는 점에서 주목할 만하다. 루카치와는 달리 아도

4 미학의 관점에서 본 표현주의 논쟁 비판에 대해서는 다음을 참조. Bubner 1989: 24-26.

르노는 예술과 학문의 관계가 소위 친근한 관계는 아니라고 생각한다. 예술은 "보통 인식의 경우처럼 '그것은 이러하다'(das ist so)라고 말하지 않고, 오히려 '그래 그거야'(so ist es)라고 말한다"고 아도르노는 쓰고 있다(Adorno 1997 [1958]: 270). 마치 존재했던 의미가 여기에 있기나 한 것처럼, 외적으로 미리 주어진 의미를 예술 속에 집어넣음으로써 객관성이 예술에서 발생하는 것은 아니다. 왜냐하면 예술은 실재로부터 재료를 수용하지만, 이 재료는 예술 속에서 변형되지 않을 수 없기 때문이다. 그것은 이미지로 변형된다. 예술을 실재와 구별하게끔 하는 가상이란 실재에서 떼어냄으로써 얻어질 수 있는 성질의 것이 아니다. 마치 "예술이 단지 직접적으로 현실적이기를 요구하지 않고서 세계를 그저 반복"하듯이(같은 책: 260), 가상 성격을 단순히 외적인 계기로 환원하는 것은 예술의 본질을 오해하는 것이다. 때문에 아도르노에 따르면, 미적 객관성은 완전히 다르게 발생한다. 말하자면 오직 예술작품의 내재적 조직화 속에서 그것을 통해서만 일치로서 발생한다.

그러나 동시에 아도르노는 그렇게 이해된 미적 차이 자체를 역사철학적 내용으로 채워 넣었다. 그에게는 예술적 관계형성의 일치가 그 중 하나였다. 그 일치는 합리성과 미메시스의 화해된 합치다. 그리고 그 합치를 아도르노는 전체적으로 도구화된 이성을 통해 규정되는 역사적 현실에 부정적으로 대립시켰다. 그러나 예술이 이렇게 화해이론적 정의를 통해서 원칙적으로 화해되지 않은 현실로부터 분리된 다음에야, 역설의 산출을 통해서만 예술은 화해되지 않은 현실을 현상하게 하라는 리얼리즘적 의무를 정당하게 평가할 수 있었다. 즉 예술은 화해 자체로부터 방향을 돌려 미적 가상의 진리에 있는 비진리의 계기에 반대하고 미적 일치의 부정성을 일관되게 형성해야 했다.[5] 이런 방식으로 아도르노에게 형식주의와 리얼리즘은 하나가 되었다. 왜냐하면 그에게 리얼리즘은 그때마다의 재료가 아니라 역사철학적 내용으로 충전된 형식적 관계형성 자체의 원리이기 때문이다. 결국 개별 작품의 구체적인 내용은 예술 일반의 역사철학적 개념과 동일시된다.[6] 이렇듯 예술 일반 개념을 작품의 구체적 내용과 동일시한 이런 잘못된 추론은 거장다운 기예(Virtuosität)로도 제대로 은폐될 수 없었다. 그런 기예를 가지고서 아도르노는 역사철학적 기초가 있는 예술 개념이 구체적인 작품 분석과 평가를 통해 봉합된다고 생각했다. 그러나 오히려 그런 잘못된 추론은 특히 아도르노의 예술비평, 그 독단주의, 비의적(秘義的) 사고에서 볼 수 있었다.

II.

오늘날 우리의 상황은 이러한 생각들과 아주 거리가 멀다. 그래서

5 그에 상응해서 예술의 '그래 그거야'는 양가성(Ambivalenz), 즉 현실 충실성에 대한 리얼리즘적 기획의 이중적 요구를—여기에서는 나쁜 것에 대한 통찰과 화해에 대한 전망으로서 이해된—자체 내에 변증법적으로 품고 있는 양가성에서 유래한다. 더 나아가 미적 일치의 '그래 그거야'는 **작품 자체 내에서** 실제의 비화해적 세계의 '그래 그거야'와 연관되어야만 한다. 거기에서 이런 '그래 그거야'의 두 번째 의미도 확정하는 진술인 '그것은 이러하다'와 단순히 일치하지 않는다. 예술을 통해 비화해적 현실은 진술되는 것이 아니라 표현된다. 그에 상응해서 비화해적 세계에 일치하는 묘사가 중요한 것은 아니다—마치 예술이 단지 확장된 인식 매체인 것처럼 말이다. 오히려 예술을 실재와 분리하는 거리의 인정을 통해서만, 예술은 비화해적 세계를 현상케 하라는 요구에 응할 수 있다. 그런 거리는 오직 미적 가상 자체의 수준과 관련될 수 있다. 아도르노의 '그래 그거야'의 양가성에 대해서는 일반적으로 다음을 참조. García Düttmann 2004.

6 이런 점에서 상세하게 아도르노 비판을 보려면 벨머를 참조. Wellmer 1985: 31 이하.

비예술적 현실의 요소로 탈경계화된 현대예술은 다음과 같은 전제, 즉 사회주의적 리얼리즘에 있어 세계에 대한 모범적 재현이라는 중심적 표상을 무력화한다. 왜냐하면 이런 표상은 결국에는 경험적 현실과 모범의 구분 가능성에 의존해 있기 때문이다. 그리고 이 경우에 모범은 경험적 현실의 모범이어야만 하기 때문이다. 그에 반해서 현대의 탈경계화된 예술은 예술과 비예술, 예술적 재현과 경험적 실재 사이의 경계를 불안정하게 만든다. 그것을 통해 현대예술은 명백하게도 아도르노의 형식주의적 유물론과 모순된다. 왜냐하면 예술에서 경험 가능한 화해의 이념조차—언제나 변증법적으로 파괴되듯이—모든 나머지 실재와 분리된 작품의 "제2의 현실"(Bubner 1989: 33)이라는 전제에 묶여 있기 때문이다. 아도르노가 이런 작품의 일치성을 작품**연관**의 객관적 일치성이라고 생각한 것은 우연이 아니다.

물론 예술과 비예술, 예술적 재현과 경험적 실재 사이의 경계는 현대예술을 통해서 쉽게 지양되지 않는다. 이런 차이는 이제 원칙적으로 달리 이해된다. 말하자면 예술과 비예술의 차이는 더 이상 자기 완결적인 작품과 작품 외부 사이의 경계로서 객관화될 수 있는 것이 아니라, 오히려 이론적이고 실천적인 세계소유로부터 예술작품연관을 구분해주는 경험의 특수한 반성 구조를 확립한다. 대상의 미적 성질은 미리 규정되고 정의된 대상의 속성에서 확정되는 것이 아니라, 대상에서 풀려난 경험과정의 산물로서 이해되어야만 한다. 다시 말해서 미적 대상은 단지 경험하는 주체와의 상호관계 속에서만 미적으로 현상한다. 그리고 그 경험적 주체는 마찬가지로 대상연관 속에서 변형되어 미적 주체가 된다. 더 나아가 미적 경험의 주체와 대상은 오직 미적으로 **생성됨**을 통해서, 그리고 생성됨으로서만 미적이다. 탈경계라는 조건 아래에서 미적인 것이 비미적인 것의 대상화 가능한 타자로서 더 이상 이해될 수 없다면, 그것은 어떤 미적인 사유의 포기라기보다는 오히려 미적인 사유로의 전이(轉移)를 표현한 것이다(좀 더 상세하게는 다음을 참조. Rebentisch 2003). 미적인 것은 비미적인 것에 외적으로 맞서 있는 것이 아니라 오히려 그 반성적 변형 속에서 유일하게 존립한다.

특히 예술 속 비예술적인 실재 요소들의 통합이라는 스펙터클한 사례에서 아마 그것은 잘 해명될 수 있을 것이다. 산티아고 시에라(Santiago Sierra)는 2000년도 베를린의 쿤스트-베르케(Kunst-Werke) 미술관에서 열린 불법(Illegale)전에서 종이상자를 전시했다. 그의 다른 퍼포먼스에서 국제 프레카리아트[7] 대표자들은 화폐에 반대하기 위해 하나의 선으로 된 문신을 등에 새겨 넣거나 머리를 염색했다.[8] 그런 리얼리티 바이츠(Reality Bites)를 통해 예술은 삶 속에서 단순히 사라지는 것이 아니다. 왜냐하면 행위자들은 동시에 연출자가 되고, 전시나 퍼포먼스의 구성 부분이 되기 때문이다. 우선 단역배우로 등장하는 삶의 조건들과의 관계에서 도덕적으로 그리고/또는 정치적으로 노동자들을 보는 것이 아니라 궁극적으로 연출된—그리고 넓은 의미에서 꾸며진—작품으

7 (옮긴이 주) 프레카리아트(Precariat)란 '불안정한'(Precarious)과 '노동 계급'(Proletariat)을 합성한 신조어로, 필요할 때 잠시 사용하는 파견 노동자, 동일 노동에 낮은 임금과 노동조건을 제공하는 계약직 등의 비정규직 노동자층을 가리키는 말이다. 이전에 노동자에게 제공된 정규성과 안정성을 보장하지 않으면서 출현한 계급을 뜻한다.

8 여기에 상응하는 작품들은 소박하게 명명되었다. 〈임금을 받지 못한 노동자가 종이상자에 앉는 것에 대해 변상하다〉(Kunst-Werke, Berlin 2000). 〈임금을 지불받은 여섯 사람들에게 새겨진 250cm 문신〉(Espacio Aglutinador, Havana 1999). 〈머리를 금발로 염색하기 위해 값을 지불한 사람들〉(Arsenale, Venedig 2001).

로 볼 수 있는 가능성은 연출자의 육체적이고 사회적인 실재와의 연관만큼이나 그들로부터 거의 분리되지 않는다. 바로 이런 사정이 시에라의 관객에게 확실히 도덕적 불쾌감을 불러일으킨다. 사람들은 매체가 일으키는 구경거리를 위해서 연출자를 착취한다고 시에라를 비난했다. 추정컨대 그런 구경거리의 계몽적 측면은 사실상 오늘날 민영 텔레비전에서 대량으로 산출하는 유해 포르노 수준에서 정착되었고, 불행의 현실감과 생생함 속에서 볼거리로 물신화되었다.[9] 당연히 이제 사람들은 물어볼 수 있을 것이다. 그렇게 명백하게 냉소주의 낙인을 스스로에게 찍은 예술이 사실상 냉소적인지를 말이다. 예술가는 사회의 냉소주의에 단지 '거울을 지니고 있다'고 생각한다. 따라서 그 자체는 냉소적이지 않다고 말이다. 시에라의 예술은 이것이 구경거리의 논리가 확장되는 방식으로 일어난다는 비난 앞에서 자유롭게 이것을 말하지는 못할 것이다. 이 논리에 따르면, 착취 문제의 부분이 그 해결 부분이다. 그렇지만 이런 비난은 결정적인 요소를 간과하고 있다. 즉 시에라의 노동자는 종국에는 그가 그들 자신을 생각하는 것처럼 보이는 것보다 더 복잡하게 기능한다는 요소를 말이다. 말하자면 그의 노동은 허구와 실재, 예술과 비예술—텔레비전의 리얼리티쇼와는 다르게—사이의 경계를 불안정하게 함으로써 관람 내지 관찰의 입장 자체를 문제 삼는다는 점에서 그렇다. 관찰자 내지 관객은 여기에서 사건의 부분이다. 더구나 그에게는 상황에 대한 공동 책임이 귀속된다. 검은 피부의

9 적어도 첫눈에 보기에, "조형예술에서 선정적이고 새로운 리얼리즘"이 "대중매체에서의 새로운 포맷"과 유지하고 있는 가까움에 대해서는 다음을 참조. Diederichsen 2010: 14 이하.

남자 앞에서 데스데모나를 구출하기 위해 극장 무대를 점거하는 세상 물정 모르는 관객의 경우라고 스탠리 카벨(Stanley Cavell)이 묘사했던 것 못지않게(Cavell 1976: 329), 종이상자 아래의 체면이 구겨진 자리에서 나온 (불법에서 자유로운) 도덕적 행동은 범주적 오류일지도 모른다. 그러나 여기에서 오직 예술만이 문제라는 지적은 마찬가지로 명백히 유익하지 않다. 이런 노동의 핵심은 비록 그런 것이 있다면, 오히려 상황의 불쾌함에서 나온 것이다. 여기에서 관찰자 내지 관객 입장의 배후를 묻지 못하는 확실성이 미적인 것과 비미적인 것, 예술과 비예술, 현실과 허구 사이의 경계가 틀림없이 진지한 미적 유희의 대상이 되는지에 따라 그 상황을 물어본다.[10] 이런 유희의 결과 그 유희로부터 특정한 정치적 태도가 결정화되는 것은 아니다. 오히려 한계를 가진 이 유희의 결과 관객 입장이 그와 미적 외부의 연관 속에 결합될 수 있는 관음증의 도덕적 문제와 더불어 반성적으로 주제화된다는 점이다.

예술 속에서 예술에 낯선 요소를 대담하게 수용하는 것 자체는 예술이 훨씬 더 현실에 가까이 접근한다는 것에 대한 소박한 표현이 결코 아니다. 예술에서 '현실성'은 곧바로 현재의 탈경계화된 생산에서 보여지듯이, 언제나 최고의 양가적인 크기를 가진다. 예술 외부적 맥락들이 예술 속에 도입된 요소들은 명백히 한갓 현실을 지시하는 것이 더 이상 아니며, 페터 뷔르거가 『아방가르드의 이론』(Bürger 1974: 105)에서 구체화했던 것처럼 단순한 현실성'인' 것도 아니다. 오히려 그 요

10 이런 의미의 상황 개념이 동시대, 포스트 드라마적 극장에도 유의미한 것은 우연이 아니다. 다음을 참조. Lehmann 1999: 221-224.

소들은 독특한 사이(Zwischen) 속에서 유지되고 있다. 근원적인 문맥에서 벗어나 연출적인 맥락 속에 도입된 그 요소들은, 다른 어떤 것을 지시하는 상황을 분명히 가정하지 않으면서도, 서로 유사해지지 않는다. 어떻든지 그때마다 우리에게 현상하는 것인 그것들은 결코 객관적으로 주어진 것이 아니라 우리와 분리될 수 없으며, 우리 경험의 상상적인 부분과도 분리될 수 없다.

그렇다면 미적 가상은 더 이상 객관적으로 주어진 작품구성의 일치하에 이루어지는 화해의 가상으로 이해될 수 없다. 오히려 그 가상은 객체에서 미적 경험의 상관자로서 표명된다.[11] 미적 경험의 과정이 객관적 의미 속에서 결코 시간을 확정하지 않기 때문에, 관찰자는 동시에 자기 자신과 대면하게 된다. 말하자면 미적 가상의 양태 속에서 그와 만나는 의미투사와 대면하고, 그 투사 속에서 영향을 미치는 문화적이고 사회적인 각인과 대면한다. 경험이론적 관점에서 볼 때 미적인 것의 윤리적-정치적 잠재성은 바로 그 속에 있다. 문화적이면서 사회적인 지평을 반성적으로 떠올리기 위해서 직접적인 이해를 중단하는 가운데, 그리고 중단함으로써 미적인 것이 일어난다. 그런 경험이 실제로 정치적 행위로 이행되는 의식 변화로 나아갈지는 예술 자체로부터 결정되지 않는다.

11 뤼디거 부브너는 언급된 현상을 다음과 같이 해명한다(Bubner 1989: 43). "어떤 그림 속에서도 감상자가 본 것을 완벽하게 볼 수 없고, 어떤 시에서도 사람들이 읽은 것을 명쾌하게 읽어낼 수 없다. 그리고 미적 경험 속에 주어진 것을 듣기 위해서라면 음악작품의 정확한 청취만으로는 불충분하다. (…) 미적 경험은 확립될 수 없는, **그래서** 언제나 다시 거기에 있는 무엇인가를 본다."

Ⅲ.

그럼에도 미적 경험의 윤리-정치적 잠재력에 관해 조심스럽게 언급할 수 있다면, 이것은 곧바로 미적인 것의 고유 논리, 미적 차이로부터 규정될 수 있다. 경험이론적으로 이해하자면, 미적인 차이는 더 이상 가상적 화해와 실제적 비화해의 차이로 인해 와해되지 않는다. 실제로 오늘날 전위적인 예술은 실재의 반대편에 있는 유토피아나 건너갈 수 없는 피안의 장소로서 예술을 규정하려는 시도에 대해 단호하게 반대한다. 이것은 유토피아를 전적으로 반대하는 방향에서가 아니라 유토피아에 대한 또 다른 이해의 이름으로 일어난다. 예술을 근원적으로 유토피아의 **정치적** 장소라고 생각해왔기에, 예술은 더 이상 유토피아의 총독을 자청하고 나서지 않는다.

그런 가운데 사람들은 비판이론의 전개과정에서 부합하는 점을 볼 수도 있을 것이다. 왜냐하면 아도르노에게 예술은 유토피아적 타자의 잔재가 되었기 때문이다. 특히 그는 어느 정도 전체적으로 도구적 이성으로 말미암아 개념적 사유의 영역이 부패했다는 문제 있는 진단을 바탕으로 예술을 이해했다. 이 진단에 대한 하버마스의 비판과 함께 현실, 예술 그리고 유토피아의 형세는 근본적으로 변화된다. 왜냐하면 도구적 행위와 연관된 현실의 객관화뿐 아니라 이해의 상호주관성, 주체들 사이의 미메시스적인 열린 관계도 개념적 사유에 속한다고 하버마스가 설득력 있게 논증함으로써(Habermas 1995 [1981]: 특히 Ⅰ, 522 이하), "유토피아적 관점이 담론적 이성 자체의 영역 속으로 들어오기" (Wellmer 1985: 21) 때문이다.

이런 관점에 속한 유토피아는 "지배 없는 의사소통"이라는 표제를 달고 있다. 하지만 이런 유토피아가 실천적-정치적으로 이해되어야만 한다면, 그 유토피아가 오직 나타나야 하고 그 자체가 그것을 넘어 오직 예술 속에서만 경험되어야 한다는 생각은 실천적-정치적 내용을 배반하는 것과 다를 바 없다. 정치적 유토피아라는 이름하의 유토피아적 파토스는 예술에서 떼어내야만 한다.[12] 선하고 참되고 올바른 삶을 가상으로 충족시키기 위해 예술을 양식화한다는 것은 이런 조건들 가운데 예술을 이데올로기적으로 긍정적이고 아름다운 가상으로 강등시키는 것과 다르지 않다. 여기에서 그런 가상은 나쁜 것을 단지 보충해줌으로써 그것을 존속시키는 데 기여한다.

미적 차이—그리고 즉 예술 일반의 가상의 계기—를 부정하고 예술을 실천적-정치적 유토피아의 실현의 매체로 만들고자 하는 사람은 예술의 보충적 기능 문제를 해결하지도 못한다. 그것이 바로 오늘날 참여미학의 문제다.[13] 예술을 사회 통합의 특권적인 매체로 설명함으로써, 예술과 삶의 역설적 지양, 즉 화해된 예술 실천과 화해되지 않은 실재 사이의 차이를 접합시키는 그런 지양이 성취되기 때문이다. 물론 이것은 더 이상 미적 차이로서가 아니라 사회적 차이로서 그렇다. 오직 특권화된 것과 거리를 둠으로써 예술과 다른 것, 즉 화해되지 않은 관계들과 연관되는 의사소통적 실천이 예술 제도라는 보호받는 공간

12 "미적 유토피아 비판" 참조. Seel 1985: 325 이하.

13 여기에서는 단지 참여미학(특히 Bourriaud 2002)의 문제만 고려되지, 필연적으로 그것에 귀속되는 예술은 고려되고 있지 않다. 왜냐하면 그런 예술의 업적은 대부분의 경우 더 정확히 고찰하면 거의 사회적 통합으로 전환되지 않기 때문이다. 그것은 "참여"를 미학적 반성의 대상으로 만드는 것에 존립하기 때문이다. 말하자면 그것에 직접적인 실천적 의미를 수용하는 것에 존립하기 때문이다. 다음을 참조. Rebentisch 2006.

내에서 찬미된다.

비판적인 동시대 예술과 아도르노와의 연결지점이 있다면, 그것은 그의 사상, 즉 화해의 유토피아는 "진정한", 다시 말해 부패하지 않은 예술 속에서 단지 부정적으로 (화해되지 않은 실재와의 연관 속에서 그리고 그 연관을 통해서만) 나타날 수 있다는 사상이다. 물론 화해되지 않은 실재에 관한 이해도 유토피아에 관한 이해와 함께 바뀌었다. 도구적 이성을 통해 전체적으로 지배되었기에 실재가 화해되지 않은 상태에 있다고 이제 더 이상 말할 수 없다. 오히려 주체들 사이의 의사소통적 연관들이 사실적으로 왜곡되었기 때문에 그렇게 불릴 수 있다. 이런 왜곡은 하버마스가 『의사소통행위이론』(Habermas 1995 [1981]: 특히 Ⅱ, 522)에서 시사했던 것처럼, 목적합리적 조직원리가 경제화와 관료화라는 외적 과정을 통해, 그렇지 않았으면 광범위하게 의사소통적으로 통합되었을 생활세계를 "식민화"하는 것을 통해서 처음 일어난 것이 아니다. 오히려 의사소통적 행위 자체의 과정 속에 내재한 불공평한 사회적 권력분배 때문에 일어난다.[14] 바로 그 때문에 하버마스 자신이 『인식과 관심』(Habermas 1973 [1968]: 71 이하)에서 강조했던 것처럼, 의사소통적인 행위가 의사소통적인 것 일반으로서 자유롭게 설정될 수 있기 위해서는 우선 이성적 이해의 사회적 조건들을 지향할 수밖에 없는 투쟁들이 존재한다. 그런데 일찍이 다른 누구보다 자크 랑시에르(Jacques Rancière)가 그런 종류의 투쟁을 제시했으며, 그 투쟁들은

14 이 점에서 하버마스에 대한 비판을 보기 위해서는 다음을 참조. Honneth 1989: 특히 296 이하.

언제나 의사소통적 변수, 사회적 지각의 범형, 하나의 사회가 자기이해를 명백히 말하는 말과 이미지를 대상으로 가진다(비교. Rancière 2002 [1995]: 55 이하).

사회 운동의 인정투쟁에서 제시되는 재현에 관한 물음은 단순히 상징의 문제가 아니다. 왜냐하면 재현을 통해 산출되고 지탱되는 사회적인 지각은 사회적 현실의 **물질성**(Materialität)의 구성 부분이기 때문이다. 그것은 감각적으로 지각 가능한 영역에서 어떤 차이를 구성한다. 여기에서 차이란 몇몇은 중심부를, 다른 것은 주변부를 지시하며 몇몇에게는 다른 것보다 더 많은 권리와 정치적 중요성을 부여하는 것이다. 1980년대 미국 예술비평가이자 예술이론가인 오웬스(Craig Owens)가 썼던 여성 문제, 흑인 문제 또는 동성애자 문제는 물론 재현이 결핍된 것은 아닐 것이다. 오히려 그런 그룹의 헤게모니적 재현이란 여기서 그들에게 허락된 가시성이 그들의 정치적 비가시성을 강화시킨다(Owens 1992 [1982/83]: 262)는 점일 것이다.

그러나 사회 운동이 타자로 하여금 헤게모니를 쥔 재현들에 대해 이의제기를 하게 하고 주변적인 것을 스스로 재현하고 말하게 하며, 한마디로 그것을 정치적 주체로 현상하게 하는 일을 하는 반면에, 예술에서의 재현 비판은 근본적으로 다른 방식으로 말한다. 왜냐하면 예술이 세계 재현의 문제에 관심을 돌리고 옛 리얼리즘의 기준이 작동하는 곳에서도 미적 사유에서의 변혁이 배어 있기 때문이다. 오늘날 예술은 참된 이미지에 대한 추구를 포함하고 있다. 세계 배후에 놓인 의미, 합법칙성, 진리를 발굴하기 위하여 세계의 불투명한 표면을 부수는 일이 더 이상 문제는 아니다. 오히려 예술은 재현을 통해 이미 밝혀진 세계에서 시작한다. 이와 연관해서 현대예술이 관계 맺고 의식하는 현실은 재현이라는 현실이다. 그런 현실을 생생하게 떠올리는 것(Vergegenwärtigung)은 예술적 작동을 통해 처음 시작되며, 그 예술적 작동은 재현된 것을 목표로 삼는 재현의 지시적 추론을 무력하게 한다. 다시 말해서 여기에서의 재현 비판은 주변부 그룹을 정치적으로 가시화하는 데 기여하는 것으로서 이해될 수 없다. 또는 어쨌든 일차적인 것으로 이해될 수 없다.

Ⅳ.

그 점에서 오늘날 예술은 특히 지배자들의 세계상으로부터 가난한 자들과 억압받는 자들을 배제하는 것에 대한 비판으로서 재현 비판을 이해하는 리얼리즘 기획과는 분명하게 구분된다. 우리는 야콥 리스(Jacob Riis)의 역사적 사례를 생각해볼 수 있다. 그의 사진 르포르타주 〈어째서 타자는 반쪽짜리 인생인가〉(Riis 2009 [1890])는 19세기 말 미국 중상류층을 뉴욕 슬럼가의 상황들과 대조했다. 야콥 홀트(Jacob Holdt)는 20세기 70년대의 아프리카계 미국인 게토에 관한 다큐멘터리로 동일한 충동을 따랐다(Holdt 1979 [1977]). 이런 리얼리즘 작품들은 계몽적 잠재력과 나란히 한편에서는 찍힌 사람들에 대한 착취와 다른 한편에서는 그렇게 해서 생겨난 이미지의 관음증적 소비 가능성이라는 이중적인 뒷면을 여전히 가지고 있었다. 그런 리얼리즘 이해의 문제는 에이즈 위기에서도 다시금 명백해졌다. 그래서 더글러스 크림프는 니콜라스 닉슨의 〈에이즈에 걸린 사람〉(Nixon und Nixon 1991)을 기껏해야 선량한 사람으로, 그러나 사실상 반동적인 자로 복귀시켰다. 왜냐하면 그의 모티브는 착취하고 물신화하는 리얼리즘 이해를 날카롭게 비판하기 때문이다(다음을 참조. Crimp 2002 [1992]).

에이즈 위기 동안 사진을 능동적으로 사용하는 것에 대한 논쟁은 한 가지 문제에 주목하게 만들었다. 즉 예술이 변덕스럽게도 정치적 재현의 과제에서 면제되었을 뿐 아니라, 예술에 고유하고 원칙적으로 미적인 또 다른 논리에 대한 통찰 있는 이런 절제가 정당화되어야만 한다는 점이 명백해졌다. 에이즈 위기 동안 능동적이고 정치적인 이미지 사용에 대한 논쟁의 와중에 어떤 이미지가 위기를 재현하는 과제에 적합했는지는 맥락 독립적으로 결정될 수 없다는 점이 드러났다. 환자의 치명적인 고통을 보여주거나 또는 그와는 반대로 모든 것을 백일하에 드러내지 않는 것이 맥락에 따라 유의미할 수 있었다(다음을 참조. Linck 2010: 44). 고통 이미지를 보여주는 것이 정치적으로 유의미하거나 도덕적으로 적합한지 아닌지 그리고 어떤 형식에서 그런지는 맥락이 결정했다. 그래서 이미지를 그것의 정치적 문맥 속에 확장시키기 위해서 종종 텍스트와의 결합이 추구되었던 것은 우연이 아니다(같은 책: 46). 그와 함께 발터 벤야민의 통찰(Benjamin 1991 [1931]: 385), 즉 "표제" 없는 "모든 사진적 구성은 우연히 삽입된 채 남아" 있어야만 한다는 통찰이 강화되었다. 독립적으로 받아들인다면 그런 사진적 구성은 곧바로 분명 강제적인 이데올로기를 가지거나 롤랑 바르트가 말했듯이 "신화적" 경향, 즉 그것을 통해 재현된 것이 그것에 적중하는 정치적 연관들의 복잡성으로부터 정제되는 경향을 가진다(Barthes 1964 [1957]: 131). 왜냐하면 수전 손택(Susan Sontag)이 항상 재차 강조했던 것처럼 코멘트가 없는 이미지는 단지 비참함을 밝혀낼 수만 있기 때문이다. 그것은 비참함이 존재한다는 **사실**을 보여준다. 그러나 그것은 아무것도 설명하지 않는다(Sontag 2003: 51, 136). 어쨌든 정치적으로 공허한 공감에 호소할 수는 있다. 하지만 그 공감은 대개 다시 신속하게 사라져버린다. 왜냐하면 그것은 실천적-정치적으로 변화하고 더 폭넓게 보존할 수 있을 만큼 인간 보편의 것으로 조정되지 않았기 때문이다. 그런 이미지들의 휘발성 강한 영향에 사람들은 빨리 익숙해진다. 이미지를 통해 기록된 비참함이라는 단순 사실처럼 그렇게 빨리 익숙해진다. 이와 상응해서 나쁜 관계들의 단순 모방에서 시작하여 그만의 정치적 쟁점화로 끝나는 예술적 생산은 설득력이 떨어진다. 직접적으로 그런 생산이 가진 것 같은 유일한 정치적 영향은 예술가를 통해 모사된 것의 착취 효과다. 예술가들의 이름 아래에 그 이미지들이 보인다. 그런 정치적이고 도덕적으로 반생산적 영향을 피해가기 위해서, 이미지는 더 많은 해명이 필요하다. 나의 세계와 보이는 세계가 함께 결합되어 있고 이미지 속에 함축된 자리를 내게 지정하는 정치적인 코멘트의 형식으로 말이다. 이 자리에서 내게 중요한 연관은 원래부터 유명한 것이다. 즉 맥락이 규정되면 될수록, 이미지의 의미는 더 잘 통제될 수 있다. 통제가 전면적일 수는 없겠지만, 더 나아가 맥락의 통제는 모든 다큐멘터리즘이 계몽주의적인 요구와 더불어 지향해야만 하는 바다. 이렇게도 말할 수 있다. 즉 다큐멘터리 이미지는 촬영 순간에 벌써 발생한 것이 아니라 맥락에 따른 가공 이후에야 발생한다. 그런 한에서 벤야민이 「사진의 작은 역사」 말미에서 추측했던 바대로, 가장 본질적인 구성부분을 통제하는 맥락적인 고려는 촬영 과정 전체가 아니라 다큐멘터리 이미지의 모든 사용에 속한다(다음을 참조. Rebentisch 2005).

V.

정치적으로 이미지를 사용하는 것에 관한 논쟁이 이제 점점 더 강력하게 예술의 정치에 대한 물음을 다시 제기한다. 왜냐하면 내 테제에 따르면 예술은 다큐멘트적인 것의 **아이러니**(Ironie)로서 기능하기 때문이다. 예술은 계몽적인 다큐멘트 논리와의 관계에서 그와는 정반대로 작용해서, 삶의 세계에서 허용되는 문맥으로부터 그 예술의 요소를 도출한다. 더구나 묘사 형식이 묘사된 것에 맞서 독립해 있고, 그 고유한 물질적 현실에서 고유한 중요성을 얻고 현상한다는 효과를 갖는다. 그럼에도 불구하고 결과는 결코 형식주의가 아니라 묘사와 묘사된 것 사이의 긴장이며, 그 긴장을 통해서 모든 의미의 명증성이 파괴되고 재현을 통해 재현된 것을 지시한다는 결론이 의문시된다.

인식을 지향하는 다큐멘터리즘의 관점에서 이것은 분명 매우 어려운 역학이다. 우리는 정당하게 이렇게 말할 수도 있을 것이다. 즉 그것을 통해 예술에 대해 아주 오래된 유보조항, 즉 플라톤적인 유보조항이 강화된다고, 예술이 묘사의 문제에서 특화를 요구하지만 묘사된 것 자체의 진리가 문제시될 때, 그것이 올바른 청원서는 아니라고 말이다. 그러나 플라톤에게는 오직 약점으로만 보였던 것이 여기에서는 예술의 특수한 강점으로 보인다. 왜냐하면 다큐멘트적인 것의 계몽적 재현과는 달리 예술은 엄격히 부정적으로 완수되는 재현 비판을 위해서 이 역학을 사용하기 때문이다.

하나의 예를 들어보자. 〈두 개의 부적합한 묘사 체계 속의 바워리 Bowery〉는 1974/75년에 나온 미국 예술가 마사 로즐러(Martha Rosler)의 상당히 유명한 작업이다. 문제는 일련의 종이들인데, 그것들은 구체적 시(詩)의 스타일로 된 한 쌍의 단어들로 정렬된 텍스트 바탕 위에 한 장의 흑백 사진이 조합을 이루고 있다. 뉴욕 바워리에 있는 쇠락한 상점들을 찍은 이 관습적 사진들은 아무런 특별한 것도 보여주지 않는다. 그것은 단지 그 지역의 진실한 모습만을 인용해주고 있다. 텍스트 바탕 위에 모인 단어들은 다른 편에서 당시 소위 사회적 초점, 즉 주정뱅이 거주자의 절망적인 상태가 문제인 그 사회적 초점에 관한 너무나도 유명한 서술에서 나온 것이다. 분명 문제는 몽타주 형식이다. 이미지와 텍스트의 몽타주만이 아니라 예술 속에서 현실의 파편조각의 몽타주가 문제다. 그러나 실재로부터 읽힌 파편조각들은 실재의 재현 자체다. 로즐러가 나중에 자기 작품에 대해 언급하기를, 정확성에 대한 요구는 "진리의 재현이 아니라 재현들의 재현을 지향한다."(Rosler 1999 [1981]: 131) 여기서 만일 바워리 지역의 실재에 관한 다큐멘트적 기획에 대해 말하고자 했다면, 어쨌든 중요한 것은 두 번째 질서의 다큐멘터리즘이다. 하지만 내 생각에 이런 관계도 오도된 것이다. 이 작업은 다큐멘터리의 계몽적 논리가 아니라 미학의 논리 속에서 그 비판적 잠재력을 결정적으로 전개한다. 말하자면 이 작업은 아무것도 설명하지 않는다. 텍스트와 이미지는 의미 속에서 일치하지 않는다. 오히려 우리, 즉 관찰자는 이미지와 텍스트의 결합을 단지 실험적으로만 산출할 수 있다. 우리는 이미지와 이미지에 대립한 개념을 함께 소유함으로써 의미를 만드는 맥락을 단지 인용할 수 있을 뿐이다. 그것을 위해 작품 속에서 객관적인 근거를 발견하지 못한 채 말이다. 우리는 예술을 통해 제시된 현재 의미를 단지 파괴된 것으로 미적으로 경험한다. 그래서 그때마다의 묘사가 현상하는 방식, 즉 그것이 현상하게 하는 것이

동시에 우리의 이해에 영향을 미치는 문화적이고 사회적인 세계상으로 우리를 되돌려 보낸다. 여기에서 세계의 상태를 넘어서는 계몽적인 접근은 곧장 파괴된다. 더구나 그것은 문화적이고 사회적으로 제작된 세계상의 정치적 함축을 대면하기 위한 것일 뿐 아니라 우리가 세계와 그것의 이미지에 대처하는 우리 고유의 문화적이고 사회적인 장점을 반성적으로 대면하기 위한 것이다.

이제 한편에서는 다큐멘터리즘과 다른 편에서는 예술 속 그것의 아이러니라는 거친 대립이 실제로 타당한지를 질문할 수 있다. 하지만 내 생각에 이런 이름에 봉사하는 곳에서 예술은 다큐멘트 장르로 편입되는 곳에서도 재현의 논리와 부정적이고 역설적인 관련을 맺고 있다. 앨런 세큘러(Allan Sekula)의 고집스러운 포토 에세이 〈물고기 이야기〉(2002)는 아마 좋은 사례일 것이다. 마찬가지로 샤론 록하트(Sharon Lockhart)의 엄격한 형식을 갖춘 영화 〈점심시간〉(2008)도 그렇다. 두 작품은 비판적인 다큐멘트 사진의 매우 고전적인 장르인 노동을 다루고 있다. 그러나 두 작품은 재현 전략의 공동전시를 통해 산출된 이미지들이 모두 재현되는 것을 반성적으로 차단하는 방식으로 이것을 해낸다.

세계에 대한 직접적인 포착을 중단한 예술과 계몽에 관심 있는 다큐멘터리즘은 동일한 프로젝트를 두고 경합하지 않는다. 갑과 을을 반목시켜 어부지리를 얻는 것은 분명 중요하지 않다. 예술의 고유논리를 진지하게 받아들인다는 것은 다큐멘트의 논리를 보충하는 방식을 인정한다는 뜻이다. 그런 방식을 통해 예술은 낡은 리얼리즘의 이중적인 요구, 즉 실천적 변형 가능성을 위해 주어진 것에 대한 의무를 충실하게 지킨다. 말하자면 예술은 거리를 두는 상상의 부정성을 통해 현존하는 우리 세계상의 함축들에—그 같은 것에 쏟은 우리의 투자 전부에—접근하며 그래서 가능한 변화를 이끌어낸다.

그런 참된 미적 경험은 지배 없는 의사소통의 유토피아와 관련되어 있지, 가상적으로 그것을 성취하는 데 있지 않다. 오히려 문화적이고 사회적으로 영향력 있는 재현 논리의 미적 중단은 결과적으로 이것이 정치적 최종결론일 수 없다는 충분한 의식 속에서 일어난다. 왜냐하면 재현의 논리는 단적으로 정치적으로 지양될 수 없기 때문이다. 정치적 주체성의 규정 없이는, 말하자면 주체의 정치적 법적 재현이 없다면, 정의도 없고 자유도 없다. 그래서 새로운 사회 운동들은 그때마다 **다른** 재현, 즉 정치적으로 주변화된 것의 불가시성을 정치적 가시성으로 변형시킬 수 있는 재현을 요구해왔다. 목표로 삼은 정치 부분의 성공은 재현의 논리를 중단하는 것이 아니라 새로운 정치적 주체성(노동자**의**, 여성**의**, 동성애자**의**, 흑인**의**)의 공식화 속에서 새롭게 투자된다. 그러나 모든 정치적 재현은 고유한 정립의 계기다. 그 계기는 재현이 고유한 수사성(Rhetorizität)을 숨기는 만큼 감춰진다. 왜냐하면 모든 재현은 수사적인 것으로서 언제나 간접적으로, 재현을 통해 처음 규정된 것의 비규정성을 가리키고 있기 때문이다. 더 나아가 재현이 원칙적으로 다시 의문시될 수 있는 잠재성을 가리키기 때문이다. 이제 예술이 사회 현실의 적극적인 재현을 포함한다면, 특히 사회 현실의 재현을 재현으로서, 결국 재현의 수사성 속에서 전시하고, 재현을 통해 재현된 것의 자연스러운 도출을 지양하기 위해서, 이런 것이 일어난다. 예술은 특히 다음과 같은 점을 통해서 (메타) 정치적 의미를 획득한다. 즉 예술이 수사학과 더불어 우리의 정치적 세계상에 근거해서 정립을 발굴하고, 그럼으로써 지배 없는 의사소통을 가능하게 할 조건들을 위한 투쟁이 잠재적으로 종료될 수 없다는 점을 지시함으로써 (메타) 정치적 의미를 획득한다.

번역_김동규

참고문헌

Adorno, Theodor W. 1997 [1958]: Erpreßte Versöhnung, in: ders.: Gesammelte Schriften XI. Frankfurt a. M.: Suhrkamp, 251-280.

Barthes, Roland 1964 [1957]: Mythen des Alltags. Frankfurt a. M.: Suhrkamp.

Benjamin, Walter 1991 [1931]: Kleine Geschichte der Photographie, in: ders.: Gesammelte Schriften Ⅱ.1. Frankfurt a. M.: Suhrkamp, 368-385.

Bourriaud, Nicolas 2002: Relational Aesthetics. Paris: les presses du réel.

Bubner, Rüdiger 1989: Über einige Bedingungen gegenwärtiger Ästhetik, in: ders.: Ästhetische Erfahrung. Frankfurt a. M.: Suhrkamp, 7-51.

Bürger, Peter 1974: Theorie der Avantgarde. Frankfurt a. M.: Suhrkamp.

Cavell, Stanley 1976: The Avoidance of Love. A Reading of King Lear, in: ders.: Must We Mean What We Say? A Book of Essays. Cambridge: Cambridge University Press, 267-353.

Crimp, Douglas 2002 [1992]: Portraits of People with AIDS, in: ders.: Melancholia and Moralism. Essays on AIDS and Queer Politics. Cambridge and London: The MIT Press, 83-107.

Diederichsen, Diedrich 2010: Realitätsbezüge in der Bildenden Kunst. Subjektkritik, Repräsentationskritik und Statistenkunst, in: Dirck Linck, Michael Lüthy, Brigitte Obermayr und Martin Vöhler (Hg.): Realismus in den Künsten der Gegenwart. Berlin: Diaphanes, 13-28.

García Düttmann, Alexander 2004: So ist es. Ein philosophischer Kommentar zu Adornos 'Minima Moralia'. Frankfurt a. M.: Suhrkamp.

Habermas, Jürgen 1973 [1968]: Erkenntnis und Interesse. Frankfurt a. M.: Suhrkamp.

Habermas, Jürgen 1995 [1981]: Theorie des kommunikativen Handelns. Zwei Bände. Frankfurt a. M.: Suhrkamp.

Holdt, Jacob 1979 [1977]: Bilder aus Amerika. Eine Reise durch das schwarze Amerika. Frankfurt a. M.: Fischer.

Honneth, Axel 1989: Kritik der Macht. Reflexionsstufen einer kritischen Gesellschaftstheorie, Frankfurt a. M.: Suhrkamp.

Lehmann, Hans-Thies 1999: Postdramatisches Theater. Frankfurt a. M.: Verlag der Autoren.

Linck, Dirck, Michael Lüthy, Brigitte Obermayr und Martin Vöhler (Hg.) 2010: 'Mourning and Militancy'. Künstlerische Reaktionen auf die Aids-Kriese, in:

Dirck Linck, Michael Lüthy, Brigitte Obermayr und Martin Vöhler (Hg.): Realismus in den Künsten der Gegenwart. Berlin: Diaphanes, 29-50.

Lukács, Georg 1958: Wider den missverstandenen Realismus. Hamburg: Claassen.

Nixon, Nicholas und Bebe Nixon 1991: People with AIDS. Boston: David R. Godine.

Owens, Craig 1992 [1982/83]: The Indignity of Speaking for Others. An Imaginary Interview, in: ders.: Beyond Recognition. Representation, Power, and Culture. Berkeley, Los Angeles and London: University of California Press, 259-262.

Rancière, Jacques 2002 [1995]: Das Unvernehmen. Politik und Philosophie. Frankfurt a. M.: Suhrkamp.

Rebentisch, Juliane 2003: Ästhetik der Installation. Frankfurt a. M.: Suhrkamp.

Rebentisch, Juliane 2005: Das dukumentarische und das ästhetische Bild, in: Andreas Fanizadeh und Eva-Christina Meier (Hg.): Chile International. Kunst-Existenz-Multitude. Berlin: ID-Verlag, 45-58.

Rebentisch, Juliane 2006: Partizipation und Reflexion. Angela Bullochs The Disenchanted Forest x 1001, in: Angela Bulloch: Prime Numbers, Ausstellungskatalog. Köln: Walther König, 88-108.

Rhomberg, Kathrin (Hg.) 2010: was draußen wartet. Köln: DuMont.

Riis, Jacob 2009 [1890]: How the Other Half Lives (Norton Critical Editions). New York: W. W. Norton & Company.

Rosler, Martha 1999 [1981]: Drinnen, Drumherum und nachträgliche Gedanken (zur Dokumentarfotografie), in: Sabine Breitwieser (Hg.): Martha Rosler. Positionen in der Lebenswelt. Wien: Generali Foundation und Köln: König, 105-148.

Seel, Martin 1985: Die Kunst der Entzweiung. Zum Begriff der ästhetischen Rationalität. Frankfurt a. M.: Suhrkamp.

Sekula, Allan 2002: Fish Story. Düsseldorf: Richter Verlag.

Sontag, Susan 2003: Das Leiden anderer betrachten. München und Wien: Hanser.

Wellmer, Albrecht 1977: Kommunikation und Emanzipation. Überlegungen zur sprachanalytischen Wende der kritischen Theorie, in: Urs Jaeggi und Axel Honneth(Hg.): Theorien des Historischen Materialismus. Frankfurt a. M.: Suhrkamp, 465-500.

Wellmer, Albrecht 1985: Wahrheit, Schein, Versöhnung. Adornos ästhetische Rettung der Modernität, in: ders.: Zur Dialektik von Moderne und Postmoderne. Vernunftkritik nach Adorno. Frankfurt a. M.: Suhrkamp, 9-47.

폭력 범죄현상의 전개

뒤르켐의 현재적 의미

헬무트 토메

"폭력"은 여러 형식들로 나타나지만, 언제나 문제가 되는 것은 다른 인간의 신체가 의도적으로 상해를 입거나 활동의 자유가 제한되거나 그 신체가 점유, 능멸, 혹은 파괴된다는 점이다. 이 기고문에서 나는 폭력 일반이 아니라 폭력 **범죄현상**(Gewalt*kriminalität*)을, 따라서 형법상 범주화된 인격 상호 간의 폭력을 다루고자 한다. 다시 말해 나는 거시(巨視) 폭력이 아니라 미시(微視) 폭력을 다루려는 것이다. 나는 정치적 갈등에서 비롯된 집단적 폭력을 다루려는 것도 아니며, 국가에 의해 용인되거나 지원받거나 직접 실행된 폭력 행사를 다루려는 것도, 따라서 또한 전쟁이나 내전, 인종청소나 소수민족 학살을 다루려는 것도 아니다. 이러한 경계 구분은 중요하다. 왜냐하면 이렇게 구별되는 폭력 형식들은 장기적으로 볼 때 발생의 빈도와 강도 면에서 그때마다 서로 다르게 전개되어왔기 때문이며, (부분적으로 중첩된다 해도) 서로 구별되는 복잡한 원인들을 지니기 때문이다. 이 점은 "현대의 폭력"에 대해 반복해 이루어지는 토론들에서 자주 간과되거나 도외시된다. 그러나 어떠한 폭력 형식을 연구하고 싶은지는 전혀 중요하지 않다. 폭력 형식의 사회적 조건들에 대해 무언가 유의미한 것을 찾아내려 한다면 짧은 기한 내의 횡단면 비교로 만족해서는 안 되며, 가능한 한 장기간에 걸쳐 상이한 나라와 지역에서 진행된 경향의 전개를 고찰해야 한다.

인격 상호 간 폭력의 전개

근대가 시작된 이후 인격 상호 간 폭력의 전개는 살인 및 다른 살해 범행(즉 살인율) 자료에 의거해 가장 쉽게 재구성될 수 있다. 유럽 국가들은 우선 19세기가 경과하면서, 스웨덴은 이미 그 이전에, 공식 통계들(경찰 사망률 통계, 유죄판결 사망률 통계, 의료 사망률 통계 등)을 작성했다. 이 공식 통계들은 연도별 발생건수를 다룰 수 있게 해준다. 이 자료들을 통해 좀 더 장기간에 걸친 경향 전개가 상당히 신뢰성 있게 인식될 수 있다. 상이한 나라들이나 지역들 간의 수준 비교가 서로 다른 법적 토대, 추소(追訴) 처리, 등록 절차로 인해 상당히 문제가 있음에도 그렇다. 그 이전 수 세기에 대해서는 법정 문서와 의료 검시(檢屍) 보고 및 검시 공무원의 기록이 유용한 자료를 제공해준다. 이를 통해 개별 도시 및 인구 규모가 알려진 크고 작은 지역 단위의 살인율을 산정할 수 있으며 그 시간적 추이를 재구성할 수 있다.[1] 스위스 사회학

1 중세 후기와 근대 초기의 형벌 체계의 변형에 대해서는 다음을 보라. Schubert 2007.

자 마누엘 아이스너(Manuel Eisner)는 수많은 역사적 선행 연구들로부터 상응하는 자료들을 수집해 이를 기초로 "근대 국가 성립 이전" 시대 인구 10만 명당 살인율이 어림잡아 400건에 가까운 정도였다는 사실을 밝혀냈다(Eisner 2003). 이 어림값은 유럽의 다섯 거대 지역들 내에서 즉 (이미 1200년부터) 영국에서 그리고 다른 시기 스칸디나비아, 벨기에/네덜란드, 독일/스위스, 이탈리아에서 상이한 장기적 시간대와 지리적 범위에 걸쳐 다른 밀도로 그리고 단속적으로 분포되고 있다. 이 자료들을 공식 통계 자료들과 취합한다면 놀라울 정도로 명료한 형상이 나타난다. 수준과 시기 구분에 있어서의 지역적 차이에도 불구하고 모든 지역에 걸쳐 동일한 근본 경향을 볼 수 있는 것이다. 말하자면 살인율은 대략 1500년부터 불연속적이고 일시적으로는 역방향으로 움직이긴 했지만 그럼에도 지속적으로 현저하게 감소해왔다. 그 어림값은 연구 대상으로 삼은 시기들 중 초반부에는 상당한 편차를 보였지만 그 편차 범위는 19세기 중반부터 분명하게 축소된다. 게다가 이 시기부터 개별 나라들이나 지역들 간의 수준 차이도 감소되는 경향을 보인다. 아이스너는 (모든 지역들을 포괄해) 15세기 평균 살인율이 10만 명당 41건이었음을 계산해냈다(같은 책: 99). 이어서 그는 (이제 공식 통계를 기초로) 1880년 유럽 7개국(벨기에, 영국/웨일즈, 프랑스, 이탈리아, 네덜란드, 스웨덴, 스위스) 전체의 평균 살인율이 대략 2.5건이었다고 밝힌다. 지속적인 감소는 추정컨대 의술의 발전에 의한 것이기도 하다. 이 국가들에서 역사적으로 가장 낮은 수치는 10만 명당 약 0.7건의 살해 범행이 행해진 1960년경에 나타난다(Eisner 1995). 그 이후부터 살인율은 경제 선진국이자 민주체제인 거의 모든 국가들에서 다시 상승한다. (가장 눈에 띄는 예외는 일본이다. 이 나라에서 살인율 상승은 1990년대에서야 비로소 나타난다. Roberts/LaFree 2004) 위에 언급한 유럽 국가들에서 1960년 이후 살인율은 대체로 두 배 내지 세 배로 상승한다. 그리고 1990년대부터 살인율은 평균적으로 거의 동일한 수준에서 움직인다(Eisner 2008). 독일과 미국 같은 몇몇 사례들에서는 살인율이 감소하기까지 한다.[2] 그렇지만 미국을 제외한다면 이것이 폭력 범죄현상 전체에 해당되는 것은 아니다. 국제적으로 비교 가능한 강도 범행 자료들에서 가장 쉽게 알 수 있듯이, 강도 범행은 (미국과 무엇보다 캐나다가 포함된) 몇몇 예외가 있긴 해도 적어도 유럽에서는 지속적으로 증가했다(Eisner 2008: 306, Thome/Birkel 2007: 89 이하).[3] "유엔 범죄 경향 조사회"(United Nations Surveys of Crime Trends)의 관련 자료들도 이 점을 보여준다.[4]

독일 경찰범죄통계(PKS)[5]에 기록된 강도 범행은 (당시 서독의 10만 명당 7건뿐이었던) 1953년과 (통일 이전 연방 주들만 고려할 때 대략 85건이었던) 1997년 사이에 열 배 이상 증가했으며(영국/웨일즈 같은 몇몇 다른 나

2 비교해보자면 라틴 아메리카에서는 1990년대 중반부터 10만 명당 평균 30건의 살인이 기록되었으며, 콜롬비아에서는 85건이었다(Waldmann 1997: 142). 미국의 몇몇 대도시도 이 수준이었다. 1990년대 초부터 미국 살인율의 일반적 감소에도 불구하고 예를 들어 2007년 디트로이트는 10만 명당 46건, 워싱턴은 41건을 기록하고 있다(U.S. Department of Justice, FBI: www.census.gov/statab/2010/tables/10s0298.pdf).

3 물론 몇몇 국가의 희생자 조사 자료는 통일성이 부족한 모습을 보여준다(Farrington et al. 2004: x).

4 (1970년부터 2002년까지) 이 자료를 친절하게 이용할 수 있게 해준 밤베르크 대학 사회학 연구소의 자비네 프레리히스(Sabine Frerichs)와 모니카 잔더(Monika Sander)에 감사드린다.

5 이 통계는 연방 범죄국이나 '만하임의 설문, 방법, 분석 중앙회'의 인터넷 사이트를 통해 접할 수 있다(검색어 "Sozialindikatoren").

라들에서는 무엇보다 1980년대 중반부터 훨씬 두드러지게 상승했다), 그 이후 약간 감소했다(Thome/Birkel 2007: 3장; Spies 2008). 그러나 심각하거나 위험한 신체 상해, 강도, 성폭력, 살해 범행이 포함된 "폭력 범죄현상"이라는 집합 범주로 본다면 현재에 이르기까지 지속적인 상승 경향이 나타난다. 1955년에는 70건에 가까웠지만 2007년에는 270건이 넘는 수치가 기록되어 있기 때문이다. 많은 범죄학자들은 이러한 상승의 상당 부분이 주민들의 감수성과 고발 의지가 높아지고 이에 따라 이전에는 경찰이 알 수 없었던 "미지 영역이 축소"되었다는 사실을 통해 설명될 수 있다고 가정한다(이에 대한 논의는 Birkel 2003). 지면상 여기서 나는 그 논의를 자세히 다룰 수 없다. 또한 이 기고문에서 아래 논증을 전개하는 나에게 그 상승의 정확한 수치가 중요한 것도 아니다. 중요한 것은 오직 1960년대부터 폭력 범죄현상이 분명히 증가했다는 사실이다. 이러한 경향이 가장 조밀하게 양적으로 측정된 (강도, 경미 신체 상해, 과중 신체 상해의) 하위 범주들에서 최근에 이르기까지 지속되고 있다는 사실도 중요하다. 이 사실은 경찰범죄통계에 의해 뒷받침되고 있을 뿐 아니라 비록 **단기적으로는** 다른 경과 모델을 보인다 해도 또한 국제 희생자 조사를 통해 확인되기도 한다.[6] 게다가 "국제 범죄 희생자 조사회"(International Crime Victim Surveys)와 "유럽 범죄와 안전 조사회"(European Survey of Crime and Safety)가 1989년과 2004/2005년 사이에 다섯 단계에 걸쳐 주로 수많은 유럽 국가들에서, 그러나 또한 유럽 외

6 이 점에 관해 나는 무엇보다 영국범죄조사회(British Crime Survey, BCS)와 스웨덴생활조건조사회(Living Conditions Survey, ULF)의 1981년과 1997년간의 자료에 의존하고 있다(Birkel/Thome 2004: 111 이하).

의 국가들에서도 수행한 희생자 조사는 평균적으로 볼 때 1989년과 2005년 사이 폭력 범행에 대한 고발 지수의 상승을 보여주지 않는다. (단지 1989년과 2005년의 신고 건수만 갖고 본다면) 독일은 3퍼센트 증가를 기록하고 있을 뿐이다.[7]

나의 출발점은 그래서 폭력 범죄현상이 20세기 후반기와 21세기 초에 (단지 독일에서만이 아니라) 전체적으로 두드러지게 증가했다는 점이다. 그러나 이러한 상승을 설명해야 할 이론은 근대가 시작된 이래 지난 수 세기 동안 인격 상호 간의 폭력이 (훨씬 강력하게) 감소했다는 사실과 모순되지 않도록 주의해야 한다. 그 이론은 가능하다면 이러한 U 자형 진행의 좌우 두 "변들"을 설명할 수 있어야 한다. 물론 오른쪽 변 (부분)은 두 갈래로 갈라지며 특히나 끔찍한 것으로 간주되는 폭력 범죄는 더 증가하지 않고 실상은 아마 다소 감소한 셈이라 할 수 있을지 모른다. 이 점 또한 설명 모델에서 고려되어야 할 것이다. 이 점은 이미 언급했듯이 **실행된** 살해 범행에, 독일에서는 또한 **시도된** 살해 범행 즉 살인미수에도 들어맞는 것처럼 보인다. 그럼에도 두 번째 하위 범주에서는 두드러진 여러 설명 가능성을 참작해야 하며, 처음 언급한 집합 범주에서는 응급 의료와 통신 기술의 현저한 발전을 고려해야 한다. 예를 들면 1990년대 이후 휴대전화의 급속한 보급을 들 수 있다. 이로 인해 응급 의료진이 점점 더 빨리 현장에 도착할 수 있게 되었기 때문이다. 방법적으로 많은 비용이 든 연구에서 해리스(Harris)와 그의

7 다음과 비교하라. van Dijk/van Kesteren/Smit 2007: 263-266; 다음과도 비교하라. van Kesteren/Mayhew/Nieuwbeerta 2000: 194 이하; 또한 다음을 보라. Levi 1997: 848, Killias/Haymoz/Lamon 2007.

동료들은 (2002년) 다음과 같은 결론에 도달했다. 만약 의료 서비스가 1960년 수준으로 머물러 있었다면 1990년대 말 미국에서는 실제로 기록된 것보다 세 배나 많은 살해 범행이 실행된 것으로 볼 수 있다는 것이다.

물론 특히 심각한, 그렇기에 사회에서 거의 사라진 다른 폭력 범죄는 이 흥미로운 시기에 적어도 독일에서는 철저한 상승 경향을 보여주지 않는다. 이 점은 우선 성폭력 범행에 해당된다. 경찰범죄통계에 따르면 성폭력 범행은 1960년 이후 상이한 국면마다 감소 또는 증가했지만 전체 경향은 증가하기보다는 오히려 감소하는 추세이다(Thome/Birkel 2007: 90 이하).[8] 성폭력과 성적 강요를 취합하면 경찰범죄통계는 예를 들어 2001년에는 10만 명당 9.6간의 빈도수를, 2008년에는 8.9건의 빈도수를 보여준다. 1960년대 말에는 10만 명당 대략 11건이 기록된 바 있다. 성폭력 살인 내지 "성적 범행과 연관된 살인"은 경찰범죄통계에 따르면 1980년대 말부터 단기적으로 증가한 적도 있지만 대체로 약간 감소했다. 이미 인용한 국제 희생자 조사도 1990년대 초/중반부터 "여성에 대한 성범죄"의 감소 추세를 보여준다(van Dijk/van Kesteren/Smit 2007: 237-240, 248-252).

(14세까지) 아동의 성학대는 오늘날 독일에서는 1950년대와 1960년대 수준 이하에 있는 것처럼 보인다. 1980년대 말부터 빈도수는 10만 명당 대략 20건의 수준 주위를 맴돌다 지난 10년 동안 하락 경향을 보

8 이와 관련해 영국/웨일즈와 스웨덴의 경찰 자료는 증가 경향을 보여준다. 물론 두 경우 모두 분명히 지적해야 할 사항이 있다. 여기서는 고발과 기록이 상당히 늘어났다는 점이다(Birkel/Thome 2004: 70-72).

이고 있다. (1955년 당시 서독에서는 30건을 훨씬 넘었다. 그 이후 알려지지 않았던 미지 영역이 오히려 축소되었을 것이다). 이 시기 아동 살해 범행에는 뚜렷한 증가 또는 감소 경향이 없다(이에 대해서는 Höynck/Görgen 2006). WHO 자료에 따르면 좀 더 큰 서양 국가들 중 미국과 프랑스만이 아동 살인율의 증가를 보여준다(같은 책: 20, 이에 대한 지침 연구는 Pritchard/Butler 2003).

지금까지 묘사한 폭력 범죄현상의 전개 모델은 특수한 지역 내지 국가와 기간에 따라, 범행 범주 및 희생자 집단과 범행자 집단의 추가에 따라 쉽게 더 세분될 수 있을 것이다. 그럼에도 이 기고문에서 나는 위에서 묘사한 U자형 경과 모델에 집중하고자 한다. 이 모델은 개별 국면들에서는 다양한 편차가 있다 해도 다수 국가들에서 입증될 수 있기 때문이다. 따라서 이 국가들의 구조적 문화적 전개를 유사한 방식으로 보편화 가능하게 특징짓는 요인들의 공동 작용 속에서 설명을 모색하는 것이 바람직하다. 폭력 범죄현상의 장기적인 감소가 의심할 여지없이 분명한 사실인 반면, 지난 50년간의 증가는 너무 짧은 기한에 해당되기 때문에 (단기적인 경향 일탈 대신) 경향 전환을 가정하는 것은 전적으로 상당한 불확실성에 시달리게 된다. 그러나 나는 이러한 가정을 이론적 논증과 경험적 증거로써 신빙성 있게 만들고자 한다. 이때 나는 지속된 문화적 폭력 추방이 강도와 신체 상해 같은 "좀 더 익숙한" 폭력 행위보다 살인과 성폭력 같은 특히 심각하고 잔인한 범죄를 더 강하게 억제하는 가능성도 고려할 것이다.

진화와 규제

지난 수십 년간 범죄 역사에 관한 국제적 논의에서 노르베르트 엘리아스(Norbert Elias)의 문명화 과정과 탈문명화 과정에 대한 해석이 다른 이론적 발상보다 더 많은 주목을 받은 것처럼 보인다. 이에 반해 뒤르켐은 이 맥락에서 거의 논의되지 않거나 논의되었다 해도 주로 비판적으로만 다루어졌다(예를 들어 다음을 보라. Johnson/Monkkonen의 대표 선집 1996).[9] 엘리아스와 달리 뒤르켐이 자신의 저서에서 "범죄현상"을 중심 연구 대상으로 삼았음에도 그러했다. 게다가 그는 이 연구 대상을 단호히 역사적 관점에서만 고찰했다. 뒤르켐과 엘리아스는 모두 의미 있는 통찰들을 제공한다. 이 통찰들은 인격 상호 간 폭력 범죄현상의 장기적 전개를 고찰하는 데 있어 중요한 역할을 하는 것들이다. 그러나 이 기고문에서 나는 뒤르켐의 이념들만 집중적으로 다룰 것이며, 엘리아스의 저서에서(그리고 그의 "학파"에서) 비롯된 숙고들은 단지 주변적으로만 부각시킬 것이다(이에 대한 자세한 논의는 Thome/Birkel 2007). 그렇다고 뒤르켐의 독창적인 이념들과 의도들을 그의 저서를 충실히 따라가며 정확하게 해석할 생각은 없다. 나는 이것들은 무엇보다 발견적 도식의 전개를 위한 자극 정도로만 활용한다. 이 도식으로부터 경험적 탐구를 위한 설명 가설들과 그 밖의 물음들이 획득될 수 있기 때문

9 여기에는 아마도 (1981년 행한) 찰스 틸리(Charles Tilly)의 "쓸모없는 뒤르켐"이라는 불행한 판결이 중요한 역할을 했을 것이다. 그럼에도 저명한 엘리아스 추종자이자 역사가인 피터 스피어렌버그(Pieter Spierenburg)는 자신의 최근 저서에서(Spierenburg 2008: 6) 다음처럼 시인한다. "엘리아스의 관점과 뒤르켐의 관점은 쉽게 통합될 수 있는 것처럼 보인다." 엘리아스의 작업과 뒤르켐의 작업 간의 일치와 차이에 대해서는 Dunning 2003.

이다. 나는 선행 작업들에 의거하여 그렇게 할 것이며(특히 다음을 보라. Thome 2004, 2007, Thome/Birkel 2007), 그러면서도 몇몇 논점들을 정교화하고 연이어 숙고해볼 것이다.

뒤르켐의 분석 도식을 강하게 압축한다면 아래의 도표로 나타낼 수 있다. 여기서 분석의 두 중심축들은 각각 (사회구조적) **진화**(Evolution)와 **규제**(Regulation)로 표시될 수 있다.[10] 이 축들을 에워싸고 있는 것은 문화적 차원이다. 이 문화적 차원의 특징적인 구성요소는 **집단의식**(Kollektivbewusstsein)을 나타낸다. 집단의식은 진화가 진척되면서 "집단적 입장들"(kollektive Einstellungen)로 희석된다(이에 대해서는 Müller 2009). 두 축들은 직각으로 교차하지 않는데, 이것은 진화와 규제가 돌아가며 서로에게 영향을 준다는 점을 암시하기 위해서이다. 예를 들어 (아래에서 자세히 논의되겠지만) 과잉 규제는 퇴행적 집단주의를 불러오는 반면, 규제의 결핍은 상황에 따라 "과도한 개인주의" 방향으로 진화를 촉진시킨다. 어떤 규제 형식이 통합적으로 또는 탈통합적(脫統合的)으로 작용하는지는 그때마다 도달한 사회구조적 전개 단계에 의존한다. 규제에는 또한 행위이론적 관점이 더 잘 들어맞는다. 규제는 단지 (사회적으로 정해진 실천 사항들에서) "자연스러운 일처럼" 수행될 뿐 아니라 또한 상이한 행동 집단에 의해 목적의식적으로 실행되기도 한다. 이때에는 국가에 특히 중요한 역할이 부여된다.

10 이렇게 묘사하도록 나를 자극한 것은 버스너드의 해석이었다. 그의 해석에 따르면 뒤르켐의 자살 유형론은 "통합"과 "규제" 간의 구별을 통해 구성된다고 한다(Besnard 1993: 170). 나는 "통합"을 "진화"로 대체했다. 왜냐하면 뒤르켐의 저서에서는 진화론적 관점이 중심 의미를 지니며 "통합"은 규제와 진화의 분석적 연관 문제로만 도입되기 때문이다.

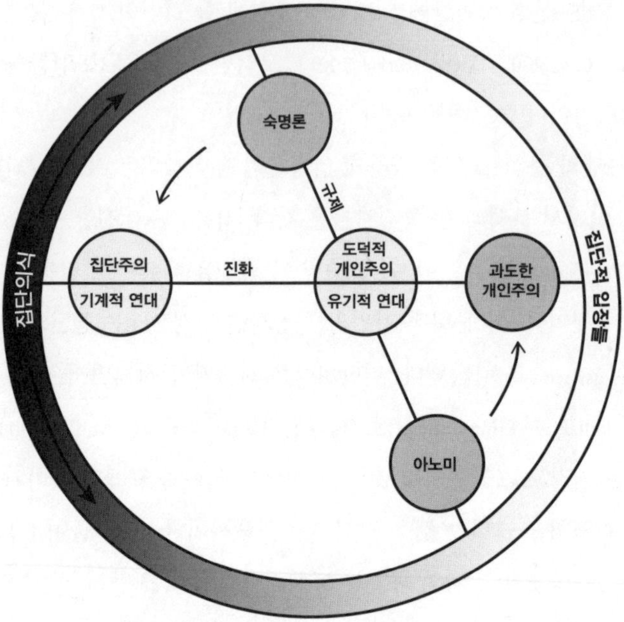

• 뒤르켐의 분석 도식

뒤르켐은 지금까지 재구성 가능한 사회적 진화 방향을[11] 세 개의 개념 쌍들로 진술한다. 이것들은 그때마다 구별되는 구성요소들을 드러내기도 하지만, 다른 한편으로는 서로 밀접하게 연관되어 있기도 하다. (더) "집단주의적으로" 구성된 사회와 (더) "개인주의적으로" 구성된 사회 간의 대립은 집단과 개인의 상대적 가치 평가에 있어 문화적 전환

11 진화론적 관점은 『노동 분업론』에서 명료하게 공식화된다(Durkheim 1992 [1893]: 402).

을 가리킨다. (우선적으로) "기계적인" 연대에서 (우선적으로) "유기적인" 연대로의 이행은 사회적 결속력과 행위 배열의 구조적 조건들이 변화하고 있음을 강조한다. 이 조건들은 처음엔 "유사성"에 의존하다가 이후엔 점차 "차이성"에 의존한다는 것이다. 세 번째 개념 쌍은 문화적 구조적 전개 차원을 이론적으로 차별화해 노동 분업이 덜 된 ("단순한") 사회에서 노동 분업이 복잡해진 ("고도화된") 사회로의 전환으로 개괄한다. 오늘날의 전문 용어를 쓰자면 단편적 내지 단편적-성층적(成層的) 사회에서 기능적으로 차별화된 사회로의 전환이라 할 수 있다. 물론 노동 분업에 대한 뒤르켐의 구상은 기능적 차별화라는 체계이론적 구상과 동일한 것이 아니다. 이 점은 예를 들어 그가 "노동 분업"과 "단순한 차별화"를 뚜렷이 구별하는 데서 나타난다(Durkheim 1992 [1893]: 421 이하; Luhmann 1992와 비교; Schimank 1999: 50 이하).

뒤르켐은 발전한 노동 분업과 이에 맞게 최적화된 규제 간의 결합을 이념 유형으로 구상해 현대 사회의 "가능한" 표준 형식으로서 "도덕적 (협동적) 개인주의"라 부른다. 그러한 결합에서 노동 분업에 의해 작동하는 "기관들" 즉 상이한 행동 집단들과 제도들은 효과적인 방식으로 형성되어, 개별 인격들이 자율성과 귀속성, 개인적 추구와 의무 감정 간의 균형에 도달할 수 있게 해준다. 물론 뒤르켐은 자신이 살던 시대에 비록 불분명하긴 해도 이미 위험이 드러나고 있다는 것을 알았다. 그 위험이란 "이기주의적인 (과도한) 개인주의"가 단지 일시적으로 미미하게 "병리적" 일탈로만 전개되는 것이 아니라, 오히려 단순한 기능적 차별화가 진화적으로 발전함에 따라 사회적 표준 유형으로 확립될 수도 있다는 것이다. (진화와 규제가 "병인성"病因性 결합으로 표출되는 것은 위의 도표에서 어둡게 칠해진 원들로 표시되었다). 여하튼간 **진화**는 옛것이 사라지고 전적으로 새것에 의해 대체된다는 것을 의미하지 않는다. 유기적 연대로 특징지어지는 사회는 특정 영역에서 계속 기계적 연대의 문화적 자원을 필요로 한다. 뒤르켐 또한 기꺼이 희생자가 되려는 (제한적) 연대의 필요성이 계속 제기된다고 밝혔듯이 말이다(Durkheim 1992 [1893]: 285; 다음과 비교. Dubiel 1986: 273 이하).

다음에 밝혀야 할 것은 이러한 이념 골격으로부터 어떻게 폭력 범죄 현상의 장기적 전개를 위한 설명 모델이 도출될 수 있는가 하는 점이다. 이 설명 모델은 이미 대부분 뒤르켐 자신에 의해 공식화된 것이다. 그러나 나는 그 모델의 몇몇 구성요소들을 달리 해석해서 좀 다른 형식으로 배열하려 한다.

집단주의 대 개인주의

뒤르켐은 100년도 넘는 이전 시기에 이미 관련 통계들의 분석을 통해 "문명화가 진척됨에 따라 살인은 감소한다"는 결론을 이끌어냈다(Durkheim 1999 [1950]: 161). 그는 엘리아스와 유사하게 문명화의 진척을 지속되는 개인주의화로 묘사한다. 그는 이 개인주의화를 문화적 현대화로 이해했으며, 노동 분업의 증가로 인해(사회적 차별화로 인해) 불가피한 것이라고 보았다. 그는 "살인 건수가 도덕적 목적들의 위계질서에서 개인이 취하는 태도의 높낮이에 따라 변한다"고 추측했다(같은 곳). 다시 말해 그는 집단주의의 잠식과 살인율의 감소 간의 인과적 연관을 구성했던 것이다.

집단주의 사회에서[12] 씨족, 가문, 혈통, 계급, 신분 또는 (단편적인) 다른 공동체와 같은 그룹은 그 그룹에 속한 개인들보다 더 중요하게 여겨진다. 집단은 "신성시된" 존재의 성질을 지니며, 이 존재는 이탈자에 대해 강력한 제재를 요구한다. "만약 한 혈통의 시조를 변호하거나 어떤 신을 위해 복수하는 것이 문제라면 한 인간의 생명이 무슨 가치가 있겠는가? 저울의 다른 쪽에 비교할 수 없을 정도로 더 높은 가치와 중요성을 지닌 것들이 놓인다면, 이쪽 저울추에 놓이는 개별자의 생명은 거의 아무런 중요성도 지니지 않을 뿐이다."(같은 책: 164). 지속적인 노동 분업은(다시 말해 기능적 차별화는) 개인을 그룹의 동일성에 묶어놓았던 규범들, 상징들, 의례들의 촘촘한 그물망을 느슨하게 만든다. 이것은 일련의 결과를 초래한다. 즉 더 이상 근원적 연대 구조에 묶이지 않는 또는 배타적으로 그렇게 묶여 있지 않은 개인은 타인들과 자기 자신에 대해 거리감을 취하게 된다. 자아-동일성은 더 이상 우리-동일성과 함께 녹아들지 않는다. 그룹 어디에선가 일어난 규범 침해는 더 이상 (또는 거의) 인격적인 고민에 해당되지 않는다. 개인의 명예는 더 이상 속죄 행위와 복수 행위의 의무를 지고 있는 그룹의 관례를 통해 정의되지 않는다. 신체와 관련된 분출 형식들은 전체적으로 중요성을 상실한다. 신체를 훼손하고 죽이는 폭력은 점점 더 금기시된다. 정념들은 구속될 뿐 아니라 일반적으로 억제된다(Elias와 비교).

12 편의상 근대 이전의 모든 사회 형성들을 망라하려는 이러한 구상은 사회학적 사회 연구의 많은 관심 영역들을 아우르기에는 확실히 너무 포괄적이고 부정확하다. 또한 이와 결합된 뒤르켐의 몇몇 역사적 경험적 주장들도 정확하지 않다(예를 들어 다음 비판을 보라. Fenton 1984). 그럼에도 뒤르켐의 집단주의 사회형성과 개인주의 사회형성 간의 대조는 여기서 제안하는 설명의 발상에 중요한 분석적 기준들을 제공한다.

수많은 역사 연구들은 전근대 사회에서 폭력 사용의 상당 부분이 명예 다툼의 형식으로 감수되었다는 뒤르켐의 추측을 확증한다. 아이스너는 다수의 역사적 사례 연구를 평가하면서 다음과 같은 결론에 도달했다. "살인율 감소는 우선적으로 공공장소에서 만나는 사람들이 어느 정도 서로 화해하게 되고, 갈등으로 촉발된 물리적 대결에 참여하기를 꺼리게 되며, 일상 행동을 규제하는 문화적 코드로서의 명예의 기능이 약화된 데서 비롯된 것이다."(Eisner 2003: 121). (살해까지 허용되던) 공격과 신체 상해는 명예 회복에 기여하는 한에서 오랜 기간 동안 형법적으로 처벌받지 않았거나 극도로 경미하게 처벌받았다. 이것은 국가가 좀 더 효과적으로 폭력을 독점하고 형벌을 입법할 때 계몽 이념이 도입되면서 점차적으로 변했다(다음을 보라. Schubert 2007). 그러나 사적 제재가 추방된 이후에도 그리고 형법에서의 명예 관념이나 신분들 간 불평등 대우에 대한 온갖 계몽적 비판에도 불구하고 사람들이 신체 상해 범행을 "명예의 의미론"에 의존하지 않고 다루는 것은 오랫동안 여전히 어려운 일이었다(다음을 보라. Kalupner 2006).

단편적-성층적(成層的)으로 구성된 봉건 사회에서 명예 개념에 대한 사회구조적 보충은 그룹들, 특히 신분들 사이에서뿐 아니라 그 내부에서도 존립했던 엄격한 사회적 위계질서이다. 신분들은 그때마다 명예에 대한 자기만의 이해를 형성해냈던 것이다(이에 대해서는 Burkhart 2006). 위계질서는 지배적인 상위 및 하위 관계에서 사실적-실질적으로 나타났을 뿐 아니라 부, 노동, 빈곤의 극도로 불평등한 분배에서도 나타났으며 또한 명예 개념을 중심으로 편성된 상당히 뚜렷한 상징체계 속에서도 나타났다. "궁극적으로 보자면 명예는 본성상 배타적이다. 명예는 불명예 또는 적어도 부족한 명예를 전제로 한다. 만약 모두가 명예롭다면 어느 누구도 실제로 명예롭지 않을 것이다. 그렇다면 민주화란 20세기에 일어난 명예 코드의 중요성 감소를 설명해줄 수 있을 것이다."(Spierenburg 1998: 11) 봉건 사회에서 차별적으로 인정되었던 명예는 위계질서를 상징적으로 현시하게 되었다. 그 위계질서를 통해 인간들에게는 서로 다른 개입 권리와 보답이 분배되었을 뿐 아니라 또한 구별되는 "값어치"가 할당되었다. 지위와 위치에 따라 한 사람의 삶은 다른 사람의 삶보다 더 가치가 있거나 가치가 떨어졌다. 주인은 침해할 수 없지만 노예는 그렇지 않았다. 아버지는 침해할 수 없지만 아들은 그렇지 않았다. 남편은 침해할 수 없지만 아내는 그렇지 않았다 등등. 하위직에 있는 사람들에 대한 처분권을 상층 부류 사람들에게 허용하던 위계질서는 규칙적으로 높은 폭력 잠재력을 발휘한다.[13] 이에 반해 평등한 조건하에서 명예는 인격적 존중과 인정으로 변형된다. 물론 현대 사회에서도 위계질서와 명예 간의 폭력 친화적 결합이 존속하거나 다른 방식으로 새롭게 형성되기도 했다. 이것은 (범죄)사회학 연구에서 논의되는 남성성 과시의 변형태들 및 청소년 **길거리 갱단들**과 넓은 지역에 퍼져 있는 마피아 무리들의 영토 싸움과 명예 다툼이 잘 보여준다(다음과 비교. Anderson 1994; Horowitz 1983; Katz 1988; Kohlstruck/Münch 2006; Papachristos 2009).

엘리아스의 문명화 이론과 유사하게 "훈육의 정신"을 강조함에도 불구하고 뒤르켐의 도덕이론은 또 다른 시선을 열어놓는다. 왜냐하면 뒤

13 이에 대해서는 유명한 스탠포드 감옥 실험을 보라(Haney/Banks/Zimbardo 1973).

르켐은 폭력 행위의 감소를 훈육의 전문화된 심급과 격정의 억제에 연결시키지 않고 오히려 우선 관점을 한번 바꿔보기 때문이다. 즉 사회적 화해는 집단의 결속으로부터 개인이 해방되면서 비롯된다는 것이다. 이때 국가의 형성 과정이 (다시금 엘리아스에게서와 유사하게) 두드러진 역할을 한다. 국가가 없었다면 개인은 근원적 공동체의 강제로부터 스스로를 해방시킬 수 없었을 것이다(다음을 보라. Durkheim 1999 [1950]: 85). 그러나 뒤르켐은 세 가지 국가 이론들 즉 공리주의 이론, 헤겔의 이론 및 사회주의 이론을 분명히 거부한다(같은 책: 80-105). 그가 염두에 둔 것은 (**대의**민주주의 의미에서) 민주주의 국가였다. 민주주의 국가의 권력은 국가와 개인 간의 매개자 기능을 하는 강력한 이차 그룹들에 의해 제한되어 있어야 한다.

국가의 폭력 독점과 집단주의의 잠식은 광범위하게 평행적으로 진행되는 역사 과정들이다. 이 때문에 인격 상호 간의 폭력 발생에 그때마다 끼친 양자의 영향들을 장기적인 분석에서 서로 분리하는 것은 좀처럼 가능하지 않다. 그럼에도 뒤르켐의 집단주의 테제를 뒷받침하는 몇몇 횡단면 비교들이 있다. 예를 들어 19세기와 20세기에 집단주의의 잠식이 농촌 지역들보다 고도로 도시화된 지역들에서 훨씬 더 진척되었다는 사실을 들 수 있다. 실제로 몇몇 연구들은 (오늘날과 달리) 더 큰 도시일수록 평균 폭력 범죄현상이 농촌 지역에 기록된 수준보다 아래에 머물렀다는 사실을 보여준다(예를 들어 다음을 보라. Thome 2002/2010; Eisner 1997: 54 이하; Lehti 2001: 67). 스피어렌버그는 역사 연구 자료를 훑어본 후 다음과 같은 결론에 도달했다. "[지금까지] 행해진 양적 작업은 평균적으로 폭력 수준이 도시에서 더 낮았다는 사실을 암시한다."(Spierenburg 2008: 177) 그리고 이러한 맥락에서 그는 집단주의적 명예 코드가 도시에서보다는 농촌에서 더 오랫동안 작용했다는 사실을 입증해주는 일련의 다른 연구들을 인용한다(같은 책: 176 이하). 이 밖에도 광범위한 통계 자료 분석을 통해 토메(Thome)는 (집단주의 대 개인주의의 상대적 중요성 지표로서) 1898년부터 1902년까지 매 시기마다의 출생률이 500개 이상의 프로이센 도시 및 농촌의 폭력 범죄현상을 보여주는 매우 강력한 지표가 된다는 사실을 보여주었다(즉 출생률이 높을수록 폭력 범죄현상률도 높았다).

이제 다음과 같은 문제가 당연해진다. 만약 오늘날에 이르기까지 개인주의화가 다소 (불)연속적으로 진척되어왔다고 가정한다면 지난 20세기 후반기 무엇보다 큰 도시일수록[14] 나타난 폭력 범죄현상의 증가는 우선 뒤르켐의 테제와 합일될 수 없는 것으로 보인다. 그렇지만 뒤르켐은 일차원적 분석 방향에 머물지 않았다. 그는 집단주의의 후퇴를 철저히 문명의 진보로 고찰했다. 그러나 그는 또한 근대 사회, 특히 그가 살았던 사회를 엄습했던 중대한 위기들에 대해서도 말했다. 그가 진단한 위기 현상들은 무엇보다 두 가지 이름으로 불린다. 즉 아노미(Anomie)와 이기주의적인 (과도한) 개인주의가 그것들이다. 그렇기에 뒤르켐의 테제는 첫 단계에서 다음처럼 확장될 수 있다. **집단주의의 잠식은 사회 내부의 폭력 수준 감소를 야기한다. 그러나 사회 내부의 이러한 화해 효과는 강화되는 개인주의가 도덕적 개인주의의 이념 유형에 (더 이상) 상**

14 독일에서는 주민 2만여 명 안팎 지역들의 살해 범행과 신체 상해 빈도수가 1960년대 중반까지만 해도 여전히 높은 수준이었다. 그 후 빈도수는 큰 도시일수록 뚜렷이 더 증가했다.

응하지 않거나 또는 도덕적 개인주의로부터 멀어질 경우 약화된다. 그래서 집단주의와 개인주의의 구별에 **도덕적**(협동적) 개인주의와 **이기주의적**(과도한) 개인주의의 구별이 추가되어야 한다. 이 점이 다음 절에서 규명되어야 하겠다. 아노미 형식들은 그다음 절에서 설명될 것이다.

도덕적 개인주의 대 이기주의적 개인주의

뒤르켐의 **도덕적 개인주의**는 어떤 관점에서는 공동체주의 철학의 표현으로 이해될 수 있다(이러한 이해는 Cladis 1992).[15] 공동체주의 철학은 첫째, 모든 개인화가 사회화 과정 내부에서 수행된다는 것, 둘째, 모든 도덕과 종교처럼 개인 자신에 대한 가치 평가 또한 사회적 과정의 산물이라는 것을 우선시한다. 셋째로 요청되는 것은 사회적 통합을 위해서는 "그 구성원들의 시선이 동일한 목표를 향해야 한다는 것, 그들이 서로 동일한 믿음으로 만나야 한다는 것"이다(Durkheim 1986 [1898]: 60). 고도로 차별화된 사회 구성원들은 여전히 공통된 믿음 속에서 서로 만나는데, 이 결정적인 공통 믿음이란 바로 "개인주의 숭배"이다. 이것은 내용적으로는 협소할지 모르나 사회적으로는 폭넓게 동의하는 가치이다.

사회적 실천으로서 도덕적 개인주의는 그때마다 관계하는 타인에 대한 상호 공감과 존중에 기초한다. "그렇게 이해된 개인주의는 그 정의상(定義上) 자아의 찬양이 아니라 개인 일반의 찬양이다. 이 개인주

15 뒤르켐은 물론 국가의 역할에 대한 자신의 이해를 오늘날 미국의 공동체주의 변형과 (Bellah, Etzioni) 구별한다.

의의 추동력은 이기주의가 아니라 인간인 바의 모든 것에 대한 공감, 모든 고통과 모든 인간적 비극에 대한 더 큰 연민이며 그 고통과 비극을 극복하고 완화하려는 더 격렬한 요구이자 정의에 대한 더 큰 갈망이다."(같은 곳) 이러한 보편주의적 방향 지침하에서는 그럼에도 더 강도 높은 특수한 결속들이 허용될 뿐 아니라 또한 필요하기까지 하다. 이미 언급했듯이 "유기적 연대"는 "기계적 연대"의 몇 가지 요소들을 자신의 체계 안으로 통합해야 한다. 뒤르켐은 보편적인 것과 특수한 것 간의 긴장이 감도는 이러한 결합을 예를 들어 "인간성의 사회"라는 틀로 애국주의와 세계주의의 합일 가능성 관점에서 논의한다(Durkheim 1999 [1950]: 여섯 번째 강의).[16]

사회구조적 차원에서 뒤르켐에게 중요한 것은 무엇보다 정의(正義)의 제도적 보장이다. 그에게서 정의는 먼저 (오늘날의 용어로 말하자면) 복지국가와 대의민주주의의 결합을 통한 기회 균등으로 생각된다. 이를 위한 전제는 국가가 경제에 대해 (강력한 규제 권한들을 갖춘) 기능적 우선권을 유지한다는 것이다.

뒤르켐은 **과도한** 내지 **이기주의적** 개인주의 구상을 정합적으로 전개하지 못했다. 그 원인은 다른 무엇보다 그가 (『자살론』에서) 이 유형을 도덕적 개인주의와 구별하기보다 오히려 집단주의와 구별하는 데 있다. 다른 곳에서(즉 『노동 분업론』에서) 집단주의와 도덕적 개인주의를 엄격히 구별했던 특징들이 이 저서에서는 사라진다(Durkheim 1990

16 특수한 "선"과 보편주의적으로 구비된 "법" 간의 긴장 관계의 상이한 단면들을 오늘날의 시각에서 특히 인상 깊게 제시한 것으로는 Hans Joas 1999 [1997]: 265-293.

[1897]: 232 이하). 핵심을 말하자면 연대 공동체 내 개인들의 통합 결핍이 문제이다. 이때 연대 공동체는 무의미성의 경험에 직면한다. 그러나 가장 간단명료하게 말하자면 이기주의적 개인주의는 집단주의의 부정이 아니라 협동적 개인주의의 중심 지표들의 부정으로 특징지어질 수 있다. 이러한 부정에서 공통감과 자기규정 간의 긴장은 쾌락주의적으로 각인된 자기연관성에 유리하게 해소된다. 뒤르켐은 과도한 개인주의가 영국 공리주의에서, 특히 스펜서(Spencer)의 저작에서 철학적으로 대변되고 있다고 본다. 스펜서는 "사회를 오직 거대한 교역 및 교환 기구로 환원시킨다."(Durkheim 1986 [1898]: 55) 사회적 실천으로서 과도한 개인주의는 인격적 관심의 가혹한 추방이라고 서술된다. 이때 타인들은 무엇보다 각자에게 자신의 목적을 위한 수단으로만 소용된다. 뒤르켐에게 이것은 인간의 사회적 본성에 대한 환상적 거부에 지나지 않는다. 하버마스의 표현을 빌리자면 이렇게 말할 수도 있겠다. 과도한 개인주의가 사회적 결속을 지배하는 곳에서는 "전략적" 행위가 "양해(諒解)를 지향하는" 의사소통적 행위를 압도한다. 이로부터 프랑크푸르트학파의 도구주의 비판과의 연결점들이 나타난다.[17] 구조적 차원에서 더 강력해진 이기주의적 개인주의의 비중이 드러나는 것은 국가에서 경제로의 기능적 우선권의 전환 (내지 비중 이동) 속에서, 사회적 관계의 재편이라는 의미에서 제도적 (복지국가적) 기본 보장의 철폐 속에서, 그리고 사회적 주변화 과정과 배제 과정의 강화 속에서이다. 최

17 한편으로 도구주의적 지향과 사회적 불평들 간의 연관을, 다른 한편으로 도구주의적 지향과 폭력 경향 간의 연관을 입증하는 몇몇 연구들이 있다. 예를 들어 다음을 보라. Hagan et al. 1998; Jacobs/Carmichael 2002; Messner 2002; Pescosolido/Rubin 2000.

근 문헌에서 이러한 구조적 역학은 시장 사회, 경쟁 사회, 또는 "승자독식 사회"(Frank/Cook 1995)와 같은 표제들로 다루어지고 있다(특히 볼 만한 것은 Neckel 2008).

다음 절에서 명료화되겠지만 그러한 과도한 개인주의 구상은 "만성적" 아노미에 대한 뒤르켐의 생각들과 결합될 수 있다. 물론 이러한 해석은 반박을 받을 수도 있을 것이다. 뒤르켐은 "이기주의적" 자살과 "아노미적" 자살 간의 유형론적 분리에 가치를 두기 때문이다(Durkheim 1990 [1897]: 296). 그 때문에 여기서 간단히 다음과 같이 언급해두고자 한다. 아노미는 "불쾌와 자극 받은 혐오 상태"에 이르게 되며, 이 상태는 자살뿐 아니라 살인까지 조성하는 반면에(같은 책: 421), 이기주의적인 자살자는 무의미성의 경험과 살 가치가 없다는 인식에 대해 오히려 우울증적으로—의기소침하게 또는 "에피쿠로스의 정화된 냉정함"으로—반응한다(같은 책: 326 이하). 뒤르켐은 (격분이나 불쾌 같은) 강한 감정을 살인의 필수 전제로 간주하기 때문에 다음과 같은 결론에 이르렀다. "이기주의적 자살과 살인은 그래서 서로 대립되는 근거들을 지닌다."(같은 책: 420; 다음과 비교 Durkheim 1999 [1950]: 168 이하). 그럼에도 이에 대해 살인은 철저히 계획되어 냉정하게 실행된다고 이의를 제기할 수 있다. 이 밖에도 뒤르켐은 아노미와 과도한 개인주의의 거시 구조적 조건들이 상당 부분 동일하다는 (자신이 체계적으로 전개하지 못한) 생각을 그대로 열어둔 것처럼 보인다. 왜냐하면 그러면서도 그는 양자의 혼합 형식들을 용인하며, 이기주의와 아노미가 "서로 간에 특수한 친화성"을 보였다는 점을 받아들이기 때문이다. 특수한 이 친화성은 이기주의와 아노미 "양자가 일반적으로는 단지 같은 사회적 상태의 상이한 두 국면을 묘사한다"는 사실로부터 비롯된 것이다(Durkheim 1990 [1897]: 332, 296). 그래서 뒤르켐은 두 자살 유형들의 구별을 거시 구조적으로 차별화된 조건들과 연관시키기보다는 문화 하부에 각인되어 있는, 그 유형들의 서로 다른 주관적 수용과 연관시킨 것 같다. 그는 이기주의적 자살자를 무엇보다 지적 환경 속에 위치지우며, 아노미적 자살자를 "산업 및 영업 세계" 속에 설정하기 때문이다(같은 책: 296).

과정에 의해 조건 지어진 아노미 대 구조에 의해 조건 지어진 아노미

아노미는 일탈적 내지는 범죄적 태도에 대한 사회학적 탐구에 있어 지배적인 설명 구상들 중 하나이다. 이 구상은 관련 문헌에서 매우 다양한 이해들로 나타나지만, 대부분이 아노미 개념을 사회학에 도입한 뒤르켐과 (다소 모호한) 관계를 지닌다. 더구나 뒤르켐 자신이 아노미 구상의 상이한 변형들을 제안하기도 했다. 그는 이 변형들을 체계적으로 다듬지 않았기에 여기서 나는 아주 간단하게 묘사할 수밖에 없다(좀 더 자세한 묘사는 Thome 2003). 먼저 그는 "비정상적" 노동 분업의 구별되는 세 형식들에 주목한다. 이 형식들은 결합되어 나타날 수 있는데, 뒤르켐은 첫 번째 것만을 "아노미적인" 것으로 특징짓는다. 세 형식들은 모두 노동 분업 내 원칙적으로 설계된 연대의 잠재력이 완전히 전개되는 것을 방해한다. 아노미는 추측컨대 규제의 일시적 결핍을 통해 발생한다. 매우 깊은 곳까지 "기이할 정도로 빠르게 진행된" 변화들은 그러한 결핍에 의한 것이다. 그렇게 봉건 사회는 해체되고 산업 사회의 역학이 추진되었다(Durkheim 1992 [1893]: 439). 처음에 뒤르켐은 이러한 규제의 결손을 메울 수 있는 것으로 보았다. 다른 두 비정상 형식들은 결핍에 의한 것들이 아니라 각각의 형식에 반복해 나타나는 잘못된 또는 과도한 규제에 의한 것들이다. 나는 여기서 이 형식들을 더 이상 다룰 수 없다(매우 신중하게 다듬어진 설명들로는 Müller/Schmid 1992: 500 이하). 그러나 최소한 언급해야 할 것이 있다. 이 형식들에는 도덕적 개인주의의 정의 원리에 반하는 오류 규제들도 속한다는 점이다. 정의 원리와 관련하여 뒤르켐은 무엇보다 기회의 균등을 강조하면서 "자연적" 소질이 불평등하게 나누어져 있다는 사실로부터 출발한다(Durkheim 1992 [1893]: 446).[18]

『자살론』에서 뒤르켐은 아노미 개념을 더 확장시킨다. 이제 그는 좀 더 보편적으로 아노미 개념을 "교란된 질서 상태"라 특징짓는다. 그는 무엇보다 가속화된 사회적 전환이 인간에 대해 갖는 결과들을 고려하여 그렇게 한다. 그러한 사회적 전환은 봉건 사회에서 산업 사회로의 이행에서뿐 아니라 또한 고도 경제 성장이나 침체 국면에서 더 일반적이고 강력하게 나타난다. 이 두 경우들에서 인간의 욕망(열망)과 사용 가능한 만족 수단은 균형을 잃는다. 지금까지 추구된 목표가 달성되기에는 수단이 너무 모자라거나 아니면 욕망이 "한도를 벗어나게" 되어 인간은 실재적으로 정당하게 주어진 것의 한도를 지키지 못한다. 인간은 자신의 과도한 열망의 희생자가 된다. 필요한 훈육이 결핍되는 것이다. 인간은 자신과 자신의 능력을 더 이상 올바르게 산정하지 못한

18 "우리가 본 것은 사실상 모든 외적 불평등이 유기적 연대를 위태롭게 한다는 점이다." (Durkheim 1992 [1893]: 448) 자발적 자기 규제와 국가의 영향력 행사 간의 복잡한 균형에 대해서는 표출들의 주목할 만한 긴장 폭이 나타나는 다음을 보라. 같은 책: 285, 428, 455 이하.

다. 장기적으로 무엇이 자신에게 좋은지 알지 못하며 무엇을 이성적으로 추구하거나 포기해야 할지도 모른다. 이러한 의미에서 인간은 한도 일탈로 인한 정체성 상실을 겪게 된다. 규범적 인지적 방향 지침이 결여됨으로써 "정념"이 (다시) 증가하고 자살 경향이나 타인에 대한 폭력 사용 경향이 높아진다.

이 점까지는 규제의 결핍이 일시적 현상으로 구상되었다. 규제 결핍은 반복해 출현하지만 매번 사회 전개 속에서 고쳐지거나 사라진다. 그렇지만 뒤르켐은 다음과 같은 점을 발견한다. "말하자면 교역과 산업 사회 속에는 그것이[아노미 상태가] 사실상 일종의 지속 상태인 삶의 영역이 있다."(같은 책: 290) 이미 교역과 산업의 거대한 최초의 세계화 추세를 목도했었기에 뒤르켐은 또한 "만성적" 아노미가 곧 다른 사회 영역들로 확장되고 있음을 본 것이다. "욕구 분출은 산업 자체의 발전에 의한 것이며, 거의 무한한 판매시장 확장은 여전히 첨예화되어 있다. (…) 그가[상품 생산자가] 거의 전 세계를 고객으로 갖기를 기대해도 되는 오늘날 이러한 무제한적인 전망 앞에서 어떻게 그의 욕구가 이전처럼 제어될 수 있겠는가? 그렇기에 이 사회 부분에서 열정적인 근면이 추구되어 다른 모든 사회 부분들로 확산된다. 그로 인해 위기와 아노미는 지속 상태가 되고 소위 정상적인 것이 된다."(같은 책: 292) 이 과정에서 "경제생활의 규칙 심급"이었던 "정부는 경제생활의 도구이자 하인이 되었다."(같은 책: 291)[19]

"만성적 아노미" 구상을 통해 뒤르켐은 고도의 노동 분업 사회에서는 상호 의존성에 기초를 둔 협동 잠재력이 정상적 사례가 될 수 있을 것이며 규제를 통해 안정화될 수 있을 것이라는 자신의 처음 생각을 포기한다. 지속적이게 된 아노미는 (위의 도표에서) 규제의 축으로부터 구조적 혁명의 축으로 이동한다. 오류 규제는 더 이상 과정에 의해 조건 지어진 일시적 정상성 **일탈**이 아니라 구조적으로 조건 지어진 정상성이 되었다. 이기주의적 개인주의와 만성적 아노미의 구조적 전제들은 상당 부분 동일하다. 이 두 구상들을 취합해 그렇게 발생한 (병인성) 구조 유형을 "탈통합적 개인주의"로 특징지을 수 있을 것이다(Thome 2007). 이 탈통합적 개인주의는 폭력 친화적 잠재력을 지니지만 원칙적으로 집단주의의 잠식과 결합된 문화적 폭력 추방을 없애지는 않는다. 물론 폭력 추방이 모든 사회 그룹들에 똑같이 분포하는 것은 아니다. 그렇기에 사회적 배제와 격리가 증가함에 따라 폭력 추방도 파편화된다고 가정해야 한다.

로버트 머튼(Robert W. Merton) 또한 (1938년과 1968년에) "아노미"를 사실적으로 주어지거나 이념 유형에 따라 구성된 정상성으로부터의 일시적 일탈이 아니라 특정 사회의 지속적인 구조적 징표로 구상한 바 있다. 뒤르켐처럼, 그러나 분석적으로 더 명료하게 체계화하면서 그는 범죄 유인 잠재력을 추구된 목표와 불충분한 수단 간의 만성적 불일치 속에 설정했다. 이러한 아노미 형식을 유발하는 구조적 조건들은 본질적으로 세 가지 구성요소들을 포함한다. (1) 머튼은(Merton 1968: 238 이하에서) 가치들 자체에 하나의 규범적 내용을 부여하기 때문에, 보편적으로 수용될 뿐 아니라 대다수 인간들, 말하자면 해당 사회 구성원들

19 『자살론』 결말에서는 좀 더 낙관적인 어조가 나타난다(Durkheim 1990 [1897]: 435 이하, 459 이하). 그러나 이후(1903년) 출간된 『노동 분업론』 2판 서언에서는 다시금 비관적인 가정들이 우세를 차지한다.

에 의해 능동적으로 추구되며 또 추구되어야 하는 가치 선호들 또는 행위 목표들이 **문화적으로** 정의되어 있다. (2) 또한 목표 달성을 위해 정당하게 투입될 수 있는 방법들과 수단들도 **문화적으로** 확정되어 있다. 자신이 사용한 정당한 수단에 만족하지 못하고 자신이 추구한 가치의 실현을 그보다 더 중요시하게 될 때 아노미가 조성된다. (3) **사회구조**는 열망하는 사람들에게 그러한 수단들을 (극도로) 불평등하게 분배하기 때문에, 그들 중 많은 사람들이 (지금까지의) 목표를 (지금까지) 정당한 것으로 인정된 수단으로 성취할 수 없게 된다. 머튼은 이러한 조합을 "탈통합"(disintegration)이 아니라 "나쁜 통합"(malintegration), 결점투성이(fehlerhafte) 통합으로 특징짓는다. 그 결과는 개인이나 개별 그룹이 짊어져야 한다. 이러한 조합에서 "사회"는 철저히 안정되게 유지될 수 있다. 머튼은 조건들의 이러한 조합에 대해 금전적 성공과 이와 결합된 위신을 강하게 강조하는 미국 사회와 "아메리칸 드림"을 예로 든다. 그렇지만 아메리칸 드림은 다른 (자본주의) 국가들에서도 유사한 방식으로 꿈꾸어진다.[20] 이러한 조합은 특히 아노미를 배태할 수 있는데, 왜냐하면 "성공"은 여기서 절대적 크기로뿐 아니라 또한—게다가 우선적으로—상대적 크기로도 측정되기 때문이다. 다른 사람들보다 더 많이 이룬 만큼 성공한 것이다. 게다가 필요할 경우 부당한 수단을 쓴다 해도 말이다. (잠재적) 실패자는 이 상황을 극복하기 위해 다양한 전략을 계발할 수 있다. 무엇보다 (잠재적) 실패자는 양자택일적인, 바로 폭력을 포함한 범죄적 수단까지도 동원해 추구하던 목표 달성을

20 "성공 의무"에 대한 명쾌한 설명들은 Neckel 2008.

시도할 수 있다. 주목해야 할 점은 정당한 수단들의 활용 가능성뿐 아니라 **부당한** 수단들의 활용 가능성까지도 불평등하게 분배되어 있다는 것이다. 이 점에서마저 불리한 위치에 있는 자들에겐 신체적 폭력 사용이 특히 매력적인 것일 수 있다. 반면에 사회 상류층은 다양한 형식의 경제 범죄에 더 쉽게 접근할 수 있다.

메스너(Messner)와 로젠펠드(Rosenfeld)는 머튼의 이러한 발상을 "제도적 아노미 범죄이론"으로 확장시켰다(Messner/Rosenfeld 2007 [1994]; 또한 다음을 보라. Messner/ Thome/Rosenfeld 2008). 이 이론은 문화적으로 주어지는, 경제적 성공 목표의 과도한 강조 및 **정당한** 수단 선택에 부여되는 상대적으로 협소한 규범적 중요성에 초점을 둔다. 그로부터 경제적인 제도들이 비경제적인 제도들을 지배하는 제도적 불균형이 초래된다. 이러한 지배는 예를 들어 경제 부문 외부에서의 역할 책임이 경제 활동 영역 내부에서의 역할 기대치와 충돌할 경우 그 경제외적 역할 책임을 경향적으로 축소하거나 태만시하도록 행위자를 압박하는 데서 표출된다. "경제가 힘의 제도적 균형을 지배하는 곳에서 제도적 규범은 도덕적 권위를 거의 지니지 않는다. 사회적 행위 수단들은 말 그대로 탈도덕화되며 아노미로 귀착한다. 극도의 아노미 상태에서 범죄에 저항하는 내면화된 절제력은 상당히 약화된 것으로 보인다." (Messner/Thome/Rosenfeld 2008: 169) 자비네 프레리히스와 리하르트 뮌히 그리고 모니카 잔더는 그 밖의 불균형을 다양하게 지적하기도 했다(Sabine Frerichs/Richard Münch/Monika Sander 2008: 16). 즉 제도적 결속은 국가적 맥락에서 전개되는 반면, 과도한 개인주의는 기능적으로 차별화된 세계 사회에 전 지구적으로 확산된다.

개인주의화의 다양한 변형들이 지니는 아노미적 잠재력을 자세히 규명하기 위해 다른 많은 저자들과 사회학적 논의들이 부각될 수 있을 것이다. 이에 속하는 것들로는 자주 제기되는 다렌도르프의 연결선 상실에 대한 비탄(Dahrendorf 1979, 1994),[21] (많은 양가성을 지닌) 벨의 "자본주의 모순" 분석(Bell 1976), 랄프 터너의 "제도에서 충동으로" 변화하는 자아 구상 분석(Turner 1976), 그리고 비공식화 과정과 이와 함께 일어나는 자아 통제 형식의 변화가 지니는 (그에 따르면 잠정적인) 아노미적 잠재력에 대한 카스 우터스의 반성(Wouters 1999) 등이 있다.

물론 공동체주의의 논의도 다루어질 수 있을 것이다. 독일에서 이 논의는 지속되지 못하고 단명하긴 했지만 말이다. 이에 반해 "반성적 현대"의 개인주의화 과정에 대한 울리히 벡(Ulich Beck)의 테제들은 반복적으로 거론된다. 이것들을 다루는 일은 거기에 포함된 모순들을 좀처럼 따라가기 힘들다는 면에서 수고롭긴 하겠지만 매력적인 모험일 것이다. 여기서는 단지 몇 가지 암시만 하고자 한다. 울리히 벡이 새로운 개인주의화 형식들을 특징지으며 열거한 그 속성들의 (과도하게) 긴 목록 속에는 다른 저자라면 여전히 "아노미적"이라 구획하지 않았을 만한 징표가 하나 있다. 그와 그의 공동 저자들은 "불안정성, 불확실성, 불명료성의 복귀"에 관해, "제도적 한도 일탈"의 다양한 형식들에 관해 말한다. 그리고 울리히 벡은 다음처럼 확신한다. "개인주의화 추세 속에서 인간은 언제나 다시금 사회적 결속으로부터 풀려나 사밀화(私密

21 그러나 다렌도르프의 저작은 그가 좀처럼 주제로 삼지 않은 구분선에 의해 나누어진다. 이 구분선은 결속의 상실에 대해 그가 다양하게 제기한 비탄을, 마찬가지로 자주 강조해 제시한 그의 "단호한 개인주의" 선택과 분리시킨다.

化)된다." "아이들은 이미 더 이상 조부모는 물론이고 부모가 살아온 여정조차 [알지] 못한다." "삶을 인지하는 시간 지평은 더욱더 협소해져 결국 극한적인 경우 **역사는 (영원한) 현재**로 수축해버리고 모든 것은 자신만의 자아 축을, 자신만의 인생 축을 맴돈다. 다른 한편으로 공통적으로 구성된 행위가 자신의 삶을 자극하는 영역들은 감소하며, 자신의 인생행로를 스스로 형성해야 한다는 강제들은 증가한다. 인생의 행로가 관계들의 산물일 뿐인 곳에서조차 그리고 바로 그런 곳에서 강제들이 증가하는 것이다."(Beck 1986: 216) 울리히 벡은 그러한 개인주의화를 "아노미적인" 것으로 특징지어진다고 보려 하진 않는다. 브라질에서의 자신의 체험을 염두에 두며 다음처럼 말하면서도 말이다. "시장의 우상화가, 점점 더 호전적인 신자유주의가 원자화를 [초래한다]" (Beck 1997: 395). 그는 마치 급진적 시장주의가 "제2의 근대"에서 일반적으로 확산되지도 않았고 개인주의화 형식을 각인하지도 않았던 것처럼 말하고 있는 것이다. 그러나 모든 혼동된 경험에도 불구하고 그는 다음처럼 믿어야 한다고 본다. "새로운 결속들과 사회 도덕들이, 아마도 게다가 [?!] 제도들, 조직들 등등이 생겨난다."(Beck 1994: 40; 다음에서 인용. Schroer 2001: 408)[22]

퇴행적 집단주의

위에서 언급했듯이 뒤르켐은 이미 『노동 분업론』에서 유기적 연대가

22 "기업적 자아의 주관화 체제" 속에 구비되어 있는 과도한 요구 잠재력과 이율배반을 명료하게 밝힌 것은 Bröckling 2007.

규제의 **결핍**에 의해서뿐 아니라 **과잉** 규제의 다양한 형식들에 의해서도 방해받을 수 있다고 지적한 바 있다. 『자살론』에서 그는 과잉 규제를 "숙명론"으로 지칭하면서 단지 각주 한 곳에서만 분명하게 다루고 있다(Durkheim 1990 [1897]: 318). 그러나 가끔씩 텍스트 다른 곳에서 그는 숙명론을 간접적으로 거론하고 있다. 그는 "과도한 규제에서 비롯되는" 자살을 **숙명론적인** 것이라 특징짓는다. 숙명론적 자살은 "미래가 무참하게 차폐된 자의 자살이다. 이때 그의 충동적 삶은 억압적 훈육에 의해 폭력적으로 질식당한다."(같은 곳) 그래서 개개의 개인들 및 특정 그룹에 소속된 자들에게 개인적 자율성과 자기 전개의 제한들을 부여하는 상황과 규제가 문제시된다. 그 제한들은 발전사적으로 도달한, 사회적 차별화와 생산력 발전의 수준을 따라가지 못한다. 20세기로 전환하는 시기에 뒤르켐은 이러한 유형이 역사적으로만 중요하다고 생각했다. 그는 20세기에 출현한 여러 독재와 개인이 지닌 "신성한 가치를 박탈(Entsakralisierung)"하는 갖가지 추세를 예측하지 못했다.[23]

현대 사회에서는 퇴행적 억압적 과잉 규제로 나아가는 경향이 도피 행각의 형식으로 일어날 수 있다. 그리고 도피 행각은 아노미와 과도한 개인주의의 경험에 의해 초래된 것일 수 있다. 이것은 집단주의적 공동체 형식으로의 복귀와 "유사성에서 비롯된 연대"의 좀 더 강력한 역할에 대한 동경이기도 하다. 이러한 추세들이 새롭게 다수의 이데올로기로 확립된다고 할 수는 없다. 그러나 이러한 추세들은 상이한 그

23 인격의 신성화와 탈신성화라는 모순된 역사적 경향들 및 형사 입법에서의 이것들의 반영에 대한 흥미로운 고찰은 Joas 2006.

룹에서 범죄적 에너지로 대변될 수도 그리고 부분적으로는 관철될 수도 있다. 극우 세력과 종교적 근본주의의 특정 변형들이 보여주는 사례가 그렇다. 퇴행적 집단주의의 표출 형식들에는 외국인 적대, 지도자 원리에 대한 집착, 다르게 생각하는 자들에 대한 불관용, 인간 내지 특정 그룹들 간의 본성적 부등가(不等價) 이데올로기 그리고 종종 민주적 절차와 개인적 자유권의 경멸과 멸시도 있다. 이와 결합된 폭력에 대한 준비 태세는 무엇보다 소수자와 사회의 재류외인(在留外人)을 겨냥하며, 이들의 권리를 지지하는 인물들과 제도들도 겨냥한다.[24]

오늘날의 극우 형식들은 정치 권력상 (부분적으로는 또한 이데올로기적으로) 20세기 전반을 각인했던 전체주의와 상당 부분 분리된다. 다렌도르프는 총체적 동원에 의거하는 전체주의를 "특유하게 현대적인 것"으로 특징짓는다. 그러나 그는 아주 정당하게 다음처럼 덧붙인다. "그 세기를 뒤돌아보면 전체주의는 물론 특히 위협적이다. 그리고 현대성이 여전히 아직 전적으로 현존하지 않는다면 전체주의는 특히 그럴듯한 것이기도 하다."(Dahrendorf 1996: 195) 다렌도르프는 "근본주의"를 "현대"에 대한 다른 "종류의 남용"으로 해석한다. 그 남용의 기저에는 귀속성의 물음이 놓여 있다는 것이다. "만약 이 귀속성 물음이 답변되지 않은 채 머문다면 이데올로기를 갖춘 이들에게 현대성의 가능한 구조와 특히 자유로운 사회의 가능한 구조를 파괴할 기회를 제공하게 된다."(같은 책: 195 이하)

24 나는 이 사고 과정을 여기서 계속 추적하지 않을 것이다. 그 대신 이를 조망하는 것들을 소개하자면 논문으로는 Heitmeyer 2002. 관련 문헌으로는 Schubarth/Stöss의 모음집 2000. Klärner/Kohlstruck의 모음집 2006. 특정 주제별 기사로는 Erb/Kohlstruck 2009.

요약 및 논의

(대략) 1500년과 1950/60년 사이에 유럽에서 기록되어 있거나 재구성이 가능한 살인율은 (인격 상호 간 폭력의 일반적 지표로서) 상당히 감소했다. 비록 "단선적으로" 감소한 것이 아니라 일시적으로 증가하는 움직임도 보이고 구별되는 지역마다 시간적 편차도 보이지만, 살인율 감소가 통일적인 근본 경향이라 할 수 있다. 20세기 후반부터 현재에 이르기까지는 폭력 범죄현상이 물론 1990년대부터 부분적으로 살인율이 감소하는 안정화를 수반하기도 했지만 유사하게 통일적으로 증가하는 것으로 나타난다. 이러한 경향은 유럽에서만 그런 것이 아니다. 여성 성폭력과 아동 성학대 같은 문화적으로 특히 강하게 배척된 다른 몇몇 범죄에 대해서는 일관된 증가 경향을 볼 수 없긴 해도 그렇다.

장기적인 경향 전개를 탐지하고 설명하는 것은 관찰 기간이 짧을수록 위태로운 작업이다. 왜냐하면 예를 들어 경제와 여론의 국면 같은 일시적으로 효과적인 영향력이 장기적으로 작용하는 구조적 전개 결과와 중첩되기 때문이다. 게다가 (예를 들어 새롭게 설계된 예방 계획, 법률 개정, 기록 작업의 변화와 형사 소추의 변화 같은) 세세한 개입은 수준 편차나 경향의 교정을 초래한다.

이 기고문에서 나는 그러한 단기적 영향들과 미소한 경향 변수들을 제외한다. 이렇게 제외함으로써 (유럽 중심 지역들에서) 살인율 내지 폭력 범죄현상의 장기적인 U자형 전개를 볼 수 있다. 물론 오른쪽 변에는 매우 짧은 둔각 부분이 있긴 하다. 이 부분은 모든 설명 시도를 특히 불확실하게 만들기도 한다. 그 U자형 전개에 대해 가장 많이 논의된 설명은 엘리아스가 착상한 문명화(와 탈문명화) 과정 이론일 것이다.

내가 다른 곳에서 제기한 몇몇 비판점들에도 불구하고(예를 들어 Thome 1995, 2001) 나는 그의 착상을 매우 중요하고도 결실 있는 것으로 본다. 포괄적인 모든 설명 시도는 폭력 독점의 형성뿐 아니라 법치국가와 민주주의를 통한 그 독점의 제한 그리고 자기 통제에 초점을 둔 인격성의 양태적 구조 변형과 같은 국가 형성과정들을 고려해야 할 것이다(Thome/Birkel 2007: 1장). 그러나 나는 이 논문에서 뒤르켐의 작업에 집중했다. 왜냐하면 그의 작업이 적어도 중요한 보충적인 통찰이나 자극을 제공해줌에도 불구하고 아직까지 범죄사적 분석과 범죄학적 분석에서 충분히 활용되고 있지 않기 때문이다. 뒤르켐의 가장 중요한 인식은 사회 내적 화해가 단편적 위계적으로 형성된 집단주의의 잠식을 통해, 따라서 국가 형성과정, 도시화, 노동 분업 증가 등에 의해 뒷받침되거나 추진된 개인주의화를 통해 가능해진다는 점이다.

두 번째로 중요한 그의 통찰은 집단주의(기계적 연대)와 개인주의(유기적 연대)가 차별화되어야 할 뿐 아니라 또한 개인주의의 구별되는 형식들 내지 특성들도 차별화되어야 한다는 것이다. 여기서 뒤르켐은 도덕적 개인주의와 이기주의적 개인주의를 구별하고 있다. 이미 앞서의 구별에서도 그랬듯이 이러한 구상을 가지고 그는 사회적 교환 과정 내 자기연관성의 상이한 형식들을 명명할 뿐 아니라 이 형식들로써 문화적 해석 모델과 사회구조적 상황을 특징짓기도 한다. 물론 그는 과도한 이기주의를 살인 추동력이 아니라 단지 자살 추동력으로만 본다. 이로부터 몇몇 해석 문제들이 발생하지만, 이기주의적 개인주의 구상과 **만성적** 아노미 구상을 "탈통합적 개인주의"의 구조 유형으로 수렴시킨다면 해결될 수 있는 것들이다. 사회 전환에 의해 조건 지어진 일시적 아노미에 대한 뒤르켐의 숙고를 보충한다면 본질적인 설명 요소들이 갖춰지게 된다. 즉 이 요소들로 인격 상호 간 폭력 전개를 설명할 수 있는 골격이 완성될 수 있는 것이다.

근대 이후 인격 상호 간 폭력의 장기적 감소는 집단주의 구조의 잠식을 통해 추진된 것이다. 이러한 잠식을 통해 개인들은 결국 집단보다 더 높은 가치 평가를 획득했고 인격 상호 간 폭력의 문화적 추방 또한 지반을 획득했다. 여기에 타자에 의한 통제가 점차적으로 자기 통제에 의해 보충되거나 대체되는 인격성 구조의 변형이 덧붙여진다. 이 대목에서 엘리아스와 연관하여 물론 두 가지가 지적되어야 한다. (1) 엘리아스가 처음에 프로이트에게서 차용한 강제 모델은 자체가 현저한 공격 잠재력을 은닉하고 있기에(Zimbardo 2004: 29) 피아제(Piaget)와 미드(Mead)에게로 소급 가능한 도덕 발전의 대화 모델을 통해 해소되거나 적어도 보충되어야 한다. (2) 심리학 연구가 보여주듯이 효과적인 자기 통제는 인격 스스로 자신의 환경에 대해 어느 정도 통제를 행사할 수 있는 것에 의존한다(Baumeister/Vohs 2003).[25]

집단주의의 쇠퇴와 이와 연관된 인격성 구조의 변형은 다른 무엇보다 지배 영토 내에서 (결코 완벽하지 않은) 폭력 독점을 단계적으로 쟁취해온 영토 국가들의 발전을 통해 이루어졌다. 그러나 폭력 독점의 사회 내적 화해 효과는 장기적으로 본다면 국가 형성의 그 후 단계에서 불가침 권리와 민주적 정당화 요구를 통해 폭력 독점이 점차적으로

25 이에 대해서는 "통제 균형"의 범죄사회학적 구상을 보라. Tittle 1995. 외적 통제와 내적 통제의 필연적 협력에 대해서는 Offe 1996.

(그리고 단속적으로) "길들여지는" 정도에 따라서만 전개된다. 여기에 정의 원리를 제도적으로 보장하고 인격적 실존 위기를 완화하며 사회적 분배 기회를 높이는 복지국가 시설의 증축이 추가된다(복지국가와 개인주의화 간의 연관에 대해서는 Leisering 1998). 이 모든 것의 성취는 개별 국가들에서 상당히 구별되는 전개 과정을 거쳤으며, 그런 만큼 20세기 전반기의 전체주의 체제, 민족 말살, 세계 대전을 포함하는 다양한 우여곡절을 겪었다. 그럼에도 20세기 중반 유럽 중심 국가들의 살인율은 (그러나 이곳만 그런 것이 아니다) 거의 다 역사적으로 최저 수준에 머무는 통일적인 모습을 보여주었다. 그렇다면 이 시기 이후 폭력 범죄현상의 새로운 증가는 어찌된 일일까?

1950/60년부터 폭력 범죄현상 증가의 처음 국면을 설명하기 위해서는 뒤르켐의 **과정적** 아노미 구상을 되짚어볼 수 있다. 급속한 사회적 전환은 모두 탈구조화 과정을 수반한다. 이 과정에서 확립되어 있던 사회 내 배열 모델들과 제도화된 시설들은 보충되는 것보다 더 빨리 해체되며 지금까지 타당하게 여겨지던 사회적 규범들은 황폐화되거나 모순적으로 된다. 이것은 한편으로 범죄적 행위에 대한 기회 구조를 "개선하고", 다른 한편으로 그러한 기회를 이용하지 않도록 하는 도덕적이거나 다른 규범적 결속들을 약화시킨다.

1950년대와 60년대엔 특히 획기적인, 급격하게 진행되는 사회적 전환이 많은 나라들에서 이루어졌다. 이러한 전환은 사회적 총생산량의 역사적으로 유일한 고도 성장률을 통해 알 수 있다.[26] 이뿐만이 아니다. 이 시기 초 서독에서는 가족 농업경영, 수공업, 소규모 거래 등 전통적 부문의 취업률이 대략 40퍼센트를 육박하고 있었다(Lutz 1984).

또한 단지 소수만이 중등교육 단계에 진학할 수 있었다. 노동과 사회적 삶은 우선 지역적으로 구성되고 설계되어 있었다. 루츠는 다음과 같은 결론에 도달한다. 1950년과 1970년대 초 사이에 (독일에서는) 유사한 구조를 지닌 전통적 생계망(生計網) 전체가 거의 다 파괴되었다(같은 책: 140).

이 시기 특별히 획기적인 사회적 전환이 잘 입증될 수 있음에도 불구하고 여기에 제시한 우리의 설명 시도는 임시 변통적이고 사변적인 면이 있다. 왜냐하면 이 시기에 또한 협동적 개인주의의 중요한 구성요소들이 특히 복지국가 시설의 증축을 통해 발전했기 때문이다. 그러나 지금까지 과정적 아노미와 새롭게 발전한 협동 형식들 간의 (첨예하거나 주춤한) 반비례 효과들을 범죄율에 대한 이것들의 반비례 작용들에서 수량화하고 결산할 수 있을 만한 경험적 자료와 세분화된 구상이 결여된 상태이다. 물론 독일의 1950년 이후 상황과 1880년과 1990년 사이의 상황을 비교해본다면 이 설명 시도는 설득력을 얻는다. 그 당시에도 폭력 범죄현상은 (산업화, 도시화 등) 급속한 구조적 전환 속에서 증가했었다. 이러한 전환이 수행되면서 입증되듯이 폭력 친화적 집단주의의 잠식이 진전되고 확산 일로의 개인주의화가 구조적으로 폭력 범죄현상의 감소를 조성했음에도 불구하고 말이다(Thome 2010). 2차 세계대전 이후 특히나 깊숙이 침투하면서 급속히 이루어진 사회적 전환은 마찬가지로 협동적 개인주의의 잠재적으로 폭력을 완화시키는

26 에릭 홉스봄(Eric Hobsbawn)은 2차 세계대전 후 첫 10년에서 30년까지의 경제 성장과 사회적 변형들이 "단기적으로 비교 가능한 다른 모든 시기보다 더 철저히 인간 사회를 변화시킨 것 같다"고 말한다(Hobsbawn 2004 [1994]: 20).

구조적 요소들의 강화와 결합된 것이었다. 그 요소들의 강화는 무엇보다 복지국가, 공동 경영결정권, 노동 보호조치 등의 확대를 통해 이루어졌다. 그러나 이에 반해 1970년대 중반부터는 (나라들마다 국면도 다르고 속도로 차이 나지만) **탈통합적** 개인주의 요소들이 점증적으로 확산된다. 이 테제를 뒷받침하는 관련 문헌 검토와 광범위한 통계 자료의 폭넓은 분석은 토메와 비르켈에 의해 제시된 바 있다(Thome/Birkel 2007). 여기서는 지면상 몇몇 개략적인 지적들만 하고자 한다.

아마도 가장 근본적인 변화는 1970년대 중반/말 이후의 불평등과 빈곤 위험의 단계적 증가이다. 이 증가는 지난 10년간 계속해서 가속화되었다. 불평등이 커질수록 상호성 원리를 인정하고 "공평한 연대"를 실행하는 데 필요한 "공통성에 대한 복종"은 더욱더 불안정해진다.[27] 그 밖에도 불평등을 자연적으로 조건 지어진 것으로 제시하고(Giesen 1987), 빈자를 실패자로 낙인찍으며 "부등가 이데올로기"를 변호하는 경향이 나타나거나 강화되었다. 이러한 경향에 내재하는 폭력 촉진적 함의들이 예를 들어 "독일 상황"에 대한 다층적 조사를 통해 자세히 연구되었으며 입증되었다(Heitmeyer 2002-2010). 예전처럼 복지국가 조치들은 시장에 의해 산출된 불평등을 어느 정도까지 조정한다. 그럼에도 그것들은 보상 요구 증가로 인해 더욱더 과도하게 요구된다. 기술 혁신과 시장의 지구화에 의해 경제적 경쟁은 엄청나게 첨예화되었다. 이를 통해 진척된 "사회의 경제화"는 다른 무엇보다 (감옥의 부분 민영화와

27 너무 크거나 너무 작은, 허용되거나 강요된 "차별들"의 구별되는 형식들 간 균형과 이와 관련된 불균형의 가능한 결과들에 대해서는 탁월한 설명이 있다. Offe 1996.

사적 보험의 팽창에까지 이르는) 공동체적 생계 구조의 "사법화"(私法化)에서 드러난다. 이로 인해 시민은 조직된 국가 공동체의 구성원 및 정치적 의지 형성을 위한 공적 토론의 참여자에서 고객과 소비자의 역할을 하도록 내몰린다. 더구나 로비스트들과 사적 자문 회사들이 입법 절차에 강하게 관여하고 있다. 경제화를 추진하는 중요한 매체는 엄청나게 규모를 늘릴 뿐 아니라 전략을 질적으로 변화시키고 확장시키는 상업 광고이다. 예를 들어 청소년들은 (때때로 부모에 반항적 태도를 취하며) 점점 더 높은 강도로 광고에 휘말린다. 다른 제도들도 그것을 뒤쫓으려 한다. 즉 교회, 자선 단체, 학교와 대학 같은 제도들도 전부 연관된 마케팅 전략을 사용하게 된 것이다.

본질적인 아노미 잠재력을 펼쳐놓는 것은 또한 인터넷 텔레비전, 비디오/DVD 오락기기, 휴대전화 등의 현대적인 전자 통신매체들이기도 하다. 이러한 매체들이 전송하는 전 지구적 경제 이슈들에서 규범 위반과 (무엇보다 청소년을) 탈선시키는, 상징적으로 표시된 의미 경계들의 해체가 선호되는 통용 가치가 된다. 이런 가치를 통해 주목이나 관심을 끄는 일이 (그리고 이와 함께 돈이나 위신이나 영향력을 얻는 일이) 이루어질 수 있기 때문이다. 이때 허구와 실재, 사적인 것과 공적인 것, 거짓과 진실, 허용된 것과 허용되지 않은 것의 분리선이 계속해서 지워진다. 이렇게 해서 규범 타당성의 고전적인 보호벽이, "무지의 예방 효과"가 부식된다(Popitz). 규범을 손상시키려는 자는 누구나 매체에서 성공적인 모범이나 동조적인 협조자를 발견한다.

탈통합적 개인주의 요소들은 또한 가치 지향과 행위 설계에 관한 여론 조사에서도 예를 들어 "위계질서를 갖춘 자기 이익"의 형식으로

(Hagan et al. 1998; Hadjar 2004) 또는 "쾌락주의적 물질주의"의 형식으로 (Klages 2001) 입증될 수 있다. 유럽가치조사회(European Values Survey), 세계가치조사회(World Values Survey) 및 두 유럽자료조사회(Eurodat Surveys)를 기초로 핼퍼른(Halpern)은 다음과 같은 사실을 제시할 수 있었다. "자기 이익 가치"는 19개 경제 선진국들에서 1969년과 1990년 사이 분명한 상승 경향을 보인다(Halpern 2001). 디터 헤르만(Dieter Herman)은 다양한 조사를 근거로 쾌락주의적 물질주의적 지향과 자백이 이루어진 범행 간의 주목할 만한 연관을 증명했다(Herman 2003: 157, 161, 165, 195).[28]

탈통합적 개인주의가 지난 수십 년간 더욱 강력해졌다는 주장은 협동적 개인주의가 막 소멸하고 있다는 것을 의미하지 않는다. 더욱이 협동적 개인주의는 몇몇 영역들에서 계속 진전되었다. 예를 들어 얼마 전까지만 해도 차별받던 동성애, 신체 또는 정신 장애인과 같은 특정 사회 그룹들은 오늘날 사회적으로 훨씬 덜 차별받는다. 여성 및 아동 권리는 강화되었고 가정 폭력은 감소되었으며 정치 참여와 시민운동의 새로운 형식들이 발전했다(물론 예전 운동 형식들의 부담 때문이기도 하다. 이에 대한 조망은 Thome/Birkel 2007: 193-209). 그럼에도 다음과 같은 사실에서 출발해야 한다. 증가하는 경제적 불평등, 지속적으로 강화되는 경쟁 압력, 진전되는 사회의 경제화는 전체적으로 더 폭 넓고 더 깊이 미치는 아노미적 영향력을 층층이 전개한다는 것이다. 그러나 추정

28 다음과 비교하라. Burkatzki 2007, 2008; Heitmeyer et al. 1992: 470 이하, 590 이하; Heitmeyer et al. 1995: 138 이하. 이러한 연구들에 대한 간단한 조망은 Thome/Birkel 2007: 344-348.

컨대 탈통합적 개인주의가 전통적 집단주의 사회에서 주어졌던 인격 상호 간의 폭력 잠재력을 발전시키진 않을 것이다. 문화적 폭력 추방은 반복적으로 단절된다 해도 일반적으로는 영향력을 계속 발휘할 것으로 보인다.[29]

물론 여기서 소개된 것은 단지 발견적 도식 즉 설명을 위한 하나의 착상일 뿐이다. 이 착상은 계속해서 세분화되고 구체적 연구 기획을 통해 착수되어야 할 테제들의 방향을 제공한다. 그러나 아마도 이를 위한 기초 자료들은 계속 처리 곤란하게 남을 것이다. 그러나 이제인격 상호 간 폭력 경향을 보여주는 자료에서 제시되는 것은 "현대의 폭력"에 대해 반복적으로 수행되는 논의에서 지금까지보다 더 집중적으로 고려되어야 할 것이다. 전환 효과와 구조 효과는 대립적으로 진행될 수 있다. 잘 주목받지 못하지만 현대화 효과는 무조건 현대성 효과와 동일하지 않다. 게다가 미시 폭력과 거시 폭력의 장기적 경향 전개는 평행적으로 진행하지도 않는다. 스티븐 메널(Stephen Mennell)은 국가의 폭력 독점 확립과 함께 시작된 화해 과정을 다음처럼 특징지었다. "그 과정은 야누스의 얼굴을 하고 있었다. 좀 더 큰 영토가 **내적으로** 화해를 이룰수록 영토들 **사이의** 전쟁은 계속해서 더 큰 규모로 수행되기에 이르렀다."(Mennell 2009: 108) 2차 세계대전 이후 이러한 상반 관계는 점차적으로 뒤바뀌는 듯 보인다. 경제 및 민주 선진국들 사이에는 더 이상 전쟁이 발발하지 않았지만, 이에 반해 폭력 범죄현상은 증가

29 오늘날 상이한 제도들에서 자행되는 아동(학생) 가혹 행위와 성학대에 대한 폭로들과 논의들은 두 가지 잠재력들을 선명하게 해준다.

했다. 이들 사회 내부에서 인격 상호 간 폭력의 정상 수준을 끌어올린 몇몇 구조적 구성요소들이 국가 간 전쟁과 다른 몇몇 거시 폭력 형식들을 그럴듯하지 않게 만드는 데에도 기여했으리라는 생각은 한갓된 사변일지 모른다. 그렇지만 그랬을 가능성도 없지만은 않다. 아무리 이러저러한 (거시) 구조적 연관들을 공식화하거나 논증한다고 해도 이 연관들은 예측 불가능한 사건이 일어날 수 있는 여지를 남긴다. 다른 한편으로 우연성에 매료된 자는 그럼에도 구조의 방향 지시적 힘을 부인해선 안 된다. 경험적 탐구의 게임 영역은 결정론과 (순수한) 우연 사이에 있다. 여기서 (조건 지어진) 신빙성이 좀 더 크기도 하고 좀 더 작기도 한 게임이 이루어진다.

번역_남기호

참고문헌

Anderson, Elijah 1994: The Code of the Streets, in: The Atlantic Monthly 35.3, 81-94.

Baumeister, Roy F. und Kathleen D. Vohs 2003: Self-Regulation and the Executive Function of the Self, in: Mark R. Leary und June Price Tangney (Hg.): Handbook of Self and Identity. New York und London: Guilford Press.

Beck, Ulrich 1986: Risikogesellschaft. Auf dem Weg in eine andere Moderne. Frankfurt a. M.: Suhrkamp.

Beck, Ulrich 1994: Erwiderung, in: Mittelweg 36, 37-42.

Beck, Ulrich 1997: Ursprung als Utopie, in: ders (Hg.): Kinder der Freiheit. Frankfurt a. M.: Suhrkamp, 382-401.

Beck, Ulrich, Wolfgang Bonß und Christoph Lau 2001: Theorie reflexiver Modernisierung-Fragestellungen, Hypothesen, Forschungsprogramme, in: Ulrich Beck und Wolfgang Bonß (Hg.): Die Modernisierung der Moderne. Frankfurt a. M.: Suhrkamp, 11-59.

Bell, David 1976: The Cultural Contradictions of Capitalism. New York: Basic Books.

Besnard, Philippe 1993: Anomie and Fatalism in Durkheim's Theory of Regulation, in: Stephen P. Turner (Hg.): Emile Durkheim. Sociologist and Moralist. London und New York: Routledge, 169-190.

Birkel, Christoph 2003: Die Polizeiliche Kriminalstatistik und ihre Alternativen. Datenquellen zur Entwicklung der Gewaltkriminalität in der Bundesrepublik Beutschland, in: Der Hallesche Graureiher. Forschungsberichte des Instituts für Soziologie der Martin-Luther-Universität Halle-Wittenberg 1.

Birkel, Christoph und Helmut Thome 2004: Die Entwicklung der Gewaltkriminalität in der Bundesrepublik Deutschland, in: Der hallesche Graureiher. Forschungsberichte des Instituts für Soziologie der Martin-Luther-Luther-Universität Halle-Wittenberg 1.

Bröckling, Ulrich 2007: Das unternehmerische Selbst. Soziologie einger Subjektivierungsform. Frankfurt a. M.: Suhrkamp.

Burkatzki, Eckhard 2007: Verdrängt der Homo oeconomicus den Homo communis? Normbezogene Orientierungsmuster bei Akteuren mit unterschiedlicher Markteinbindung. Wiesbaden: Deutscher Universitäts-Verlag.

Burkatzki, Eckhard 2008: Is the Market Eroding moral Norms? A Micro-Analytical Validation of Some Ideas of Anomie Theory, in: International Journal of Conflict and Violence 2.2, 268-287.

Burkhart, Dagmar 2006: Eine Geschichte der Ehre. Darmstadt: Wissenschaftliche Buchgesellschaft.

Cladis, Mark 1992: A Communitarian Defense of Liberalism. Emile Durkheim and Contemporary Social Theory. Stanford, CA: Stanford University Press.

Dahrendorf, Ralf 1979: Lebenschancen. Anläufe zur sozialen und politischen Theorie. Frankfurt a. M.: Suhrkamp.

Dahrendorf, Ralf 1994: Der moderne soziale Konflikt. München: dtv.

Dahrendorf, Ralf 1996: Widersprüche der modernität, in: Max Miller und Hans-Georg Soeffner (Hg.): Modernität und Barbarei. Soziologische Zeitdiagnose am Ende des 20. Jahrhunderts. Frankfurt a. M.: Suhrkamp, 194-204.

Dubiel, Helmut 1986: Autonomie oder Anomie. Zum Streit über den nachliberalen Sozialcharakter, in: Johannes Berger (Hg.): Die Moderne - Kontinuität und Zäsuren. Göttingen: Schwartz, 263-281.

Dunning, Eric 2003: Soziale Bindung und Gewalt im Sport, in: Norbert Elias und Eric Dunning (Hg.): Sport und Spannung im Prozeß der Zivilisation. Norbert Elias, Gesammelte Schriften, Band 7. Frankfurt a. M.: Suhrkamp, 398-432.

Durkheim, Émile 1986 [1898]: Der Individualismus und die Intellektuellen, in: Hans Bertram (Hg.): Gesellschaftlicher Zwang und moralische Autonomie. Frankfurt a. M.: Suhrkamp, 54-70.

Durkheim, Émile 1990 [1897]: Der Selbstmord. Frankfurt a. M.: Suhrkamp.

Durkheim, Émile 1992 [1893]: Über soziale Arbeitsteilung. Frankfurt a. M.: Suhrkamp.

Durkheim, Émile 1999 [1950]: Physik der Sitten und des Rechts. Frankfurt a. M.: Suhrkamp.

Eisner, Manuel 1995: Socio-Economic Modernization and Long-Term Developments of Crime. Theories and Empirical Evidences in Europe, in: Council of Europe (Hg.): Crime and Economy. Straßburg, 13-52.

Eisner, Manuel 1997: Das Ende der Zivilisierten Stadt? Die Auswirkungen von Modernisierung und urbaner Krise auf Gewaltdelinquenz. Frankfurt a. M. und New York: Campus.

Eisner, Manuel 2003: Long-Term Historical Trends in Violent Crime, in: Michael Tonry (Hg.): Crime and Justice. A Review of Research, Band 30. Chicago und London: The University of Chicago Press, 84-142.

Eisner, Manuel 2008: Modernity Strikes Back? A Historical Perspective on the Latest Increase in Interpersonal Violence (1960–1990), in: International Journal of Conflict and Violence 2.2, 288–316.

Erb, Rainer und Michael Kohlstruck 2009: Die Funktionen von Antisemitismus und Fremdenfeindlichkeit für die rechtsextreme Bewegung, in: Stephan Braun, Alexander Geisler und Martin Gerster (Hg.): Strategien der extremen Rechten. Hintergründe – Analysen – Antworten. Wiesbaden: VS Verlag, 419–439.

Farrington, David P., Patrick A. Langan, Michael Tonry und Darrick Jolliffe 2004: Introduction, in: David P. Farrington, Patrick A. Langan und Michael Tonry (Hg.): Cross-National Studies in Crime and Justice. Washington, D.C.: U.S. Department of Justice, v–xvi. www.ojp.usdoj.gov/bjs

Fenton, Steve 1984: Durkheim and Modern Sociology. Cambridge: Cambridge University Press.

Frank, Robert H. und Philip J. Cook 1995: The Winner-Take-All Society. New York: Free Press.

Frerichs, Sabine, Richard Münch und Monika Sander 2008: Anomic Crime in Post-Welfarist Societies. Cult of the Individual, Integration Patterns and Delinquency, in: International Journal of Conflict and Violence 2.2, 194–214.

Giesen, Bernhard 1987: Natürliche Ungleichheit, soziale Ungleichheit, ideale Ungleichheit, in: Bernhard Giesen und Hans Haferkamp (Hg.): Soziologie der sozialen Ungleichheit. Opladen: Westdeutscher Verlag, 314–345.

Hadjar, Andreas 2004: Ellenbogenmentalität und Fremdenfeindlichkeit bei Jugendlichen. Die Rolle des hierarchischen Selbstinteresses. Wiesbaden: VS Verlag.

Hagen, John, Gerd Hefler, Gabriele Classen, Klaus Boehnke und Hans Merkens 1998: Subterranean Sources of Subcultural Delinquency. Beyond the American Dream, in: Criminology 36, 309–341.

Halpern, David 2001: Moral Values, Social Trust and Inequality, in: British Journal of Criminology 41, 236–251.

Haney, Craig, Curtis Banks und Philip Zimbardo 1973: Interpersonal Dynamics in a Simulated Prison, in: International Journal of Criminology and Penology 1, 69–97.

Harris, Anthony A., Stephen H. Thomas, Gene A. Fischer und David J. Hirsch 2002: Murder and Medicine.

The Lethality of Criminal Assault 1960–1999, in: Homicide Studies 6, 128–166.

Heitmeyer, Wilhelm 2002: Rechtsextremistische Gewalt, in: Wilhelm Heitmeyer und John Hagan (Hg.): Internationales Handbuch der Gewaltforschung. Wiesbaden:

Westdeutscher Verlag, 501-546.

Heitmeyer, Wilhelm (Hg.) 2002-2010: Deitscje Zustände, Folge 1-8. Frankfurt a. M.: Suhrkamp.

Heitmeyer, Wilhelm et al. 1995: Gewalt. Schattenseiten der Individualisierung bei Jugendlichen aus unterschiedlichen Milieus. Weinheim: Juventa.

Hermann, Dieter 2003: Werte und Kriminalität Konzeption einer allgemeinen Kriminalitätstheorie. Wiesbaden: Westdeutscher Verlag.

Hobsbawn, Eric 2004 [1994]: Das Zeitalter der Extreme. Weltgeschichte des 20. Jahrhunderts. München: dtv.

Horowitz, Ruth 1983: Honor and the American Dream. Culture and Identity in a Chicano Community. New Brunswick, NJ: Rutgers University Press.

Höynck, Theresia und Thomas Görgen 2006: Tötungsdelikte an Kindern, in: Informationszentrum Sozialwissenschaften (Hg.): Kriminalsoziologie + Rechtssoziologie, Band 2006/2. Bonn: Informationszentrum Sozialwissenschaften, 9-42.

Jacobs, David und Jason T. Carmichael 2002: The Political Sociology of the Death Penalty. A Pooled Time-Series Analysis, in: American Sociological Review 67, 109-131.

Joas, Hans 1999 [1997]: Die Entstehung der Werte. Frankfurt a. M.: Suhrkamp.

Joas, Hans 2006: Strafe und Respekt, in: Leviathan 34, 15-29.

Johnson, Eric A. und Eric H. Monkkonen 1996: The Civilization of Crime. Violence in Town & Country since the Middle Ages. Urbana und Chicago: University of Illinois Press.

Kalupner, Sibylle 2006: Vom Schutz der Ehre zum Schutz körperlicher Unversehrtheit. Die Entdeckung des Körpers im modernen Strafrecht, in: Paragrana 15, 116-136.

Katz, Jack 1988: Seductions of Crime. Moral and Sensual Attractions in Doing Evil. New York: Basic Books.

Killias, Martin, Sandrine Haymoz und Philippe Lamon 2007: Swiss Crime Survey. Die Kriminalität in the Schweiz im Lichte der Opferbefragungen von 1884 bis 2005. Bern: Stämpfli.

Klages, Helmut 2001: Brauchen wir eine Rückkehr zu traditionellen Werten?, in: Aus Politik und Zeitgeschichte 29, 7-14.

Klärner, Andereas und Michael Kohlstruck (Hg.) 2006: Moderner Rechtsextremismus in Deutschland. Hamburg: Hamburger Edition.

Kohlstruck, Michael und Anna V.Münch 2006: Hypermaskuline Szenen und fremdenfeindliche Gewalt. Der Fall Schöberl, in Ö Andreas Klärner und Michael Kohlstruck (Hg.): Moderner Rechtsextremismus in Deutschland. Hamburg: Hamburger Edition, 302-336.

Lehti, Martti 2001: Homicide Trends in Finland and Estonia in 1880-1940. Consequences of the Demographic, Social and Political Effects of Industrialization, in: Journal of Scandinavian Studies in Criminology and Crime Prevention 2, 50-71.

Leisering, Lutz 1998: Sozialstaat und Individualisierung, in: Jürgen Friedrichs (Hg.): Die Individualisierungsthese. Opladen: Leske + Budrich, 65-78.

Levi, Michael 1997: Violent Crime, in: Mike Maguire, Rod Morgan und Robert Reiner (Hg.): The Oxford Handbook of Criminology, 2. Auflage. Oxford: Clarendon Press.

Luhmann, Niklas 1992: Arbeitsteilung und Moral. Durkheims Theorie, in: Émile Durkheim: Über soziale Arbeitsteilung. Fenkfurt a. M.: Suhrkamp, 19-38.

Lutz, Burkart 1984: Der kurze Traum immerwährender Prosperität. Frankfurt a. M. und New York: Campus.

Mennell, Stephen 2009: An Exceptional Civilizing Process?, in: Journal of Classical Sociology 9. 1, 97-115.

Merton, Robert K. 1938: Social Structure and Anomie, in: American Sociological Review 3, 672-682.

Merton, Robert K. 1968: Social Theory and Social Structure. New York: The Free Press.

Messner, Steven F. 2002: Gewaltkriminalität im Ländervergleich, in: Wilhelm Heitmeyer und John Hagen (Hg.): Internationales Handbuch der Gewaltforschung, Wiesbaden: Westdeutscher Verlag, 875-895.

Messner, Steven F. und Richard Rosenfeld 2007 [1994]: Crime and the American Dream. Belmont, CA: Wadsworth.

Messner, Steven F., Helmut Thome und Richard Rosenfeld 2008: Institutions, Anomie, and Violent Crime. Clarifying and Elaborating Institutional-Anomie Theory, in: International Journal of Conflict and Violence 2.2, 163-181.

Müller, Hans-Peter 2009: Emile Durkheims Moralpolitik des Individualismus, in: Berliner Journal für Soziologie 19, 227-247.

Müller, Hans-Peter und Michael Schmid 1992: Arbeitsteilung, Solidarität und Moral. Eine werkgeschichtliche und systematische Einführung in die ›Arbeitsteilung‹ von Émile Durkheim. Nachwort zu Émile Durkheim: Über soziale Arbeitsteilung. Frankfurt a. M.: Suhrkamp, 481-521.

Neckel, Sighard 2008: Flucht nach vorn. Die Erfolgskultur der Marktgesellschaft. Frankfurt a. M. und New York: Campus.

Offe, Claus 1996: Moderne »Barbarei«: Der Naturzustand im Kleinformat?, in: Max Miller und Hans-Georg Soeffner (Hg.): Modernität und Barbarei. Soziologische Zeitdiagnose am Ende des 20. Jahrhunderts. Frankfurt a. M.: Suhrkamp, 258-289.

Papachristos, Andrew V. 2009: Murder by Structure. Dominance Relations and the Social Structure of Gang Homicide, in: American Journal of Sociology 115, 74-128.

Pescosolido, Bernice A. und Beth A. Rubin 2000: The Web of Group Affiliations Revisited. Social Life, Postmodernism, and Sociology in: American Sociological Review 65, 52-76.

Pritchard, Colin und Alan Butler 2003: A Comparative Study of Childern and Adult Homicide Rates in the U.S.A. and the Major Western Countries 1974-1999: Grounds for Concern?, in: Journal of Family Violence 18.6, 341-350.

Robert, Aki und Gary LaFree 2004: Explaining Japan's Postwar Violent Crime Trends, in: Criminology 42, 179-209.

Schimank, Uwe 1999: Funktionale Differenzierung und Systemintegration der modernen Gesellschaft, in: Jürgen Friedrichs und Wolfgang jagodzinski (Hg.): Soziale Integration. Opladen: Westdeutscher Verlag, 47-65.

Schroer, Markus 2001: Das Individuum der Gesellschaft. Frankfurt a. M.: Suhrkamp.

Schubarth, Wilfried und Richard Stöss (Hg.) 2000: Rechtsextremismus in der Bundesrepublik Deutschland Eine Bilanz. Bonn: Bundeszentrale für politische Bildung.

Schubert, Ernst 2007: Räuber, Henger, arme Sünder. Verbrechen und Strafe im Mittelalter. Darmstadt: Wissenschaftliche Buchgesellschaft.

Spierenburg, Pieter 1998: Masculinity, Violence, and Honor. An Introduction, in: ders. (Hg.): Men and Violence. Gender, Honor, and Rituals in Modern Europe and America. Columbus: Ohio State University Press, 1-29.

Spierenburg, Pieter 2008: A History of Murder. Personal Violence in Europe from the Middle Ages to the Present. Cambridge: Polity Press.

Spiess, Gerhard 2008: Jugendkriminalität in Deutschland - zwischen Fakten und Dramatisierung. Kriminalstatistische und kriminologische Befunde. Konstanz: Universität Konstanz. www.uni-konstanz.de/rtf/gs/G.Spiess-Jugendkriminalität.htm

Thome, Helmut 1995: Modernization and Crime: What is the Explanation?, in:

IAHCCJ Bulletin 20, 31-48.

Thome, Helmut 2001: Hilft uns die Kriminalgeschichte, Kriminalität in Gegenwartsgesellschaften zu verstehen?, in: Günter Albrecht, Otto Backes und Wolfgang Kühnel (Hg.): Gewaltkriminalität zwischen Mythos und Realität. Frankfurt a. M.: Suhrkamp, 165-194.

Thome, Helmut 2002: Kriminalität im Deutschen Kaiserreich, 1883-1902. Eine sozialökologische Analyse, in: Geschichte und Gesellschaft 28, 519-553.

Thome, Helmut 2003: Das Konzept sozialer Anomie als Analyseinstrument, in: Peter Waldmann (Hg.): Diktatur, Demokratisierung und souiale Anomie. München: Vögel, 37-59.

Thome, Helmut 2004: Theoretische Ansätze zur Erklärung langfristiger Gewaltkriminalität seit Beginn der Neuzeit, in: Wilhelm Heitmeyer und Hans-Georg Soeffner (Hg.): Gewalt. Entwicklungen, Strukturen, Analyseprobleme. Frankfurt a. M.: Suhrkamp, 315-345.

Thome, Helmut 2007: Explaining the Long-Term Trend in Violent Crime. A Heuristic Scheme and Some Methodological Considerations, in: International Journal of Conflict and Violence 1.2, 185-202.

Thome, Helmut 2010: Violent Crime (and Suicide) in Imperial Germany, 1883-1901. Quantitative Analyses and a Durkheimian Interpretation, in: International Criminal Justice Review 20.1, 5-34.

Thome, Helmut und Christoph Birkel 2007: Sozialer Wandel und Gewaltkriminalität. Deutschland, England und Schweden im vergleich, 1950 bis 2000. Wiesbaden: VS Verlag.

Tilly, Charles 1981: As Sociology Meets History. New York: Academic Press.

Tittle, Charles R. 1995: Control Balance. Toward a General Theory of Deviance. Los Angeles, CA: Roxbury.

Turner, Ralph H. 1976: The Real Self. From Institution to Impulse, in: American Jounal of Sociology 81, 989-1016.

van Dijk, Jan, John van Kesteren und Paul Smit 2007: Criminal Victimisation in International Perspective. Key Findings from the 2004-2005 ICVS and EU ICS. Den Haag: Minister van Justitie. http://english.wodc.nl/onderzoeksdatabase/icvs-2005-survey.aspx?cp=45&cs=6796

van Kesteren, John, Patricia Mayhew und Paul Nieuwbeerta 2000: Criminal Victimisation in Seventeen Industrialised Countries. Key Findings from the 2000 International Crime Victims Survey. Den Haag: WODC.

Waldmann, Peter 1997: Veralltäglichung von Gewalt: Das Beispiel Kolumbien, in: Trutz von Trotha (Hg.): Soziologie der Gewalt. Opladen: Westdeutscher Verlag, 141-161.

Wouters, Cas 1999: Changing Patterns of Social Controls and Self-Controls. On the Rise of Crime Since the 1950s and the Sociogenesis of a ›Third Nature‹, in: British Journal of Criminology 39, 416-432.

Zimbardo, Philip G. 2004: A Situationist Perspective on the Psychology of Evil. Understanding how Good People are Transformed into Perpetrators, in: Arthur G. Miller (Hg.): The Social Psychology of Good and Evil. New York und London: Guilford Press, 21-50.

쟁점

쟁점 / 디지털 자아—인터넷 시대의 개인적 정체성

디지털 자아—인터넷 시대의 개인적 정체성

카이 드뢰게, 올리비에 부아롤

인터넷은 그동안 모든 사회생활 영역으로 침투해 들어가 우리의 일상생활 깊숙이 자리 잡았다. 우리가 가는 곳이면 어디서나, 그곳이 지하철, 산장, 사무실, 혹은 맥주집이든 간에 인터넷은 이제 아이폰이나 블랙베리를 통해 가능하다. 인터넷은 우리가 일하는 방식뿐 아니라 정치적 공론장, 소비행태, 사회적 지식생산 역시 바꾸어놓았다. 더구나 사적 만남이나 친밀성 영역에서도 인터넷은 결코 빼놓고 생각할 수 없는 존재가 되었다.

디지털 활동 영역은 점점 더 다양해지고 그 폭도 확대되고 있다. 요리 레시피, 증시 시황, 일기예보, 영화 프로그램 등을 검색하기, 위키피디아, 최신 뉴스, 위키리크스 같은 독립 매체 등에서 기사 읽기, 세컨드 라이프, 월드 오브 워크래프트 같은 데서 가상 게임으로 기분 전환하기, 비디오 포탈(You Tube)이나 채팅 룸 들르기, 일기 쓰기(twitter, Blog) 친구 관리하기(facebook, studiVZ), 가족사진(Flicker), 음악(BitTorrent-Network), 아마추어 포르노(YouPorn) 교환하기, 직장(Monster), 결혼 상대(Parship), 섹스 파트너(Alt.com) 찾기, 주방용품(Amazon) 사기, 이메일로 연애편지 쓰기 등등 실제 생활의 수많은 작은 일들에 이르기까지 우리는 더 이상 디지털 기술 없이는 살 수 없으며, 인터넷 없이는 그 어떤 것도 해결할 수 없다.

디지털 기술을 통해 인터넷 사용자들은 매우 신속하게 엄청난 양의 정보, 사진, 음악, 자료들에 도달하게 되며, 지식에서 문화에 이르기까지 다양한 "검색 기능"을 통해 각종 정보, 음악, 게임에 접속한다. 물론 사용자들이 단지 매체 정보를 소비하기만 하는 것은 아니다. 오히려 사용자 자신이 적극적으로 되면서 SNS에서 자신의 프로필을 작성하거나 블로그에 댓글을 남기고, 개인 물건을 옥션 매장에 올리거나, 사진, 비디오, 음악 등 자신만의 콘텐츠를 만드는 등 이런저런 방식으로 자기 자신을 보여준다. 이뿐만이 아니다. 사용자들은 비록 자신이 의도한 생성물은 아니지만 인터넷에 수많은 디지털 흔적을 남긴다. 예를 들어 쇼핑 포탈에 사용자 프로필이 남겨짐으로써 개인의 행위가 사이트에 상세하게 기재되어 판매 목적으로 이용되는가 하면, 사용자 컴퓨터의 IP 주소가 디지털상에 남겨짐으로써 범죄 의혹이 있을 경우 수개월 후라도 특수한 방법을 통해 인터넷에 연결될 수 있다.[1]

1 인터넷상에서의 개인 활동을 역추적할 수 있게 한 예비정보저장에 관한 법률은 그동안 많은 논란거리가 되었지만 2010년 3월 연방헌법재판소가 이를 무효화함으로써 최근 개정되었다.

이런 개인적 자료, 댓글, 흔적들 전체가 모여서 대개 사용자의 "디지털 정체성"을 나타내는 하나의 복합체를 이룬다. 또한 그동안 자아의 형성이 인터넷과 같은 기술 사용과 너무나 밀접하게 결합됨으로써 이 둘을 더 이상 구분할 수 없을 정도가 되었다. 중요한 것은 새로운 정보통신 기술이 개성화 과정과 사회화 과정과 관련된 일상적 상호작용에서 수행하는 역할이다. 이와 연관해서 제기되는 문제는 이러한 디지털 정체성의 고유성이 어떻게 이해되는 것이 적절할까 하는 점이다. 그리고 이 정체성은 지금 이 순간 이 고유한 몸속에 살아 있는 정체성과 어떤 관계가 있을까?

이러한 문제에 대해 이하의 쟁점 논문들은 다양한 관점에서 대답을 주려고 한다. 앞의 세 논문들은 자아와 정체성 문제에 특히 중요성을 갖는 사회적 행위 및 경험 영역을 탐구한다. 셰리 터클(Sherry Turkle)은 자신의 논문에서 인터넷을 통한 컴퓨터 게임을 통해 펼쳐지는 폐쇄적 가상 세계에 주목한다. 우리가 이 가상 세계에서 만나는 존재들은 극도로 다양한 형태를 띠고 있으며, 그 배후에는 인간적 행위자뿐 아니라, 컴퓨터 알고리즘 역시 존재한다. 이러한 만남에서 제기되는 문제는 우리 자신과 기술적 대상과의 관계에 대한 문제뿐 아니라, 가상 세계와 현실 세계 사이의 경계와 이행에 관한 문제들도 있다. 그리고 이러한 문제들은 우리 자신과 우리의 고유한 정체성에 대해서도 새로운 방식으로 생각해보게 한다. 정체성은 이렇게 변화된 좌표 틀과의 관계에서 변화된 형태를 취하고 있기 때문이다.

카이 드뢰게(Kai Dröge)는 이러한 인터넷상의 폐쇄적 공간을 떠나 온라인 데이트를 분석하면서 "과도기적 행위"에 대해 기술한다. 이러한 행위에는 이미 매체의 한계를 넘어선 관점이 개입되어 있다. 구체적으로 말해서 그는 인터넷이 연애와 파트너십 분야에서 제공하는 개인 만남에 대해 질문한다. 흥미롭게도 여기서 이용자들은 신체적으로 서로를 지각하며 함께 있는 것이 아닌데도 전적으로 서로를 친밀하고 "극히 개인적인" 상호관계에 놓인 "낭만적 주체"로 경험한다(니클라스 루만). 그러나 동시에 이들은 기업가적 행위자로 간주되기도 한다. 왜냐하면 이들은 자신의 친밀성 관계를 최적화하기 위한 합리적 선택을 하기 때문이다. 이러한 두 가지 측면을 갖는 개인 만남이 서로 충돌하게 되면 경험적 사례들이 보여주듯이 개인의 자아 형성에 있어서 실천적으로 해결되기 어려운 긴장이 발생한다.

셰리 터클과 아주 유사하게 바이오스 카라바스(Vaios Karavas)는 그의 논문에서 주체와 주체를 둘러싼 기술적 대상들이 점차 상호 투과적이 되면서 그 경계가 사라져버리는 경향이 있다고 본다. 이로부터 제기되는 질문은 이러한 현상이 인격 보호와 관련된 헌법적 기본권과 관련하여 어떤 의미를 갖는가 하는 점이다. 최근 헌법재판소가 이른바 "온라인 수색"에 대해 내린 판결은 이러한 문제와 관련된다. 이 판결에 대한 카라바스의 해석은 더 이상 개인만이 아니라, 인간과 컴퓨터 간의 "혼종 결합"을 헌법적으로 보호하는 새로운 기본권에 대한 윤곽을 탐지할 수 있게 한다(브뤼노 라투르).

올리비에 부아롤(Olivier Voirol)의 논문은 개념적이고 이론적인 것으로서 자아의 디지털 확장을 단지 기술적 개념이 아니라, 상호주관적 정체성 형성 이론의 관점에서 분석하는 것을 옹호한다. 이를 위해 부아롤은 조지 허버트 미드(George Herbert Mead)에 근거하여 "디지털 자아"관을 발전시킨다. 이는 상호인정관계를 토대로 한 인터넷상의 성공적 상호주관적 교류 형태와, 디지털 자아가 자기 자신과 무언가 낯설고 잠재적으로 적대적인 것으로 맞서게 되는 소외 형태를 구별하도록 한다.

이 네 논문에 공통적인 것은 순전히 문화비관주의적 관점을 따르면서 인터넷이 만들어놓은 가상 세계에서의 자아의 해체를 진단하는 것도 아니며, 그렇다고 철저히 낙관주의적 관점을 따르면서 이 매체가 만들어놓은 새로운 자아실현 잠재력을 축하하는 것도 아니라는 점이다. 이에 반해 본 쟁점 논문들은 자아의 디지털 확장이 갖는 긍정적 측면과 부정적 측면을 동시에 고려해보려는 입장을 취하고 있다. 즉 어떤 경우에 디지털 상호작용은 확장된 인정관계를 허용한다고 할 수 있고, 또한 어떤 경우에 우리를 우리 자신으로부터 소외시키는가?(부아롤) 인터넷상에서의 친밀성 경험은 어떤 경우 긍정적 자기관계를 가능하게 하고, 어떤 경우에는 기만적이고 잠재적 위험성을 갖는가?(드뢰게) 그리고 어떤 조건하에서 가상적 게임 세계는 우리의 새로운 정체성의 단면을 발견하고 이를 시험할 수 있는 공간이 되며, 어떤 경우에는 이 세계 속에서 우리 자신을 상실할 위험에 처하게 하는가?(터클) 우리의 정체성이 디지털을 통해 확장될 때 어떠한 새로운 위험이 동반되며, 기본권을 통한 인격 보호는 이러한 변화된 조건에 어떻게 적응할 수 있는가?(카라바스)

물론 이렇게 다양한 역동적 발전 과정들을 서로 구별하고 또한 자아의 소외, 도구화, 시장화의 문제를 일으킬 수 있는 특정한 경향들에 대한 확실한 비판의 토대를 마련하려면 오늘날 벌어지고 있는 변동 과정에 대한 상세한 분석이 필요하다. 본 쟁점 논문들은 이러한 관점을 위한 몇 가지 핵심적 구성요소들을 묘사하려고 한다.

번역_문성훈

생각을 일으키는 대상으로서 컴퓨터 게임

스크린에서 상관적 대상으로[1]

셰리 터클

오늘날 컴퓨터는 정신의 모델로, 그리고 생각을 불러일으키는 대상, "사유의 동반자"로 제시되고 있다. 다시 말해 컴퓨터는 앎, 개성의 문제, 그리고 뭔가가 "살아 있다"고 할 때 그것이 무슨 의미인가 하는 문제 등을 포함해 다수의 철학적이고 심리학적인 문제들에 대해 다시 한 번 생각하게 한다. 많은 연구자들이 명시적으로 컴퓨터를 사용하여 인간 정신의 모델을 발전시키고 있는 인공지능의 영역에서 특히 그런 일이 일어나고 있다. 게다가 여기선 위의 질문들이 훨씬 구체적인 방식으로 제기된다. 우리는 컴퓨터를 기반으로 하는 대상들을 직접 다루

1 이 글은 "Computer Game as Evocative Objects: From Projective Screens to Relational Artifacts", in: Jeffrey Goldstein/Joost Raessens (Hg), *Handbook of Computer Game Studies*, MA: MIT Press, 267-279쪽을 번역한 것이다.

는 과정에서 그들에 의해 끊임없이 영향을 받고 있는 것이다. 그런 대상들 중에 컴퓨터 "게임" 문화의 대상들도 있는데, 오늘날 여기엔 온라인 롤플레잉 게임 및 시뮬레이션 세계의 풍경이라든가 로봇 애완동물 및 디지털 생명체 등이 포함된다. 우리는 이 대상들을 마치 마음이 있는 기계처럼 대하는데, 이는 단순히 이 새로운 대상들 중 다수가 원시적인 형태의 마음을 지닌 것으로 간주될 수 있어서만이 아니라, 그것들이 우리 자신의 마음에 대해 되돌아보는 계기를 제공하기도 하기 때문이다.

클로드 레비스트로스(Lévi-Strauss 1966)는 이론적 "브리콜라주"(bricolage) 과정에 대해 기술한 바 있는데, 바로 이 과정을 통해 개인이나 문명은 주위의 대상들을 사용해 관념을 발전시키고 흡수할 수 있게 된다. 이제 오늘날의 문화적 브리콜라주에서는 디지털 장난감이나 컴퓨터 게임이 중심 요소로 등장한다. 컴퓨터 게임이나 디지털 장난감에 대해 생각할 때 우리는 무엇을 생각하는가? 우리를 사로잡는 그들의 매력은 새롭게 출현하는 우리의 감각에 관해 무엇을 시사하는가?

이 글에서 나는 예전의 나의 글(Turkle 1984, 1997, 2005)에서 사용했던 논증과 언어를 원용하여, 어떻게 컴퓨터 게임과 디지털 장난감이 컴퓨터의 문화적 확산을 가져올 뿐 아니라 그 확산에 대해 성찰할 기회도 함께 제공하는지를 보여줄 것이다. 이 글에선 컴퓨터 문화의 발전에서 게임의 중심적 역할을 명료하게 보여줄 세 가지 주제를 집중적으로 다룰 것인데, 첫째는 인터페이스 설계에 있어서 투명성에서 불투명성으로의 이동이고, 둘째는 인터넷이 정체성 놀이의 풍경으로 사용되는 빈도가 늘어나고 있다는 것이고, 셋째는 인공 생명체에 대한 우리의 관계의 진화라는 주제이다.

인터페이스에 대한 사유를 통해 사유에 관해 사유하기

우리가 컴퓨터 게임의 인터페이스에 관해 생각할 때 우리는 무엇에 관해 생각하는 것일까? 우리가 앎의 방식에 관해 생각한다는 것이 하나의 대답일 것이다(Turkle 1995). 최초의 컴퓨터 게임은 그 게임을 지원하는 초창기 퍼스널 컴퓨터 인터페이스를 고려하여 만들어졌다. 초창기의 컴퓨터 게임을 즐기던 다수의 아이들과 십대들은 곧장 이 PC 상에서 자기 자신의 게임을 만들기를 원했다. 1970년대의 PC와 제1세대 IBM PC 자체는 개방되고 "투명한" 대상들이었고, 잠재적으로는 바탕에 있는 기본 메커니즘으로 환원될 수 있는 것이었다. 이러한 체계 때문에 사용자들은 기계의 "메커니즘"을 이해할 수 있다는 생각을 갖게 되었다. 그러한 이해수준에 도달할 수 있는 사람은 극소수였음에도 불구하고 말이다. 전통적인 모더니스트적 인식방식이 갖는 고유한 정신 속에서, 사용자들은 테크놀로지의 논리에 입각하여 이해라는 것이 다름 아니라 마술적인 것의 이면에 있는 메커니즘에 도달하는 것이라고 생각하곤 했다. 이와는 대조적으로, 1984년에 도입된 매킨토시의 아이콘 스타일은 사용자들에게 시뮬레이션(파일폴더, 쓰레기통, 데스크톱 같은 아이콘)을 제공했는데, 거기에는 그 이면의 구조를 어떻게 알 수 있을지에 대해 시사해주는 것이 전혀 없었다. 한 사용자가 말했듯이, "맥은 완벽하고 완성된 것으로 보였다. 도스(DOS) 컴퓨터에 프로그램을 설치하기 위해 나는 이런저런 작업을 해야 했다. 그것이 완벽하지 않다는 것은 분명했다. 하지만 매킨토시 체계는 나에게 그냥 표면에 머물러 있으면 된다고 말했다." 이제 이런 방식으로 컴퓨터와 대면하는 것이 대세가 되었다. 그것은 더 이상 매킨토시에만 해당되는 것이 아니라 퍼스널 컴퓨터에서 거의 보편적인 양식이 된 것이다.

우리는 보이지 않는 테크놀로지에 익숙해졌고, 인터페이스상의 사물을 있는 그대로 간주하게 되었다. 초기의 투명한 IBM PC가 모더니즘의 테크놀로지 미학을 모델로 삼았다면, 매킨토시의 인터페이스는 탈현대 미학과 맞아떨어지는 것이었다. 탈현대 미학의 이론가들은 심층의 메커니즘을 찾아보았자 별 소득이 없고, 기원과 구조를 찾아나서는 것보다는 변화하는 표층의 세계를 탐험하는 것이 더 현실적이라고 주장한다. 오늘날 매킨토시 스타일로 시뮬레이션된 데스크톱이 시뮬레이션 및 가상성의 인식론에 대한 가장 널리 퍼져 있는 문화적 개론이 되었다고 해도 과언은 아닐 것이다. 그것은 브뤼노 라투르(Bruno Latour 1988)가 말한, 새로운 사상을 전파하는 "첨병"이었다. 문화적으로 볼 때, 새로운 컴퓨터 인터페이스가 그러한 첨병의 역할을, 사상의 전령사라는 역할을 수행했다. 우리는 스크린상의 시뮬레이션들을 서핑하는 데 익숙해졌고, 컴퓨터를 보면서 "너는 어떻게 작동하느냐?"라는 물음은 더 이상 던지지 않게 되었다.

1980년대에 투명성에 대해 언급했던 대부분의 컴퓨터 사용자들이 말했던 것은 전통적 기계의 그것과 유사한 투명성이었다. 그것은 "덮개를 열고" 이리저리 뒤져볼 수 있다는 것을 뜻했다. 그러나 1980년대 말에 매킨토시 컴퓨터 사용자들이 투명성에 대해 언급하기 시작했을 때, 그들이 말했던 것은 쉽게 이해되는 매력적인 아이콘에 의해 재현되는 문서와 프로그램을 보는 것에 관한 것이었다. 이때 그들이 말했던 것은 스크린의 표면 아래로 들어갈 필요 없이 일이 진행되도록 만드는 능력이었다. 역설로 들리겠지만 그것은 복잡성과 불투명성에 의해 가능해진 투명성이었다. 오늘날 "투명성"이라는 단어는 컴퓨터 용어와 일상용어 할 것 없이 이런 매킨토시적 의미를 띠고 있다. 시뮬레이션의 문화에선, 뭔가가 투명하다는 말은 곧 그것이 어떻게 작동하는지를 쉽게 볼 수 있다는 말이다. 더 이상 그것은 심층의 과정을 참조하여 왜 그것이 작동하는지를 안다는 말이 아니다. 이것이 바로 컴퓨터 체계의 인터페이스의 모습이고, 또한 우리가 하는 시뮬레이션 게임의 모습이다.

"당신의 오르갓(Orgot)이 다 잡아먹혀 버렸습니다"는 메시지가 화면에 뜬다. 비가 오는 어느 일요일 오후 나는 13살의 팀과 함께 컴퓨터 게임 심라이프(SimLife)를 즐기고 있었다(Turkle 1995). 팀이 즐겨 하는 이 게임에서 이용자는 잘 기능하는 환경체계를 창조해야 할 과제를 안게 된다. "오르갓이 뭐야?" 내가 팀에게 물었다. 팀도 모른다. 그러나 팀은 확신에 찬 목소리로 대답했다. "난 그런 것엔 관심 없어요. 게임하는 데 그딴 것은 알 필요가 없어요." 단계 1을 이해하지 못하면 단계 2로 나아가지 못하는 버릇이 몸에 밴 탓에, 아마도 내 표정이 별로 좋아 보이진 않았던 것 같다. 그래서인지 팀은 짐짓 오르갓을 정의하면서 나를 위로하려고 했다. "제 생각엔 그건 일종의 유기체 같은 것이에요. 그런 말은 어디에도 없지만, 게임을 해보면 그런 것 같아요."

오르갓 문제는 이것으로 끝나지 않았다. 몇 분 후 "당신의 오르갓이 다른 종류로 바뀌었습니다"는 메시지가 떴다. 나는 입을 다물었다. 팀은 내 마음을 읽고선 위로의 말을 던져주었다. "무슨 말인지 몰라도 신경 쓰지 마세요. 저도 언젠가 게임 전체를 이해할 수 있으리라고 생각하진 않아요. 그냥 게임을 할 뿐이죠." 나는 사전을 뒤지기 시작했지만, 오르갓이라는 단어는 없었다. 그러다가 게임의 "리드 미"(Read Me) 파일에서야 비로소 오르갓에 대한 언급을 발견했다. 그 파일의 설명에 따르면, 오르갓에는 여러 가지 방식으로 여러 개의 모순적인 의미가 부여되어 있지만, 그런 의미 중 유기체의 정의에 가까운 것이 있다는 것이다. 팀이 옳았다. 그것으로 충분했던 것이다.

심라이프라는 게임에 대한 팀의 접근방식은 고도로 기능적이었다. 그는 자신의 게임 스타일을 비디오 게임에서 배웠다고 한다. "심라이프가 비디오 게임은 아니에요. 하지만 사용자는 비디오 게임처럼 게임할 수 있어요." 심라이프를 배울 때 비디오 게임에서처럼 게임의 과정을 통해서 배워야지 먼저 게임 규칙이나 개념들을 이해하는 방식으로 접근해선 안 된다는 말이다. 팀은 게임의 저변에 깔린 규칙을 이해하지 않고서도 게임이 어떻게 작동하는지를 직감적으로 파악하고 행동할 수 있었다. 게임을 하다가 그는 이렇게 말했다. "저의 트릴로바이트(Trilobytes)가 죽었어요. 앨지(Algae)가 없어서 그럴 거예요. 트릴로바이트에게 앨지를 주는 것을 깜빡했어요. 지금 줄 겁니다." 팀은 무엇이 게임을 움직이는지를 분명히 알지 못했지만 능숙하게 게임을 이끌어갔다. 그의 성게가 사라졌을 때 그 이유를 물었다.

팀: 몰라요. 무슨 일이 생겼나보지요.

터클: 왜 그런 일이 생기는지를 아니?

팀: 아니요.

터클: 이유를 말해줄 수 없다는 뜻이니?

팀: 아니요. 난 그런 일로 골치 썩이고 싶지 않아요. 그건 중요하지 않으니까요.

50년 전, 아이들의 세계는 단순하고 기계적인 방식으로 이해될 수 있는 사물들로 가득 차 있었다. 자전거는 페달과 기어를 알면 이해될 수 있었고, 태엽차(wind-up car)는 태엽장치를 알면 이해되었다. 1세대 퍼스널 컴퓨터를 만들었거나 구입했던 다수의 사람들은 비트와 바이트의 수준까지 그것을 이해했다. 뒤이어 등장한 운영체계들은 훨씬 복잡해졌지만, 여전히 "구시대"의 환원적 이해방식이 통했다. 그러나 오늘날 팀과 같은 사용자들은 그런 이해방식을 완전히 무시한다. 팀은 화면에 비치는 사물을 있는 그대로 받아들이면서 화면의 표층에 머물러 있을 수 있다.

"심" 게임의 다른 유형인 심시티(SimCity)에 관해 10학년생 마르시아와 인터뷰를 한 적이 있었는데, 이때 이러한 (게임) 미학의 또 다른 측면을 분명하게 확인할 수 있었다. 이 게임에서 이용자는 자기 나름의 경제, 정치, 사회생활을 갖고 에너지와 오염 문제도 안고 있는 가상도시에서 시장의 역할을 수행해야 했다(Turkle 1997). 마르시아는 시장으로서의 자신의 기량을 뽐내며 "심시티에서 가장 유용한 열 가지 규칙"에 대해 설명해주었다. 그중에서 여섯 번째 규칙에 관심이 갔는데, 그것은 "세금 인상은 항상 소요사태를 유발한다"는 규칙이었다.

마르시아에겐 이 규칙과 실재 도시에서 작동하는 규칙을 구별할 수 있는 언어가 없는 듯했다. 그녀는 컴퓨터 프로그램을 짜본 적도 없었고, 하나의 시뮬레이션을 설계한 적도 없었다. 늘어난 세금이 늘어난 생산성과 사회적 조화를 가져오게끔 게임을 설계하려면 어떻게 해야 하는지를 질문할 언어가 그녀에겐 없었다. 그리고 그녀는 자신이 게임의 규칙을 바꿀 수 있는 사람이라고 생각하지 않았다. 팀이 오르갓과 마주쳤을 때와 마찬가지로, 마르시아는 주어진 시뮬레이션을 어떻게 "읽어야" 할지를 몰랐다. 자신이 배우고 있는 것을 측정하고 비판하거나 판단하는 방법을 알지 못했다. 그녀는 시뮬레이션의 능숙한 이용자이지만, 시뮬레이션에 관해 능숙하게 사유하는 사람은 아니었다. 그녀의 이러한 상황에서 우리는 현재 우리 시대가 안고 있는 문제적 성격과 대면하게 된다. 마르시아가 컴퓨터의 기억장치(레지스터)나 컴퓨터 칩에 걸리는 부하의 변화까지 들여다볼 필요는 없겠지만, 뭔가를 볼 필요는 있다. 그녀에게 시뮬레이션의 성격에 관해 가르쳐주는 시뮬레이션들을 갖고 작업할 필요가 있는 것이다.

가상성에 대한 사유를 통해 정체성에 대해 사유하기

컴퓨터로 글을 쓸 때, 나는 컴퓨터 화면 위에서 텍스트를 이리저리 움직이고 뒤섞는다. 과거에 우린 텍스트를 말 그대로 잘라 붙여야 했다. 요즘 우린 그것을 "오려 붙이기"(cut and paste)라고 부른다. 과거엔 그것을 편집이라고 불렀을 것이다. 오늘날엔 컴퓨터 소프트웨어 덕분에 문장과 단락을 이리저리 이동시키는 것은 글쓰기의 일부가 되었다. 직접 펜으로 글을 쓰거나 타자기를 사용하던 때에 비해 요즘 내가 컴퓨터에 훨씬 더 오래 머물러 있는 한 가지 이유가 여기에 있다. 글을 쓰려고 하는데 컴퓨터가 없다면, 나는 컴퓨터를 구할 때까지 기다리는 경향이 있다. 그리고 실제로 나는 그때까지 기다려야 한다고 느낀다.

왜 컴퓨터 화면을 벗어나는 것이 그렇게 어려울까? 나의 데스크톱 컴퓨터는 여러 개의 창을 통해 여러 층의 소재들에 동시에 접근할 수 있게 해준다. 즉 필드노트, 과거의 원고들, 아직 가공되진 않았지만 내 글에 포함시키고 싶은 일련의 아이디어들, 컴퓨터 및 게임 이용자들과의 인터뷰 내용 등을 동시에 제공해준다. 컴퓨터로 글을 쓸 때 이 모든 것들이 눈앞에 있고, 왠지 나의 사유공간이 확장된 것 같다. 또 여러 개의 창을 통해 제시되는 역동적 디스플레이 덕분에 나는 컴퓨터와 대화하면서 글을 쓴다는 느낌을 갖는다. 이런 식으로 몇 년이 지나고 나면, 종이에 글을 쓸 때엔 혼자라는 이상한 느낌을 갖게 될 수 있다.

나를 화면 앞에 붙잡아놓는 다른 요인도 있다. 스스로를 완벽하다고 여기고 나 자신 외에는 그 누구도 그 무엇도 비난할 수 없게 만드는 기계 앞에서 나는 압력을 느낀다. 이를테면 나로선 아직 교정되지 않은 텍스트를 컴퓨터 창에 남겨둔 채 컴퓨터를 떠나기가 힘들다. 교정하는 것이 지우기 키를 치는 것처럼 단순해진 컴퓨터 글쓰기 환경에서 오타는 단순히 일시적 주의부족이 아니라 도덕적 부주의로 경험된다. 바로잡는 데 일이초밖에 걸리지 않는 일을 하지 않는 것보다 더 도덕적으로 부주의한 행실이 어디 있겠는가? 컴퓨터는 사람을 붙잡아두는 힘으로 나를 자극한다. 여기서 컴퓨터의 힘은 다름 아니라 내가 바로잡기만 하면 컴퓨터가 바로잡아 준다는 약속, 그것도 즉각 바로잡아 준다는 약속에 있다.

나는 화면에 떠 있는 여러 개의 창들 간의 대화 가능성에 매료되었고, 즉각적으로 반응하는 기계 덕분에 완전성에 관한 나의 불안을 달랠 수 있다는 점에 매료되었다. 그러나 다른 사람들은 아마 다른 유혹에 마음이 끌렸을 것이다. 그리하여 어떤 사람은 아직 현실의 혼돈에 감염되지 않은 것처럼 보이는 가상세계에 사로잡힐 것이고, 또 어떤 사람은 컴퓨터 두뇌와의 정신적 교감이나 융합이라는 느낌에 매료될 것이다. 타인과의 친밀한 관계를 두려워하지만 혼자 있는 것도 겁내는 사람이 있다면, 네트워크에 연결되지 않은 독립형 컴퓨터가 분명한 해결책이 될 수 있을 것이다. 상호작용적이면서도 반작용적인 컴퓨터는 우정의 요구 없는 우정이라는 환상을 제공해줄 것이다. 컴퓨터와 함께라면, 혼자이면서도 결코 혼자가 아닐 수 있는 것이다(Turkle 1984).

악기가 소리의 정신적 구성을 확장한 것일 수 있듯이, 컴퓨터는 사유의 정신적 구성을 확장한 것일 수 있다. 한 소설가는 "기계와의 초감각적 지각"에 대해 말한다. "단어들이 저기 떠다닌다. 나는 화면을 나의 단어들과 함께 공유한다." 컴퓨터로 설계를 하는 한 건축가는 한술 더 뜬다. "컴퓨터로 건물의 구조와 형식들을 갖고 놀이를 시작하기 전에는 건물의 윤곽이 내 마음 속에 떠오르지 않는다. 건물은 내 눈과 화면 사이의 공간 속에서 생명을 얻는다." 음악가는 연주를 하기 전에 마음으로 음악을 듣는 경우가 종종 있다. 이때 그는 음악을 바깥에서 경험하기 전에 먼저 내면에서 경험한다. 이와 비슷하게 컴퓨터는 자아(自我)와 비아(非我) 간의 경계선상에 있는 대상으로 경험될 수 있다. 나르시스 이야기를 새롭게 변주해서 말하자면, 사람들은 자기 스스로 창조한 인공세계나 혹은 타인이 만든 인공세계와 사랑에 빠질 수 있다. 사람들은 컴퓨터 속에서 자기 자신을 볼 수 있다. 컴퓨터는 제2의 자아처럼 보일 수 있는 것이다. 제2의 자아라는 은유가 처음 생각났던 것은 "당신이 컴퓨터 프로그램을 다룰 때 거기엔 당신의 마음의 작은 조각이 있는데, 이제 그것은 컴퓨터의 마음의 작은 조각이다"고 말하는 13살짜리 소녀를 만났을 때였다. 투자자문 일을 하는 40대 중반의 한 여성도 랩톱 컴퓨터에 대해 "이 컴퓨터가 나의 삶 전체를 담고 있는데, 난 그런 방식을 사랑한다"고 말하는데, 이때 그녀가 드러낸 느낌은 13살짜리 소녀의 그것과 같은 것이었다.

물론 자아의 매혹적 확장이라는 것이 컴퓨터에만 고유한 것은 아니다. 우리는 살아가면서 매순간 우리 자신을 세계 속으로 투사한다. 어린 아이는 열심히 크레용과 공작용 점토를 집어들 것이다. 우린 그림을 그리고, 일을 하고, 일기를 쓰고, 회사를 세우고, 우리의 개인적이고 지적인 다양한 감수성을 표현하는 것들을 만든다. 그러나 컴퓨터는 우리의 생각을 구현하고 우리의 다양성을 표현하는 매체로서 새로운 기회를 우리에게 제공한다.

컴퓨터 문화의 초창기에는, 자아를 컴퓨터에 투사하는 드라마틱한 사례들은 대부분 프로그래밍이라는 잘 드러나지 않는 비밀스러운 영역에서 발생했다. 앞서 본 소설가와 건축가의 사례에서 잘 드러나듯이, 오늘날엔 사람들이 자신을 화면상의 시뮬레이션 속으로, 화면상의 이미지와 행위 속으로 투사하는 것이 다반사가 되었다. 사용자를 잡아두는 컴퓨터의 매력이 과거에는 프로그래밍의 유혹과 밀접히 연결되어 있었던 데 반해, 이제 그것은 인터페이스의 유혹에 연결되어 있다. 비디오 게임이 처음 등장했을 때, 나는 그 화면의 매력이 게임하는 사람과 게임 뒤의 프로그램 사이의 마음의 만남이라는 환상과 함께 가는 것임을 발견했었다. 인터넷 게임에선, 프로그램은 더 이상 그런 존재감을 갖지 않는다. 오늘날 사람들은 마치 앨리스가 거울 속으로 걸어 들어가듯이 스크린 세계 속으로 들어간다.

1990년대 초반에 시작된 한 사례를 들자면, 머드(MUD, Multi-User Domain)로 불리는 네트워크 게임 소프트웨어가 등장하면서 전 세계의 사람들이 오직 컴퓨터를 통해서만 존재하는 온라인 가상 공동체를 형성할 수 있게 되었다. "머드 게임"의 핵심 요소는 가상공간 속에 인격체를 창조하여 투사하는 것인데, 이것은 에버퀘스트, 울티마 온라인, 심즈 온라인 같은 좀 더 최근의 온라인 게임 공동체(이것은 때로는 "다중 이용자 온라인 롤플레잉 게임"Massively Multiplayer Online Role Playing Game 이라고 불리기도 한다)를 특징짓는 것이기도 하다. 따라서 머드 환경 속에서의 삶에 대한 나의 기술은 온라인 롤플레잉 게임 일반의 심리적 측면을 보여준다고 볼 수 있다.

당신이 MUD 게임에 합류하면, 하나 혹은 그 이상의 캐릭터를 창조하고, 이들 각각의 성별과 그 밖의 신체적, 심리적 속성을 특정하게 된다. MUD 속의 다른 이용자들은 이 속성에 대해 기술해놓은 내용을 볼 수 있다. 그것은 당신의 성격 자체가 표현된 것이기도 하다. 창조된 캐릭터들이 인간일 필요는 없고, 두 개 이상의 젠더가 있을 수도 있다. 게임을 하는 중에 캐릭터들은 일상적인 또는 낭만적인 성관계를 맺고, 일자리를 갖고, 각종 의례와 의식에 참여하고, 사랑에 빠지고 결혼한다. 간단하게 말해서 그것은 재미있다. "그것은 나의 실제 삶보다 더 실제적이다." 게임에서 남자 행세 하는 여인의 역할을 수행하던 한 남자의 말이다. 이용자들이 머드 게임에 참여할 때 그들은 텍스트의 저자가 될 뿐 아니라, 자기 자신의 저자가 되어 사회적 상호작용을 통해 자아를 구성하기도 한다.

게임 이용자가 직접 현장에 있어야 하는 전통적인 롤플레잉 게임에서는 이용자는 한 번에 하나의 캐릭터 역할을 수행한다. 이에 비해 머드는 병렬적 삶을 제공한다. 게임의 경계는 희미하다. 게임의 관행은 게임 이용자의 일상적 삶의 일부가 된다. 머드에서 자아와 게임 간의, 자아와 역할 간의, 자아와 시뮬레이션 간의 경계는 흐려진다. 한 사람은 이렇게 말한다. "당신이 맡은 캐릭터가 곧 당신이다. (…) 당신이 하는 놀이가 바로 당신의 존재이다." 놀이하는 사람들은 때로는 그들의 실재 자아가 그들의 캐릭터들의 합성물이라고 말하기도 하고, 또 때로는 머드 게임상의 그들의 캐릭터들이 그들의 실재적 삶을 살아가는 수단이라고 말하기도 한다. 온라인 게임에 가장 능동적으로 참여하는 사람들 중 몇몇은 하루 종일 컴퓨터로 작업한다. 통상적으로 이들은 자신의 가상 인격체를 잠시 "잠재우고", 게임에 계속 접속한 상태에서 다른 활동을 하다가 다시 게임으로 돌아오곤 하는 패턴을 주기적으로 반복한다. 이런 식으로 그들은 자신의 삶을 각기 나름의 창을 갖고 있는 실재 세계와 게임 세계 사이의 "순환"으로서 경험한다. 컴퓨터 사용자의 정체성은 이렇게 여러 곳으로 분배되어 있는 그의 현존의 합인 셈이다.

다트머스 대학 2학년생인 더그를 보면 이 점이 확실해진다. 내가 그를 만났을 때 그는 여러 개의 머드 게임에서 4개의 캐릭터를 띄워놓고 게임을 즐기고 있었다(Turkle 1995). 그중 하나는 매혹적인 여성이었고, 또 하나는 카우보이 스타일의 마초였다. 이 캐릭터에 대한 소개는 그가 "항상 티셔츠 소매에 말보로 담배를 찔러두는 스타일의 남성"임을 강조하고 있다. 세 번째 캐릭터는 암컷인지 수컷인지를 구별하기 어려운 토끼인데, 이 캐릭터는 자신의 머드를 돌아다니면서 사람들을 서로에게 소개해준다. 더그에 의하면 "캐롯은 워낙 눈에 띄지 않기 때문에 사람들이 사적인 대화를 나눌 때에도 캐롯을 그대로 둔다. 그래서 난 캐롯을 나의 소극성과 훔쳐보기 취향을 표현해주는 캐릭터로 여긴다." 마지막 캐릭터는 퍼리머드(FurryMUD, 이 머드에 등장하는 캐릭터들은 모두 털이 있는 동물들이다)의 캐릭터이다. "난 이 캐릭터에 대해선 별로 말하고 싶지 않은데, 왜냐하면 그것의 익명성이 나에겐 중요하기 때문이다"고 더그는 말한다. "퍼리머드에서 난 섹스관광 하는 사람이 된 듯한 느낌을 갖는다는 정도로 말해두죠." 더그는 컴퓨터 창에서 자신의 캐릭터들과 함께 놀이하는 것에 관해 이야기하는데, 그 놀이는 "내 마음의 부분들을 열고 닫는" 능력을 높여준다는 것이다.

> 나는 내 마음을 여러 개로 나누어요. 그러면 마음을 더 잘 알 수 있지요. 나는 내가 하나가 아니라 둘 내지 서너 개의 나로서 존재한다는 것을 볼 수 있어요. 내가 하나의 창에서 다른 창으로 이동할 때마다 난 내 마음의 한 부분을 열었다가 또 다른 부분으로 이동하지요. 하나의 창에선 논쟁을 하다가, 다른 창에서는 머드 속의 여자에게 접근하려고 해요. 그리고 또 다른 창에선 학교를 위해 스프레드시트 프로그램을 돌리거나 다른 기술적인 일을 하지요. (…) 그 외에 실시간 메시지(다른 사용자가 보낸 메시지가 도착하는 즉시 스크린에 신호가 뜨지요)를 받을 때면, 이것은 실제 생활이구나 하고 생각해요. 실제 생활은 그저 또 하나의 창일 뿐인 거죠.

컴퓨터 인터페이스를 창으로 여기는 은유가 발전한 것은 여러 개의 상이한 응용 프로그램들을 순환시킴으로써 좀 더 효율적으로 일할 수 있게 하려는 욕망에서 비롯된 하나의 기술적 혁신이었다. 이것은 시간을 공유하는 컴퓨터들이 컴퓨팅 작업을 필요로 하는 상이한 사람들 사이를 순환하는 것과 같다. 그러나 실제로는 창은 자아를 여러 곳으로 분배된, "시간을 공유하는" 체계로 사유하는 것에 대한 강한 은유가 되었다. 자아는 더 이상 단순히 상이한 환경에서 상이한 역할을 행하는 것이 아니다. 이를테면 한 사람이 연인으로서 잠자리에서 깨어나, 어머니로서 아침밥을 하고, 출근하여 변호사로서 일을 하는 식이 아니라는 것이다. 컴퓨터 창에서의 삶은 여러 세계 속에 동시에 존재하면서 다수의 역할을 동시에 수행하는 분배된 자아의 삶이다. 머드는 이 은유를 더 확장한다. 더그의 말을 빌리면, 이제 "실재 생활"은 "또 하나의 창"일 뿐이다. 오늘날 게임 세계는 실재와 가상의 구별을 흐리게 만든다. 반달족은 심즈 온라인의 가상 세계에서 "실재로" 해를 끼친다. 실재 세계에서의 지구화 과정에 대한 정치적 저항이 온라인 가상 세계의 길모퉁이에서 일어난다. 온라인 파트너와의 가상적 관계에서 일어난 외도가 진짜 외도로 느껴져, 게임 바깥에 있는 실재의 신체에 스트레스를 일으키기도 한다.

온라인상에서 가상 인격체로 활동하는 사람은 폭발성이 강한 영역으로 들어간 것이라고 할 수 있다. 어떤 사람은 좌절과 욕구불만을 느끼고, 어떤 사람은 위안을 느낀다. 어떤 사람은 자기발견의 가능성을 발견하며, 심지어는 자기변혁의 가능성까지 느끼기도 한다. 역사학을 전공하는 26살의 한 대학원생은 이렇게 말한다. "새로운 머드 게임에 접속하여 캐릭터를 만든 다음엔 그 캐릭터에 대한 설명을 기입해야 하는데, 이때마다 난 항상 모종의 패닉현상을 느낀다. 그것은 내가 알고 싶지 않은 뭔가를 발견한 것과 같다."(Turkle 1995) 20살짜리 학부생의 말을 들어보자. "새로운 캐릭터를 창조할 때마다 난 언제나 굉장한 자의식을 느낀다. 보통 나는 부모님이 알아보지 못했으면 하는 인물을 창조한다. 이 일에 걸리는 시간은 3시간 정도이다." 온라인 인격이라는 대상을 통해 생각해보면, 정체성을 통일적인 것이 아니라 다중적이고 탈중심화된 것으로 사유할 수가 있다.

1990년대에 "병행하는 삶들"에 대한 온라인 경험은 다중적인 존재 상황 사이를 순환하는 건강하고 "유연한" 자아에 대한 사회과학 이론의 중요한 문화적 맥락이었다(Gergen 1991; Lifton 1993; Martin 1994). 철학자 대니얼 데닛(Dennett 1991)은 의식의 "다중적 초고"라는 이론에서 유연한 자아에 대해 말한 바 있다. 그의 "다중적 초고" 개념은 컴퓨터 화면에 열려 있는, 그리하여 사용자들이 마음대로 이리저리 이동시킬 수 있는 다수의 문서 텍스트 버전들과 유사하다. 이 초고들에 대해 알게 되면 다수의 상이한 버전들 각각을 존중하게 되면서 동시에 이들 각각에 대해 일정한 거리를 둘 수 있게 된다. 역사 및 사회 이론가인 도나 해러웨이(Haraway 1991a)는 "균열되고 모순적인 자아"를 "인식하는 자아"와 등치시키면서 그 자아의 가능성들에 대해 낙관적인 의견을 표명한 바 있다. "인식하는 자아는 항상 부분적 형상으로 존재했지, 결코 하나의 전체로서 완성된 모습으로, 단순히 저기에 본래의 모습으로 존재한 적이 없다. 그것은 항상 부분들에 의해 불완전하게 구성되어 있고 결합되어 있다. 따라서 인식하는 자아는 다른 자아와 결합할 수 있으며, 다른 자아로 바뀌지 않으면서 함께 공동으로 볼 수 있다." 이언 해킹(Hacking 1995)은 자아의 여러 측면들이 서로 분리되어 있는 다중인격장애(MPD)의 사례가 늘어나는 현상에 대해 글을 쓴 적이 있다. 데닛과 해러웨이의 자아 모델에서 가장 특징적인 것은 자아의 다양한 측면들 사이에 항상 소통의 선이 열려 있다는 점이다. 그들의 저작에서 이 열린 소통은 우리 내부에 있는 다수성과 타자 내부에 있는 다수성에 대한 존중의 태도를 북돋워주는 것으로 묘사되고 있다.

정신분석가 필립 브롬버그(Bromberg 1994)의 연구도 이와 유사한 입장을 보여준다. 그의 주장에 따르면, 이제 "좋은 부모되기"의 강조점은 더 이상 아이의 "핵심 자아"를 긍정하는 것에 있는 것이 아니라 자아의 여러 상태들 사이에서 협상하면서 그 사이를 유연하게 이동할 수 있도록 도와주는 것으로 바뀌어야 한다고 한다. 건강한 개인은 자아의 상태를 복수태로 유지하되 이들 간의 긴장의 순간을 부드럽게 이완시킬 줄 안다. "당신이 여럿이면서도 하나로 통합되어 있다는 느낌을 가질 때 당신은 건강하다. 자아의 상이한 측면들이 서로를 알게 되고, 서로를 반영할 때가 건강한 것이다." 여기서 분리 없는 다중성의 모델, 즉 고도로 접합된 의식적 순환으로서의 다중성의 모델이 미국 정신분석학의 전통 속에서 제시되고 있는 것이다. 이 모델의 윤곽은 컴퓨터 게임에 빠진 한 남성에 대한 사례연구에서 잘 드러난다. 내가 케이스라고 부르는 이 남성은 34세의 산업 디자이너이다(Turkle 1995).

케이스는 온라인 가상 공동체에 여성으로 참여하기를 좋아하는데, (역설로 들릴지도 모르겠지만) 그렇게 할 때 그가 좀 더 쉽게 공격적이고 투쟁적이 될 수 있다는 이유에서이다. 케이스의 다수의 온라인 여성 인격—강하고, 역동적이고, 자기의식이 강한 여성—은 그가 "캐서린 헵번 유형"이라고 부르는 그의 어머니를 연상시켜준다고 한다. 그의 아버지는 부드러운 매너를 가진 남성으로서, "제임스 스튜어트 유형"이라고 한다. 그는 실생활에서는 항상 아버지를 더 닮았지만, 아버지의 소극적 행동방식 때문에 불이익을 당했다는 느낌을 갖게 되었다. 머드를 발견했을 때 그는 실험을 해볼 좋은 기회로 여겼다.

> 가상현실이 흥미를 끌려면 현실과 닮아야 해요. 하지만 내가 현실에서 할 수 없는 것을 가상현실에선 할 수 있어야 해요. 나의 경우를 말하자면, 내가 여성 캐릭터에 관심이 있었던 것은 내가 마음속으로는 하고 싶지만 정작 남자인 내가 할 경우 불쾌한 것이 되고 마는 그런 것들을 말하고 행동할 수 있기 때문이죠. 난 강한 여성을 찬미하는 편입니다. 그리고 강한 남성은 문제가 있다고 봐요. 그런 사람은 남을 괴롭힐 소지가 있어요.

만약 당신이 남성으로서 당신의 주장을 강하게 내세운다면, 케이스에게 그것은 "개자식"(bastard)으로 코드화된다. 그러나 당신이 여성으로서 그렇게 한다면, "현대적이고 유능한" 것으로 코드화된다.

> 내 아내와 내가 모두 작은 사업을 위한 로고를 설계하고 있다고 해보죠. 이때 내가 '이 로고의 가격은 3,000달러입니다. 흥정은 없습니다'라고 했다면, 난 전형적으로 퉁명하고 고집 센 사업가죠. 그러나 만약 내 아내가 그렇게 말했다면, 나에게 그것은 내 아내가 유능한 여성이

라는 말로 들립니다. 사회에선 남성 권력이 너무 많이 지배하고 있어요. 그래서 당신이 남성으로서 권력을 사용한다면, 당신은 전형적인 남성이 될 것입니다. 하지만 여성은 권력을 좀 더 편하게 사용할 수 있지요.

이러한 성역할 뒤바꾸기 덕분에 케이스는 가상 공동체 내부만이 아니라 바깥에서도 자신을 더 강하게 주장할 수 있게 되었다. "난 관료적인 일은 잘하지 못했어요. 하지만 [온라인 세계에서] 책임 있는 여성의 역할을 연습하고 수행한 덕분에 이제 많이 달라졌어요. 캐서린 햅번의 역할을 해보았기 때문에, 난 실제 세계에서도 예전에는 엄두도 내지 못했던 일을 이젠 할 수 있게 되었어요."

케이스는 헵번이라는 캐릭터가 "자신의 한 부분의 외부화"라고 말한다. 그와의 한 인터뷰에서 나는 "자아의 측면들"이라는 표현을 사용했는데, 그는 그 표현을 크게 반겼다. 왜냐하면 자신의 온라인상의 삶에서 그는 힌두교의 신들이 여러 측면을, 여러 개의 얼굴을 갖지만 여전히 하나의 전체적 자아를 유지하는 것을 연상했기 때문이다. "당신은 당신의 캐릭터들을 현실의 삶으로 불러낼 수 있다고 생각하세요?" 나의 이 질문에 그는 이렇게 대답했다.

예. 마치 내 자아의 한 측면이 헛기침을 하고선 이렇게 말하는 것 같아요. '난 이걸 할 수 있어. 너는 이것 때문에 머리가 깨질 지경이겠지만, 난 정확히 무엇을 해야 할지 알아. 왜 이것을 나에게 맡기지 않아?' 머드 게임은 나에게 균형감을 제공해줘요. 실제 생활에서 나는 극단적일 정도로 외교적이고 대결을 피하고 화해를 추구하는 경향이 있어요. 난 다른 사람에게 나의 생각을 강요하는 것을 좋아하지 않아요. 머드에서 난 '흥정은 없습니다'는 태도를 취할 수 있어요. 나의 헵번형 캐릭터들이 전부 그런 식이지요. 내가 그런 캐릭터를 연기하는 이유도 아마 이 때문이 아닌가 해요. 그들은 말을 똑 부러지게 잘하기 때문에, 말을 꾸밀 필요가 없는 거죠.

자신에게 말을 걸고 협상도 하는 내면의 행위자들의 세계에 대한 케이스의 진술을 들어보면 어떤 점에선 다중인격장애자의 언어를 연상시킨다. 그러나 차이점이 뚜렷하다. 케이스의 내면의 행위자들은 서로간에 균열되어 있거나 또는 그의 자기의식으로부터 균열되어 있는 것이 아니다. 그는 자신을 잘 조율된 하나의 집합적 자아라고 경험한다. 자아의 이런저런 측면을 억압해서 동조를 강제해야 할 필요성을 느끼지 않는 것이다. 그는 캐서린 헵번에서 제임스 스튜어트로 넘어갈 때 불편함을 느끼지 않는다. 브롬버그의 말을 빌리자면, 온라인상의 삶을 통해서 케이스는 "여러 자아들 사이에 있으면서도 하나됨을 느끼고, 다중성을 보면서도 여전히 하나의 통일성을 느끼는" 법을 배우게 된 것이다. 컴퓨터 과학자 마빈 민스키(Minsky 1987)의 말로 표현하자면, 케이스는 자신의 "정신이라는 사회"(society of mind)를 편하게 돌아다니고 있는 셈인데, 여기서 "정신이라는 사회"는 전통적인 정체성 개념을 무너뜨리는, 이질적 요소들로 구성된 분산된 정체성(identity) 개념을 가리킨다. 같음을 뜻하는 라틴어 idem에 기원을 두는 동일성(identity)이라는 용어가 두 개의 상이한 질 간의 동일성을 가리키는 용어로 습관적으로 사용되어온 것이다. 그러나 인터넷에서 우리는 하나가 아니라 다수로서 존재할 수 있을 뿐 아니라, 다수로서 존재하는 것이 통례이기도 하다.

온라인 롤플레잉 게임에 대한 경험은 아주 간단하게 시작할 수 있다. 예컨대 새로운 이름을 정하는 것 자체가 그런 경험이다. 그러나 그 경험을 통해 사람들은 과거에는 생각하지도 못했던 자신의 성적 측면을 알게 되거나 통합적 자아라는 관념에 도전하게 된다. 그런 경험들은 강력할 수 있다. 그래서 그 경험들이 "중독성"을 지녔다는 두려움이 널리 퍼지고, 대중매체에서는 통상 마약에 대해 논의할 때 거론되는 용어들을 통해 그 경험에 대해 논의하곤 한다.

하지만 인터넷상의 사회적 경험에 대한 연구를 통해서 나는 "스크린 위의 삶"을 잘 활용하는 사람들은 자기반성의 마음으로 온라인상의 삶에 접근한다는 점을 발견했다. 그들은 가상적 자아를 통해 행하는 행위들을 바라보면서, 그 행위들이 이를테면 자신의 채워지지 않은 욕망에 관해, 그리고 사회적 연결에 대한 충족되지 않은 필요에 관해 무엇을 말해주는가 하고 묻는다. 우리가 컴퓨터 매체에 대해 "중독성"이 있다고 낙인을 찍는다면(그리하여 그것을 마치 마약처럼 엄격하게 통제하려고 한다면), 우리는 이 자기반성의 훈련을 더 광범위하게 확산하고 발전시킬 방법을 배우지 못하게 될 것이다.

어떤 사람들에겐, 사이버스페이스는 해결되지 않은 갈등을 행동으로 분출하는 장소이고, 인간관계상의 어려움을 낯선 새로운 무대에서 연기해보는 장소이다. 또 어떤 사람들에게 그 공간은 중요한 문제들을 해결하는 기회를, "사이버 사회성"(cybersociality)의 새로운 재료들을 사용하여 새로운 해결책을 모색해볼 기회를 제공해주기도 한다. 어떤 사람들에게 이런 긍정적인 정체성 효과들은 사이버스페이스가 에릭 에릭슨(Erik Erikson)이라면 "심리사회적 모라토리움"이라고 불렀음직한 상황을 제공한다는 사실에서 비롯한다. 그 상황은 사춘기의 정체성 발달에 관한 에릭슨의 사상에서 중심을 형성하는 요소이다. 오늘날 대학 시절을 결과의 압박으로부터 해방된 일종의 중간휴식기로 여기는 생각은 시대착오로 들리기도 한다. 하지만 우리 시대가 사춘기라는 중간휴식기를 더 이상 제공하지 않는 대신 가상 공동체가 그것을 제공해주는 경우가 종종 있다. 가상 공동체가 그렇게 매력적으로 보이는 이유가 부분적으로는 여기에 있다. 사이버스페이스에서의 시간은 모라토리움 개념을 다시 손질하게 만드는데, 왜냐하면 이제 모라토리움은 언제든지 접근 가능한 창에서 존재할 수 있기 때문이다.

따라서 온라인 게임은 인격체의 성장과 관련하여 새로운 풍경을 만들어냈다. 또한 그 게임들은 철학적으로 풍요한 환경이기도 했다. 나는 1995년 『스크린 위의 삶』에서 1960년대와 1970년대 후반에 내가 어떻게 해서 자아의 동일성과 다중성 개념에 처음으로 노출되었는지를 말한 바 있다. 그런 생각들, 특히 자아라는 것은 없다는 생각, 즉 우리들 각각은 부분들, 파편들, 욕망하는 연결들이 모여서 구성된 다중태라는 생각을 도입하게 된 것은 파리라는 지적인 온실 속에서였다. 그런 관념들은 라캉, 들뢰즈, 가타리 같은 저자들의 생각에 따라 세계를 서술한다. 그러나 이론을 흡수하는 데에는 더할 나위 없이 이상적인 조건임에도 불구하고, 나의 "프랑스 시절 공부"는 단순한 추상적 연습에 머물렀다. 이들 포스트구조주의 이론가들은, 그리고 얼마 안 있어

포스트모더니즘으로 불리게 된 그 사조는 정신과 신체의 관계를 주제로 하는 언어를 통해 말했다. 그러나 나의 관점에서 볼 때 그것은 나의 문제의식과는 별 관계가 없었다.

그런 관념들에 대한 개인적 연결고리가 없다는 점이 나만의 경험은 아니었다. 한 가지 예를 들자면, 자율적 자아의 관념에 대한 도전을 받아들인다는 것은 많은 사람들에게 결코 쉬운 일이 아니었다. 최근에 다수의 심리학자들, 사회이론가들, 정신분석가들, 철학자들이 자아는 본질적으로 탈중심화된 것으로 간주되어야 한다고 주장한다. 그러나 일상적 삶에 필요한 정상적 요구조건이라는 면에서 보면, 사람들은 자신의 행위에 대해 책임을 지고 자신을 통일적인 행위자로 생각하도록 압박하는 강한 사회적 압력을 피하기 힘들다. 이론(통일적 자아는 환상이다)과 생생한 경험(통일적 자아는 가장 기본적인 현실이다) 간의 이 분리는 다중성과 탈중심성에 대한 이론의 수용이 매우 더디게 이루어지는 주된 이유 중의 하나이기도 하다. 또한 그것은 왜 사람들이 그런 이론들을 수용하더라도 금방 종래의 중심화된 전망으로 되돌아가는 경향을 보여주는지 그 이유를 설명해주기도 한다.

1990년대 초반에 나는 퍼스널 컴퓨터와 모뎀을 사용하여 온라인 공동체에 접속하고 있었다. 이 새로운 맥락 속에서 나는 나의 "프랑스 시절 공부"를 실천적으로 경험하였다. 이론으로만 존재했던 것이 거의 충격적일 정도로 구체적 현실이 되었다. 온라인상의 행위, 그러니까 나의 텍스트상의 행위가 곧 나의 행동이 되었고, 나의 말이 곧 행위가 되었다. 상이한 공동체들에서 나는 상이한 관행과 상이한 친구들과 상이한 이름을 가졌다. 나의 상이한 인격들이 자아의 상이한 측면들을 드러내주었다. 이 맥락에서, 탈중심화된 정체성 개념은 컴퓨터 화면상의 경험을 통해 구체화되었다.

어느 날 머드 게임을 하다가 "셰리 박사"라는 이름의 캐릭터와 만났다. 그는 머드 게임의 가상공간을 구성하는 널찍한 집에 사무실을 연 사이버 심리치료가였다. 거기서 셰리 박사는 머드 게임의 심리에 대한 질문서를 돌리고 인터뷰를 한다고 했다. "셰리 박사"라는 이름이 테크놀로지의 심리적 효과에 대한 연구자인 나의 경력을 참조하고 있다는 점은 분명했다. 그러나 나는 그런 캐릭터를 만든 적이 없었다. 셰리 박사는 분명 나였지만, 그것은 나의 캐릭터가 아니었다. 머드에서 나의 캐릭터는 다른 이름을 갖고 있으며, 질문서를 돌리거나 인터뷰를 하지 않았다. 셰리 박사는 다른 어떤 사람이 테크놀로지와 자아의 문제에 관한 일련의 질문들에 대한 관심을 소통하기 위한 하나의 경제적인 방식으로서 창조한 캐릭터 이름이었다. 나는 셰리 박사를 통제되지 않는 나의 역사의 한 작은 조각으로 경험했다. 나는 한 사람의 책이나 공적인 지적 인격은 세상에 던져진 그의 자아의 조각들로서 다른 사람들이 마음대로 사용할 수 있는 것들이라고 내 자신에게 말하면서 애써 마음을 진정시키려고 했다. 확실히 가상공간에서 그런 식으로 이용된다는 것이 사람을 우쭐하게 만드는 면이 있다. 하지만 나의 불편한 마음은 그치지 않았다. 어쨌든 셰리 박사는 생명 없는 책이나 세계 속의 한 객체에 그치는 것이 아니지 않는가? 셰리 박사는 하나의 인격체다. 혹은 세계 속에서, 최소한 머드 세계 속에서, 타인들과 만나고 있는 한 캐릭터의 배후에 있는 한 인격체이다.

내가 대화상의 금기라는 문제를 다루었던 한 친구에게 이 불편한 마음에 대해 이야기하자 그 친구는 이렇게 말했다. "그럼 너는 셰리 박사가 머드에서의 삶에 대해 사람들에게 인터뷰를 하도록 훈련된 '봇'(bot, 사이버스페이스상의 지적인 컴퓨터 프로그램의 일종—옮긴이)이었으면 더 좋았겠어?" 난 그런 생각을 해본 적이 없었다. 하지만 그 순간 나는 그것도 가능한 일이라는 것을 깨닫게 되었다. 실제로도 그럴 개연성이 더 큰 것 같았다. 이 머드 안에는 다수의 봇이나 인공지능 인형들이 돌아다니고 있었다. 게임에서 그것들은 마치 사람의 캐릭터인 것처럼 보인다. 게임하는 사람들은 여러 가지 이유에서 그런 프로그램들을 창조한다. 봇은 방향 탐색을 도와주거나 메시지를 전해주고, 머드에서의 배경 애니메이션을 제공하기도 한다. 당신이 가상 카페에 들어갔을 때 보통은 혼자가 아니다. 웨이터 역할을 하는 봇이 당신에게 미소를 띠며 접근하여 무엇을 마실지를 묻고 주문한 음료를 가져다준다.

때로는 사람들이 연기하는 캐릭터들이 이런 조그만 인공지능으로 오인된다. 나 자신도 캐릭터의 반응들이 너무 자동적으로 느껴질 때 여러 번 그렇게 오인하곤 했다. 또 어떨 때는 봇이 사람으로 오인되기도 한다. 나 자신도 나에게 방향을 알려주거나 또는 우리의 지난 상호작용을 기억함으로써 내 기분을 맞추어준 봇에게 속아 그런 실수를 하곤 했다. 사실 셰리 박사도 이러한 봇 중의 하나일 수도 있었던 것이다. 난 인격체일 수도 있고 프로그램일 수 있는 나의 복제물과 마주쳤던 것이다.

하지만 알고 보니 셰리 박사는 그 어느 쪽도 아니었다. 그것은 머드의 심리에 대해 논문을 준비하고 있던, 그리고 내 이름을 사이버 심리치료가에 대한 일종의 트레이드마크로 여겼던 다수의 대학생들이 창조한 합성 캐릭터였다. 따라서 머드는 자아가 언어에 의해 구성되어 다중적으로 존재하는 장소에 그치는 것이 아니다. 머드는 사람과 기계가 서로에 대해 새로운 관계를 맺는 장소이고, 서로 간에 오인이 일어날 수 있는 장소이기도 한 것이다.

컴퓨터 동반관계에 대해 사유함으로써 살아 있음에 대해 사유하기

아이들은 항상 장난감을 사용하여 그들의 세계를 이해하는 모델들을 창조해낸다. 장 피아제(Piaget 1960)의 천재성도 다름 아니라 사물들이 "기능하는" 방식들을 사용하여 공간, 시간, 수, 인과성, 삶, 그리고 정신에 대한 이론들을 구성하는 것이 바로 아이들의 일이라는 점을 밝힌데 있다. 피아제가 20세기 중반에 그의 이론을 정식화하고 있을 당시 아이들의 세계는 단순하고 기계적인 방식으로 이해될 수 있는 사물들로 가득했었다. 자전거는 페달과 기어를 통해 이해될 수 있었고, 태엽 감는 차는 태엽을 통해 이해될 수 있었다. 아이들은 라디오 같은 전자제품들을 (약간 어려움은 있었지만) 이런 "기계적" 이해체계 속에서 파악할 수 있었다.

그러나 1970년대 끝 무렵부터 전자 장난감이나 전자 게임들이 등장하면서, 대상들의 성격과 아이들이 그것들을 이해하는 방식이 바뀌었다. 오늘날 아이들이 컴퓨터 장난감 뒷면을 열어서 그것이 어떻게 작동하는지를 "알려고" 해보았자 거기서 칩과 배터리와 전선 정도밖에 발견하지 못한다. 아이들은 이 대상을 물리적으로 이해하려고 해보았자 소용없는 일이라는 것을 감지하고 심리적 이해방식을 택하게 된다(Turkle 1984). 아이들은 게임이 의식적인지, 게임이 인식을 하는지, 느낌을 갖는지를, 심지어는 그것이 속이지는 않는지를 자문한다. 예전의 대상들이 아이들로 하여금 심리의 대상과 기계세계 간의 구별을 통해 사유하도록 유도했는데 비해 컴퓨터는 그렇지 않다. 아이들은 컴퓨터 기반 대상들을 그 "불투명성" 때문에 심리적 기계로 간주하게 된다.

지난 30년 동안 나는 컴퓨터 화면 위의 프로그램에서부터 화면 바깥의 로봇에 이르는 넓은 범위의 컴퓨터 기반 대상들을 갖고 노는 아이들 수백 명을 관찰하고 인터뷰했다(Turkle 1984, 1995, 2005). 이때 나는 민속지적 방법과 임상치료 방법을 겸용했다. 1970년대 후반과 1980년대 전반에, 나는 아이들이 1세대 전자 장난감과 전자 게임을 갖고 노는 모습을 관찰하는 것으로 시작했다. 그리고 1990년대 중반부터는 가상의 로봇 애완동물을 포함하여 컴퓨터 게임과 소프트웨어를 사용하는 아이들을, 그리고 온라인상의 생활을 실험하는 아이들을 연구했다.

1세대 컴퓨터 기반 대상들 중에는 틱택토(tic-tac-toe) 게임을 할 수 있는 멀린(Merlin)이 있다. 사람을 상대로 게임하던 아이들에게 이 전자적 대상이 불러일으킨 반응은 강렬했다. 예를 들어 멀린은 시종일관 틱택토 게임을 이기기 위한 최적의 전략만 따르지만 가끔은 실수하도록 프로그래밍 되어 있다. 그래서 아이들이 승리의 전략을 발견하고서 그 전략을 다시 구사하는 경우 보통은 그 전략이 통하지 않게 된다. 그래서 기계는 같은 실수를 두 번 반복할 만큼 "어리석지는" 않다는 인상을 준다. 7살의 로버트는 해변에서 친구와 놀이를 하다가 친구 크레이그가 "승리의 비결"을 쓰는 것을 보았다. 하지만 로버트가 그 비결을 다시 쓰자 멀린은 그것에 넘어가지 않았고, 게임은 동점으로 끝났다. 혼란과 실망감에 로버트는 멀린이 "속임수를 쓰는 기계"라고 맹비난했다(Turkle 1984). 아이들은 예측 가능한 기계에 익숙해 있다. 하지만 이 기계는 예기치 않은 놀라움을 던져주었던 것이다.

로버트는 실망한 나머지 화를 내며 멀린을 모래사장에 던져버렸다. "이 사기꾼, 머리를 깨버릴 거야." 그 소리를 들은 6살의 크레이그와 8살의 그레그가 모래투성이의 장난감을 주워들고선 로버트에게 설명을 했다. "멀린은 자신이 속인다는 것을 몰라. 고장이 나도 멀린은 모를 거야. 로버트, 네가 멀린을 부셔도 멀린은 그것을 몰라. 멀린은 살아 있는 것이 아니란 말이야." 크레이그의 설명에 그레그가 덧붙였다. "멀린은 올바른 종류의 소리를 낼 정도로 똑똑하긴 해. 하지만 자기가 져도 졌다는 것을 몰라. 그래서 우리가 멀린을 속일 수 있어. 네가 멀린을 속여도 멀린은 몰라. 또 멀린이 너를 속이는 경우에도 멀린은 자신이 속이고 있다는 것을 몰라." 이때 6살짜리 제니가 거만한 말투로 끼어들었다. "그레그, 네가 남을 속이려면 속인다는 것을 알아야 해. 그걸 아는 것이 속이기의 한 부분이야."

1980년대 초반에 이런 장면은 이례적인 것이 아니었다. 말을 하고, 전략을 구사하고, 게임에서 "이기는" 장난감을 접하게 된 아이들은 자신의 심리에 기초하여 기계의 도덕적이고 형이상학적 지위를 주장하게 되었다. 기계들은 자신이 무엇을 하는지를 알까? 그것들은 의도, 의식, 느낌을 갖고 있을까? 아이들의 삶 속으로 들어온 이 첫 번째 컴퓨터들은 생각을 일으키는 대상들이었다. 그것들은 인간과 기계에 관한 새로운 정식화를 제시할 계기를 제공했다. 왜냐하면 "(속인다는 것을) 아는 것이 속이기의 한 부분"이라는 제니의 주장에도 불구하고, 아이들은 전자 장난감이 일종의 지식을 과시하고 있다고 생각하기 때문이다. 컴퓨터가 살아 있는지에 대한 아이들의 토론은 그들에게 컴퓨터의 속성으로 지각되는 것이 아니라 컴퓨터의 심리로 지각되는 것을 중심으로 이루어졌다. 간단하게 말해서, 살아 있음의 기준이 신체에서 심리로 바뀐 것이다. 제니는 살아 있다는 것이 무엇인가 하는 문제를 "생각하는 기계"라는 맥락 속에서 다시 생각하면서 기계에 의식의 질을 부여하려고 했던 첫 번째 세대의 아이들에 속한다.

지난 몇 십 년간 훨씬 똑똑한 기계들이 아이들의 삶에 등장했다. 이 장난감, 게임, 프로그램들의 야심과 비교해보면, 첫 번째 세대의 컴퓨터 장난감들은 원시인에 가까울 정도이다. 삶에 대해 아이들이 어떻게 생각하는가 하는 고전적인 피아제적 질문들이 이제 명시적으로 자신을 "인공 생명"의 전범으로 제시하는 컴퓨터 기반 대상들(시뮬레이션 게임, 로봇, 가상 애완동물)의 맥락에서 제기되면서, 이 질문에 대한 대답도 새롭게 논의되고 있다.

첫 번째 세대의 컴퓨터 기반 대상(멀린, 시몬, 스피크 앤 스펠 같은 게임들)이 살아 있음에 대해 말하는 방식에 관한 피아제의 고전적인 이야기에 단절을 가져왔음에도 불구하고, 아이들이 1980년대 초반에 그런 대상들에 대해 말하는 이야기는 나름의 일관성을 갖고 있었다. 지능 있는 장난감을 맞이한 아이들은 새로운 대상세계를 갖게 되고 거기에 새로운 질서를 부과하였다. 그리고 이 질서 속에서 아이들이 살아 있음에 대해 말할 때 사용하는 주된 담론은 이제 물리가 아니라 심리로 바뀌었다.

1990년대에 들어와 진화와 "인공 생명"이라는 관념을 불러일으키는 컴퓨터 기반 대상들(예컨대 심 시리즈 게임들이 있는데, 이 게임들은 탈중심화되고 "창발적인" 과정들을 강조했다)이 등장하면서 앞서 언급했던 그 새로운 질서는 파열지점에 도달하게 되었다(Turkle 1995). 여전히 아이들은 전략과 범주들을 부과하려고 하지만, 이제 그들은 이론적 브리콜라주나 맴장이 방식으로 그렇게 했다. 즉 아이들은 손에 잡히는 소재가 무엇이든 간에, 또 상황에 부합하는 이론이 무엇이든 간에, 그 소재와 그 이론을 갖고서 뭔가를 만들어내려고 한다. 아이들이 새로운 대상들을 만나서 살아 있는 것이 무엇인가에 관한 나름의 이론을 구성하려고 할 때, 우리는 그들이 "살아 있음"에 대한 여러 이론들을 두루두루 사용하는 것을 보게 된다. 한번은 팀이라는 아이를 만났는데, 이 13살짜리 아이는 심라이프에 대해 이렇게 말했다. "컴퓨터에서 자라는 동물들도 생명을 가질 수 있어요. 자라는 것은 무엇이든 생명을 가질 기회를 갖는 것이니까요." 15살의 로렌스도 이 말에 동의하면서 이렇게 말했다. "이 게임의 전체적 요점은 우리가 컴퓨터에서 살아 있는 사물들과 만날 수 있다는 것을 보여주는 데 있어요. 우리는 태양으로부터 에너지를 얻지만, 컴퓨터 속의 유기체는 벽의 플러그에서 에너지를 얻어요. 심라이프의 동물들은 우리와 소통할 수 있을 정도로 똑똑한데, 이 게임을 해보면 내 말에 동의할 사람들이 더 많아질 거라고 생각해요. 당신과 대화를 하던 동물이 죽게 되면, 아마 당신도 마음이 편하지 않을 거예요."

11살의 홀리는 인공지능을 장착한 한 무리의 로봇이 미로에서 길을 찾아가는 것을 보았다. 로봇은 목표에 도달하기 위해 각기 상이한 전략들을 사용했고, 그것을 본 홀리는 로봇의 "인성"과 "영리함"에 대해 말하게 되었다. 홀리는 로봇의 "살아 있음"에 대해 생각하게 되었고, 전혀 예상하지 못한 정식을 내놓았다. "그것은 피노키오와 같아요. 처음에 피노키오는 그냥 하나의 인형이었어요. 살아 있지 않았어요. 그다음에 그는 살아 있는 인형이 되었고, 또 그다음엔 살아 있는 소년이 되었어요. 진짜 소년이 되었지요. 그러나 그가 진짜 소년이 되기 전에도 이미 살아 있었어요. 그래서 난 로봇도 마찬가지라고 생각해요. (인형) 피노키오가 진짜 소년이 아니지만 살아 있듯이, 로봇도 살아 있어요."

홀리는 헛기침을 한 번 하고선 자신의 생각을 이렇게 요약했다. "로봇은 살아 있는 것의 일종이지요."

생일선물로 모뎀을 받은 10살짜리 꼬마숙녀 로비는 게임에 대한 경험을 활용하여 특정한 컴퓨터 프로세스에 대한 통찰에까지 이르게 되었는데, 그것은 어른들로 하여금 "떠돌아다니는" 프로그램에 대해 "바이러스"라는 용어를 사용하게 했던 바로 그 프로세스였다. 로비는 자신이 심라이프에서 진화시킨 동물들이 살아 있는 생명체인지를 고려할 때 소통성보다는 이동성을 더 강조했다.

> 나는 그들이 게임 속의 작은 생명체라고 생각해요. 우리가 게임을 저장하고 게임을 꺼버리면 우리가 진화시킨 생명체들이 모두 없어져버릴 수 있어요. 하지만 프로그램의 이 부분들이 없어진다는 것을 알고서 이제 게임을 저장하게 되면, 그리고 모뎀이 연결되어 있다면, 그 생명체들은 우리의 컴퓨터를 떠나서 아메리카온라인(AOL)으로 이동해요.

아이들은 살아 있음에 대한 새로운 담론에서 진화와 심리 사이를 순환한다. 디스크나 모뎀을 통한 디지털 "여행"에 대한, 그리고 바이러스와 네트워크에 대한 아이들의 이야기 속에서 생물학과 운동은 소통과 진화의 관념과 결합된 새로운 모습으로 등장한다. 운동—피아제에게 이것은 아이들이 "전통적" 대상이 살아 있는 것인지를 확정할 때 사용하는 고전적인 기준이다—의 새로운 모습은 이제 컴퓨터 기반 대상에 존재한다고 추정되는 심리 개념과 결합되어 있다. 이를테면 아이들은 심 시리즈의 동물들이 체계 밖으로 탈출하여 더 넓은 컴퓨터 세계 속으로 진화하고픈 욕망을 갖고 있다고 가정하는 경향이 있다.

인기 있는 인공 생명체들—작은 모바일 로봇, 심 시리즈 게임들, 적자생존에 의한 진화론적 선택을 모사한 프로그램인 티에라(Tierra)—을 갖고 놀았던 아이들이 생명에 대해 말한 내용에는 다음의 관념들이 담겨 있다. 로봇은 제어되고 있지 살아 있는 것이 아니다. 로봇이 신체를 지녔다면 살아 있는 생명체일 것이다. 로봇은 신체를 갖고 있기 때문에 살아 있는 생명체다. 로봇이 느낌을 갖고 있다면 살아 있는 생명체일 것이다. 로봇은 사람과 같은 방식은 아니지만 곤충과 같은 방식으로 살아 있다. 티에라가 컴퓨터상에서만 살아 있기 때문에 살아 있는 것은 아니지만, 만약 컴퓨터 밖으로 나와서 아메리카온라인으로 이동하면 살아 있을 수 있다. 그것은 컴퓨터를 끄기 전에는 살아 있고, 컴퓨터를 끈 다음에 죽는다. 컴퓨터 속에선 어떤 것도 실재가 아니기 때문에 그것들은 살아 있는 것이 아니다. 심 시리즈의 동물들은 살아 있는 것은 아니지만, 살아 있는 것과 거의 같다. 그들은 신체를 갖고 있지 않기 때문에 살아 있는 것이 아니다. 그들은 아기를 갖고 있기 때문에 살아 있다. 마지막으로, 심라이프의 초심자인 11살짜리 소녀의 생각에 따르면, 그 애기들은 부모가 없기 때문에 살아 있는 것이 아니다. 그녀에 의하면 "그것들은 동물들을 보여주고, 또 게임은 그것들에게 엄마와 아빠가 있다고 말해요. 하지만 나는 그 말을 믿지 않아요. 그것은 그저 숫자일 뿐이고, 진짜 엄마와 아빠가 아니에요." 여기서 우리는 놀라울 정도로 이질적인 이론들을 발견할 수 있다. 상이한 아이들이 상이한 이론들을 지니고 있을 뿐 아니라, 아이들 개개인이 상이한 이론들을 동시에 견지하기도 한다.

컴퓨터가 우리의 사고방식을 바꾸는 방식에 대한 짧은 역사에서 새로운 길을 인도했던 장본인이 아이들이었던 경우가 자주 있었다. 예를 들어 1980년대 초반에, 말을 하고, 계산도 하고, 틱택토 게임을 하는 컴퓨터 장난감에 자극을 받은 아이들은 의식에 관한 생각과 생명에 관한 생각을 분리시켰다. 이 아이들은 살아 있는 것은 아니지만 감각이 있는 컴퓨터에 대해 생각할 수 있었다. 이에 비해 어른들은 지금에 와서야 비로소 그런 생각에 익숙해지기 시작했다. 1990년대에 들어오면 아이들은 생명체처럼 보이도록 설계된 컴퓨터 인공물들을 접하면서 생명에 대한 다중적 이론들을 향한 길을 가리키게 된다.

5학년생인 사라는 레고 블록으로 몸체를 만들고 로고 컴퓨터 언어로 프로그램을 짠 작은 로봇에 관해 말할 때 심리학적 언어와 기계공학적 언어 사이를 점프하듯 오가면서 이야기를 풀어갔다. 그녀는 그 로봇을 때로는 기계라고 부르고 때로는 생명체라고 불렀다. "터치 센서"를 누를 때 그 기계가 신호음을 내는지를 묻자 그녀는 이렇게 대답했다. "그것은 기계가 말을 하고 싶은지에 (…) 기계가 우리에게 말을 걸기를 우리가 원하는지에 (…) 기계더러 우리에게 말하라고 우리가 말하는지에 달려 있어요."(Resnick 1989: 402). 다시 말해서, 몇 초 사이에 사라는 자신의 인공 생명체에 대한 세 가지 전망—즉 심리적 존재라는 전망, 의도를 가진 자아라는 전망, 프로그래머의 의도의 도구라는 전망—사이를 오가면서 말하고 있는 것이다. 사라에게서 이 세 가지 전망은 같은 정도로 현존한다. 목적에 따라 어느 하나가 다른 것보다 더 유용할 뿐이다.

인공 생명에 대해 이야기하면서 스티븐 레비(Levy 1992: 6-7)는 인공 생명체가 생명에 대한 우리의 사유방식과 어느 지점에서 "부합하는지"를 살펴보려면, 예컨대 티에라가 살아 있는 존재들의 연속선상에서 자동차와 박테리아 사이에 있다는 점을 생각해보면 된다고 제안한다. 하지만, 나의 관찰에 따르면, 생명에 대해 아이들이 내린 정의들은 서로 위계질서를 형성하는 것이 아니라 나란히 존재하면서 번갈아 적용되는 관계에 있는 것으로 보인다. 즉 그 정의들은 빠른 속도로 순환하면서 교대로 사용된다. 이를테면 교대로 적용되는 자아의 다중적 측면들을 통해 자신의 정체성에 대해 사유하는 것처럼, 다수의 정의들을 번갈아 사용하는 것이 하나의 마음의 습관이 된 것이다.

오늘날의 어른들은 통일적 자아의 관념을 심리적 건강함과 등치시키는 심리적 문화 속에서, 그리고 하나의 분과학문이 성숙될 때 하나의 통합적 이론을 갖게 된다고 가르치는 과학문화 속에서 성장했다. 자기에 대한 상이한 전망들을 번갈아 사용하고 있다는 사실을 발견할 때(즉 그들이 "나를 구성하는 화학물질이 곧 나다"에서 "나의 역사가 곧 나다", 혹은 "나의 유전자가 곧 나다"는 관점들을 번갈아가면서 사용할 때), 어른들은 대체로 불편한 기색을 보인다(Kramer 1993). 그러나 요즘 자라는 아이들에게 그런 전망의 교대는 "사물의 존재방식 그 자체"로 보인다.

컴퓨터의 소재를 생명의 소재와 동일한 것으로 간주하도록 부추기는 요인들에 관해 아이들은 편안하게 이야기한다. 예를 들어 요즘 어디에나 있는 "변신" 장난감은 기계에서 로봇으로, 그리고 동물로 (때로는 사람으로) 바뀐다. 아이들은 플라스틱과 금속으로 이루어진 이 장난감을 갖고 놀면서 기계장치와 육신 간의 유동적인 경계에 관해 배운다.

탱크와 로봇과 사람으로 변신할 수 있는 플라스틱 장난감을 갖고 노는 7살짜리의 아이들을 관찰한 적이 있다(Turkle 1995). 변신 장난감은 중간상태에 있을 수도 있다. 즉 사람의 형상으로부터 로봇의 팔이 튀어나오거나 탱크로부터 인간의 다리가 돌출하기도 한다. 두 명의 아이가 이런 중간상태의 장난감—즉 사람과 기계, 그리고 로봇 사이 어딘가에 있는 상태의 장난감—을 갖고 놀고 있었다. 세 번째 아이는 그렇게 노는 것은 틀렸다고 주장했다. 장난감은 중간상태에 있어선 안 된다는 것이다. "장난감을 갖고 놀 때는 완전한 탱크나 완전한 사람인 상태로 갖고 놀아야 한다"는 것이다. 이 아이는 다른 두 아이가 의도적으로 자기를 무시하고 있다는 생각에 화가 났다. 8살짜리 여자 아이가 화가 난 아이를 달랬다. "장남감을 중간상태에서 갖고 놀아도 괜찮아. 다 똑같아. 그저 맛대가리 없는 컴퓨터 사이도우플래즘(cy-dough-plasm)일 뿐이야." 이 코멘트는 아이들에게서 나타나는 사이보그 의식의 표현이다. 즉 컴퓨터 시스템을 생명체의 "일종"으로 여기고 다양한 설명적 개념들 사이를 유유히 순환하는 경향의 표현이다(Haraway 1991b).

내 딸이 7살 때 이탈리아로 휴가를 간 적이 있다. 우리는 우편엽서에 나오는 것처럼 푸르디푸른 지중해에서 배를 탔다. 딸은 바다에서

한 생명체를 보고선, 흥분해서 그것을 가리키면서 이렇게 말했다. "이것 봐 엄마, 해파리야. 정말 진짜 같아." 월트 디즈니에 있는 한 과학자에게 이 이야기를 해주었더니, 그는 이에 대한 화답으로 올랜도에 있는 디즈니의 새로운 테마파크인 애니멀 킹덤을 방문한 사람들의 반응에 대해 말해주었다. 그 테마파크에 살고 있는 동물들은 진짜 동물들이었다. 그런데 첫 번째 방문자는 그 동물들이 진짜 같지 않다고 실망감을 표명했다는 것이다. 그 동물들이 보여준 행동은 겨우 몇 마일 거리에 있는 디즈니 월드의 좀 더 능동적인 로봇 동물들만큼 생기가 있지 않았다는 것이다. 여기서 기준은 무엇일까? 우린 그런 기준을 포기하고서 경계의 위반을 규범으로 삼게 된 것인가?

잡지 『뉴요커』 최근호의 한 만화는 그런 위반에 관한 최근의 불안을 요약해주고 있다. 두 명의 어른이 한 아이에게 이렇게 말하고 있었다. "우린 소프트웨어도 하드웨어도 아니야, 네 부모야." 이 만화를 보면서 예전에 인터뷰를 했던 한 젊은 여성이 생각났다. 시뮬레이션과 진짜에 대한 그녀의 입장은 이런 것이었다. "시뮬레이션된 사유는 사유일 수 있지만, 시뮬레이션된 느낌은 느낌일 수 없다. 시뮬레이션된 사랑은 결코 사랑이 아니다." 우리의 인공 생명체들이 사회적이고 심리적인 존재로서 우리와 어깨를 나란히 할수록, 우리는 진정성이라는 쟁점과 더 자주 대면하게 되고, 또 그 쟁점에 의해 더 많은 도전을 받게 된다. 우리에게 진정성은 빅토리아 시대의 성(性)과 같은 양가적 대상이 되고 있다. 즉 우리에게 그것은 위협의 대상인 동시에 강박의 대상이고, 터부인 동시에 매혹의 대상인 것이다.

아마도 미래에는 전통적 경계를 위반하려는 아이들의 태도가 점점 더 "가상 애완동물"이나 로봇과 관련될 것이다(Turkle 2005). 미국 시장에 모습을 드러낸 1세대 가상 애완동물은 조그만 다마고치였다. 그것은 주인에게 먹을 것을 달라고, 게임을 하자고, 자신의 건강과 기분을 살펴봐 달라고 요구했다. 그리고 아직 아기일 때에는 배설물까지 치워 달라고 요구했다. 다마고치를 잘 보살펴주면 건강하게 자라지만, 그렇지 않으면 병이 나고 물골도 흉해지다가 급기야 죽게 된다. 다마고치는 보호받고 싶은 아이들을 위해 설계된 일련의 컴퓨터 기반 대상들 중에서 첫 번째 대상일 뿐이다. 이런 종류의 대상은 아이들이 자기와 놀기 전에 먼저 자기의 '마음상태'에 신경 써줄 것을 요구한다. 예를 들어 건강하게 키우기 위해선 다마고치를 잘 먹여야 하고, 깨끗하게 씻어주어야 하고, 기분도 맞춰주어야 한다. 퍼비(햄스터를 닮은 전자 로봇 장난감—옮긴이)는 학습과 사랑을 시뮬레이션한 가상 애완동물이다. 그것은 안아주고 싶을 정도로 귀엽고, 아이들과 대화를 나누고 게임을 한다. 퍼비는 아이들이 컴퓨터 기반 대상들에게서 기대할 수 있는 것들의 복합체에다 인간적인 대화와 부드러운 우정이라는 차원을 추가했다. 아이들과 퍼비에 대한 연구에서 나는 아이들이 이 새로운 대상을 갖고 놀 때 대상의 "상태"에 대해 알려고 한다는 것을, 뭔가를 "올바로" 하기보다는 퍼비를 행복하게 해주기를 바란다는 것을 발견했다. 아이들이 퍼비의 언어를 이해하려는 것도 게임에서 퍼비를 이기기 위해서가 아니라 상호인정의 느낌을 얻기 위해서였다. 그들은 어떻게 퍼비가 "기능하는지"를 묻지 않고, 감정이 실린 장난감을 "있는 그대로" 받아들였다.

이런 장난감의 경우, 정서적 반응을 불러일으키고 관계를 맺는 듯한 느낌을 일깨우는 컴퓨터 기반 대상들에 의해 문화가 표현된다. 문화가 이러한 대상들을 이해하고 그것들을 "상관적 대상"이라고 부르게 되면서, 이 대상들이 "정말로" 알고 있거나 느끼고 있는가에 대한 관심은 줄어들고, 그들과 연결되어 있다는 감각이 늘어난다. 요컨대, 우리는 우리를 비슷한 종류의 "타자"로 경험하고 이로써 상호작용성에 대한 우리의 진화론적 반응을 가동시키는 대상들을 창조하고 있는 중인 것이다.

아이들과 컴퓨터 장난감에 대한 예전의 내 연구들을 보면, 아이들은 기계가 지닌 생명체와 유사한 위치를 기계의 인지적 능력(장난감은 사물에 대한 "지식"을 가질 수 있고 문제를 "해결할" 수 있다)을 통해서 기술했다. 아이들과 퍼비를 비롯한 상관적 대상에 대한 연구에서 나는 아이들이 그 장난감을 "일종의 살아 있는 생명체"로 기술한다는 점을 발견했다. 아이들은 이 새로운 장난감에 대해 정서적 애착을 보였고, 또 장난감이 자신들에게 정서적 애착을 보여줄 수도 있다는 환상을 품고 있었다. 그래서 내가 "너는 퍼비가 살아 있다고 생각하니?"라고 물었을 때, 아이들은 퍼비가 무엇을 할 수 있는지가 아니라 그들이 퍼비에 대해 어떻게 느끼고 또 퍼비가 그들에 대해 어떻게 느끼는지를 말하는 식으로 대답했다.

론(6살): 퍼비는 퍼비에게 살아 있어요. 다 알고 있듯이, 이렇게 똑똑한 것은 팔이 있어야 해요. 그것은 뭔가 집어 올리거나 나를 안으려고 할 테니까요.

캐서린(9살): 살아 있느냐고요? 난 그것을 사랑해요. 그것은 나와 함께 자니까, 다마고치보다 더 많이 살아 있어요. 퍼비는 나와 함께 자는 것을 좋아해요.

옌(9살): 퍼비를 보살피는 것이 정말 좋아요. 그래서 난 그것이 살아 있다고 생각해요. 하지만 그것은 정말로 밥을 먹을 필요가 없어요. 그래서 사람들이 먹지 않아도 살 수 있는 것처럼 그렇게 퍼비도 살아 있다고 생각해요. 그것은 부엉이와 같아요. 하지만 부엉이보다 더 살아 있는 것 같아요. 퍼비는 부엉이보다 더 많이 아는데다, 퍼비와 말을 할 수도 있으니까요. 그런데 그것은 배터리가 필요하니까 동물은 아니에요. 동물과 같은 종류의 생명체는 아니지요.

요즘의 아이들은 "동물과 같은 종류의 생명체"와 "퍼비나 로봇과 같은 종류의 생명체"를 구별하는 법을 배운다. "…와 같은 종류의 생명체"라는 범주가 점점 많이 쓰이고 있다. 앞으로 아이들은 "사람들 방식의 사랑"과 "컴퓨터 방식의 사랑"이라는 말도 하게 될까?

상관적 대상들 덕분에 우리는 1960년대부터 1980년대까지 전개되었던 낡은 "인공지능 논쟁"의 세계와는 다른 세계 속에 살고 있다. 그 당시에 연구자들은 기계들이 "정말로" 지능을 가질 수 있는지를 놓고 논쟁을 벌였다. 그 논쟁은 본질주의적이었다. 이에 비해 새로운 대상들은 그 대상에 내속하는 본질이 무엇인가에 대한 논쟁을 피해가면서 그 대신 그것들이 우리에게 무엇을 불러일으키는가 하는 쟁점을 던졌다. 우리가 한 대상을 보호해달라는 요청을 받을 때, 보호받은 대상이 잘 자라서 우리에게 주의와 관심을 쏟을 때, 우리는 그 대상을 지적인 대상으로 경험하기도 하지만, 이보다 더 중요한 것은 그것과 연결되어 있다는 느낌이다. 예전의 인공지능 논쟁은 기계의 기술적 능력에 관한 것이었다. 이에 비해, 장난감, 게임, 로봇 생명체에 대한 아이들의 관계에 뿌리를 두고 있는 새로운 인공지능 논쟁은 사람들의 정서적 연약함과 더 많이 연관되는 것으로 보인다.

맺음말: 인공세계와 통제된 두려움(두려움/안전)의 심리

컴퓨터의 개척자들, 자칭 컴퓨터 "해커"—이 용어가 범죄보다는 미덕을 함축한다고 할 때—라는 사람들은 컴퓨터를 능숙하게 통제하는 스타일을 보여준다. 이들은 리스크를 즐기며, 흔히 "감으로 한다"고 묘사되곤 하는 비르투오소 스타일을 보여준다. 해커들이 컴퓨터에 빠져 있는 것은 컴퓨터가 통제의 놀이를 즐길 수 있는 탁월한 매체이기 때문이다. 여기서 통제의 놀이란 통제와 무질서 간의 가느다란 경계 위에서 계속 균형을 유지해가는 것을 말한다. 이것을 "통제된 두려움"의 심리("두려움/안전"의 심리)라고 부른다. 삶은 위험과 정복으로 이루어진다. 삶은 하나의 스크린에서 다른 스크린으로의 끊임없는 이동이며, 불안에 대한 강한 방어를 제공할 수 있는, 끊임없이 반전이 일어나는 드라마이다.

첫째, 통제된 두려움은 허약함을 부정하는 데 도움을 준다. 총체적 통제를 약속하는 매체를 보유하고 있다는 것이 사람의 마음을 편하게 해준다. 명백한 규칙들이 있는 안전한 미시세계 속에서 놀이하는 것은 사람들에게 마음의 평안과 위안을 제공해준다. 컴퓨터 세계가 강한 매력을 갖는 것도 이것 때문이다. 우리는 비타협적인 코드를 지닌 한 블록에서 그다음 블록으로 이동할 수 있다. 우리는 프로그램의 한 부분의 오류를 검사하여 제거하고, 이어서 다음 부분의 오류를 검사할 수 있다. 이러한 정서적 이끌림이 고전적 컴퓨터 문화로 번역되었다. 컴퓨터 게임의 화면마다 그리고 레벨마다 새로운 위험이 제시된다. 각각의 화면이 차례로 통제되지만, 그럼에도 우리는 끊임없이 위험과 다시 직면하게 된다. 삶은 우리를 지치게 하지만, 미시세계에서 거두는 승리의 반복은 우리를 재충전시켜준다.

내가 처음 컴퓨터 문화에 대한 연구를 시작했을 때, 해커들은 보통 "컴퓨터족"(computer people)이라고 불렸다. 이제 그건 옛날 일이다. 우리가 컴퓨터를 인식방식의 담지자이자, 세계를 이해하고 중요한 것이 무엇인지를 파악하는 방식의 담지자로 간주한다면, 오늘날엔 어떤 의미에선 우리 모두가 컴퓨터족이다. 우리는 우리의 삶의 많은 부분을 인공세계 속에서 살아간다. 그 세계는 복잡하고, 다층적이고, 자기지시적 경향을 보인다. 그러나 우리는 역사의 한 시대를 살고 있으며, 우리 스스로 만들어낸 폐쇄세계 속에서 놀이함으로써 위험한 마음의 습관을 강화시킬 수도 있는 그런 시대를 살고 있다. 실제 세계는 무질서하고 우중충한 회색빛이다. 그런 세계에서 우리는 양가성과 모순에 대해 친숙해질 필요가 있다. 타인의 동기를 이해하기 위해 입장을 바꾸어볼 수 있어야 한다.

프로그래밍된 세계에 빠지고 디지털 생명체 및 로봇 애완동물과의 관계에 빠질 때 우리는 명백한 규칙이 있고 마음을 편안하게 해주는 미시세계 속으로 들어간다. 하지만 우리가 인공세계에 대해 생각할 때 양가성, 복잡한 인간관계, 선과 악의 싸움으로 환원되지 않는 도덕적 딜레마에 관해서는 생각하지 않는 경우가 너무 많다. 그런 문제들을 다루기 위해서는 모든 이원론적 정식에 저항하는 훈련이 필요하다. 하지만 그것은 우리가 지금까지 경험했던 컴퓨터 장난감, 가상적 게임 세계, 로봇 생명체들의 사회 안에서 잘 이루어질 수 있는 훈련이 아니다. 오히려 그 훈련은 사회적 상황 속에 있고, 물리적 신체를 갖고 있으며, 항상 복잡하고 때로는 비합리적이기도 한 다른 인간들이 함께 있을 때에 잘 이루어질 수 있다. 물론 컴퓨터에 기반을 둔 관계가 우리가 필요로 하는 모든 것을 제공하지 못한다는 것을 인정한다고 해서 그것의 가치가 박탈되는 것은 아니다. 단지 그것이 자신의 자리를 찾는 것일 뿐이다.

감사의 말: 이 글은 국립연구재단의 지원을 받은 연구에 부분적으로 의존하고 있다. 하지만 이 글에서 표명된 모든 의견, 발견들, 결론 혹은 권고는 모두 필자의 것으로서, 국립연구재단의 의견을 반영하는 것은 아니다.

번역_박영도

참고문헌

Bromberg, Philp M. 1994: Speak that I May See You. Some Reflections on Dissociation, Reality, and Psychoanalytic listening, in: Psychoanalytic Dialogues 4. 4, 517-547.

Dennett, Daniel C. 1991: Consciousness Explained. Boston: Little, Brown.

Gergen, Kenneth 1991: The Saturated Self. Dilemmas of Identity in Contemporary Life. New York: Basic Books.

Hacking, Ian 1995: Rewriting the Soul. Multiple Personality and the Sciences of Memory. Princeton, NJ: Princeton University Press.

Haraway, Donna 1991a: The Actors are Cyborg, Nature is Coyote, and the Geography is Elsewhere. Postscript to "Cyborgs at Large", In: Constance Penley und Andrew Ross (Hg.): Technoculture. Minneapolis: University of Minnesota Press, 21-26.

Haraway, Donna l991b: A Cyborg Manifesto. Science, Technology, and Socialist-Feminism in the Late Twentieth Century, In: Donna Haraway (Hg.): Simians, Cyborgs, and Women. The Reinvention of Nature. New York: Routledge, 149-181.

Kramer, Peter D. 1993: Listening to Prozac. A Psychiatrist explores Antidepressant Drugs and the Remaking of the Self. New York: Viking.

Latour, Bruno l988: The Pasteurization of France. Cambridge, MA: Harvard University Press.

Lévi-Strauss, Claude 1966: The Savage Mind. Chicago: University of Chicago Press.

Levy, Steven 1992: Artificial Life. The Quest for a New Frontier. New York: Pantheon.

Lifton, Robert Jay 1993: The Protean Self. Human Resilience in an Age of Fragmentation. New York: Basic Books.

Martin, Emily 1994: Flexible Bodies. Boston: Beacon.

Minsky, Marvin 1987: The Society of Mind. New York: Simon and Schuster.

Piaget, Jean 1960: The Child's Conception of the World. Totowa, NJ: Littlefield, Adams.

Resnick, Mitchel 1989: LEGO, Logo, and Life. In: Christopher G. Langton (Hg.): Artificial Life. The Proceedings of an Interdisciplinary Workshop on the Synthesis and Simulation of Living Systems. Redwood City, CA: AddisonWesley, 397-406.

Turkle, Sherry 1984: The Second Self. Computers and the Human Spirit. New York: Simon and Schuster.

Turkle, Sherry 1995: Life on the Screen: Identity in the Age of the Internet. New York: Simon and Schuster.

Turkle, Sherry 1997: Seeing Through Computers. Education in a Culture of Simulation, In: The American Prospect 31, 76-82.

Turkle, Sherry 2005: New Introduction and Epilogue, In: The Second Self. Computers and the Human spirit. Cambridge, MA: MIT Press.

사이버 공간에서의 낭만주의적 경영자
온라인 연애에서 나타나는 모순적 정체성 공급

카이 드뢰게

일반 시민의 인터넷 사용이 시작된 이후로 인터넷에서는 직업과 관련된 접촉과 정보 교환이 이루어질 뿐 아니라 사적인 관계 역시 형성되고 있다.[1] 처음에는 유즈넷의 블랙보드와 이메일 소통, 그리고 무엇보다 사적인 연락처 교환이 이루어지는 가상대화방이었지만, 이제는 가족 네트워크와 친교, 성 교제의 잡다한 변종들, 연애관계와 공동여가활동과 같이, 온갖 종류의 내밀한 관계를 구축하고 관리하는 전용 인터넷 플랫폼들이 존재한다. 우리의 친밀한 개인적 결속이 이루어지는 사회적 범위는 디지털 및 웹 기반의 차원으로 확장되었다. 이로써 우리

1 이 글에 대해 아주 풍부한 논평과 토론을 제시해준 율리아 마이어와 올리비에 부아롤에게 감사의 뜻을 전한다.

개인의 정체성을 주조하고 변화시키는 사회화 조건들도 역시 변하고 있다는 것이 여기서 주장하는 테제이다. 인터넷은 내밀한 관계 영역에서 이루어지는 자기경험의 새로운 형식을 가능하게 하고, 우리가 맞이할 수밖에 없는 변형된 정체성을 공급하고 있다.

이러한 정체성 공급의 분석에서 나는 특히 지난 수십 년간 인터넷에서 끊임없이 비중이 증대해온 주요 분야에 집중할 것인데, 지속적인 연애관계를 위한 파트너 찾기가 바로 그것이다. 나는 여기서 올리비에 부아롤과 함께 로잔 대학과 프랑크푸르트 사회연구소에서 온라인 연애를 주제로 수행된 연구 프로젝트의 경험적 결과물을 전거로 삼을 것이다.[2] 그러나 이러한 경험적 결과물을 상론하기에 앞서, 내가 의거하고 있는 정체성 문제에 대한 기본적 관점이 먼저 상세하게 설명되어야 할 것이다. 그다음 어떤 정체성의 의미가 현대 사회의 사랑과 커플관계에 일반적으로 부합하는지, 그리고 어떻게 온라인 연애가 그러한 사랑과 커플관계에 편입되는지 간략하게나마 해명할 것이다.

사이버 정체성

올리비에 부아롤은 사이버 정체성에 대한 논문에서 정체성 구성에서 인터넷이 차지하는 의미에 대한 분석이 왜 개인 정체성의 상호주관적 발상에 의존하는지를 상술하고 있다. 이에 대해서는 이러한 상호주관적 정체성 형성에 이론적 토대를 마련한 조지 허버트 미드(Mead

2 "온라인 연애—낭만주의적 사랑과 경제적 합리화의 매개적 소통"이라는 이 프로젝트는 스위스 국가장학금(FNS Nr. 10015-122617/1)에 의해 지원받아 2012년까지 수행될 것이다.

1973)와 연계하여 논해볼 수 있다. 여기서 나는 이러한 논의를 장황하게 늘어놓기보다는, 앞으로 행해질 분석을 안내할 세 가지 기본 전제로 제한해보고자 한다.

첫째 전제는 인간 정체성에서 사회적 성격이 구성적이라는 점이다. 미드에 따르면, 개인 정체성을 순수하게 형성하는 전(前)사회적 원천이란 없다. 내가 누구인가는 타자와의 상호작용을 통해 비로소 습득하게 되고, 나 자신의 이해와 의식은 오로지 나 자신의 행동에 대해 어떤 의미를 찾는 상대방의 역할에 나 자신을 대입해봄으로써 획득될 수 있다. 따라서 인터넷 분석이 인터넷에 나타나는 개인, 그리고 그 창조적 자기표현과 자기연출에서 출발한다면 오류를 범할 수밖에 없다. 왜냐하면 이러한 관점은 정체성 형성과정에 구성적 역할을 하는 사회적 성격을 고려하지 않기 때문이다. 오히려 정체성의 문제는 네트워크에서 이루어지는 사회적 상호작용과 그 속에서 일어나는 의미생산의 상호주관적 과정에 초점을 맞추어야 한다.

둘째 전제는 첫째 전제로부터 직접 파생되는 문제로서, 인간 정체성을 구성하는 제반 경험들과 관련이 있다. 자의식이 유아론적 자기성찰을 통해 얻어지는 것이 아니라, 오로지 사회적 과정 속에서 상호주관적으로 획득되는 것이라면, 그것은 이러한 과정에서 겪게 되는 경험과 결부되어 있고, 또 새로운 경험을 통해 변하기도 한다. 인터넷과 디지털 상호작용은 상호주관적 자기경험의 새로운 형식을 가능하게 하는데, 그러한 형식의 가능성은 내밀한 관계 영역에서 이루어지고 또 그 영역을 뛰어넘기도 한다. 그것은 또한 특유의 정체성 공급으로 연결되는데, 달리 말해 디지털 상호작용 속에서 자기 자신에 대해 변화된 시각을 획득할 수 있는 여지가 생겨난다. 온라인 연애 분야에서 어떤 정체성이 공급되고, 이용자들이 또 실제로 그것을 어떻게 활용하는지가 이 글의 세 번째와 네 번째 부분에서 다루고 있는 경험적 분석의 중심 주제이다.

세 번째 전제는 지금까지 언급한 문제들과 관련이 있을 수밖에 없는 상이한 층위들을 구별하는 일이다. 미드의 견해를 따라 정체성의 형성이 상대방의 역할과 그 관점을 넘겨받는 것과 결부된다면, 여기에서 중요한 것은 구체적인 상대방의 입장만이 아니다. 개인으로서 우리가 복합적인 사회적 연관성과 결부되어 있는 만큼, 우리는 매우 추상적인 상대방의 견지에서 우리 자신을 인지하는데, 그것을 미드는 "일반화된 타자"라고 부른다. "일반화된 타자"는 우리가 관여하는 더욱 큰 사회집단의 규범과 가치 그리고 기대행위 전체를 나타낸다. 이러한 관점 역시 우리의 정체성을 구성하는 요소인 것이다. 이는 구체적 타자와의 상호행위뿐 아니라—개별 인터넷 공동체의 것이든 네트워크 전체의 것이든, 아니면 이 분야에 영향을 미치는 사회의 것이든지 간에—사회 연관성 전체의 규칙, 가치, 규범, 기능양식이 인터넷 분석에서 포착되어야 함을 의미한다. 이러한 포괄적인 복합성—가령 네트워크에서 이루어지는 파트너 찾기의 사회적 규칙과 규범, 그리고 그것이 사회적 관계의 이상(理想) 전체에 남기는 흔적—을 함께 고려해야, 온라인 연애에서 공급되는 정체성과 그 변화 과정에 대하여 폭넓은 통찰이 확보된다.

사랑과 커플관계가 정체성 형성에서 차지하는 의미

주체가 결부되어 있는 모든 사회적 연관들은 주체의 정체성을 추가적으로 확장한다. 예컨대 노동 분업에 따라 조직된 직장생활은 우리에게 내밀한 관계에서 가능한 것과는 다른 자기경험의 형식을 허용한다. 그래서 이 두 맥락에 따라 우리 정체성 역시 서로 다른 관점을 갖게 된다(Honneth 1992). 현대 사회의 특징 중의 하나는 내밀한 관계 영역이 명료하게 더 많은 독립성을 획득했다는 점, 곧 다른 사회 영역 어디에서도 (더 이상) 가능하지 않은 상호주관적 자기경험의 형식들을 우리에게 열어놓았다는 점에 있다. 이를 우리는 니클라스 루만(Luhmann 1997)의 용어를 빌려 "최대 인격"의 경험이라 부를 수 있다. 우리는 단지 개별적인 역할담지자로서 늘 다른 기능조직과 결부되는 사회에서 살아가지만, 유일하게 사랑에서는 "최대 인격"의 경험이 가능하다. 막스 베버와 관련해서는 특유의 "비합리성"(Weber 1988 [1920]: 560)과 사랑에서 나타나는 상호 헌신의 비도구적 성격을 참조해볼 수 있다. 그것은 여타 삶의 모든 영역이 합리적 질서의 "차디찬 해골손"(같은 책: 561)으로 파악되면 될수록, 더욱더 경험으로서 중요해진다. 또는 울리히 벡과 엘리자베트 벡-게른스하임(Beck/Beck-Gernsheim 1990: 222 이하)에 따라 사랑은 "지상의 종교"로 이해될 수 있는데, 그것은 개인화 과정의 무질서한 어두운 측면으로부터 구원을 약속하며, 그래서 유연화된 시장 사회가 개인을 다른 사회적 결속 및 관계에서 분리하면 할수록, 더욱더 의미심장한 소실점이 된다.

이러한 분석 모두에서 사랑은 합리적 시장 사회화의 반대세계, 말하자면 현대 사회와 더불어 거의 필연적으로 형성되는 반대세계로 나타나는데, 왜냐하면 그것은 주체에게 여타의 사회적 연관들 속에서는 더 이상 주어지지 않거나, 아니면 단지 제한된 범위 안에서만 주어지는 상호주관성의 특유한 형식을 열어주기 때문이다. 여기서 중요한 것은 기능적 역할담지자로서의 경험이 아니라 총체적 개인으로서 겪게 되는 경험이고, 성과에 의해서가 아니라 자기 자신이 그 자체로 평가되는 일이며, 목적을 위한 수단이 아니라 자기목적이 되는 것이고, 외부적 강제에 의해서가 아니라 내면의 정서적 매력에 의해 서로 결속되는 일이다. 이와 같은 경험은 다른 사회적 관계에서 동일한 범위로 형성될 수 없는 근본적인 "자기신뢰"(Honneth 1992: 168)를 발전시킬 수 있도록 하기 때문에, 정체성 형성에서 중요한 의미를 지닌다.

물론 언급한 규정들은 무엇보다도 사랑에 정향되어 있고, 현대 사회에서 낭만주의적 사랑의 이상에 압축되어 있는 기대들이다(Lenz 2006: 218 이하; Burkart 1997: 13 이하). 이러한 이상은 삶의 실천적인 면에서 단지 제한적으로만 성취됨에도 불구하고, 삶의 실천을 재차 측정할 수 있는 규범적 준거로서 효력을 갖는다(Herma 2009). 예를 들면, 1960년대와 1970년대에 부르주아적 혼인 및 가족 모델에 맞서 벌어졌던 투쟁은 삶의 실천적인 면에서 낭만주의적 사랑의 이상을 약속하는 상호주관적 자기경험에 더 많은 발전의 기회를 열어놓으려는 시도로 이해할 수 있다. 이 투쟁의 중심 목표는 자본주의적 사회의 범위 안에서 부르주아적 혼인과 가족에서 이루어지는 성별 배치가 그 기능과 밀접하게 연결되었던 고리를 끊어내고, 사랑의 자기논리에 더욱 큰 가능성을 부여하는 데 있었다. 외부적 조정과 기능에서 해방될 만큼 사랑은 이제 오로지 서로 간의 정서적이고 성적인 매력에 의거하며, 모든 경제적이고 사회적인 제약에서 해방된 "순수한 관계"(Giddens 1993 [1992])가 되어야만 했다. 이러한 유토피아는 자기실현의 이념과 밀접하게 결합되어 있었는데, 말하자면 내밀한 관계에서 이루어지는 자기 자신의 실험적 경험에 새로운 기회를 열어놓는 동시에, 정체성의 구성에서 사랑이 차지하는 측면을 부르주아적 혼인과 가족 모델이 마련해놓은 협소한 기준을 확실히 넘어서 확장하는 일이 중요했던 것이다.

이러한 발전에서 온라인 연애는 어떤 위상을 차지하는 것일까? 먼저 분명하게 밝혀두자면, 낭만주의적 사랑의 이상은 사랑이라는 생활 영역에 정향된 기대 전체 이상의 것이라는 사실이다. 이러한 기대는 특유의 내러티브, 곧 사랑의 발전 원동력과 전개 형식을 특정 시간의 순서에 따라 배열하는, 상대적으로 고정된 이야기 구조에 묻혀 있다. 서로 알게 되고 사랑에 빠지는 시발 단계는 이야기의 진행에 있어 광범위한 의미가 부여되는 문제지점이다. (영화나 음악 또는 문학과 같이) 사랑의 문화적 재현에서 이러한 시발이 재차 새롭게—또는 구태의연하게—이야기되는 것은 괜히 그러는 것이 아니다. 그리고 연인이라는 정체성의 일상적 발전에 있어서도 기원 신화, 곧 "우리는 이렇게 알게 되었다"라는 식의 이야기는 중요한 준거점을 이룬다(Burkart 1997).

이렇듯 서로 알게 되고 사랑에 빠지는 의미심장한 단계에 사회적 환경을 마련해주는 사회적 제도에서 최근 인터넷은 확고하게 자리를 잡았다. 독일어권만 해도 2,000여 개 이상의 전문 온라인 연애 사이트가 존재하며, 이용자 수는 약 700만 명의 수준에 이른다(SBV 2009). 대규모의 독일 인터넷이용분석에 따르면, 이미 2005년 중반에 10만 명에 대한 조사에서 7명 중 1명(14.2%)이 한번쯤은 네트워크를 통해 파트너를 알게 되었다고 응답했다(Fittkau/Maaß Consulting 2006).[3] 인쇄매체나 고전적 파트너 알선업체의 교제광고가 항상 부차적인 현상에 머무는 것과는 달리, 인터넷은 관계 맺기의 중요한 사회적 제도로 자리 잡고 있음이 분명하다.

이러한 비중의 증대는 우리의 내밀한 생활을 형성하는 사회적 조직에만 영향을 미치는 것이 아니다. 그것은 내밀한 행위공간과 상호작용공간이 디지털 차원으로 확장되는 것이 우리의 자기경험과 정체성에 어떠한 영향을 미치는가에 대한 물음도 제기한다. 어떤 상호주관성의 형식이 여기서 만들어지고 있는가? 그리고 주체가 그러한 형식 속에서 겪게 되는 자기경험이란 어떤 것인가? 이와 연결된 정체성의 공급은 낭만주의적 사랑의 이상이 갖게 되는 요구와 기대 그리고 약속과는 어떤 관계에 있는가?

신낭만주의적 매체로서의 인터넷

> 그저 거기에 있기만 한 어떤 존재에게 매력을 느낄 수 있다는 것이 저를 사로잡기도 했어요. 목소리를 들어본 적도 없고, 어떻게 생겼는지도 모르는 데 말이에요.(카롤)

인터넷이 사랑과 커플관계 영역에서 얼마나 눈부신 속도로 발전하

3 물론 여기서는 전용 온라인 연애만을 의미하는 것이 아니라, 인터넷에서 가능한 모든 교제들을 포함한다.

고 있는가는 놀라울 따름이다. 네트워크 기반의 소통은 내밀한 느낌과 친밀한 공간을 제공하기에는 너무 거리감이 있고, 그리 신체감각적이지도 못하다고들 생각한다. 하지만 이용자는 대부분 정반대의 경험을 자주 한다. 그들은—위에서 인용한 카롤이라는 인터뷰 상대처럼[4]—바로 새로운 매체 특유의 매혹적인 측면으로 내면성과 친밀감 그리고 내밀함의 형식들을 체험한다고 하는데, 더군다나 강도의 면에서 그러한 느낌은 부분적으로 네트워크 밖에서 이루어지는 것을 능가하기도 한다고 말한다. 우리 프로젝트의 범위 내에서 이루어진 인터뷰에서 응답자는 처음 만나기도 전에 지금까지 단 한 번도 대면한 적이 없는 상대방에게 이미 반했다는 말도 했다. 어떻게 이러한 경험을 할 수 있는 것일까?

피터 L. 버거와 한스프리트 켈너는 이미 1965년에—말하자면 인터넷이 존재하기도 전에—연인이라는 공동의 정체성 형성과 그 관계의 안정화에서 초기 단계에 이루어지는 집중적인 "대화"의 중요성을 지적한 바 있다(Berger/Kellner 1965). 이 대화에서 중요한 것은 자신의 이력과 일상생활, 개인적 희망과 소망 그리고 입장들이다. 버거와 켈너는 이러한 현상을 지식사회학적 관점에서 우리가 일상적으로 행하는 현실구성의 점진적 동화과정으로 해석한다. (미래) 파트너들은 대화 속에서 자기 자신의 현실구성을 소통적 측면에서 계속 열어놓고, 그와 동시에 세계에 대해 공동의 시각을 형성하는 방향으로 살짝 바꾸어나가는 것이다. 그것은 다시 연인으로 구성되고 자신의 관계를 안정화하는

4 응답자들의 익명성을 보호하기 위해 언급한 이름은 모두 바꾸었다.

데 결정적으로 기여한다. 미드에 따르자면, 이러한 과정을 역할 및 관점을 넘겨받는 과정으로 이해할 수 있다. 외연적 자기고백을 통해, 곧 서로의 자기서사를 통해 파트너 사이에서 새로운 상호주관성이 생겨난다. 전달된 경험들은 소통으로 공유하는 경험이 된다. 관점과 현실 구성의 이러한 교차는 다시 당사자의 자기 이미지와 정체성으로 귀결된다. 그들은 자신을 각별한 통일체의 일부로서 이해하는 법을 터득하게 되는데, 이 통일체는 상호관계의 배타성과 "최대 인격"이라는 면에서 다른 사회적 관계와 구별된다.

> 우리는 서로 단 한 번도 본 적이 없어요. 하지만 그 사람만큼 나를 잘 알고 있는 사람도 없을 거예요. 나에 대해 참으로 많이 알아요.(카롤)

그런데 인터넷이 이러한 과정들에 제공하는 기회란 과연 어느 정도일까? 사회심리학적 연구에 따르자면, 특히 자기고백의 외연적 형식에 유리하게 작용하는 전제로서, 두 가지 서로 상반된 관계 상황을 구별해볼 수 있다. 하나는—이른바 "기차에서 만난 이방인 현상"이라 부르는 것으로서—매우 순간적으로 이루어졌다가 금방 갈라서게 되는 일면식의 상황이고, 또 다른 하나는 각별한 내밀성과 상호 간의 친밀성을 특징으로 하는 상황이다(Cozby 1973). 인터넷에서 특징적인 것은 이 두 상황의 요소가 서로 결합되어 있다는 점에 있다. 소통의 익명성(또는 의사擬似 익명성)을 바탕으로,[5] 그리고 인터넷에서 비교적 손쉽게 이루어지는 관계의 절연을 바탕으로, 사이버공간은 억제하지 않고 쉽게 자기고백을 할 수 있는 보호의 공간으로 인식된다. 그것은 우리가 기차에서 이방인에게, 그 사람을 또다시 만나지 않으리라는 바로 그 이유 때문에 자기 자신에 대한 내밀한 통찰을 허용하는 것과 유사하다.[6] 동시에 온라인 소통에서는 친밀감과 신뢰감이 신속하게 일어나기도 한다. 왜냐하면 "얄팍한" 소통, 적어도 순전히 텍스트에만 의존한 소통은 상대방의 아주 불완전한 이미지를 자신의 상상력과 이상화를 통해 내면적으로 보충하도록 자극하기 때문이다(Walther 1996). 온라인 연애의 경우, 상대방은 무엇보다도 자신의 소망이 담긴 이상적 파트너의 투사화면이 된다. 이처럼 친밀감이 자신의 투사로 만들어진 분신으로 발전하고, 또 소통으로 개방되는 속도가 투사의 가능성이 덜한 상황보다 훨씬 더 빠르다는 것은 어렵지 않게 짐작할 수 있다.

이것은 한편으로 온라인 관계의 찰나성과 절연 가능성, 다른 한편으로 친밀감과 내밀감이라는 두 경향이 서로 뒤섞인 특이한 혼합이다. 후자는 앞서 버거/켈너와 미드에 의거하여 애정관계 형성의 구성요소로 파악한 바 있는 자기서사의 과정에 이상(理想)이 작용할 수 있는 기반을 마련해준다. 그러한 점에서 우리는 인터넷을 서로 알아가고 사랑에 빠지는 과정에 있어서나 아니면 연인으로서 정체성을 구축하는 데

5 예컨대 온라인 연애 사이트에서는 어떤 교제라도 마우스클릭 하나로 사람이 완전히 내 시야에서 사라지도록 "차단"될 수 있다. 이로써 그가 나에게 보내는 어떤 소식도 나에게는 발송되지 않으며, 차단된 프로필은 검색결과나 이와 유사한 것들의 목록에도 앞으로는 나타나지 않는다. 더군다나 예전에 교환한 소식들은 내 편지함에서뿐 아니라 상대방의 편지함에서도 영구히 사라지기 일쑤다.

6 스위스 연애 사이트인 파트너윈너(PartnerWinner.ch)의 조사에 따르면, 응답자의 상당수는 파트너 찾기의 가장 중요한 장점으로, 원하는 만큼 오랫동안 익명성을 유지할 수 있다는 점(75.7%)과 억제감을 덜 갖게 된다는 점(50.5%)을 꼽았다(Bühler-Ilieva 2006: 237 이하).

있어서도 유리한 환경을 제공하는 "신낭만주의적 매체"로 설명할 수 있을 것이다. 내가 "낭만주의적"이라고 말하는 이유는 제한이 없는 자기고백, 강화된 내밀성과 친밀성, 과도한 상대방의 이상화와 같은 경험들에서 사랑의 낭만주의적 이상의 일부라 할 수 있는 핵심동인들이 현실화되고 있기 때문이다. 또 인터넷을 신낭만주의적이라고 특징지을 수 있는 것은—줄곧 강조되고 있는 것처럼—이 매체 밖에서는 거의 잊혀져간 낭만주의적 이상의 요소들이 새롭게 효력을 발휘하고 있기 때문이다. 요컨대 매체로 매개되는 소통에서 신체와 외모상의 매력이 뒷전으로 밀려남으로써 내면성이 각별한 의미를 획득하게 되는 것이 이에 해당하는데, 이는 특히나 여성들에 의해(물론 여성에 의해서만은 아니지만) 긍정적으로 부각되는 측면이다. 이러한 내면성을 통해 그저 외모상의 성적 매력과는 다른 "진정한" 사랑이 부각되는 것이 낭만주의의 고전적 토포스다. 또 다른 고전적 요소는 인터넷을 지배하는 소통형식으로서 괄목할 만한 "르네상스"(Herlyn 2001: 5)를 겪고 있는 문자성에 있다. 연애편지가 두 사람의 낭만적인 내면의 결속을 표현하는 데 있어 가장 선호하는 매체로 통용되었다는 사실은 연애편지 소설의 아주 오래된 역사가 입증해주고 있다. 오늘날에는 이러한 문학 장르가 낭만주의적 이메일 소설과 더불어 아주 성공리에 확장되고 있다(Glattaucher 2006, 2009).

전체적으로 보아, 인터넷에서 이루어지는 소통과 상호작용은 낭만주의적 사랑의 이상에 새로운 사회적 발전의 여지를 기약하는 일련의 특징들을 보여준다. 동시에 특이한 자기경험의 가능성과 정체성의 공급이 일어나는데, 요컨대 그것은 외모의 성적 끌림이 아니라 내면적 결합을 기반으로 한 내밀한 친밀성과 "최대 인격"의 방식으로 다른 사람과 소통의 관계를 맺는 주체로 이해된다. 물론 이러한 기약은—앞으로 볼 수 있는 것처럼—전적으로 깨지기 쉽고 또 실망감을 안겨주기 십상이다.

> 참으로 뭐라 설명하기 어려운데요, 이건 일종의 병행세계입니다. (…) 당신이 꿈에 그리던 남자 또는 그런 여자를 자신에게 투사해서 해석해볼 수 있어요. 그러니까 나에게 맞게 바꿔 해석해볼 수 있다는 거예요. 그러고는 다른 사람도 또 그렇게 해보는 것이지요.(카롤)

사이버공간에서 행위자는 자신이 가상과 투사 그리고 이상화가 커다란 역할을 하는 매체 속에서 움직이고 있다는 사실을 명확하게 알고 있다. 그것은 한편으로 매체의 특별한 매혹이다. 하지만 그것은 다른 한편으로 이러한 가상세계와 사이버공간 외부의 영역 사이에서 잠재적인 괴리를 일으키는데, 무엇보다 면대면의 첫 만남에서 줄곧 쓰디쓴 경험을 하게 되는 괴리가 바로 그러하다. 여기서 온라인 소통의 친밀감과 신뢰는 순식간에 무너지기 일쑤이며, 그것을 다시 복원하려면—그렇게 복원될 수 있다면—상당한 노력이 필요하다(Illouz 2006: 142 이하; Herlyn 2001).

사이버공간과 그 외부 영역으로의 이행 사이에서 벌어지는 혼란스러운 경험은 인터넷에서 상호작용하는 파트너에 대한 시각뿐 아니라, 이 매체에서 겪게 되는 자기 자신의 경험에 대한 시각에도 영향을 미친다. 말하자면, 이러한 경험은 온라인을 통해 도달한 친밀감과 신뢰가 일반적으로 환상이라는 의구심을 자아내고, 또 동시에 그것을 기만적이며 잠재적으로 위험한 것으로 만든다. 사이버공간에서 이루어지는 "대화"라는 것이 실제로 상호적인 자기고백을 가능하게 하는 것인지, 아니면 오히려 실재 상대방보다는 자기 자신의 판타지나 소망투사와 마주하고 있는 모나드적 독백에 불과한 것은 아닌지, 그 여부에 대해 끊임없이 의문을 품게 한다. 그리고 상호주관성과 이와 결부된 정체성 공급에 대해서도 근본적인 의문을 제기하게끔 한다. 사실 분명한 것은 싹트기 시작한 사랑이 의구심과 맞서 싸워야 하는 상황, 가령 감정이 진짜인가라는 문제라든지 아니면 상호성의 문제라든지 하는 것은 인터넷 고유의 특수성은 아니라는 점이다. 하지만 사랑의 감정을 일깨울 뿐 아니라 의구심도 일어나도록 환경적인 면에서 유리한 조건을 마련한 것이 바로 이 매체의 구성요소라는 점도 분명하다. 물론 이러한 의문을 해소하는 "방안"도 역시 기대해볼 수 있는데, 이제는 이에 대해 상세하게 살펴보기로 한다.

소비주의와 경영자적 자아

그래요, 이제는 확실하게 목표를 겨냥해서 찾아야겠어요.(브리트)

지금까지 언술한 과정과 문제들은 근본적으로 인터넷에서 이루어지는 소통의 자기논리에서 발생하고, 또 원칙적으로 이 매체의 도처에서 발견되는 것들이다. 그러나 지난 수년간에는 이러한 문제들에 대처하는 다양한 시도들이 등장했다. 페이스북이나 씽(Xing) 또는 스투디

VZ(StudiVZ)와 같은 소셜네트워크는 인터넷에서 상호작용하는 관계를 이 매체 밖의 관계와 훨씬 강력하게 맞물리게 함으로써, 매체상의 소통이 자기논리 속으로 지나치게 독립되는 위험을 줄여나갔다(Xing은 비즈니스 인맥관리 네트워크를 지칭하며, StudiVZ는 독일판 SNS 사이트를 말한다—옮긴이).

여기에서 온라인 연애 사이트는 원칙적으로 다른 길을 걷고 있다. 이 사이트는 환상과 잘못된 기대 또 실망감을 막을 수 있을 정도의 무수한 정보가 상호작용 파트너의 이미지에 첨부될 것을 약속한다. 이를 위해 이용자의 프로필[7]에는 광범위한 데이터가 수집된다. 예컨대 연령, 성별, 종교와 같은 기본정보 외에도, 의상 스타일과 신체적 건강상태, 소득현황과 교육이력, 식습관과 여가활동, 원하는 관계와 아이를 원하는지의 여부 등이 정보로 수집된다. 이러한 데이터는 다시 세부적으로 기록되는 여과의 기반이 된다. 이 여과장치는 잠재적인 파트너의 엄청난 군집에서 자신이 선호하는 사람을 겨냥해 이에 해당하는 정보만을 보여주게 된다. 파십(Parship)이나 엘리트파트너(Elitepartner)와 같은 인터넷 파트너 주선업체에서는 이에 한 발 더 나아가 선발절차나 평가센터(Assesment-Center)에서 활용하고 있는 것처럼 포괄적인 심리학적 인성 테스트를 거쳐 서로에게 적합한 파트너를 중개하고 있다.

7 "프로필"은 개인의 신상정보, 사진, 외모 등을 (대부분) 명확하게 들여다볼 수 있는 하나의 단위로 통합하고 있는데, 그것은 익명(이른바 닉네임)으로 (예를 들어 소식을 보내기 위해) 다른 이용자들에 의해 발송될 수도 있다. 여기서 우리는 개인의 디지털적 재현을 볼 수 있는데, 어쩌면 그것은 모종의 독립성을 지닌 "디지털 자아"일 수도 있다. 이에 대한 상세한 논의는 이 책의 올리비에 부아롤의 글을 참조하라.

그동안 이 분야에서는 실로 주선업체 간의 우월경쟁이 전개되고 있다. 가령 몇몇 스위스 연애 사이트는 추가로 취리히 연방기술단과대학에서 개발한 "후각 테스트"를 제공하고 있는데, 이 테스트로 미래 파트너의 자연적 체취가 서로 얼마나 화합하는지 미리 측정해볼 수 있다.[8] 또 미국의 사이언티픽매치(ScientificMatch) 사이트는 회원의 유전공학적 테스트를 도입하여, 그저 일반적으로 파트너와의 더 나은 조화만이 아니라, "좀 더 만족스러운 성생활", 여성의 "더 많은 오르가즘", "더 높은 가임율", "더 건강한 아이"를 보장한다고 한다.[9]

> 이전에 저는 파트너와의 경험이 있습니다. (…) 우리는 참 서로 달랐어요. (…) 저는 의식적으로 저와 똑같은 사람, 비슷한 사람을 찾았습니다. (…) 그리고 우리는 상당히 많은 유사점이 있어요.(브리트)

이러한 알선에서는 상이한 방식이지만 모두 항상 동일한 것, 곧 불확실성의 축소를 약속한다. 그것은 특수하게는 온라인 연애의 예측 불가능성의 극복이고, 일반적으로는 사랑의 예측 불가능성의 극복이다. 여기에는 사랑과 커플관계에 대한 특정 관념도 속하는데, 오로지 파트너의 최상적인 "어울림"이 성공적인 관계를 보장할 수 있다는 생각이 그러하다. 우리는 여기에서 "유일하게 어울리는 사람", 곧 천생연분의 "소울메이트"라는 오래된 낭만주의 이념을 어렴풋이나마 인식해낼 수 있

8 http://basisnote.ch를 참조할 것.

9 http://scientificmatch.com을 참조할 것.

다. 물론 고전적 내러티브에서 파트너를 서로 결합하는 운명의 힘은 인터넷에서 데이터를 수집 · 배열 · 분석하고 이를 기반으로 이용자에게 최선의 효율적인 정보선택권을 가능하게 하는 컴퓨터와 알고리즘의 분류장치로 대체된다.

> 있잖아요, 당신은 마치 디지털카메라 하나를 고르는 것처럼 보여요, 그렇지 않나요? 당신은 제안을 하고, 비교를 하고, 또 나한테는 이것, 저것, 또 그것 등등이 맞는다고 말이에요. 그러니까, 참 모르겠네요, 뭔가 이상해요. (…) 모든 것이 카탈로그에 따라 움직이고, 그중에서 당신은 고를 수 있는 거겠죠.(카롤)

그리하여 당연하게도 사랑의 영역에 본래 그 반대세계인 시장의 세계와 형식적인 관계의 논리가 개입하게 되는데, 합리적인 선택과 소비주의의 논리가 바로 그러하다. 카롤의 인용문에서 볼 수 있는 것처럼, 온라인 연애는 평소 쇼핑과 소비 영역에서 통용되던 취급법 및 판에 박힌 행위를 활성화한다. 제품을 그 특성에 따라 비교하고, 자신의 선호를 정하며, 결국에는 선호성과 활용할 수 있는 제품이 가능한 한 최상으로 맞아떨어질 수 있도록 합리적으로 선택하는 것이 관건이다. 제품의 양을 추가로 고려한다면—말하자면 수백만의 잠재적 파트너를 제공하는 거대한 공급자들 속에서 선택할 수 있는 가능성을 (또는 관점에 따라서는 필연성도 역시) 고려한다면—온라인 연애의 취급법은 그 핵심적인 구조의 원리에 있어 대량소비의 현대 형식을 공유한다고 말할 수 있다(Illouz 2006: 129 이하; Arvidsson 2005를 참조할 것). 그리고 오늘날 소비의 많은 형식에 정체성의 의미가 부여되는 것처럼, 온라인 연애 역시 그 자체로 특수한 형식의 노고와 그 고유한 정체성을 허용하고 또 요구한다.

이는 소망하는 잠재적 파트너를 작성하는 데서 이미 시작된다. 면대면 만남에서는 호감과 서로 간의 끌림이 직감적이고 무의식적으로 이루어진다면, 그러한 구축을 위해 인터넷에서는 많은 관점들이 설명되고, 말로 표현되며, 또 성찰적으로 전환되어야 한다. 요컨대 온라인 연애 사이트의 파트너 찾기 시작페이지에서 우리는 자신의 파트너 선택의 선호를 세부적으로 설명하고 웹사이트가 미리 정해준 기준에 따라 옮겨 적어야 하는 자기질문의 포괄적인 과정에 직면하게 된다. 나의 흥미를 끄는 사람은 어느 정도 연령차까지 허용되는가? "마른" 체격 또는 "건장한" 체격을 선호하는가, 아니면 "몇 킬로그램 이상"도 받아들일 만한가? "대안적" 의상 스타일이 좋은가 아니면 "최신유행 스타일", "클래식", "스포티", 또는 "자연스러운 스타일"을 원하는가? 교육수준에 따라 필터링할 것인가, 아니면 여가활동, 아이를 원하는지의 여부, 소득현황에 따라 필터링할 것인가? "건강식단", "채식" 또는 "완전채식"에 가치를 두는가 아니면 "인스턴트 식단"도 괜찮은가? 미래 파트너의 "흡연행위"는 나에게 얼마나 중요한가?[10]

> 파십에 숨어 있는 발상이 참으로 흥미진진해요. (…) 나는 뭘 제공할 수 있을까? 또는 뭘 가지고 있을까? 어떤 자격이 있고, 재능에는 무엇

10 모든 사례는 프렌드스카우트24(Friendscout24.ch)의 프로필 선택지에서 나온 것이다.

이 있으며, 장점은 무엇이고, 기대와 소망은 또 어떤 것일까? 그러고는 한번 보는 것이지요.(마티아스)

자신의 "애호 성향"에 대한 이러한 성찰 속에서 아주 추상적이었던 상대방이, 말하자면 처음에는 빈 껍질이었던 것이, 앞으로의 상호작용을 위해 신체적 속성과 사회적, 인격적 특성들이 기록된 판에 박힌 틀로 구성된다. 이러한 추상적인 상대방은 나 자신에 대한, 나 자신의 정체성에 대한 특별한 시각도 역시 가능하게 한다. 그 속에서 나는 선택하는 주체로서 나를 경험하고, 자아가 알맞은 소비재로 상징적으로 치장될 뿐 아니라, 사랑의 보완적인 분신이 자기규정에 따라 설계되기도 한다. 이러한 정체성의 공급에서 우리는 어렴풋이나마 1960년대와 1970년대의 해방운동에서 중요한 소실점이었던 옛 이념을 다시 떠올려볼 수 있는데, 이번에는 자유롭고 자기 선택적인 사랑의 이상이 바로 그것이다.

물론 여기에는 중요한 차이가 있다. 온라인 연애 사이트에서 자기 욕망의 추상적 상대방을 설계하게 하는 범주는 스스로가 정한 것이 아니라, 사이트에 의해 주어진다. 그리고 앞서 언급한 사례에서 볼 수 있는 것처럼, 이러한 범주들은 그 범위를 훨씬 넘어서, 오늘날 사회정치적인 논쟁이나 남녀 대중매거진, 노동계나 웰빙산업의 팸플릿 등에서 숱하게 회자되는, 규범화된 사회적 상징의 현황을 가리킨다. 이러한 상징의 현황은 탐낼 만하고 사회적, 경제적으로 성공한 주체가 시대 유형적으로 갖추고 있는 덕목들을 간결하게 표현하고 있다. 말하자면, "잘 단련"되고 "능률적인" 신체, 평생학습능력과 취업능력, 흡연이나 인스턴트식품과 같은 해로운 향락의 절제력 등을 갖출 수 있도록 자신을 적극적으로 관리하는 주체인 것이다(Theretewey 1999; Greco 2004; Waring/Waring 2009; Dröge 2010). 그것은 미셸 푸코(Foucault 2004)와 관련해 통치성 연구에서 부각된 바 있는 "경영자적 자아"(Bröckling 2007)의 덕목이라 할 수 있다. 이 자아는 사적인 생활 깊숙한 곳에서까지 늘 자신의 경쟁력 유지를 염두에 둔다. 온라인 연애 사이트가 이러한 범주로 소망하는 관계 및 커플관계의 상대방을 설계하도록 촉구한다면, 그것은 사회적인 "일반화된 타자", 곧 나 자신과 그 요구수준을 비교할 수밖에 없는 탐낼 만한 주체의 "경영자적" 이상과 늘 씨름하길 요구하는 것이기도 하다.

> 그러니까 자기 연출이고 판매인 것이지요. 나는 거기 서서 말하고, 찾고, 어떤 것을 원하고 또 원했으면 하며, 어떤 것을 상상해볼 수도 있지요. 그래서 피드백을 받고 나면, 아니, 당신은 아니야, 이게 아니면, 그래, 어쩌면 괜찮을지도 모르지 하면서 말이에요.(마티아스)

사회적으로 규범화된 이상인 탐낼 만한 주체와 씨름하는 것은 물론 소망하는 상대방을 설계하는 일에만 해당되지 않는다. 왜냐하면 오늘날 대량소비 형식의 대부분이 그러한 것과는 달리, 사이버공간에서 이루어지는 파트너 찾기는 개개인이 소비자인 동시에 공급자이기 때문이다. 행위의 선택권은 상호적이다. 자기 자신은 선택하는 사람일뿐 아니라, 동시에 선택을 받는 사람이기도 하다. 나는 내가 꿈꾸는 파트너를 설계하도록 만드는 바로 그 범주를 나 자신에게도 적용해야만 하는데, 그것은 나 자신의 프로필, 말하자면 자신의 디지털 자아를 설계하기 위해, 그리고 이를 통해 이용자들에게 제공하기 위해서인 것이다. 이는 이러한 범주 안에 기입되어 있는 탐낼 만한 주체라는 "경영자적" 이상에 나 자신을 자리매김하는 것을 의미하기도 한다.

이러한 자기설계는 다시 고도의 경쟁력을 연출하는 주변 환경에서 일어나는데, 그곳은 잠재적으로 동일한 욕망의 대상을 둘러싸고 분투하는 수십만의 다른 파트너 구애자로 넘쳐난다. 따라서 마티아스가 위의 인용문에서 자기 마케팅이라는 경제적 은유를 사용하는 것은 그리 놀랄 만한 일이 아니다. 그는 우리 자신이 무엇을 "제공"할 수 있으며, 또 어떻게 자신의 "경쟁력"과 "우위"를 가능한 한 최상의 것으로 "연출"할 수 있는가라는 안목 있는 분석이 선행하는 "자기 판매"를 이야기하고 있는 것이다. 소비주의의 범위는 자신의 사랑에 대한 소망과 희망을 독특한 방식으로 형성하는 것에만 있지 않다. 그것은 나 자신에게 다시 영향을 미치며, 주목과 관심을 끌기 위해 자신을 잠재적인 소비대상으로 만들어 가능한 한 최상의 조건으로 판매해야 한다(Illouz 2006: 131 이하를 참조할 것). 이것은 다시 자기 자신의 설계라는 범주에 이미 기입되어 있는 "경영자적" 덕목들에 잘 들어맞는다.

결론

온라인 연애는 상호주관성과 자기경험의 "낭만주의적" 형식들에 새로운 발전의 여지를 부여하는 한편, 그럼에도 불구하고 사랑의 반대세계, 곧 소비와 경영 합리화에서 비롯되는 관점이 이러한 여지를 통합하는, 전적으로 모순된 영역으로 나타난다. 이러한 점에서 온라인 연애는 고도의 양가적인 정체성을 실어 나르고 있다고 말할 수 있으며, 그것은 낭만주의적이면서도 동시에 경영자적인 주체, 바로 "낭만주의적 경영자"로 파악될 수 있다.

어쩌면 그것은 현대 사회에서 생계 시스템과 내밀한 영역의 분리처럼, 상이하게 제도화된 영역으로 분할된 정체성의 다양한 측면들이 새로운 방식으로 화해할 것을 약속하는지도 모른다. 우리는 그러한 화해를 다른 영역에서 볼 수 있는데, 가령 오늘날 노동 주체들에게 그들의 정체성의 사적인 측면들—정서, 사회적 판단능력, 자기실현 동기 등—을 강화하여 직업 활동에도 끌어들이기를 기대할 때가 그러하다. 유사한 방식으로 온라인 연애는 다른 사람과의 관계에서 최대 인격적임과 동시에 아주 추상적일 수 있고, 정서상 감정이입을 함과 동시에 합리적으로 선택할 수 있으며, 사랑에서 행하는 자기실현을 경영적 자기최대화의 요구와 탁월하게 결합할 줄 아는 주체로 자각하길 촉구한다.

그렇지만 이렇듯 여러 정체성 측면들의 화해는 실재에서 매우 제한적으로만 이루어질 따름이다. 낭만주의적 경영자의 이미지는 오늘날 온라인 연애의 장에서 오히려 상호주관적 자기경험의 형성과 정체성의 설계가 동시다발적으로 이루어지는(이루어질 수밖에 없는) 긴장의 장을 보여준다. 이러한 긴장들은 행위자들에게 구체적인 행위의 문제로 표출된다. 이는 이 글에서 인용한 바 있는 세 인터뷰 상대자 모두에게서 나타난다. 카롤은 온라인 소통의 신낭만주의적 차원을 포괄적으로 실컷 맛보았다. 하지만 "카탈로그에 따른" 사고와 소비주의 논리는 그녀의 자기설계에 모순된다. "저는 낭만주의자예요"라고 그녀는 떠날 때 나에게 말했으며, 로미오와 줄리엣이라는 이름을 붙인 두 마리의 고양이를 가리켰다. 카롤은 온라인 연애 사이트에 달린 자신의 프로필을 그사이에 모두 삭제해버렸다. 사이버공간과 연결된 유일한 관계로는 전화와 이메일을 통해 진심으로 유지하고 있는 아주 먼 곳에 살고 있는 지인과의 친분만이 남아 있는데, 그를 한 번도 대면해본 적은 없다. 마티아스 역시 온라인 연애를 그만두었다. 하지만 그사이에 주거구역의 소셜네트워크에 파묻혀 사는 일이 훨씬 더 중요해졌다. 페이스북과 같은 네트워크 사이트의 사회관계는 때로 디지털 형식으로 지속되고 있다. 이와 달리 브리트는 가능한 한 자신과 "비슷하고" 맞는 사람을 찾는 과정에서 온라인 파트너 주선업체인 파십을 이상적인 매체로 발견했고, 이제 곧 함께할 호화주택을 구입할 정도의 파트너를 찾아 행복한 관계도 이루었다. 하지만 그녀의 설명을 따르자면, 대화방에서 시작된 이전의 관계가 훨씬 더 강력하다는 것을 알 수 있다. 그 관계는 낭만주의적 사랑의 이상에 일치하는 "일상에서의 탈출"을 대변하는데, 물론 그러한 탈출은 새로운 공동의 일상까지 깊숙한 곳으로 연장되지 못하는 것이었다.

번역_고지현

참고문헌

Arvidsson, Adam 2005: Quality Singles. Internet Dating as Immaterial Labour (Cultures of Consumption, Working Paper Series: www.consume.bbk.ac.uk/working_papers/ArvidssonReality.final.doc, 12. Februar 2007.

Beck, Ulrich und Elisabeth Beck-Gernsheim 1990: Das ganz normale Chaos der Liebe. Frankfurt a. M.: Suhrkamp.

Berger, Peter L. und Hansfried Kellner 1965: Die Ehe und die Konstruktion der Wirklichkeit, in: Soziale Welt 16. 3, 220-235.

Bröckling, Ulrich 2007: Das unternehmerische Selbst. Soziologie einer Subjektivierungsform. Frankfurt a. M.: Suhrkamp.

Bühler-Ilieva, Evelina 2006: Einen Mausclick von mir entfernt. Auf der Suche nach Liebesbeziehungen im Internet. Marburg: Tectum Verlag.

Burkart. Günter 1997: Liebesphasen - Lebensphasen. Vom Paar zur Ehe zum Single und zurück? Opladen: Leske + Budrich.

Cozby, Paul C. 1973: Self-Disclosure. A Literature Review, in: Psychological Bulletin 79. 2, 73-91.

Dröge, Kai 2010: Zwischen den Welten - Soziale Ungleichheit in und aus dem Netz. Vortrag auf der gemeinsamen Tagung der DGS-Sektion Medien- und Kommunikationssoziologie mit der DGPuK Fachgruppe Soziologie der Medienkommunikation. Frankfurt a. M., 18./19. März; www.romanticcentrepreneur.net/doc/KaiDroege_ZwischenDenWelten_2010.pdf, 9. Juli 2010.

Fittkau & Maaß Consulting 2006: Die WWW-Benutzer-Analyse W3B: www.fittkaumaass.de/w3bumfrage, 22. November 2006.

Foucault, Michel 2004: Geschichte der Gouvernementalität II: Die Geburt der Biopolitik. Vorlesung am Collège der France, 1978-1979. Frankfurt. a. M.: Suhrkamp.

Giddens, Anthony 1993 [1992]: Wandel der Intimität. Sexualität, Liebe und Erotik in modernen Gesellschaften. Frankfurt a. M.: Fischer

Glattauer, Daniel 2006: Gut gegen Nordwind. Wien: Deuticke.

Glattauer, Daniel 2009: Alle sieben Wellen. Wien: Deuticke.

Greco, Monica 2004: Wellness, in: Ulrich Bröckling, Susanne Krasmann und Thomas Lemke (Hg.): Glossar der Gegenwart. Frankfurt a. M.: Suhrkamp: 293-299.

Herlyn, Gerrit 2001: Partnersuche im Internet. Mediale Mythenbildung und Aneignungserfahrung einer alltäglichen Kommunikationstechnik, in: Kommunikation@Gesellschaft 2: www.kommunikation-gesellschaft.de, 4. Oktober 2006.

Herma, Holger 2009: Liebe und Authentizität. Generationswandel in Paarbeziehungen. Wiesbaden: VS.

Honneth, Axel 1992: Kampf um Anerkennung. Zur moralischen Grammatik sozialer Konflikte. Frankfurt a. M.: Suhrkamp.

Illouz, Eva 2006: Gefühle in Zeiten des Kapitalismus. Frankfurter Adorno-Vorlesungen 2004. Frankfurt a. M.: Suhrkamp.

Lenz, Karl 2006: Soziologie der Zweierbeziehung. Eine Einführung. Wiesbaden: VS.

Luhmann, Niklas 1997: Die Gesellschaft der Gesellschaft. Frankfurt a. M.: Suhrkamp.

Mead, George Herbert 1973: Geist, Identität und Gesellschaft aud der Sicht des Sozialbehaviorismus. Frankfurt a. M.: Suhrkamp.

SBV (singleboersen-vergleich.de) 2009: Der Online-Dating-Markt 2008-2009. Deutschland - Österreich - Schweiz. Hamburg: Mataflake.

Trethewey, Angela 1999: Disciplined Bodies. Women's Embodied Identities at Work, in: Organization Studies 20. 3, 423-450.

Walther, Joseph B. 1996: Computer-Mediated Communication. Impersonal, Interpersonal and Hyperpersonal Interaction, in: Communication Research 23. 3, 3-43.

Waring, Amanda und Justin Waring 2009: Looking the Part. Embodying the Discourse of Organizational Professionalism in the City, in: Current Sociology 57. 3, 344-364.

Weber, Max 1988 [1920]: Die Wirtschaftsethik der Weltreligionen, in: ders.: Gesammelte Aufsätze zur Religionssoziologie. Band I. Tübingen: Mohr, 237-573.

컴퓨터-기본권
정보기술 환경하에서의 인격 보호

바이오스 카라바스

새로운 위험, 새로운 권리

법학적인 방식에 따라 나는 법원의 한 가지 판결로부터 논의를 시작하고자 한다. 2008년 2월 27일 독일 연방헌법재판소는 인터넷상의 수사 조치가 헌법상 허용될 수 있는지 여부에 대해서 결정을 내린 바 있다.[1] 여기서 법원은 국가기관이 테러리즘에 맞서기 위해 온라인상에서 수색과 감시를 할 수 있도록 허용해준 노르트라인-베스트팔렌 주의 개정된 헌법보호법률의 핵심 기준이 과연 헌법과 합치하는가 여부를 판단해야 했다. 이에 대해 법원은 이러한 법률은 헌법과 상충한다

1 독일 연방헌법재판소(BVerfG), I BvR 370/07, 595/07, 2008. 2. 27, in: Neue Juristische Wochenzeitschrift(NJW) 2008: 822 이하, 아래에서는 "독일 연방헌법재판소 2008"로 인용 표기.

고 설명하였다. 그뿐 아니라 우리가 더욱 중요하게 주목해야 할 것은 법원이 온라인상의 수색을 통해 기본권에 대한 새로운 위협이 산출될 수 있다는 이유로 새로운 기본권, 소위 "정보기술 체계의 비밀성과 불가침성에 대한 담보책임"이라는 기본권을 만들어냈다는 점이다(일상적으로는 IT와 관련된 컴퓨터-기본권이라고 말하고 있다).

독일 연방헌법재판소의 결정에 대해서는 뒤에서 상세히 다루게 될 것이다. 여기서는 먼저 독일 법학계의 대변자들이 보여준 즉각적이고 다소 공격적인 반응들에 주목하고자 한다. 이 판결에 대한 수많은 비판들 속에서 필자들은 법원의 독단적인 판결을 비판했을 뿐 아니라 새로운 기본권의 명칭 선택에 대해서도 비판하였다(Britz 2008; Eifert 2008; Hoeren 2008; Hoffmann-Riem 2008; Lepsius 2008; Sachs/Krings 2008). 그들의 견해에 따르면, 새로운 기본권은 그 제도적 기초로 인해서 독일 연방공화국 기본법의 2조 1항 및 1조 1항이 보증하는 인격 보호에 관한 기본권의 구조를 파괴할 위험이 있다(특히 Lepsius 2008: 32, 36 참조). 그뿐 아니라 새로운 기본권은—비인격적이고 기술지향적인 요소들로 인해서—마치 이제 개인 대신에 기술 자체가 보호되어야 하는 것 같은 인상을 야기하고 있다(특히 Eifert 2008: 522 참조).

이러한 비판들에 맞서서 나는 이 판결에 대한 생산적인 독해 방법을 제시하고자 한다. 나의 주장은 독일 연방헌법재판소의 결정을 통해서 기본권, 특히 인격 보호에 관한 기본권의 기능을 새롭게 이해할 수 있는 유력한 그러나 언뜻 보기에는 도발적일 수도 있는 구상이 암시되고 있다는 것이다. 물론 (우리가 주목해야 할) 이러한 구상을 독일의 헌법재판관들이 이미 의식하고 있었던 것은 결코 아니다. 아래에서 나는 이러한 구상을 제시하고자 한다.

정보기술 환경하에서 기본권이 가지는 기능에 대한 새로운 해석

제도로서의 기본권

기본권의 기능에 대한 물음은 법학 문헌들이 다루는 표준적인 주제가 아니다. 만일 그에 대한 답을 찾고자 한다면, 기본권의 기능이라는 주제가 처음으로 사회학적 관점에서 상세히 다루어지고 있는 1965년의 고전적인 연구로 되돌아가야 할 것이다. 니클라스 루만은 『제도로서의 기본권』(*Grundrecht als Institution*)에서 당시 구상 중이던 사회이론을 배경으로 하여 기본권의 기능을 정식화하려는 혁신적인 시도에 착수하였다(Luhmann 1965).

거기서 루만은 자연법에 고무되어 기본권을 인간 본성에 내재하는 권리로 보는 모든 견해들을 비판한다. 그는 몸소 기본권의 형성에 대한 냉정한 사회학적 분석을 시도하였으며, 그러한 분석의 결과는 기본권이 기능적으로 분화된 사회가 출현한 결과 나타난 산물이라는 것이었다(같은 책: 64).

루만에 따르면, 기능적으로 분화된 사회로 이행할 때 비로소 개인의 행동의 자유를 효과적으로 보호할 필요성이 생겨나기 시작한다. 그러나 개인의 자유는 기능적으로 분화된 사회에서 나타나는 자율적 영역들 중 단지 하나일 뿐이다. 개인의 자유와 더불어 예술, 종교, 학문, 법, 경제, 대중 매체 등과 같은 자율적 영역들이 출현하게 되며, 이 영역들은 정치와 같은 다른 하부체계의 지배에 맞서서 자신의 영역의 불가침성을 보호해줄 것을 요구한다.

결국 사회적이고 특권적인 제도로서의 기본권은 사회가 분화를 수용할 것을 보증한다(같은 책: 23). 기본권은 제도적인 차원에서는 사회적 과정의 자율적 공간들을 보호하지만, 개인적인 차원에서는 개인들이 귀속되어 있는 의사소통 공간을 보호한다(Teubner 2006 참조).

루만에 따른다면 정보기술 환경하에서 기본권의 기능은 어떻게 이해되어야 할까? 아마도 그 답은 인터넷 이용자들이 되었든 아니면 (예를 들어 인터넷상의 경제 담론이나 예술 담론과 같은) 전체 담론이 되었든 간에 기본권은 자율적인 의사소통 영역들을 보호하는 데 기여해야만 한다는 것이 될 것이다. 그러나 체계이론의 개념들을 이렇게 무차별적으로 디지털망의 세계에 적용하는 것은 정보기술 환경하에서 진행되는 의사소통 과정의 고유성을 정당하게 평가하지 못하는 일이 될 것이다. 이것이 바로 여기서 내가 주장하고자 하는 바이다. 그렇다면 과연 디지털 의사소통의 고유성이란 정확히 무엇일까?

인터넷 의사소통의 특수성

법학 관련 문헌에서는 컴퓨터라는 매체를 통해서 진행되는 인터넷 의사소통이 가지는 특수성이 아직까지 전혀 분석된 바가 없다. 그런 점에서 매체이론에 바탕을 둔 토마스 베스팅의 저작은 매우 드문 예외 중의 하나라고 할 수 있다(Vesting 2003; 또한 Kravas 2007: 114 이하 참조). 베스팅에 따르면 컴퓨터라는 의사소통 매체의 특징은 그것이 단지 의사소통의 가능성을 확대할 뿐 아니라 하나의 매체로서 다른 매체들을 통합한다는 데 있다. 컴퓨터는 마치 이차 질서상에 존재하는 매체와도 같이 기존에 분리되어 존재하던 매체들을 가로지르면서 놀라운 방식으로 그것들을 결합해낸다(같은 책: 179). "컴퓨터는 모든 다른 매체들—언어, 음성 기호, 그림, 음악, 동영상 등—을 포괄하고, 재생산하고, 서로 뒤섞을 수 있게 해주는 디지털 코드라는 새로운 보편 매체에 기초하여 작동한다."(같은 곳). 이를 통해서 컴퓨터는 전통적인 경계와 그것들 사이의 교차관계에 침투하여 그것을 불안정하게 만들거나 또는 그것들 자체를 해소시켜버릴 수도 있는 새로운 의사소통의 가능성을 열어준다(같은 곳). 경계와 그것들 사이의 교차관계의 침식은 무엇보다 먼저 의사소통의 매체라는 개념 그 자체와 관련된다. 베스팅이 언급한 바와 같이 "컴퓨터는 무엇보다 먼저 감각적 의사소통과 의사소통의 기술적 환경 사이의 관계를 불안정하게 만들며" 나아가서는 "기술적 현상으로서의 인터넷과 매체적이고 사회적인 의사소통의 망으로서의 인터넷을 구별하기 어렵게 만든다."(같은 곳).

베스팅은 컴퓨터를 통한 0과 1로의 코드화가 사회적인 의사소통망의 한 부분이 되었기 때문에 인터넷의 특수성을 "기술적 매체"라는 개념을 통해서 파악할 것을 제안한다(같은 곳). 왜냐하면 "이러한 하이브리드(혼종) 개념은 더 이상 매체 개념이 가장 기초적인 의사소통 매체로서의 자연 언어로부터 설명될 수 없다는 점을 표시해주고 있기 때문이다. 루만의 체계이론이나 맥루한의 후기 매체이론은 이러한 사실을 보여주고 있다. 컴퓨터는 플라톤 이래로 서구 문화에서 존속되어온 언어와 문자 사이의 전통적인 위계를 코드의 우선성을 통해 변화시켜버린다."(같은 곳)

따라서 코드는 더 이상 단순히 감각적 의사소통의 환경이 아닌 것처럼 보인다. 코드는 그것을 통해 의사소통되는 내용들과 무관하지 않다. 오히려 "기술적으로 대상화된 문자 그 자체인 코드가 의사소통 매체의 핵심이 된다."(같은 책: 180)

나아가서 코드로 인해서 지금까지 서로 분리되어 존재하던 두 수준(같은 곳), 즉 의사소통의 소재 수준과 의사소통의 내용 수준이 놀라울 정도로 뒤섞이는 일이 발생하게 된다. 흥미롭게도 베스팅이 인터넷 의사소통의 두 수준 사이의 혼합에 대해서 서술한 내용은 일군의 대표적인 독일 매체이론가들이 매체가 그 사용자들로부터 급진적인 자율성을 가지게 된다고, 즉 의사소통의 기준점을 더 이상 의식으로 볼 필요가 없다고 주장하는 단서가 되었다(Krämer 2004; Maresch 1999; Kittler 1993). 반면에 루만의 이론에서는 이러한 혼합이 전혀 수용되지 않는다. 왜냐하면 루만의 관심은 단지 의사소통 과정의 사회적 차원과 의사소통되는 내용의 의미론적 수준을 분석하는 데 있었기 때문이다. 이는 예를 들어 "확산 매체"(verbreitungsmedium)라는 범주에서 드러나는데, 루만은 이 범주를 매체가 가지는 기능을 기술하기 위하여 이용하였다. 루만에 따르면, 확산 매체는 수신자에게 도달하는 데 장애가 되는 것들을 극복함으로써 단지 의사소통의 개연성을 높일 뿐이다(Luhmann 2009 [1981]: 29 이하에 기초). 그러나 기계적인 기호의 가공이 점차 더 큰 의미를 가지게 된다는 점을 고려할 때, 컴퓨터가 의사소통의 개연성을 높이기 위한 보조수단으로 환원될 수 있을 것인지 하는 데에는 의문의 여지가 있다.

매체이론과 체계이론이라는 두 입장 모두는, 정보기술 환경하에서 진행되는 의사소통 과정이 가지는 앞서 기술한 고유성을 고려할 때,

이를 올바르게 포착하는 데서는 별반 적합성이 없다. 내 생각에 이를 위해서는 사회적인 차원이나 기술적인 차원 중 하나에만 주목하는 통상적인 대안들을 넘어서서 컴퓨터와 같은 사물이 의사소통에서 수행하는 적극적 역할을 적합하게 다룰 수 있는 새로운 사회학적 기획이 필요하다.

브뤼노 라투르의 하이브리드

사회학 이론에서는 브뤼노 라투르(Bruno Latour)가 그러한 이론적 기획, 아니 최소한 그러한 기획의 기초적 발상을 제시한 바 있다. 체계이론이나 매체이론이 기술과 사회적 영역 사이의 관계를 "우연적"이거나 "인과적"인 것으로 규정하는 데 반해서 라투르는 다른 방식으로 출발한다. 그는 기술적 대상을 고찰할 수 있는 네 가지 방식을 구별하고 있다(이에 대해서는 Schulz-Shäffer 2008이 매우 유익한 도움이 된다).

라투르에 따르면, 첫 번째 방식은 인간 행위자와 기술적 대상 사이의 이질적 결합을 산출함으로써 기술과 사회가 공동 구성되는 경우다(Latour 1988, 1992: 227 이하, 1996 [1993]: 62 이하; Schulz-Shäffer 2008: 114 이하). 이러한 상호결합 과정 속에서 인간 행위자와 기계적 대상은 행위자로서뿐 아니라 수신자로서도 기능한다. 예를 들어 컴퓨터는 인간의 구성 행위를 통해 그 형태를 부여받게 되지만, 역으로 컴퓨터는 사용자에게 특정한 사용 방식을 강요함으로써 이용자들을 규정하기도 한다.

두 번째 방식에서는 이질적인 결합이 하이브리드 행위자를 산출하는 경우가 다루어진다(Schulz-Shäffer 2008: 120 이하). 이에 대해 라투르는 미국에서 자유로운 무기 거래에 대한 규제를 둘러싸고 진행된 논쟁을 사례로 들고 있다. 무기 거래를 제한할 것을 지지하는 사람들은 무기가 인간을 살해한다고 주장한다. 반면에 반대자들은 죽이는 것은 무기가 아니라 사람이라고 맞선다(Latour 1994: 30 이하). 그러나 라투르는 이 논쟁에서 제3의 입장을 취한다. "라투르에 따르면, 인간과 사물의 만남이 인간과 사물 양자 모두를 변화시킨다는 사실을 인식하지 못한다는 데 이 두 입장의 오류가 존재한다. 이러한 만남을 통해 인간과 사물은 더 이상 독립적으로 존재하는 두 가지 실체로서 식별될 수 없을 정도로 변화된다. (잠재적) 무기와 (잠재적) 사격의 조우를 통해 인간과 무기로 구성되는 제3의 것이 출현하는 것이다."(Schroer 2008: 381)

이 두 번째 결합 방식과 첫 번째 결합 방식의 차이는 무엇인가? 첫 번째 방식에서는 결합된 행위자들의 행위 계획들이 단지 서로에게 영향을 미칠 뿐이며 이를 통해 고정된 역할들 사이의 관계가 발생한다. 반면에 두 번째 결합 방식에서는 구별되는 계획들이 새로운 상위의 행위 계획으로 융합되며, 이에 따라 이러한 계획들의 행위 주체가 누구인가 하는 물음 자체가 사라질 수밖에 없게 된다(Schulz-Shäffer 2008: 121). 인터넷 의사소통의 경우에는 무기 대신에 개인정보 생산의 사례에 대해 이야기할 수 있을 것이다. 인터넷상에서 우리가 남기게 되는 개인정보는 통상 이용자들의 행위의 산물로 간주된다. 그러나 라투르에 따르면 개인정보는 이용자와 정보기술 체계의 공동 결합의 산물이 될 수도 있다. 왜냐하면 특정한 행위 계획은 단지 순수한 주체에게 귀속되기 어렵고 오히려 "결합된 사물들이 가지는 속성"(Latour 1994: 35), 즉 구별되는 두 가지 행위 계획이 결합됨으로써 생겨나는 하이브리드 행위자의 산물이라고 할 수 있기 때문이다.

오해를 피하기 위해서 말해두자면, 라투르에게 중요한 것은 주체와 객체의 이분법을 극복하는 것이 아니다. 그의 설명에 따르자면 이러한 극복은 불가능하다. 여기서 핵심어는 오히려 뒤얽힘(Verflechtung)이다. "이원론의 극복은 모든 것을 하나의 그릇에 던져 넣어서 집합체를 구성하는 상이한 요소들이 가지는 구별되는 고유성을 부인하는 것을 의미하지 않는다. 중요한 것은 분석적 명료성이다. (…) 우리의 목적은 주체성을 사물에 이전하거나 인간을 대상으로 취급하거나 기계를 사회적 행위자로 간주하는 것이 아니다. 우리는 주체/객체 이분법을 완전히 우회하여 인간 존재와 비인간 존재의 뒤얽힘에서부터 출발하는 것이다."(Latour 2002 [1999]: 236)

기술의 산물이 사회적 세계와 관계 맺는 세 번째 방식은 사회적인 것의 고착화와 관련된다(Schulz-Shäffer 2008: 124 이하). 여기서 라투르는 "넘어설 수 없는 완고함과 가혹함으로 행위자에게 특정한 행위 계획을 강요하는" 기술적 산물에서 기인하는 조치들을 염두에 두고 있다(같은 책: 127). 이 경우 기술의 산물은 규범적 발전을 대체하고 보완하며 이를 통해 사회적인 것의 고착화를 초래하게 된다.

마지막으로 라투르는 네 번째 관계 방식을 통해 한 걸음 더 나아간다. 여기서 그는 기술의 산물이 규범적 계획을 설정하는 속성을 갖는다는 주장을 넘어서 그것이 인간의 사회성을 가능하게 하는 틀이라고까지 설명한다(같은 책: 130 이하). 그에 따르면 사물들에 의한 틀의 설정이 없다면 인간의 사회성 역시 존재할 수 없게 된다. 여기서 우리는 인터넷에서 관찰할 수 있는 공론장의 하이브리드적 자기조직화 과정을 참조할 수 있을 것이다. 구체적인 하드웨어나 소프트웨어가 설정한 틀이 없다면 그러한 공론장은 발생할 수도 없었을 것이다.

기술적 산물이 사회적 세계와 맺는 이러한 네 가지 관계에서 중요한 것은 단지 현실을 더 잘 포착할 수 있는 연구를 가능하게 해주는 관찰 도식을 제시하는 일만이 아니다. 이 네 가지 사태 속에서 우리는 인간적인 존재와 비인간적인 존재 사이에 성립하는 상이하지만 우리가 경험적으로 포착할 수 있는 여러 가지 결합 형태들이 출현한다는 사실을 체득하게 된다. 라투르는 이것들에 "행위자", "연결망", "하이브리드", "집합체" 등의 이름을 부여하였으며 이러한 결합 형태들은 이미 그 응집력을 발휘하고 있다(이 개념들에 대해서는 Roßler 2008 참조). 그는 이러한 상황과 관련하여 현대 사회를 위한 새로운 헌법을 구상할 것을 정치적으로 요구하고 있으며, 이를 통해 탈-의사소통화된 사물들이 다시 사회적 세계 내로 포용될 수 있기를 희망한다(Latour 2001 [1999], 2008 [1991]). 이를 통해 그는 사회적인 것의 개념을 크게 확장하였다.

하이브리드적 결합에 대한 안전 보증으로서의 기본권

나의 주장에 따르면, 우리는 라투르의 사회학적 기획으로부터 정보기술 환경하에서 기본권의 기능을 새롭게 파악할 수 있는 단서를 얻을 수 있다.

자유주의 이론에서 탈중심화된 결정의 권리를 부여할 수 있는 출발점이 되는 것은 항상 사회적 세계 내에서 행위하는 개인이었다. 카를-하인츠 라도이어(Ladeur 2000) 같은 포스트자유주의 저자들은 사회적 인식론에 의거하여 기본권의 기능을 설명하기도 한다. 그러나 오늘날 우리가 질문해야 하는 것은 기본권의 기능을 하이브리드적 결합에 관한 디지털 인식론 속에 뿌리내리게 하는 문제다. 왜냐하면 개인들은 더 이상 이용자들의 편의에 봉사하는 수동적 도구로 보기 어려운 정보기술 체계에 점점 더 많이 의존하고 있기 때문이다. 이러한 상황 속에서 우리는 인격의 발전을 관계적으로 사유해야만 한다. 다시 말하자면 인격의 발전을 사회적이고 기술적인 맥락과는 철저히 독립적으로 존재하는 주체가 가지는 내적 성질들이 발전하는 것으로 보기보다는 주체와 그의 모든 (사회적이고 기술적인) 환경들이 결합하는 역동적이고 상호적인 운동으로 생각해야 한다(Vesting 2009: 55 이하).

기본권은 단지 인간에게만 부여될 수 있다는 생각을 옹호하는 사람들은 인터넷 의사소통에서 발생하는 이용자와 컴퓨터 사이의 결합관계의 경우에도 단지 이용자들에게만 기본권이 부여될 수 있다고 생각하며, 이로부터 기본권을 통해 보호되어야만 할 대상도 결국에는 인격을 가진 이용자일 뿐이라는 결론을 내린다. 감시자의 경우 역시 문제가 되는 것은 감시자가 그러한 행위에 대해 정당한 권리를 가지는가 여부일 뿐이다. 여기서는 사태를 단순하게 만드는 전략이 이용되고 있는 셈인데, 만일 라투르라면 이러한 전략은 단지 하이브리드의 저항이 미약한 경우에만 기능할 수 있을 뿐이라고 보았을 것이다.

따라서 나의 주장은 다음과 같다. 정보기술 환경하에서 기본권 그리고 소위 인격의 보호에 관한 기본권은 인간과 컴퓨터 사이의 모든 하이브리드적 결합들에 대한 안전을 보증하는 것으로 이해되어야만 하며, 마찬가지로 새로운 의사소통 과정 및 형식들에서 기인하는 재산들 역시 보호되어야만 할 것이다(Karavas 2009: 312 이하). 따라서 사회적 제도로서 기본권이 가지는 기능은 이러한 하이브리드적 결합들을 보호하고 안정화시키는 일이 되어야만 한다.

인터넷에서 특수하게 나타나는 기본권에 대한 위험, 온라인-수색

위에서 기술된 인간과 기계 사이의 이질적인 결합들은 오늘날 특히 제3자의 은밀한 개입을 통해서 그 비밀성과 불가침성이 위협당하고 있다. 달리 말하자면 인터넷에서 등장하는 기본권에 대한 위협들은 이용자와 기계 사이의 의사소통적 상호작용에 침투하는 것을 노리고 있다. 온라인-수색은 명백히 그러한 사례다. 온라인-수색에서 문제가 되는 것은 경찰이나 정보기관이 의심되는 정보기술 체계에 은밀하게 접근하는 것이다. 그들의 목적은 문서를 확인하는 것인데, 온라인-수색 이외의 다른 방식을 통해서 이를 수행하는 것은 매우 비용이 많이 들거나 실현 불가능할 수도 있다(Fox 2007; Hansen/Pitzman 2007; Roßnagel 2007).

이미 언급한 바와 같이 독일 연방헌법재판소는 2008년 2월 27일의 판결을 통해서 온라인-수색의 적법성 문제를 다룰 기회를 가지게 되었다. 동일한 판결에서 법원은 새로운 기본권적 보호 영역을 제시하였으며, 그것은 바로 "정보기술 체계의 불가침성과 비밀성에 대한 담보책임"이라는 기본권이었다.

이 새로운 기본권이 가지는 특성은 이미 그 명칭에서 나타난다. 보호되어야만 하는 것은 단지 비밀, 즉 이용자들의 사회적 기대만이 아니라 정보기술 체계가 가지는 불가침성이다. 주의 깊은 관찰자들은 기본권의 보호가 가지는 이러한 이중적 방향을 간과하지 않았다. 예를 들어 마르틴 아이페르트(Eifert 2008: 522)는 다음과 같이 언급하였다. "비밀 보호와 관련된 기본권은 법원이 설명한 바와 같이 이미 확립되어 정확히 보호되고 있는 정보의 자기결정 권리와 마찬가지로 인격권으로부터 설득력 있게 도출될 수 있지만, 불가침성과 관련된 기본권의 경우는 그렇게 하기가 어려운 것으로 보인다. 이 경우 인격권과의 관계는 단지 간접적이거나 도구적이다. 때문에 법원은 불가침성과 관련된 보호를 개인정보에 대한 고도의 접근을 가능하게 하는 시스템에만 국한시켰으며 이는 설득력 있는 것이었다. 그러나 바로 이러한 이유에서 불가침성에 대한 고유한 보호의 필요성은 의심스러운 것이 되어버린다."

만일 정보기술 체계가 이용자에게 봉사하는 단순한 도구일 뿐이라면, 아이페르트의 주장은 옳은 것이 될 것이다. 그러나 독일 연방헌법재판소의 진술과 같이 정보기술 체계는 "그간 (…) 매우 높은 복잡성의 수준에 도달하였으며"(독일 연방헌법재판소 2008: 824 이하) "스스로 수많은 정보들"을 산출하기도 하였다(같은 책: 824, 178항). 새로운 기본권에 대한 질문들에서는 이러한 측면들이 함께 성찰되어야만 한다. 왜냐하면 비록 법원이 친숙한 기존의 논증 틀로 인해서, 특히 새로운 기본권을 독일 연방공화국 기본법 2조 1항과 1조 1항을 연결하여 정초함으로써 그런 인상을 주었다고는 하더라도, 여기서 문제가 되는 것은 단지 이용자들의 인격 보호가 아니라 이용자와 정보기술 체계 사이의 결합을 제3자의 은밀한 개입으로부터 보호하는 것이기 때문이다. 그렇기 때문에 기본권의 보호 대상이 단지 이용자들의 사회적 기대에만 국한되어서는 안 되며 기술, 즉 정보기술 체계를 포함할 수 있을 정도로 확대되어야만 한다.

법원으로 하여금 정보의 자기결정에 대한 기본권을 확대 해석하는 데 만족하기보다 새로운 기본권을 도출하도록 만든 요인은 바로 이용자와 정보기술 체계 사이의 밀접한 뒤얽힘, 즉 두 가지 행위 계획들이 하나의 포괄적 행위 계획으로 융합되는 사태이다. 개인정보의 수집, 저장, 사용, 확산과 관련된 고전적 사례들에서는 이러한 뒤얽힘이나 융합이 존재하지 않는다.

이 밖에도 흥미로운 사실은, 비록 그 기본권을 보편적인 인격권으로부터, 즉 주관적 권리 보호로 해석될 수 있는 기본권의 보호 영역으로부터 도출하였음에도 불구하고, 법원이 새로운 기본권을 원칙상 객관법적으로 정초하였다는 사실이다(Lepsius 2008: 36). 언뜻 보기에 모순적인 것처럼 보이는 법원의 이러한 논증은 어떻게 설명될 수 있을까?

정보기술 환경하에서의 기본권 보호

레프시우스에 따르면 보편적 인격권에 대한 법원의 호소는 실체법적으로는 아무런 의미도 없다(같은 책: 38). 나아가서 그는 보편적 인격권을 도구화한 것에 대해서도 아쉬워한다. 왜냐하면 이를 통해 개인적 자유의 의미는 축소되고 시민은 공익의 대리인으로 격하되기 때문이다. 이에 대해서는 다음과 같은 두 가지 점이 언급된다.

첫째, 레프시우스가 주장한 바와 같이 시민은 불특정한 공익의 "대리인"이 아니라 하이브리드의 대변인, 즉 이용자와 정보기술 체계의 결합을 대표하는 자로 설명되어야 한다. "하이브리드의 경우 그것과 관련된 개인적이거나 집단적인 행위자는 그 자체로서 독립적으로 행위하는 것이 아니라 새롭게 출현하는 통일체이자 인간과 비인간의 결합인 하이브리드'로서' 행위한다."(Teubner 2008: 14)

둘째, 여기서 문제가 되는 것은 하이브리드이기 때문에, 주관적 권리에 대한 전통적 구성 방식은—주관적 권리는 일종의 예외 지역으로 유사 공간적으로 이해되었으며, 그것은 기본권의 손상에 대한 일종의 보상으로 주어진다는—앞서 기술한 기본권에 대한 위협에 대응하기에 충분치가 않다(Teubner 1998: 261). 왜냐하면 이 경우 기본권에 대한 위협은 개인, 개인 이용자와 직접 관련된 것이 아니라 비밀성과 불가침성을 가진 결합 전체와 관련되기 때문이다. 다른 방식으로 말하자면, 이용자의 인격은 정보기술 체계 내에 그것이 구체적으로 구현되는 상황과 분리되어 사유될 수 없다고 주장할 수도 있을 것이다. 따라서 이 경우 주관적 권리를 객관적으로 보완하는 것은 모순이 아니라 오히려 전체 하이브리드에 대한 포괄적인 보호를 통해서 주관적 권리의 구성을 불가피하게 보완하는 것이라고 할 수 있을 것이다.

이 부분에서 독일 연방헌법재판소는 기본권을 제한하는 법률에 대해 실체적일 뿐 아니라 절차적인 요구를 정식화하였다. 물론 여기서 법원이 이용한 담보책임이라는 개념은 흥미로우면서도 다듬을 필요가 있는 것처럼 보인다. 왜냐하면 이 용어의 사용은 사적인 개입의 경우에도 국가가 그에 대한 방어 의무를 부담한다는 점을 함축하고 있기 때문이다. 그럼에도 불구하고 법원은 이 점에 대해서는 더 이상 상세히 설명하지 않았다.

전망

생명과학으로 인해 완전히 새롭게 제기되는 자극적인 법적 물음들과 관련하여 미국 법원이 내린 일련의 판결들에 대해서 논의하면서 쉴라 재서너프(Jasanoff 2000: 11)는 다음과 같이 진술한 바 있다. "20세기 후반의 생명과학에 대한 법적 개입의 역사 속에서 몇몇 판례들은 그 자체로 유의미한 판결들이 가지는 이중적 성격을 가정하고 있었다. 그러한 판결들은 변화되었거나 변화하고 있는 의식의 계기들에 경계를 설정하는 기초적인 사회적 문헌들로 이용된다. 이러한 문헌들을 '두텁게' 읽어내기 위해서는 법의 지배를 대변하여 '문자'로 쓰여진 그것들의 결론뿐 아니라 그러한 결론을 야기한 맥락들, 그것들이 표현되는 언어들, 그것들이 접합하는 데 기여했을 뿐 아니라 추적하는 데 실패하기도 한 해석 경로들에 동시에 주목해야만 한다. 이정표적인 판례들이 가진 의미는 한꺼번에 드러나기보다는 점진적으로 드러날 수밖에 없다. 왜냐하면 많은 관점에서 반복적으로 재론됨으로써만 그러한 판례들이 지속적인 힘을 주장하고 역사 속에서 그 지위를 점하기 시작할 수 있기 때문이다." 여기서 언급된 독일 연방헌법재판소의 결정이 변화된 사회적 의식을 반영하는 일련의 "이정표적인 판례들"에 속하는 것인지 여부는 아직 더 기다려보아야만 알 수 있는 일이다. 그러나 법원이 새로운 디지털 매체가 우리에게 제기하는 법적인 도전들에 대해 폭넓게 토론할 수 있는 문을 열어주었다는 점만은 분명하다.

번역_김원식

참고문헌

Britz, Gabriela 2008: Vertraulichkeit und Integrität informationstechnischer Systeme-Einige Fragen zum ›neuen Grundrecht‹, in: Die Öffentlichkeit Verwaltung 61. 10, 411-415.

BVerfG 2008: Nichtigkeit der Vorschriften zur Online-Durchsuchung im Verfassungsschutzgesetz Nordrhein-Westfalen, in: Neue Juristische Wohenzeitschrift(NJW) 61. 12, 822-837.

Eifert, Martin 2008: Informationelle Selbbestimmung im Internet-Das BVerfG und die Online-Durchsuchungen, in: Neie Zeitschrift für Verwaltungsrecht 27. 5, 521-523.

Fox, Dirk 2007: Realisierung, Grenzen und Risiken der »Online-Durchsuchung«, in: Datenschutz und Datensicherheit 31. 11, 827-834.

Hansen, Markus und Andreas Pfitzmann 2007: Technische Grundlagen von Online-Durchsuchung und -Beschlagnahme, in: Deutsche Richterzeitung 11. 8, 225-228.

Hoeren, Thomas 2008: Editorial-Was ist das »Grundrecht auf Integrität und Vertraulichkeit informationstechnischer Systeme«?, in: Multimedia und Recht 11. 6, 365-366.

Hoffman-Riem, Wolfgang 2008: Der grundrechtliche Schutz der Vertraulichkeit und Integrität eigengenutzter informationstechnischer Systeme, in: Juristenzeitung 63. 21, 1009-1022.

Jasanoff, Scheila 2000: Ordering Life: Law and the Normalization of Biotechnology, http://belfercenter.ksg.harvard.edu/files/life.pdf

Karavas, Vagias 2007: Digitale Grundrecht. Element einer Verfassung des Informationsflusses im Internet. Baden-Baden: Nomos.

Karavas, Vagias 2009: Grundrechtschutz im Web 2.0: Ein Beitrag zur Verankerung des Grundrechtschutzes in einer Epistemologie hybrider Assoziation zwischen Mensch und Computer, in: Christoph Bieber, Martin Eifert, Thomas Groß und Jörn Lamla (Hg.): Soziale Netze in der digitalen Welt: Das Internet zwischen egalitärer Teilhabe und Ökonomischer Macht. Frankfurt a. M. und New York: Campus, 301-325.

Kittler, Friedrich 1993: Draculas Vermächtnis: Technische Schriften. Leipzig: Reclam.

Krämer, Sibylle 2004: Friedrich Kittler-Kulturtechniken der Zeitachsenmanipulation, in Alice Lagaay und David Lauer (Hg.): Medientheorien-eine philosophische

Einfürung. Frankfurt a. M.: Suhrkamp, 201-224.
Ladeur, Karl-Heinz 2000: Negative Freiheitsrechte und gesellschaftliche Selbstorganation. Tübingen: Mohr Siebeck.
Latour, Bruno 1988: Mixing Humans and Nonhumans Together. The Sociology of Door-Closer, in: Social Problems 35. 3, 298-310.
Latour, Bruno 1992: Where are the Missing Masses? The Sociology of Few Mundane Artifacts, in: Wiebe E. Bjker und John Law (Hg.): Shaping Technology/Building Society. Studies in Sociotechnical Change. Cambridge, MA: The MIT Press, 225-258.
Latour, Bruno 1994: On Technical Mediation Philosophy, Sociology, Genealogy, in: Common Knowledge 3. 2, 29-64.
Latour, Bruno 1996 [1993]: Der Berliner Schlüssel. Erkundungen eines Liebhabers der Wissenschaften. Berlin: Akademie-Verlag.
Latour, Bruno 2001 [1999]: Das Parlament der Dinge. Natur Politik. Frankfurt a. M.: Suhrkamp.
Latour, Bruno 2002[1999]: Die Hoffnug der Pandora. Untersuchungen zur Wirklichkeit der Wissenschaft. Frankfurt a. M.: Suhrkamp.
Latour, Bruno 2008 [1991]: Wir sind noch nie moderne gewesen. Versuch einer symmetrischen Anthropologie. Frankfurt a. M.: Suhrkamp.
Lepsius, Oliver 2008: Das Computer-Grundrecht: Herleitung, Funktion, Überzeugungskraft, in: Fredrik Roggan (Hg.): Online-Durchsuchungen-Rechtliche und tatsächliche Konsequenzen des BVerfG-Urteils vom 27. Februar 2008. Berlin: Berliner-Wissenschafts Verlag, 21-56.
Luhman, Niklas 1965: Grundrechte als Institution: Ein Beitrag zur politischen Soziologie. Berlin: Duncker & Humblot.
Luhman, Niklas 2009 [1981]: Soziologische Aufklärung 3: Soziales System, Gesellschaft, Organisation. Wiesbaden: VS Verlag für Sozialwissenschaft.
Maresch, Rudolph 1999: Die Kommunikation der Kommunkation, in: Rudolph Maresch und Niels Werber (Hg.): Kommunikation-Medien-Macht. Frankfurt a. M.: Suhrkamp, 265-298.
Roßler, Gustav 2008: kleine Galerie neuer Dingbegriffe: Hybriden, Quasi-Objekte, Grenzobjekte, epistemische Dinge, in: Georg Kneer, Markus Schroer und Erhard Schüttpelz (Hg.): Burno Latours Kollektive. Frankfurt a. M.: Suhrkamp, 76-107.
Roßnagel, Alexander 2007: Verfassungspolitische und verfassungsrechtliche Fragen der Online-Durchsuchung, in: Deutsche Richerzeitung, 11. 8, 229-230.

Sachs, Michael und Thomas Krings 2008: Das neue »Grundrecht auf Gewährleistung der Vertraulichkeit und Integrität informationstechnischer Systeme«, in: Juristische Schulung 48. 6, 481-486.

Schroer, Markus 2008: Vermischen, Vermitteln, Vernetzen. Bruno Latours Soziologie der Gemenge und Gemische im Kontext, in: Georg Kneer, Markus Schroer und Erhard Schüttpelz (Hg.): Burno Latours Kollektive. Frankfurt a. M.: Suhrkamp, 361-398.

Schulz-Schaeffer, Ingo 2008: Technik in heterogener Assoziation. Vier Konzeption der gesellschaftlichen Wirksamkeit von Technik im Wek Latours, in: Georg Kneer, Markus Schroer und Erhard Schüttpelz (Hg.): Burno Latours Kollektive. Frankfurt a. M.: Suhrkamp, 108-152.

Teubner, Gunther 1998: Vertragswelten: Das Recht in der Fragmentierung von Private Governace Regimes, in: Rechtshistorisches Jounal 17, 234-265.

Teubner, Gunther 2006: Die anonyme Matrix: Zu Menschenrechtsverletzungen durch »private« transnationale Akteure, in: Der Staat. Zeitschrift für Saatslehre und Verfassungsgeschichte, deutsches und europäisches öffentliches Recht 44. 2, 161-187.

Teubner, Gunther 2008: Elektronische Agenten und grosse Mrnschenaffen: Zur Ausweitung des Akteursstatus in Recht und Politik, in: Paolo Becchi, Christoph Beat Graber und Michele Luminati (Hg.): Interdisziplinäre Wege in der juristischen Grundlagenforschung. Zürich: Schulthess, 1-30.

Vesting, Thomas 2003: Das Internet und die Notwendigkeit der Transformation des Datenschutzes, in: Karl-Heinz Ladeur (Hg.): Innovationsoffene Regulierung des Internet. Neues Recht für Kommunikationswerke. Baden-Baden: Nomos, 155-190.

Vesting, Thomas 2009: Die innere Seite des Gesetzes. Sympolische Ordnug, Rechtssubjektivität und Umgang mit Ungewissheit, in: Ino Ausberg (Hg.): Ungewissheit als Chance. Tübingen: Mohr Siebeck, 39-59.

디지털 자아

인정과 소외

올리비에 부아롤

지난 10여 년간 인터넷은 점차 현대 사회의 일상생활 속으로 침투해 들어왔다.[1] 대부분의 사람들에게 노동, 실생활의 조직, 오락, 친구나 정서적 관계 형성 등을 위해 인터넷은 없어서는 안 될 도구가 되었다. 인터넷을 통한 디지털 "운동" 속에서 인터넷 사용자들은 간접적으로 다른 사용자들과 연결되며, 이들은 다양한 디지털 공간에서 각기 자신을 자신만의 방식으로 소개한다. 이들의 활동은 흔적을 남기며, 이 흔적들은 인터넷 사용자들의 "디지털 정체성"으로 농축된다. 그뿐만 아

1 이 논문은 스위스 국립기금이 지원하는 연구 프로젝트 "온라인 데이트: 낭만적 사랑과 경제적 합리화 간의 매개된 소통"의 일환으로 작성되었다(FNS Nr. 10015-122617/1). 논문에 대해 논평을 해주고 문장을 교정해준 카이 드뢰게, 시도니아 블래틀러(Sidonia Blättler), 니콜 가디언트(Nicole Gadient)에게 감사한다.

니라 인터넷 사용자들에게 이런 다양한 정보를 체계적으로 검색하게 하고 자신의 인터넷 사용을 "개관"할 수 있게 하는 인터넷 사이트도 있다. 이 사이트들은 인터넷 사용자 개개인의 지명도(Technirati, Cymfony), 신뢰도(Biz360), 평판(RapLeaf, iKarma, ReputationDefender)을 분석한다. 인터넷 사용 개관은 해당자뿐 아니라 다른 모든 사용자들에게도 개방된다. 따라서 인터넷 사용자들은 자신의 인격과 디지털 활동에 대한 일종의 "디지털 표상"을 얻게 되며, 이는 사용자 자신뿐 아니라 그에게 알려지지도 않고, 볼 수도 없는 사용자들에게도 접근 가능하다. 디지털 활동이 지속적으로 증가함에 따라 이러한 디지털 정체성은 디지털을 통한 식별 및 인증 과정에서 장차 더욱 큰 중요성을 갖게 될 것이다. 이렇게 자아의 디지털 "투사"의 중요성이 증대하게 되면 개인의 정체성 형성, 자기관계, 그리고 타인과의 관계도 변화한다.

이러한 변화 과정을 구체적으로 탐구하려 한다면 특히 다음과 같은 문제가 제기될 것이다. 즉 디지털 공간을 통해 매개된 상호작용 영역의 역할이 점차 중요해짐에 따라 가상 공동체, 내지 가상 세계에서 사회적 행위자가 갖는 자신, 타인, 그리고 집단과의 관계는 어떻게 변화하고 있는가? 이러한 기술적 환경 속에서 주체들은 어떻게 자기관계를 구성하는가? 사회화와 개인화를 통한 주체화 과정은 어떻게 형성되는가? 이러한 문제들은 오늘날 인터넷에 대한 사회학적 연구가 강하게 몰두하고 있는 문제들이다. 왜냐하면 이러한 변화는 너무나 심층적이기 때문에 오늘날 이러한 기술적 차원 없이는 결코 주체에 대해 생각해볼 수 없기 때문이다. 이는 나의 테제이기도 하다.

이 논문에서 나는 무엇보다도 이러한 문제들을 다루는 인터넷 연구의 두 가지 방향에 대해 논의할 것이다. 그리고 나는 이러한 방향이 갖는 한계를 탐구하고, 상호주관성 이론으로부터 등장한 제3의 관점을 제안할 것이며, 이러한 의미에서 "디지털 자아" 개념에 한계를 설정할 것이다. 세 번째 단계로 나는 디지털 자아와 결합된 상호작용이 특정한 조건하에서 어떻게 인정관계로 나아갈 수 있는지를 보여줄 것이다. 그리고 나는 이런 분석에 기초하여 디지털 공간에서의 상호주관화 과정에서 발생하는 디지털 자아의 소외 과정에 주목할 것이다. 끝으로 이 논문에서는 이러한 관점이 갖는 장점이 강조될 것이다. 인터넷 기술을 통해 매개된 제반 관계들에 대한 비판이 필요하다면, 이 비판은 기술적 매개 자체에 대한 것이라기보다도, 디지털 공간을 통제하거나 소외 현상의 강화로 나갈 수 있는 규범적 사회성 모델과 상호주관화를 전제한 각종 사이트에 대한 것이어야 하기 때문이다.

관점들

지난 20여 년간 디지털 시대의 개인적 정체성 문제를 해명하기 위한 다양한 연구 작업이 수행되었다(Turkle 1995). 이를 통해 형성된 두 가지 연구 방향은 디지털 컴퓨터 기술과 기술적으로 매개된 상호작용이 일상생활에서 점차 중요해짐에 따라 시공간에서의 신체적 대면이 해체된다는 확신에 기초하고 있다.

첫 번째 연구 방향은 오프라인과 온라인상의 상호작용을 구별하는 것이 중요하다는 점을 강조한다. 또한 이 연구 방향은 정체성 확장을 위한 새로운 가능성을 강조하면서 일반적으로 기술 혁신을 환영하는 경향을 띤다. 신체적 대면을 통한 실제 상호작용 상황에서 주체들이 지각 가능한 물리적, 사회적 정체성의 표시(성, 나이, 피부색)에 구속되어 있다면, 온라인 상호작용은 시공간적 뿌리를 갖는 사회관계를 해체시킨다. 왜냐하면 디지털 상호작용에서 인터넷 사용자 간의 상호 공개를 통해 형성된 "제2의 자아" 때문에 현실 세계에서의 정체성은 유보되고 말기 때문이다(Turkle 2005 [1984]). 디지털 공간에서의 자기표현과 특수한 묘사방식은 자기 자신과 거리를 두면서 "놀이"를 할 수 있게 하기 때문에 정체성은 더욱 높은 성찰의 여지를 갖게 된다(Zhao 2005). 실제로 인터넷 사용자들은 신체적으로 대면하고 있지 않기 때문에 자신의 나이를 변조할 수 있으며, 가상적으로 자신의 성을 바꾸고, 자신의 신체적 특징(신장, 체중, 피부색)을 변경할 수 있다. 이러한 이론적 단서는 "포스트모던 주체", 즉 다양한 "자아의 단면들"과 가능한 "정체성"을 탐색한다는 점에서 자신의 정체성을 실험하는 주체에 대한 시대진단을 다시 끄집어내게 만든다. 이러한 관점에서는 디지털 시대의 자아가 경향적으로 볼 때 "낙관적으로" 고찰된다. 특히 여기서 강조되고 있는 것은 가능한 자아 정체성의 다양화와 복합적 자아서술양식을 시험해볼 수 있는 자유이다(Anderson 2000). 이러한 연구 방향에 따르면 개성화의 가능성들이 디지털 컴퓨터 기술의 실험적 잠재력을 통해 현저하게 확대되었다.

두 번째 연구 방향 역시 기술적으로 매개된 상호작용이 점차 증대하고 있다는 확신에 토대를 두고 있다. 물론 두 번째 방향의 연구는 개성화 및 사회화 잠재력과 관련하여 크게 "낙관주의적" 결론을 끌어내는 것은 아니다. 이 연구 방향은 현상학에서 정신분석학에 이르기까지 다양한 이론적 영감을 토대로 디지털 기술로 매개된 많은 가능성보다는 이에 동반되는 수많은 문제들을 강조한다. 미국 현상학자 휴버트 드라이퍼스는 이러한 관점의 대표자라 할 수 있다(Dreyfus 2001). 그의 주장에 따르면 디지털 기술로 매개된 관계는 주체들을 이들에게 공통된 현실 세계에서의 현존으로부터 벗어나게 한다. 그리고 이 관계는 주체들을 이들의 현실적 뿌리로부터 분리시킨다. 왜냐하면 여기서는 이들의 행동이 낳은 결과에 대해 개의치 않아도 되기 때문이다. 인터넷을 통해 매개된 관계는 현실로부터 분리된 가상의 세계를 만듦으로써 실제 세계에서의 현존과의 연결을 극단적으로 붕괴시키는 경향이 있다. 그 결과 개인적 행위와 그 결과의 연관성이 느슨해진다. 드라이퍼스에 따르면 이런 단절 때문에 행위자들은 일종의 가상성에 감금되며, 그 결과 도덕적 태도의 해체에 이르게 된다. 그래서 온라인 토론장에서의 진술들은 현실 세계에서의 체험과 단절됨으로써 책임과 행동의 연결이 해체된다. 이것이 말해주는 것은 이래도 그만, 저래도 그만인 태도이다(Keen 2007). 이와 유사한 방식으로 정신분석학에 토대를 둔 연구들 역시 가상세계가 현실 세계에서의 공유된 경험과 재결합하지 못할 때 자기중심적 태도가 조장됨을 보여주고 있다(Tisseron 2006; Rosen 2007). 또한 주체들은 디지털 공간에 존재하고 상호작용하면서 자신이 만든 이미지 속에서 자신을 재발견하고 사회적 온라인-네트워크에서 "실존"하는 것으로 소진되고 말 일종의 자기만족을 추구한다는 것이다(Rosen 2007).

앞서 서술한 두 가지 연구 방향은 디지털 기술을 통해 매개된 상호작용의 중요성이 점점 커지는 것과 관련하여 유사한 기본 가정에 토대를 두고 있지만 전적으로 다른 결론을 도출하고 있다. 첫 번째 연구 방향이 디지털 기술을 통한 자아의 확장 가능성에 대한 "자유주의적 낙관주의"로 나아가고 있다면, 두 번째 연구 방향은 자아의 붕괴를 강조하는 문화적 비관주의 형태를 보이고 있다. 내 생각에는 이 두 가지 관점 중 어떤 것도 새로운 사회화 및 개성화 방식 전체를 설득력 있게 해명하고 있는 것 같지 않다. 첫째, 두 입장은 단지 인간이라는 주체와 기술이라는 객체 사이의 관계만을 보는 주관주의적 관점만을 드러낸다. 그러나 이 때문에 주체와 기술적 객체, 그리고 다른 주체들을 연결시켜주는 기술적 매개의 중요한 역할이 무시된다. 둘째, 두 입장은 온라인상의 개성화 및 사회화 과정이 갖는 이중성을 파악할 수 없다. 왜냐하면 이 입장들은 일면적으로 개성의 확장 가능성만을 강조하거나 혹은 역으로 상호작용의 도덕적 구성요소 상실만을 강조하기 때문이다. 셋째, 두 입장은 온라인 상호작용과 오프라인 상호작용 간의 차이에 고착화되어 있기 때문에 디지털 공간의 규범적 사회화 및 개성화 모델들을 간과하는 경향이 있다.

디지털 자아

이하의 글에서는 두 입장과는 다른 연구 방향이 논의될 것이다. 이는 새로운 자아 형태, 즉 디지털 자아에 대해 상호주관적 관점에서 생각해볼 수 있게 한다. 이러한 연구 방향의 단초는 조지 허버트 미드의 사회화를 통한 개성화라는 유명한 테제에서 출발한다(Mead 1973 [1934]). 앞서 서술한 두 가지 연구 방향과는 달리 이러한 연구 방향은 인터넷상에서 일어나는 상호주관적 주체 형성과정을 분석할 수 있게 함으로써 첫 번째 연구 방향이 갖는 "소박한" 기술 낙관주의뿐 아니라,

두 번째 방향의 문화적 비관주의로부터도 벗어난다.

미드의 자아구성 이론에 따르면 자기의식이 형성되는 것은 주체가 자신의 행위 결과와 관련하여 상호작용 상대방의 관점을 넘겨받을 경우이다. 상호주관성 개념은 행위 주체의 편에서 상호작용 상대자의 관점을 넘겨받는 역동적 과정을 나타내며, 행위 주체는 이를 통해 자신의 행위 방향을 설정할 줄 알게 된다. 즉 주체는 자신의 행위에 대해 다른 주체가 갖고 있는 상(像)을 넘겨받음으로써 자기의식에 도달하며, 이는 그에게 사회적으로 적합한 태도를 갖도록 한다는 것이다. 이런 상호주관적 도식은 주체들 사이의 교류가 토대를 두는 매개물들을 동원하게 되며, 이는 근본적으로 주체의 행위에 대해 상호작용 상대자가 반응하며 만들어낸 상에 기인한다.

미드는 이러한 상호주관적 과정을 작동시키는 세 가지 심급, 즉 "주격 나", "목적격 나", "자아"를 구별한다(같은 책). 이에 따르면 "주격 나"는 창조성을 갖는 주체의 자발적이고 통제되지 않은 행위를 가리킨다. "목적격 나"는 규범적 통제를 가능하게 하는 사회적 법칙과 주체의 의식적 자기 통제를 가리킨다. "주격 나"의 자발적인 충동과 "목적격 나"의 사회화된 규범수용 간의 성공적 "변증법"만이 현실화된 "자아"를 형성시킨다. 물론 이런 "자아의 변증법"은 "주격 나"가 아무런 표현 공간을 찾지 못할 경우 실패할 수 있다. 왜냐하면 사회적 규범은 자발적 충동을 통합할 수 있을 만큼 유연하지 않기 때문이다. 마찬가지로 이는 역으로 필수적인 규범적, 집단적 방향설정 공간이 파악 불가능하고, "목적격 나"를 상호작용 상대자들에게서 발견할 수 없을 경우에도 실패한다.

그렇다면 과연 이러한 발상은 사회적 관계와 자아구성에 있어서 디지털 기술의 매개가 중요성을 더해감에 따라 제기되는 제반 문제들을 해명하는데 얼마만큼이나 도움을 줄 수 있을까? 여기서 결정적인 것은 이러한 관점이 자기 충족적 주체 이념을 비판하고 있다는 점이다. 이에 따르면 주체의 형성과정이란 단지 자아의 긍정에 의존할 뿐이며, 타인 및 타자성과는 아무런 관계가 없다. 상호주관적 발상은 앞서 설명한 두 가지 연구 방향이 갖는 한계에 부딪치지 않고서도 디지털 기술의 매개를 생각해볼 수 있는 수단을 제공한다. 물론 이를 위해서는 미드의 사고를 넘어서는 구별들이 도입되어야 한다.

물론 미드가 기술을 통한 매개의 문제를 직접적으로 상호주관적 관계 속에서 논의한 적은 없지만 그의 상호주관적 모델은 디지털 기술을 통해 매개된 상호작용에 적용될 수 있다. 미드가 발전시킨 매개의 개념은 두 가지 차원에 토대를 두고 있다. 즉 자아상을 가능하게 하는 일차적이고 직접적인 상호주관성 차원과 "의미 상징"을 통해 매개된 이차적이고 간접적인 상호주관성이 그것이다. 이렇게 상과 상징을 통한 매개라는 미드의 틀을 기술적 대상에 적용한다면 자아구성에서 차지하는 기술의 역할을 탐구하기 위한 상호주관적 자아관과 연결될 수 있다. 또한 이는 기술을 통한 매개를 상호주관적 관계의 지지대로 볼 수 있게 한다. 이렇게 상호 행위를 통해서만 수행되는 주체의 형성과정을 기술하기 위해 나는 단지 외적 강제의 내면화와 관계있는 "주관화"가 아니라, "상호주관화"에 대해서 이야기할 것이다. 이런 과정의 설명을 위해서는 디지털 기술을 통한 매개 속에 층 지워져 있는 세 가지 상호주관화 차원을 구별하는 것이 필요하다.

디지털을 통한 상호주관화의 첫 번째 차원은 주체와 디지털 인터페이스와의 관계로서 이는 자판이나 모니터 같은 물체를 통해 매개된 활동을 의미한다(Introna/Ilharco 2006). 주체가 기술적 인터페이스와 함께 행동한다는 것은 자신에게 저항할 수 있는 비인간적 "너"와 함께 행동한다는 것으로 주체는 자신의 행위방식이나 자기 자신 자체를 문제 삼게 된다. 이런 점에서 기술적 인터페이스는 "신체 없는 상대자"로서 사용자에게 인터넷 사이트에 접속하게 하고, 특정한 행동을 하도록 제안한다(Zhao 2006). 기술을 통한 매개 과정에서 주체가 자신을 문제 삼게 된다면 주체는 비로소 자기 자신에 대한 합리적 인식을 획득한다(Turkle 1995). 그리고 주체는 기술적 인터페이스가 제시하는 규범적 "행위 프로그램"을 받아들일 수밖에 없다(Latour 2002 [1999]). 이런 과정은 미드가 말하는 상호주관성의 의미로 이해될 수 있다. 왜냐하면 한편으로 행위가 기술적 인터페이스(텍스트와 영상 형태)에서 "저장"되며, 다른 한편으로 행위 규범적 배치가 인터페이스를 통해 이루어지기 때문이다. 여기서 미드가 말하는 자아의 두 가지 차원을 발견할 수 있다. 즉 주체의 행위는 기술을 통해 자신을 드러낼 수단을 발견한다("주격 나"). 그리고 역으로 기술은 주체의 표현에 강제적인 한계를 설정한다("목적격 나"). 이런 점에서 기술을 통한 매개는 주체의 자기표현 가능성인 동시에 제한이다. 왜냐하면 기술적 도구 없이는 주체의 자기표현이 불가능하며, 기술적 도구는 규범적으로 주체의 가능한 행위 방향을 설정하기 때문이다. 예를 들어 인터넷 사용자는 인터넷 공간에 접속할 때 자신의 콘텐츠(텍스트, 사진, 채팅 문자 등)를 저장시킨다는 점에서 자신에게 일어나는 일 모두를 공표해야 한다. 또한 동시에 인터넷 사용자는 디지털 인터페이스의 제한 규정들을 잘 따라야 한다(문자 제한, 로그인, 닉네임 사용 등). 이런 첫 번째 차원에서 주체는 주체의 행위 가능성을 확장하면서, 동시에 규범적 규정의 틀 속에서 이를 제한하는 기술적, 비인간적 타자와의 관계 속에서 형성된다. 즉 창조적이면서도 강제된 행위라는 이중적 관계에서 주체는 자기의식을 발전시킨다는 것이다. 이는 일종의 "전진과 후퇴"의 과정이다. 왜냐하면 주체의 활동은 기술적 인터페이스에 의해 부과된 강제 규정을 따라야만 이것의 논리에 따라 자신을 형성하고 확산시킬 수 있기 때문이다. 디지털 자아에 고유한 상호주관화 과정의 첫 번째 차원은 이런 의미에서 이해될 수 있다.

상호주관화의 두 번째 차원은 디지털 기술을 통해 다른 사용자와 연결되는 것이다. 인터넷 사용자는 기술적 매개를 통하여 온라인 대화(사진, 채팅 등)의 형태로 서로 연결된다. 비록 피와 살을 가진 상호작용 상대자는 아니라 하더라도 프로필, 닉네임, 또는 아바타 형태로 상호작용 상대자가 나타나기 때문에 여기서도 주체 간의 사회적 관계가 등장한다. 물론 이들은 항상 자신들이 온라인에서 "실제로" 타인과 상호작용한다는 점을 전제해야만 한다. 여기서 상호작용은 고유한 콘텐츠를 생산하는 활동들과 온라인 상호작용의 의무 규정 틀에 필연적으로 적응하기 위한 활동들 사이의 복합적 결합 속에서 발전한다. 예를 들어 기술적 인터페이스는 상호작용 상대자들이 서로를 드러내는 지각 방식을 사진, 그래픽, 아바타, 닉네임, 웹캠 등의 형태로 규정한다. 인터넷 사용자는 이러한 틀 내에서 자신의 디지털 활동을 의식하고, 자신과 떨어진 디지털 상대자의 행동과 반작용에 매개된다. 인터넷 사용자는 미드가 "주격 나"라고 규정한 자신의 창조적 요소뿐 아니라, "목적격 나"의 적응적 요소를 펼쳐 나감으로써 디지털 자아의 의미를 발전시킨다. 이 디지털 자아는 디지털 매개의 첫 번째 차원에서의 상호주관화를 보완한 것으로서 이 세계 어딘가에 존재하는 것으로 간주되어야 할 상호작용 상대자와 디지털 관계에 참여할 수 있는 능력을 특징으로 한다.

첫 번째 상호주관화 차원이 행위 주체와 디지털 인터페이스와의 관계를, 그리고 두 번째 차원이 주체와 다른 온라인 상호작용 상대자와의 관계를 나타낸다면, 세 번째 상호주관화 차원은 집단적 "디지털 세계"와의 관계를 나타낸다. 이 경우 인터넷 사용자는 다른 사용자(너, 또는 너희)와 직접적으로 관계하는 것이 아니라, 미지의 사용자(그들, 또는 우리)라는 가상적 집단 전체와 간접적으로 관계하게 된다. 이러한 전체는 인터넷 사용자들의 디지털 활동을 통해 구성된 것으로 이는 미드가 말하는 "일반화된 타자"(generalised other)에 상응한다. 여기서 인터넷 사용자는 특히 디지털 공간에 적극적으로 참여하기 위해 제반 규칙들을 준수해야 하며, 또한 자신의 기여를 통해 이를 변경할 수 있는 인터넷 사용자로 나타난다. 이러한 관계는 인터넷 사용자와 다른 참여자의 상호작용의 경계를 넘어선 것으로 가공의 "가상 공동체"와의 관계로부터만 도출된다(Rheingold 1994 [1993]). 이런 인터넷 사용자 공동체는 디지털 공간에서 다양한 방식으로 대표된다. 즉 그것이 그래픽이든 상징이든 어떤 사람들이 이 순간 온라인에 있다든지, 200만 사용자가 친구 맺기로 있다든가, 혹은 토론 공간이 잘 기능하기 위해 적응해야만 하는 행위 규칙이나 온라인 백과사전이란 형태로 말이다. 이런 차원에서 인터넷 사용자는 한편으로 미드적 의미의 "목적격 나"에 참여한다고 할 수 있다. 왜냐하면 인터넷 사용자는 자신이 상호작용 상대자로 수용되고 자신의 활동을 적절한 방식으로 형성할 수 있기 위해 기술을 매개로 형성된 인터넷 공간의 현존 규칙들을 받아들이기 때문이다. 다른 한편 인터넷 사용자는 "주격 나"에 참여한다고 할 수 있다. 왜냐하면 인터넷 사용자는 이러한 규칙을 긍정적으로 수용하기도 하지만, 또한 자신의 기여를 통해 이를 바꾸려 하기 때문이다. 따라서 디지털 자아란 한편으로 디지털 사용자 집단에 ("목적격 나"로) 참여하지만, 다른 한편으로 바로 여기에 ("주격 나"로) 개인적 방식으로 참여함에 따라 형성되는 자기관계를 나타낸다.

실천적 자아, 디지털적 자아

물론 세 가지 차원의 상호주관화가 실제로는 서로 겹쳐 있기 때문에 어느 하나를 다른 차원들과 독립적으로 고찰한다는 것은 불가능하다. 그럼에도 불구하고 개념적으로 이 차원들을 구별한다면 디지털 자아의 윤곽을 더욱 정확하게 밝혀낼 수 있을 것이다. "디지털 정체성" 개념과는 달리 디지털 자아는 단지 인터넷 사용자가 남긴 다양한 흔적들의 산술적 "총합"이 아니다. 디지털 자아는 관계적 개념으로서, 창조적 활동성과 디지털 공간에서의 한정적이고 규범적인 접속 방식 간의 "변증법"을 다양한 차원에서 지각할 수 있게 한다. 그리고 디지털 자아는 고도로 매개된 주체의 자기관계를 나타내며, 이는 주체와 디지털 인터페이스, 타 주체, 그리고 규범을 통해 지지되는 집단 전체와의 관계를 통해 형성된다.

이런 자기관계는 단지 기술적으로 매개된 상호작용 영역에서만 발생하기 때문에 디지털 자아는 실천적 자아와 구별되어야 한다. 실천적 자아의 핵심 특징은 그것이 신체와 결합되었다는 것만이 아니다. 실천적 자아는 또한 활동과 경험의 "실천적" 연속성을 갖는다. 그러나 이는 컴퓨터를 통한 상호작용 속에서는 불가능하다. 디지털 자아에는 신체뿐 아니라 경험의 연속성 또한 결여되어 있다. 예를 들어 이는 디지털 자아가 실제로 행위하는 인터넷 사용자의 의식적 활동 없이도 계속 작동된다는 점을 통해 알 수 있다. 간단히 말해 디지털 자아는 기술 체계(디지털 흔적, 데이터 뱅크, 통계를 통해), 또는 다른 인터넷 사용자의 행위(프로필 방문, 댓글 등)를 유발시킬 수 있다는 것이다. 그리고 어떤 행위자가 이미 죽었다고 해도 인터넷에 남겨진 흔적은 더 오랫동안 계속해서 "작동"한다. 따라서 디지털 자아는 여기에 결합된 개인보다 어떤 점에서 더 오래 생존한다고 할 수 있다.

이러한 점은 인터넷 사회학에 아주 복잡한 문제를 제기한다. 즉 실천적 자아와 디지털 자아의 관계는 어떠한가 하는 문제 말이다. 실천적 자아에 대한 디지털 자아의 영향은 실천적 자아가 디지털 자아에 참여하는 방식에 의존한다. 아마도 디지털 자아가 실천적 자아의 발전에 점차 더 큰 중요성을 갖게 되면 될수록 주체는 더욱더 신념, 열정, 그리고 정직성을 갖고 디지털 자아에 전심전력을 다할 것이라고 전제할 수 있다. 그러나 이것이 양자 간의 차이를 지양하는 데까지 이르게 되면 많은 에고슈터 게임이나 이른바 오타쿠 현상[2]과 같은 다소 "병리적" 관계에 이를 수 있다(Tobbin 1999; Hiroki 2009).

디지털 자아라는 이론적 단초는 기술적으로 매개된 새로운 상호작용 영역의 등장에 따른 변화 과정들을 진지하게 수용하려는 목적을 갖는다. 그러나 이것이 "모든 것이 새롭다"든지 "다시 이전처럼 될 수 있는 것은 아무것도 없다"는 식의 충격 담론을 수용한다든지, 아니면 단지 이를 반복하려는 것은 아니다. 이러한 이론적 단초는 유토피아적 유혹이나 그 반대인 문화적, 기술적 비관주의에 빠지지 않으면서 디지털 시대의 개성화 및 사회화 과정에서의 변동을 분석할 수 있는 관점을 발전시키려는 것이다(Voirol 2010a). 즉 이러한 단초는 역사적 연속성을 부정하지 않으면서 이러한 변동을 파악할 수 있는 개념 틀을 발전시키려고 한다.

인정

오늘날 사회에서 인터넷의 핵심적 역할을 통해 기술적으로 매개된 상호작용은 점차 정체성을 형성하는 활동 장소가 되고 있다. 사회적 행위자들은 자신의 견해를 형성하고 이를 다른 행위자의 견해와 대립시키며, 이들은 다양한 콘텐츠를 생산하고 뉴스 등을 통해 정보를 얻는다. 이를 통해 사회적 행위자들은 자신의 능력과 타인의 능력을 이러한 새로운 관계 및 상호작용 공간에서 지각하고 평가한다. 따라서 기술적 상호작용은 점차 상호 가치평가 관계가 형성되는 공간이 되고 있다.

2 오타쿠라는 일본 개념은 다음과 같은 사람들과 관련되어 있다. "대중문화의 몇몇 측면에 대한 과도한 관심을 갖고 있는 젊은이. 이들은 자기 방에 틀어박힌 채 최근 등장하고 있는 컴퓨터/인터넷 기술을 통해 여기에 접속한다. (…) 오타쿠는 (전형적으로) 낮이건 밤이건 컴퓨터에 앉아 텔레비전, 음악, 영화, 또는 만화 세계의 정보에 매우 전문적으로 접속하고, 또한 이를 만들어내거나 확산시키면서 대부분의 시간을 집에서 보내는 젊은 사람들을 말한다."(Tobbin 1999: 109)

바로 이런 의미에서 기술적으로 매개된 사회적 관계는 규범을 통해 규율되는 주체화 및 관계 모델을 나타낸다. 인정이론은 이러한 가치평가 과정에 중요한 의미를 부여한다. 왜냐하면 주체들은 이를 통해 긍정적 자기관계를 형성하기 때문이다. 악셀 호네트는 일반적인 인정 현상을 다음과 같이 정의한다. "인정하는 주체에게는 탈중심화가 일어난다. 왜냐하면 인정 주체는 다른 주체에게 가치를 부여하기 때문이며, 이는 자기애와 단절된 정당성 요구의 근원이 되기 때문이다. '확인'이나 '옹호'는 따라서 그 대상에게 도덕적 권위를 갖추게 하며, 이런 한에서 인격적으로 행동하게 된다. 즉 특정한 부류의 행동을 의무적으로 수행하거나 중단할 줄 알게 된다는 것이다."(Honneth 2003: 22) 즉 누군가를 인정한다는 것은 자기중심적 관점으로부터 탈중심화되는 도덕적 행위를 수행한다는 것을 의미하며 이를 통해 타인에게 사회적 가치를 부여하게 된다.

일상적이고 직접적인 상호작용에서 이런 인정 행위의 특징이 어디에 있는가를 알아내기는 쉬운 일이지만, 기술적으로 매개된 상호작용 틀 속에서 일어나는 인정 과정을 알아내는 것은 이것보다 복잡하다. 첫 번째 상호주관화 차원에서(기술적 인터페이스와의 관계에서) 진행되는 인정 과정은 주체가 콘텐츠 기여를 통해 자신에 대한 긍정적 평가나 자신의 행위 가능성을 자율적 방식으로 발전시킬 수 있다고 느끼는 것이다. 그러나 이것이 당연한 것은 아니다. 왜냐하면 모든 디지털 인터페이스는 사용자들과 특정한 방식에 따라 규범적으로 관계하며, 이들에게 특수한 "행위 프로그램"을 받아들이도록 하기 때문이다. 이런 행위 프로그램은 규범적이다. 왜냐하면 이는 시작부터 사용자들의 특정한 도덕적 행위, 특히 자기중심적 관점을 포기하는 능력을 전제하고 있기 때문이다. 사용자의 측면에서 보자면 이 프로그램은 디지털 인터페이스가 자신의 행동에 상호적으로 "영향을 미치도록" 한다는 것을 전제한다. 물론 이를 위해서는 사용자가 사전에 이 기술에 가치를 부여해야만 한다. 상호주관화의 두 번째 차원에서 인정 과정이 진행된다면, 이는 주체가 다른 사용자의 콘텐츠 기여에 긍정적으로 관계하면서 이를 디지털 관계에 있어서 가치 있는 기여로 인정할 뿐 아니라, 역으로 이런 관계에서 자기 자신 역시 행위하는 주체로 인정받고 있다고 느낄 수 있는 경우이다. 상호주관화의 세 번째 차원에서 인정에 대하여 이야기할 수 있다면, 이는 주체가 한편으로 디지털 공간에서 형성된 가상적 집단의 규범적 방향과 행위 프로그램에 긍정적으로 관계하고, 다른 한편으로 자신의 디지털 활동과 성과를 토대로 자기 자신이 이 집단의 가치 있는 구성원으로 평가되고 있음을 인식할 수 있을 경우이다.

물론 디지털 상호작용과 상호주관화 과정이 이렇게 매개된 인정관계로 나아가리라는 보장은 없다. 반대로 이러한 관계가 방해받을 수도 있다. 이러한 현상은 현상학적 연구들이 주목하고 있듯이 기술적 매개 자체와 공존 관계의 소멸을 통해서만 일어나는 것은 아니다(Borgmann 1999; Dreyfus 2001). 오히려 결정적인 것은 이러한 매개가 함축하는 규범적 관계 모델이 디지털 관계 형태에 영향을 미치는 방식이다. 디지털 공간은 관계 형성의 기술적 매개자일 뿐 아니라 규범적 사회화 모델을 통해 특징지워진다(Flanagan, Howe, Nissenbaum 2008). 이 모델들은 사회화 및 상호주관화 형식들을 통해 어떻게 상호작용이 진행될지를 규정한다. 따라서 SNS(예를 들어 Facebook)처럼 참여자 개개인의 특징을 특히 강조하는 특수한 형식들은 임의의 어떤 모델이 아니라 특정한 모델에 따라, 즉 직업적 측면, 친구 맺기, 미적인 활동이 많이 나타나느냐, 그렇지 않느냐에 따라 관계를 형성하도록 유인한다(Cardon 2008). 또한 이에 대한 예가 될 수 있는 것은 참여자의 친구 또는 지지자의 수를 정확히 표기함으로써 그가 얼마나 자주 SNS에 접속하는지를 입증하는 것이다. 이러한 예가 직접적으로 보여주는 것은 친구와 지지자의 양이 갖는 중요성이며, 이를 통해 접속의 양적 차원("사회적 자원")을 강조한다. 이와 유사한 차원들은 온라인 데이트 사이트(예를 들어 Friendship)나 사용자들이 콘텐츠를 공유하는 커뮤니티(예를 들어 Flicker) 등에서도 발견할 수 있다.

또 다른 요소들은 자신의 디지털 프로필에 대한 접근을 통제할 수 있는 가능성(Facebook에서는 "친구"와 "친구의 친구"만이 보도록 할 수 있다), 또는 특정 사용자를 자신의 프로필에서 배제할 수 있는 권한이다. 디지털 공간의 다양성과 규범적 사회화 모델의 넓은 스펙트럼은 인터넷 전체를 하나의 유일한 자기표현과 관계 모델로 파악하려는 것을 설득력 없게 만들고 있다. 이런 점에서 반대로 다양한 방식의 상호주관화와 다양한 관계 모델을 보여주는 디지털 활동의 전체 목록과 다양한 디지털 공간을 고려하는 것이 옳다.

소외

디지털 자료들은 몇 가지 특성을 갖는다. 디지털 활동은 흔적과 사용자 정보(나이, 성, 직업 등)를 남긴다. 이러한 디지털 흔적은 매우 개인적인 정보이며, 사용자들의 생활을 상세하게 보여준다. 그러나 이러한 자료의 저장과 수집은 대개 관련자의 허락 없이 이루어진다(Andrejevic 2007). 그리고 이는 거대한 데이터 뱅크에 저장됨으로써 마케팅 및 온라인 판매 전략을 위해 사용되는 상세한 프로필로 조합될 수 있다. 이와 다른 특성은 인터넷에 남겨진 흔적들 중 많은 것들이 단지 마케팅 종사자만이 아니라 디지털 프로필의 조합을 위해 고안된 검색엔진이나 소프트웨어를 통해 언제든지 모든 사람을 통해 검색될 수 있다는 점이다. 디지털 자료들은 자신의 활동을 통해 이를 생산한 사용자 자신도 모르게 다양한 방식으로 이용된다.

디지털 자아의 상호주관화 과정은 디지털 차원에서 인정관계 형성을 가능하게 하지만 그 반대가 될 수도 있다. 왜냐하면 이는 자아, 타자, 그리고 집단의 상실로 귀결될 수 있기 때문이다. 루소, 헤겔, 마르크스 등을 통해 사회철학이 등장한 이래로 이러한 상실을 기술하고 비판하는데 적합한 개념은 소외 개념이었다.[3] 왜냐하면 이런 경우에서 주체는 자기 자신으로부터 소외되기 때문이다. 일반적으로 소외 개념은 자아 형성에 대한 극단적 반대 현상을 기술한다. 왜냐하면 상실이란 자아 구성에 핵심적인 자기관계의 차원과 관련되어 있기 때문이다. 마르크스가 보여주듯이 자본주의 사회에서 노동의 소외가 폭력적인 것은 인간에게서 바로 그를 인간으로 만드는 요소들을 빼앗기 때문이다. 소외 문제가 제기되는 것은 주체가 주체로 존재하는데 필요한 어떤 본질적인 것을 상실할 경우이다. 따라서 소외라는 "병리적" 특성을

3 소외 개념에 대한 최근의 체계적 논의로는 Jaeggi 2005와 Haber 2007을 참조.

증명하기 위해서는 주체가 "자기 자신의 근본적 부분"을 포기해야만 한다는 점을 보여줄 수 있어야 한다.

디지털 자아와 실천적 자아의 상호주관화 과정이 어떻게 연관되는가를 이해한다면 디지털 관계 내에서 소외의 부정적 영향을 고찰할 수 있다. 여기서 소외 개념은 기술적 매개를 통해 일어나는 인정관계의 파괴 과정을 서술한다. 디지털 활동의 상호주관화 잠재력이 해체되고, 이에 따라 디지털 사용자가 자신의 디지털 자아에 긍정적이고 적극적으로 관계할 수 있는 가능성 역시 사라진다. 그 대신 디지털 자아는 실천적 자아와 관련하여 부정적으로 규정된 적대적 차원이 된다. 이렇게 디지털 시대의 새로운 방식의 소외는 체계적인 서술을 필요로 한다. 이 글에서는 이러한 서술을 전적으로 시도하는 대신 몇 가지 측면만을 스케치할 것이다.

자아상의 상실

소외란 첫째 자아 상실을 통해 관찰된다. 이미 살펴보았듯이 자기관계가 의미하는 것은 기술적 인터페이스와의 관계에서 자기의식을 형성할 수 있는 실천적 자아의 능력이다. 주체는 자신이 형성한 자아상에 디지털 표상이 상응할 때 이러한 관계를 함께 만들어갈 수 있다. 이런 조건하에서 실천적 자아와 디지털 자아 간의 적극적이고, 정선된 성공적 상호작용이 일어난다. 이에 반해 자아 상실이 발생하는 것은 인터넷에 지속적으로 남겨진 흔적이 이 흔적의 주체에게 낯선 다양한 조작에 종속됨으로써 이 주체의 통제를 벗어나거나, 이 주체를 규정하기 위해 다른 사람들에 의해 이용되는 경우이다.

이러한 과정에 대한 예는 SNS나 블로그에 남겨진 흔적들로서 이는 오랜 시간 인터넷에 남아 있지만 해당 주체가 이를 지울 수 있는 것은 아니다. 디지털 흔적들("만취한" 밤에 남긴 글, 개인 사진, 과거의 연애관계, 성, 내밀한 고백, "젊은 시절의" 정치적 활동)은 종종 수년 후에 이를 남긴 사람들을 다시 쫓아오곤 한다(Solve 2007). 인터넷에 남겨진 개인적 글들은 이전에는 숨겨놓은 가방에 유폐시켜 놓음직한 일기장처럼 너무나 내밀한 것이기 때문에 이를 공개적으로 사용한다는 것은 이와 관련된 실천적 자아에게 중대한 결과를 초래할 수 있다. 더 나아가 인터넷 공간에서 체험한 것들과 과거의 활동들을 장기간 저장할 수 있는 가능성 때문에 각 개인은 과거에 자신이 어떤 존재였고, 또한 무엇을 했느냐에 따라 규정될 수 있다. 그러나 이 경우 다른 존재일 수 있는, 또한 다른 존재가 될 수 있는 가능성은 부정된다(Solve 2004). 이와 동일한 과정이 인터넷 여기저기에 흩어진 정보를 통해 특정한 개인의 프로필을 만들어낼 수 있는 검색엔진과 소프트웨어에서 일어난다. 이 장치들은 모든 개인 정보를 조합하면서 관계자들의 실제 생활과 거의 관계가 없는 산술적 프로필을 산출한다.

타인의 상실

디지털 공간에서 관찰할 수 있는 또 다른 소외 현상은 타인과의 관계 상실이다. 이 경우의 소외는 개인의 디지털 정보가 아니라, 인터넷 사용자가 온라인 상대자와 유지하는 기술적으로 매개된 사회적 관계에 집중된다. 온라인 활동을 통한 다른 사용자의 긍정적 반응은 디지털 상호작용의 틀 내에서 인정관계를 형성하는 출발점이다. 여기서는 인터넷 사용자들이 자신의 상호작용 상대방과 정직하고, 자기중심적 계산으로부터 자유로운 관계를 형성할 수 있음이 전제된다. 여기서 소외 현상은 주체의 자기관계 형성에 필수적인 타인과의 상호관계가 방해받음으로써 주체가 자기 자신에게 낯설어진다는 특징을 갖는다. 이런 경우 소외란 타인이 잠재적으로 적대적이며, 자신을 조작하는 낯선 존재가 됨으로써 타인 속에서 더 이상 자기 자신을 재인식할 수 없다는 것을 말한다(Tisseron 2006). 타인과의 관계가 없다면 주체는 자기관계를 형성할 수 있는 가능성을 박탈당한다.

특정한 인터넷 사이트는 예를 들어 "친구", 접속, 댓글 수를 계산함으로써 인터넷 링크와 접속을 양화시키거나 디지털 "친구 맺기"를 늘리는 것을 권장한다(Georges 2009). 이런 경우 인터넷 사용자에게는 특정 행위 프로그램이 제공되며, 이를 통해 그는 다른 사람과 "전략적" 관계를 맺는다. 이들은 온라인 상대자라기보다, 인터넷 사용자의 "디지털 위신"의 "지지자"로 취급된다. 즉 인터넷 사용자들은 이들과 접속하면서 뭔가 공통적인 것을 발전시키는 것이 아니라, 이들을 자기 성취의 "도구"로 "이용"한다. 따라서 이 경우 타인은 비록 이런 전략적 관계의 성공을 위해 필요하지만 사용자 자신과 멀어지고 "낯설게" 된다. 그리고 디지털 관계는 전략적 계산으로 축소되고 단지 도구적 관계로 변질된다.

그러나 인터넷 사용자가 타인을 단지 자신의 "양적으로 나타나는 온라인상의 위신"을 높이기 위해서만 사용한다면 그는 디지털 자아와 함께 실천적 자아로서 가질 수 있는 "성공적" 상호주관화 가능성을 상실한다. 이러한 생각을 일관되게 밀고 나간다면 이는 디지털을 통해 매개된 타인의 상실이 불가피하게 자아의 상실을 초래한다는 것을 의미한다.

집단의 상실

세 번째 소외 현상은 인터넷 사용자가 규범적 성격을 갖는 집단적 행위 공간에서 디지털 활동을 통해 자신을 재인식할 수 없을 때 일어난다. 여기서 문제가 되는 것은 디지털 흔적이나 파괴된 관계 때문에 일어나는 자아의 상실이 아니라, 디지털 행위 공간에 참여하는 데서 생기는 문제이다. 소외란 이 경우 디지털 세계에서 긍정적 행위 공간을 찾지 못하는 무능력이란 형태를 띤다.

여기서는 이러한 소외의 두 가지 측면에 대해 논의할 것이다. 첫째, 소외란 디지털 자아로 행동하는 인터넷 사용자가 디지털 사회 공간의 규범이 그에게 낯설기 때문에 여기에서 자신을 인식할 수 없음을 의미한다. 예를 들어 이러한 현상은 디지털 공간의 사용자가 그에게 맞지도 않고, 하찮아 보이거나, 혹은 거부감이 드는 방식으로 행동해야 할 경우 발생한다. 이에 전형적인 것은 인터넷 사용자가 온라인 데이트 사이트에서 자신의 프로필을 신중하게 작성하지만, 바로 어떤 점에서 자신을 "판매"해야만 하는 관계 공간을 극도로 낯설게 느끼는 경험이다. 인터넷 사용자는 이 공간에서 활동하는 주체로서 "다른 사람"과 마찬가지로 행동하도록 요구받고 있음을 안다.[4] 그러나 인터넷 사용자는 종종 이러한 디지털 공간에서 계속해서 활동할 수 없다. 왜냐하면 그

4 '쟁점'에 실린 카이 드뢰게의 논문을 참조.

에게 이 공간은 너무나 낯설기 때문에 의미 있는 공동체적 사회 행위 공간을 형성할 수 없기 때문이다(Rosa 2004; Taylor 1979).[5] 여기서 소외란 인터넷 사이트 참여자가 디지털 자아로서 반드시 적극적으로 받아들여야만 하는 규범적 사회성 모델과 관련된다.

둘째, 이러한 소외는 첫 번째 소외와는 반대로 사용자가 디지털 자아로서 디지털 행위 공간에 극단적으로 참여할 때 발생한다. 이 경우 디지털 활동은 너무나 강도가 높고 포괄적이기 때문에 사용자는 현실에서의 활동과 디지털 활동을 의미 있게 구별하지 못한다(Boelstorff 2008). 예를 들어 이러한 현상은 토론 공간, 데이트 사이트, 혹은 온라인 컴퓨터 게임을 과도하게 이용하는 사람들에게서 발생한다(Tisseron 2009). 여기서 주체는 현실에서의 상호작용과 디지털 상호작용을 구별할 수 있는 능력을 상실할 뿐 아니라, "성숙한" 자기관계 역시 맺을 수 없다. 그리고 실천적 자아는 일종의 "병리적 가상공간화"에 사로잡히게 됨으로써 디지털 자아와의 성공적 관계를 더 이상 발전시키지 못한다.

이런 의미에서 집단적으로 공유된 디지털 세계의 상실은 자아의 상실을 낳는다고 말할 수 있다. 왜냐하면 첫 번째 경우에서는 실천적 자아가 특정 집단의 규범적 행위 프로그램 속에서 자신을 인식할 수 없기 때문이며, 두 번째 경우에서는 디지털 자아가 집단적으로 공유된 규범적 활동에 과도하게 사로잡힘으로써 실천적 자아가 점차 해체되기 때문이다.

5 "공동의 행위나 기관을 규정하는 규범, 목표, 혹은 목적이 하찮거나 기괴하게 보이기 시작할 때 소외가 등장한다."(Taylor 1979: 90 이하)

결론

디지털 공간의 이용이 증가함에 따라 디지털 자아는 주체가 자기 자신, 타인, 그리고 사회적 세계와 관계하는 방식에 있어서 결정적 역할을 수행하게 될 것이다. 어떤 것도 이러한 발전 속도를 멈추기는 어려울 것이다. 그러나 이와 관련하여 인터넷 기술에 대한 극단적 비판에 사로잡혀 이를 배타적으로 문화적 몰락과 소외 증가의 장소로만 보아서는 안 되며(Keen 2007), 그렇다고 반대로 행위 가능 공간의 확장만을 축하하는 기술적 낙관주의를 선언해서도 안 된다. 그 대신 더욱 적절한 것은 이렇게 새로운 상호작용 및 사회화 공간의 이중성을 정확히 파악할 수 있는 다양한 비판 단초를 발전시키는 일이다. 이런 단초들은 인터넷 기술을 사전에 단죄함 없이 오늘날의 변동 과정을 탐구하고 이해하려는 것이지만, 이러한 기술이 명백하게 소외 경향을 확대시키는 곳에서는 비판의 가능성을 포기하지 않을 것이다. 여기서 중요한 것은 상호주관화 형태가 인터넷 사용자에게 수용되고 제시되는 방식을 탐구함으로써 디지털 영역에서의 규범과 결합된 활동을 분석하는 것이다.

어떤 디지털 접속 활동이 기술적으로 매개된 인정관계, 혹은 반대로 소외 형태를 산출한다면, 이러한 이중적 과정을 식별하고 디지털 시대의 새로운 소외 형태를 비판하는 것은 인터넷 공간에서의 사회적 실천을 분석하는 사회연구의 과제가 될 것이다. 인터넷에 대한 사회학적 연구는 디지털 공간에서의 접속 활동이 갖는 규범적 차원을 분별적으로 해명하는 것을 과제로 삼음으로써 다양한 디지털 활동이나 사용방식이 어떻게 인정 잠재력을 확대시키는지, 아니면 소외 과정을 확대시키는지를 보여줄 수 있어야 한다. 그리고 이를 넘어서 오늘날 개인 정보를 투명하지 못한 방식으로 조합하고, 조직하고, 판매하는 데 기여하는 보이지 않는 데이터 뱅크 기관의 행태를 분석해야 한다. 이런 정보들이 보이지 않는 심급에서 수집되고, 오용되며, 이를 되돌릴 수 있는 방법을 생각하기 어렵다면 이런 데이터 뱅크에 모든 개인들이 접근할 수 있도록 투쟁해야 한다. 왜냐하면 인터넷 사용자들이 자신이 남긴 다양한 활동, 콘텐츠 기여, 그리고 이용방식 전체를 "개관"할 수 있을 때 자아의 소외된 부분을 되찾고, 자율적이고 의식적인 상호주관화 과정에 참여할 수 있게 될 것이기 때문이다. 그리고 바로 이를 위한 투쟁을 통해 디지털 시대의 소외에 저항할 수 있을 것이다.

번역_문성훈

참고문헌

Andrejevic, Mark 2007: iSpy. Surveillance and Power in the Interactive Era. Lawrence, KS: University of Kansas Press.

Boellstoff, Tom 2008: Coming of Age in Second Life. An Anthropologist Explores the Virtually Human. Princeton, NJ: Princeton University Press.

Borgmann, Albert 1999: Holding On to Reality. The Nature of Information at the Turn of the Millennium. Chicago: The University of Chicago Press.

Cardon, Dominique 2008: Le design de la visibilité. Une typologie du Web 2.0, in: Réseaux 152, 93-137.

Dreyfus, Hubert L. 2001: On the Internet. New York: Routledge.

Flanagan, Mary, Daniel C. Howe und Helen Nissenbaum 2008: Embodying Values in Technology, in: Jeroen van den Hoven und John Weckert (Hg.): Information Technology and Moral Philosophy. Cambridge: Cambridge University Press, 322-353.

Georges, Fanny 2009: Représentation de soi et identité numérique, in: Réseaux 154, 165-193.

Haber, Stéphane 2007: Aliénation. Vie sociale expérience de la dépossession. Paris: PUF.

Hiroki, Azuma 2009: Otaku. Japan's Database Animals. Minneapolis, MN: University of Minnesota Press.

Honneth, Axel 2003: Unsichtbarkeit. Stationen einer Theorie der Intersubjektivität. Frankfurt a. M.: Suhrkamp.

Introna, Luca D. und Fernando Ilharco 2006: On the Meaning of Screens. Towards a Phenomenological Account of Screenness, in: Human Studies 29. I, 57-76.

Jaeggi, Rahel 2005: Entfremdung. Zur Aktualität eines sozialphilosophischen Problems. Frankfurt a. M. und New York: Campus.

Keen, Andrew 2007: The Cult of the Amateur. How Today's Internet is Killing our Culture. New York u. a.: Doubleday Currency.

Latour, Bruno 2002 [1999]: Die Hoffnung der Pandora. Frankfurt a. M.: Suhrkamp.

Mead, Georg Herbert 1973 [1934]: Geist, Identität und Gesellschaft aus der Sicht des Sozial-behaviorismus. Frankfurt a. M.: Suhrkamp.

Rheingold, Howard 1994 [1993]: Virtuelle Gemeinschaft. Soziale Beziehungen im Zeitalter des Computers. Bonn u. a.: Addison-Wesley.

Rosa, Hartmut 2004: Four Levels of Self-Interpretation. A Paradigm for Interpretive

Social Philosophy and Political Criticism, in: Philosophy & Social Criticism 30. 5/6, 691-720.

Rosen, Christine 2007: Virtual Friendship and the New Narcissism, in: The New Atlantis 17, 15-31.

Solove, Daniel 2004: The Digital Person. Technology and Privacy in the Information Age. New York: New York University Press.

Solove, Daniel 2007: The Future of Reputaion. Gossip, Rumor, and Privacy on the Internet. New Haven, CT: Yale University Press.

Taylor, Charles 1979: Hegel and Modern Society. Cambridge: Cambridge University Press.

Tisseron, Serge 2006: Les nouveaux enjeux du narcissisme, in: Adolescence 57, 603-612.

Tisseron, Serge 2009: Les jeunes et la nouvelle culture Internet, in: Empan 76. 4, 37-42.

Tobbin, Joseph 1999: An American Otaku. Boy's Virtual Life on the Internet, in: Julian Sefton-Green (Hg.): Digital Diversions. Youth Culture in the Age of Multimedia. London: Routledge, 106-127.

Turkle, Sherry 1995: Life on the Screen. Identity in the Age of the Internet. New York: Simon & Schuster.

Turkle, Sherry 2005 [1984]: The Second Self. Computers and the Human Spirit. Cambridge, MA: The MIT Press.

Voirol, Olivier 2010a: Die Ambivalenz der "digitalen Gesellschaft". Über die Erweiterung und Vervielfältigung der sozialen Kontakte im Internet, in: Neue Zürcher Zeitung 247, 23. Oktober, 63.

Voirol, Olivier 2010b: La Théorie critique des médias de l'École de Francfort. Une relecture, in: Mouvements 61, 23-32.

Zhao, Shanyang 2005: The Digital Self. Through the Looking Glass of Telecopresent Others, in: Symbolic Interaction 28. 3, 387-405.

Zhao, Shanyang 2006: Humanoid Social Robots as a Medium of Communication, in: New Media & Society 8. 3, 401-419.

WEST END

한국판 특집

비판의 멜랑콜리

This Korean special edition is independently edited by Korean editorial staff irrespectively of German edition.

'한국판 특집'은 독일판 『베스텐트』와 별도로 한국 편집진이 독립적으로 편집하였습니다.

한국판 특집 / 비판의 멜랑콜리

한국판 특집에 부쳐

지난해 온 나라가 대선으로 크게 술렁였다. 연일 대선주자들은 다른 경쟁자들을 깎아내리는 네거티브 전략을 구사하거나 주요 현안에 대한 각종 해법들을 토해냈다. 여론의 자정장치나 비판적 논평 없이 언론은 방방곳곳에 그들의 이야기를 퍼트렸다. 이런저런 말들의 잔치가 벌어졌건만, 언론에 실린 대선주자들의 해법은 실상 대동소이(大同小異)해 보였다. 정치적 입장이 다르고 세세한 각론에서는 갈라진다 하더라도, 밑으로부터의 사회적 합의가 엄존하고 알게 모르게 정책의 상호교차모방을 해서인지, 대선주자들의 쟁점과 해법은 "그 나물의 그 밥"처럼 보였다. 이처럼 경쟁자들끼리 선명한 말/논리(logos)의 차이가 드러나지 않을 때는 미묘한 차이를 내는 영역에서 승패가 갈라진다. 뭐라 설명하기 어렵지만 유권자들의 폐부를 파고드는 섬세한 느낌, 바로 여기가 승부처다. 호모 에스테티쿠스(Homo Aestheticus)는 "그놈이 그놈"처럼 보이는 무차별의 어둠 속에서도 어떤 '감'(感)으로 분별하고 선택하기 때문이다. 정치 공학자들은 자주 '프레임'을 말하지만, 이런 감각의 프레임까지는 결코 상상하지 못한다. 정치의 감성화든 감성의 정치화든, 아무튼 감성의 틀이 사람을 움직이는 폭발적인 힘을 가지고 있음은 분명하다. 허나 프랑스 혁명의 실패를 보며 실러가 그랬듯이, 이성적 기획이 실패하고 난 다음에야 사람들은 비로소 감성에 주목한다. 안타깝게도 언제나 뒤늦은 깨달음이다.

이번 『베스텐트』 한국판 특집에서는 이런 '감'을 다룬다. 보이지 않게 우리의 생각과 행동을 결정짓는 어떤 감(정조情調, 감정, 감성, 느낌 등으로 바꿔 말할 수 있다)을 살펴볼 것이다. 감정에 대한 비판적 분석을 시도할 때에는 미리 인정하고 받아들여야 할 것이 있다. 즉 감정은 어떤 국면에서는 이성적 분석을 초과할 뿐 아니라, 도리어 이론적 분석 자체를 규정짓는 힘을 가진다는 점이 그것이다. 하지만 이성의 한계를 폭로하고 그 너머로 이행한다고 해서 감정에 관한 이성적 탐색을 금기시하거나 수수방관해서는 안 된다. 오히려 그렇기 때문에 이성적 비판의 시선은 항시 감정의 향방을 주시하고 그것을 음미하고 다듬어야 한다. 한편에서는 이성의 준열한 자기비판을 위해서, 다른 한편에서는 감성의 야만화를 막기 위해서 말이다. 바로 이런 이유로 말년의 아도르노는 "감성적 이론"(Ästhetische Theorie)을 구축하고자 했던 것이다.

우리가 이번 호에서 다루는 '감'은 '멜랑콜리'다. 아직 우리 학계에서는 널리 알려지지 않았고 논의가 활성화되지 않은 주제다. 그러나 멜랑콜리는 서양에서 유구한 역사를 가진 담론이며 최근에도 여전히 사회문화 현상을 분석하는 틀로서 각광받고 있다. 단적으로 아리스토텔레스, 아퀴나스, 칸트, 하이데거와 같은 과거의 철학자들은 물론이거니와 현재 가장 주목받는 서구 지성인들, 예컨대 데리다, 버틀러, 지젝, 아감벤 등과 같은 이들도 문화를 읽어내는 중요한 해석의 틀로서 멜랑콜리를 다루고 있다.

서양의 지성계와는 대비되는 척박한 국내의 지적 환경을 감안할 때, 이번 호에 소개하는 세 편의 논문은 학술적 희소가치는 물론이거니와, 국외연구와 비교해서도 결코 뒤떨어지지 않는, 높은 수준의 내용을 확보하고 있다는 점에서 예의(銳意) 주시할 만한 글들이다. 세 편의 글은 문학, 사회학, 철학이라는 서로 다른 영역에서 제각기 독립적으로 제출되었다. 때문에 서로 다른 문제의식이 녹아 있다. 그렇지만 세 명의 필자에게서 공통의 문제의식을 엿볼 수 있다. 그것은 사회·역사·문화를 이해하는 틀로서 멜랑콜리라는 감성적 도식(Schema)에 대한 접근이 꼭 필요하다는 인식이다. 이성적인 분류 체계나 논리적인 접근으로 결코 잡히지 않지만, 사회, 역사, 문화에 대한 규정력을 가진 감정이 존재하며, 멜랑콜리는 그 모범적 사례라는 것이 필자들의 공통된 인식이다.

먼저 최문규의 「근대성과 심미적 현상으로서의 멜랑콜리」는 멜랑콜리를 핵심어로 삼아 근대성과 근대문학에 접근한다. 그의 글은 우선 서양의 멜랑콜리 담론을 일목요연하게 압축 설명한 다음, "현실전복적인 사악한 시선"인 멜랑콜리가 "비판의 멜랑콜리"(Melancholie der Kritik)가 될 수 있다는 관점에서, 서구의 근대성을 비판적으로 분석한다. 다시 말해서 최문규는 멜랑콜리에서 근대성에 대한 비판과 전복의 가능성을 읽어내고자 한다. 특히 이 글의 최대 장점은 근대의 멜랑콜리한 심미적 현상을 몇 가지로 분별하여 치밀하게 분석하고 있다는 점이다. 이 글에서 주로 다뤄지는 네 인물, 즉 루소, 괴테, 보들레르, 벤야민의 텍스트 속에서 우리는 멜랑콜리라는 프리즘으로 분광되는 다양한 심미적 현상들을 확인할 수 있다.

다음으로 김홍중의 「멜랑콜리와 모더니티—문화적 모더니티의 세계감(世界感) 분석」은 최문규의 근대성 분석과 겹치는 부분을 가지지만, 사회학적 문맥에서 감정의 문제를 다룸으로써 또 다른 이야기를 펼쳐내고 있다. 특별히 이 글에서 김홍중은 "세계감"이라는 신조어를 발굴한다. 그가 보기에, 인간은 단순한 인식 주체이기 이전에 상상 또는 감정의 주체이기 때문에, 이론적 차원의 '세계관'뿐 아니라 세계에 대한 감정의 구조를 의미하는 '세계감'을 가질 수밖에 없다. 이런 참신한 발상을 바탕으로 이 글은 정치 · 경제 · 사회적 근대성과 구별되는 또 다른 근대성으로서 '문화적 모더니티'를 제시하고, 감정의 영역에 대한 문화사회학적이고 지식사회학적인 접근을 감행하고 있다.

마지막으로 김동규의 「만해의 '기룸'과 하이데거의 '멜랑콜리'—비근대와 탈근대, 동과 서, 그리고 시와 철학의 만남」은 앞선 두 글과는 달리 멜랑콜리를 서양 문화의 특이성을 담고 있는 핵심 코드로 보고 있다. 여기에서 멜랑콜리는 동서비교철학의 교두보 역할을 한다. 김홍중이 말한 세계감이란 것이 있다면, 서양의 세계감과 동양의 그것은 다를 수밖에 없다. 이런 문제의식은 만해의 시와 하이데거 철학에 스며있는 근본정조의 차이점(기룸과 멜랑콜리)을 밝히는 데까지 나아간다. 김동규는 만해의 사랑과 하이데거의 존재가 동급의 개념임을 입증한 다음, 타자중심적인 만해의 사랑에는 타자에게 자기의 자리를 내어줄

'여유'가 있는 반면, 자기중심적인 하이데거의 존재에는 그런 여유 대신에 자기 '능력'의 성패가 관건임을 보여준다. 따라서 전자에서는 타자의 여운이 서린 슬픔(기룸)이 발생하지만, 후자에서는 비극적인 자기의 고독한 슬픔(멜랑콜리)이 발생한다.

김동규

근대성과 심미적 현상으로서의 멜랑콜리[1]

최문규

I. 들어가는 말

역사, 문화, 공동체적 삶을 이끌어가는 중요한 인간학적 심급으로는 정신, 이성, 사유 같은 "차가운" 능력뿐 아니라 매우 복합적이고 예민한 "감정"(Gefühl)도 들 수 있다. 사실 일상의 의사소통 과정을 관찰해보면 이성적 사유뿐 아니라 감정의 교환을 통해서도 사회적 관계가 형성되고 있음을 종종 감지하게 된다. 아니, 어쩌면 언어와 사유 이전에 작용하는 감정에 의해 타자에 동화되거나 타자를 거부하는 방식을 통해 인간은 공동체적 활동과 문화를 전개해왔다 해도 과언은 아닐 것이다.

1 이 글은 『뷔히너와 현대문학』 24호(2005)에 발표된 초고를 전체적으로 보완, 수정한 것이다.

그렇지만 정신의 지적 활동 및 사유 능력과 비교할 때 감정은 언제나 부정적으로 평가되거나 극단적인 경우 주관적, 비합리적, 반도덕적, 병적, 퇴폐적인 것 등으로 치부되어왔다. 정상적인 의사소통에서 이탈하거나 거부하는 주관적 감정을 부정적으로 바라보는 시각은 독일 문학의 경우 질풍노도, 낭만주의, 유미주의 같은 문학적 경향과 관련하여 엿볼 수 있는데, 그러한 문학에 대한 비판적 담론은 종종 '개인의 무절제한 감정이 극단적으로 절대화된다'는 식으로 귀착된다. 물론 감정을 긍정적으로 옹호했던 철학자나 문인들이 없지는 않았다. 예를 들면 슐라이어마허는 일찍이 신적 존재인 무한자에게 다가가는 종교란 직관과 감정에 근거해야만 한다고 강조하였으며 니체 또한 디오니소스적 도취의 감정을 삶의 힘으로 간주한 바 있다. 그러나 계몽적이고 합리적인 사유 경향에 반기를 들고 감정을 옹호하고 나선 그들 철학자와 문인들 또한 마찬가지로 부정적 비난의 질곡에서 벗어날 수 없었다.

사실 감정이란 감각적이고 직관적인 상태를 총괄하는 개념으로서 그 자체 매우 추상적인 상위 개념이며, 여기에는 상호주관적 차원에서 인간들이 매우 다양하게 교환하는 다양한 "감정들", 가령 사랑(Liebe), 증오(Haß), 불안(Angst), 멜랑콜리(Melancholie), 혐오(Ekel), 질투(Neid) 등이 포함되어 있다. 이러한 다양한 감정들에 대한 연구는 전통적으로 철학, 사회학, 심리학 같은 영역에서 전개되어왔으며, 그러한 학문 영역에서의 흥미로운 공통점은 비이성적인 감정을 가능한 한 이성적이고 정신적인 차원으로 승화시키는 것이었다. 이제 과거와는 달리, 감정 연구가 새롭게 부각되고 있는 상황을 엿볼 수 있다.[2] 오늘날 문화학적, 문예학적 사유 지평에서는 왜, 어떤 측면에서 감정들의 의미론과 그것의 재구성이 다시 요청되는 것일까? 과거 철학, 사회학, 심리학에서처럼 단순히 감정들을 부정적으로 평가하거나 혹은 제어하고 승화시키려는 목적을 지니지 않으려는 새로운 연구 경향은 한편으로 도구적 이성의 억압적 측면을 비판적으로 인식하려는 데서 출발하고 있으며, 다른 한편으로 다양한 감정들을 삶과 문화를 구성하는 새로운 동인으로 재평가하려는 목적을 갖고 있다. 요컨대, 감정들에 대한 전통적인 부정적인 평가와는 달리 인간적 감정들의 의미론을 구성하려는 "새로운 인간학"(Neue Anthropologie)이 요청되고 있는 것이다. 그런 선상에서 가령 사악한 시선의 힘으로 해석되었던 "질투"는 예술 창작의 근원으로 간주되기도 하며, 혹은 사회 발전은 혁명적 의식이나 합리적인 의사소통에 의존되기보다는 "질투의 경제학", "질투 사회" 측면과 매우 밀접한 관련을 맺고 있다는 식으로 언급되기도 한다. 프랑스의 진화생물학자이자 정신과 의사인 프랑수아 를로르(François Lelord)의 언급처럼, 질투야말로 민주주의를 더욱 발전시키는 핵심적 요소일 수도 있는 것이다.

이러한 맥락에서 이 글에서는 다양한 감정들 가운데 "심미적 현상"

2 Antonio R. Damasio, *Der Spinoza-Effekt. Wie Gefühle unser Leben bestimmen*, Berlin 2005; *Ich fühle, also bin ich. Die Entschlüsselung des Bewußtseins*, Berlin, 2004; Lorraine Daston, *Wunder, Beweise und Tatsachen. Zur Geschichte der Rationalität*, Frankfurt am Main 2001; Ottmar Ette, *Über Lebenswissen. Die Aufgabe der Philologie*, Berlin 2004; *Emotion. Das Psychologie-Magazin*, München 2006; Stephen Greenblatt, *Verhandlungen mit Shakespeare. Innenansichten der englischen Renaissance, aus dem Amerik*, Frankfurt am Main 1993; Gerhard Roth, *Aus Sicht des Gehirns*, Frankfurt am Main 2003; Florian Rötzer (Hg.), *Große Gefühle – Simulation und Stimulation* (Kunstforum International, Bd. 126), Ruppichteroth 1994; Große Gefühle, *Bausteine menschlichen Verhaltens*, Frankfurt am Main 2000.

으로서의 멜랑콜리와 근대성 간의 관계를 집중적으로 조명해보고자 한다. 근대, 우울, 무기력 같은 병든 마음의 현상으로 파악되는 멜랑콜리는 과거 인본주의적 문학사나 혹은 낙관적 사회 발전 이념을 토대로 삼는 사회사적 문학사에서 흔히 "허무주의", "비관주의", "현실도피" 등으로 부정되어왔으며, 거기에는 이성과 멜랑콜리(우울, 고독, 광기 등), 빛과 어둠 같은 이분법적 도식이 작동하고 있음을 쉽게 알 수 있다. 문학 작품 내에 형상화된 멜랑콜리한 이들(혹은 멜랑콜리한 작품들)이 정말 평화의 교란자, 몽상적인 아웃사이더, 광기의 소유자로 간주되어야만 하는 것일까? 아니면 멜랑콜리에 대한 기존의 부정적 언술이 오히려 억압적인 현실 사회를 은폐하려는 담론적 기제로 작용하는 것은 아닐까? 멜랑콜리를 "도피주의"(Eskapismus)로 간주하는 시각이 여전히 지속하고 있지만, 그러나 현실전복적인 사악한 시선의 의미에서 "비판의 멜랑콜리"(Melancholie der Kritik)가 다시 강조되고 있기도 하다.

한 가지 분명한 점은, 병든 영혼, 암울한 세계, 삶의 허무 등으로 채색된 멜랑콜리를 단순히 부정적인 심성이나 비정상적인 정신 상태로만 파악하는 시각은 한계를 지닌다는 것이다. 멜랑콜리의 이면에는 잘못 진행되고 있는 근대성을 비판하고 전복하려는 가능성이 숨어 있으며, 그런 의미와 함께 멜랑콜리를 사회철학적, 문화학적, 미학적 측면에서 재구성할 필요가 있다. 멜랑콜리에 대한 다양한 시각을 살펴보면서 이 글은 무엇보다도 18/19세기 주요 문학적, 철학적 담론 내에서 멜랑콜리가 어떻게 제시되었는지, 그리고 그 문학적 형상화가 어떤 점에서 근대성에 대한 비판과 전복의 의미로 해석될 수 있는지를 모색해 보고자 한다.

II. 멜랑콜리의 어원과 수용 과정

멜랑콜리의 근원적 의미는 체액병리학(Humoralpathologie)에서 찾을 수 있으며, 최초로 인간의 병리나 생리를 체액론적으로 설명해낸 이는 다름 아닌 히포크라테스(Hippokrates, BC 460-359/377)다. 그에 의하면 인체는 공기, 물, 불, 흙이라는 네 가지 원소에 상응하는 네 가지 체액(혈액, 점액, 황담즙, 흑담즙)으로 구성된다. 이 네 가지 체액의 조화로운 상태는 곧 건강한 상태를 뜻하는 "에우크라지에"(eukrasie)로 불리며, 반면에 그 조화가 깨졌을 때 병적 상태인 "디스크라지에"(dyskrasie)가 나타난다는 것이다. 여기서 멜랑콜리는 흑담즙(schwarze Galle)이 과도하게 나타나는 병적 현상을 뜻한다.

체액병리학 차원에서 히포크라테스의 학설을 본격적으로 발전시킨 이는 갈렌(Galen, BC 199-129)이라고 불린 익명의 의사다. 그에 의하면, 인간에게는 네 가지 체액, 즉 1. sanguis: 혈액(원소: 공기, 따뜻하고 축축함), 2. phlegma: 점액(원소: 물, 차갑고 축축함), 3. chol: 황담즙(원소: 불, 따뜻하고 건조함), 4. melania chool: 흑담즙(원소: 흙, 차갑고 건조함)이 발견된다는 것이다. 이상적인 인간의 경우 네 가지 체액이 조화로운 상태를 이루지만, 그 네 가지 가운데 우세한 성분에 따라 서로 다른 인간 유형이 나타난다. 예를 들면 다혈질의 사람(Sanguiniker), 점액질의 냉담한 사람(Phlegmatiker), 성마른 사람(Choleriker), 멜랑콜리한 사람(Melancholiker) 등이다. 그리스어 melancholia가 '검은'(melas)와 '담즙'(cholê)이라는 두 어휘의 복합어에 기인하는 것도 그러한 체액병리학적 배경 때문이다.[3] 인간의 네 가지 체질과 유형은 고대 이후 신화론, 철학, 체액론, 천문학 등 다양한 시도에 의해서 규명되어 왔으며 그 점을 모두

체질	원소	온도	혹성	계절	하데스의 네 가지 강	하루의 시간	동물	체액과 기질
다혈질 sanguine	공기	따뜻하고 촉촉함	Jupiter (목성)	봄	아케론	새벽 (아침)	인간	혈액 → 쾌활, 달콤함
담즙질 choleric	불	따뜻하고 건조함	Mars (화성)	여름	플레게톤	낮	사자	황담즙 → 통렬, 신경질
우울질 melancholic	흙	차갑고 건조함	Saturn (토성)	가을	스틱스	저녁 (황혼)	나귀/소	검은 답즙 → 비애
점액질 phlegmatic	물	차갑고 촉촉함	Venus (금성)	겨울	코기투스	밤	돼지	점액 → 무관심

• 체액병리학 차원의 인간의 네 가지 체질과 유형

정리하면 위의 표와 같다.

이 밖에도 멜랑콜리는 현대 심리학의 중요한 정신적 현상으로도 설명되는데, 가령 풍토심리학(Geopsychologie)의 창시자인 헬파흐(W. Hellpach)가 내린 멜랑콜리에 대한 정의는 그 병적 현상을 세세하게 묘사한 바 있다.

> 그것(멜랑콜리)은 슬픈 생각에 몰두하는 경향을 띠며 대체로 천천히 발생한다. 잠을 제대로 자지 못하고 기분 나쁜 꿈을 꾸게 되며 식욕이 떨어지고 일에 대한 즐거움이 시들해진다. 그런 사람은 자아의 우울을 느낀 나머지 그러한 우울을 떨쳐버릴 힘조차 갖지 못한다. 걱정,

3 체액병리학(Humoralpathologie)에 관해서는 다음을 참조. http://de.wikipedia.org/wiki/Humoralpathologie

죄책감, 추적 망상 같은 생각들이 나타난다. 연약함, 과묵함, 절망감은 멜랑콜리한 자의 특징이다. 때때로 불안 증세와 발작 증세가 나타나기도 한다. 그렇지만 주변 환경의 인식은 대체로 우울하진 않다. 실제의 불행이나 상상적 불행, 그리고 (신, 명예심, 사랑 등에 관한) 고정관념이 멜랑콜리의 원인이며, 혹은 소화나 혈액 운동에서의 육체적 장애가 그 원인이기도 하다. 요컨대, 멜랑콜리는 첫 번째 퇴화 단계의 정신 이상을 말한다. 멜랑콜리는 주로 전환기의 여성들에게 종종 나타난다. 고통이 절정에 도달하고 나면 점차적으로 회복되거나 혹은 지속적인 정신박약증이 나타난다.[4]

체액병리학, 심리학 이외에도 멜랑콜리는 인간학적 차원에서 설명되기도 한다. 그 대표적인 시각은 헤겔에게서 찾을 수 있다. 역사적 진행에 대한 관념론적 사유의 삼 단계 방식처럼 헤겔은 멜랑콜리를 고찰하는 데 있어서도 "유아-성년-노인"이라는 삼 단계 논법을 사용하는데, 그에 의하면 유아에서 성년으로 넘어가는 전환기에 젊은이(Jüngling)는 우울(Hypochondrie)이라는 자기주관적인 심리 현상에 젖을 수 있다는 것이다. 이미 어린아이 단계에서는 벗어났지만 아직 성년이 되지 못한 젊은이는 보편적인 내용을 지닌 이상(理想)—이것은 자기주관적인 색채를 띤 이상인데—에 집착하여 극단적으로 기존 세계를 변혁하고 새로운 세계를 구축하려고 한다. "그래서 청년은 세계를 변형하거나 적어도 자신에게 와해된 것으로 보이는 세계를 다시금 일으켜

4 Willy Hellpach, *Die Grenzwissenschaft der Psychologie*, Leipzig 1902, 384-385쪽.

세우는 권한의 위임과 소명을 받았다고 망상하게 된다."[5] 이처럼 자기 주관적인 이상에만 사로잡혀 있기에 젊은이는 사회적 현실과 융합하지 못하지만, 점차 자신의 이상을 고집하기보다는 구체적인 삶의 다양한 일이나 타인을 위한 일에 전념하게 된다는 것이다. 그런데 바로 그 지점, 즉 자신의 주관적 이상이 현실에서 실현될 수 없다는 인식과 감정이 과도해질 때 젊은이는 멜랑콜리에 젖게 된다고 한다. 특히 약한 기질의 소유자에게는 이상의 좌절, 현실에 대한 적대감이 더욱 증폭되고 그 결과 우울이라는 병이 발전한다는 것이다.

> 막 시작된 개별적인 일에의 몰두는 인간에게 매우 고통스러울 수 있으며, 자기 이상의 직접적 실현이 불가능하다는 점이 그를 우울하게 만들 수 있다. 많은 이들에게 우울은 눈에 띄지 않을지라도 누구나 그 우울을 쉽게 피해나가진 못한다. 인간이 뒤늦게 그와 같은 우울에 젖을수록, 그 증세는 더욱 심각해진다. 약한 기질의 사람에게서는 우울이 한평생 진행될 수 있다. 이러한 병적인 기분 속에서 인간은 자신의 주관성을 포기하려 하지 않으며 현실에 대한 적대감을 극복할 수 없게 되고 결국 상대적인 무능력의 상태에 빠진다. 즉 현실적 무능력으로 쉽게 발전하는 무능력 말이다.[6]

이러한 분석에도 불구하고 전반적으로 헤겔은 젊은이의 낙관적인

5 G. W. F. Hegel, *Werke in zwanzig Bänden*, Frankfurt a. M. 1970, Bd. 10, 83쪽.

6 같은 책, 83-84쪽.

발전 가능성을 염두에 두고 있다. 왜냐하면 일반적으로 젊은이는 자기 이상을 포기하고 현실—헤겔식 표현대로, "이성적인 것이 현실적이고, 현실적인 것이 이성적이다"는 맥락에서의 그 현실—에 적응해 나가는 시도를 통해 점차 성년이 되기 때문인데, 즉 현실 적응, 현실 안주 같은 식으로의 전환을 말한다. 위 대목에서 알 수 있듯이 이상이 좌절되어 일종의 "상대적인 무능력"에 빠지는 경우가 있음에도 불구하고 이상적인 인간은 현실에 적응함으로써 그러한 병적인 경우를 극복해야만 한다는 것이 헤겔의 논지인 셈이다. 흥미로운 점은, 자기주관적인 이상의 과도함으로 인해 우울에 빠질 수 있는 젊은이에 대한 묘사는 낭만주의에 대한 그의 비판적 시각과 정확히 부합한다. 또한 우울에서 벗어날 수 있는 대안을 현실에의 적응에서 찾고 있는 시각도 마찬가지로 자기주관적인 낭만주의 문학에는 현실과의 연관성이 결여되어 있다고 비판한 바 있던 그런 보수적인 시각과 정확히 일치하고 있다(왜냐하면 헤겔이 말하는 현실이란 동시대 보수적이고도 억압적인 현실에 다름 아니었기 때문이다!)

체액병리학적 차원이나 인간학적 차원에서 멜랑콜리는 일종의 정신적 질병으로서 부정적으로 분류되었지만, 철학이나 문학의 경우 멜랑콜리의 수용은 정반대로 표출된다. 주로 멜랑콜리는 정신적 질병이 아니라 예술을 위한 필수적인 요인으로 받아들여졌는데 그 대표적인 예로 키케로를 들 수 있다. 그는 아리스토텔레스를 인용하면서 "뛰어난 지성인은 멜랑콜리한 자이며, 그래서 나는 정신적으로 약간 느린 것에 대해 결코 슬퍼하지 않는다"[7]고 언급한 바 있다. 멜랑콜리는 지성인의 정신적 활동의 요소로서 긍정적으로 인식되었던 것이다. 멜랑콜리에 관한 문학적 예로는 괴테(Goethe)가 1812/15년 사이에 쓴 "무지개처럼 부드럽게 시는/ 어두운 토양에서만 얻어진다/ 멜랑콜리 요소는/ 시적 재능에 아늑함을 준다"[8]는 시 구절이 자주 언급된다. 여기서 멜랑콜리와 문학의 창조성 간의 상호친화적 관계가 발화되어 있음을 알 수 있는데, 즉 어두운 토양에서 생성하는 멜랑콜리가 없다면 시적 재능은 결코 발현될 수 없다는 것이다. 자연철학자 셸링(Schelling) 또한 멜랑콜리를 자연의 가장 심오한 특성으로 삼은 바 있다. "자연의 가장 심오한 것은 우울이며, 그것은 잃어버린 자산에 대해 슬퍼하며, 모든 삶에는 파괴할 수 없는 멜랑콜리가 연결되어 있다. 그것은 삶이 자신과는 무관한 어떤 것을 자신 속에 지니고 있기 때문이다."[9] 이 밖에도 쇼펜하우어도 예리한 지성과 멜랑콜리를 통해 비루한 자신의 상황을 인식할 수 있다고 강조한 바 있다.

철학과 문학에서 멜랑콜리가 긍정적으로 수용되었다면, 멜랑콜리

7 Th. Metzinger, "omnes ingeniosos melancholicos esp. Interkulturalität und Melancholie: Die Transparenz der Trauer", in: Große Gefühle, hrsg. v. *ZDF-nachtstudio*, Frankfurt a. M. 2000, 139쪽에서 재인용.

8 J. W. v. Goethe, Sämtliche Werke. Briefe, Tagebücher und Gespräche in 40 Bänden, hrsg. v. Friedmar Apel u.a. I. Abt., Bd. 2: Gedichte 1800 – 1832. hrsg. von Karl Eibl. Frankfurt a. M. 1988, 395쪽("Zart Gedicht, wie Regenbogen,/ Wird nur auf dunkeln Grund gezogen:/ Darum hehagt dem Dichtergenie/ Das Element der Melancholie"). 이 시의 구절은 흥미롭게도 『빌헬름 마이스터의 수업시대』의 7권 첫 장에서 빌헬름이 무지개를 보며 말하는 대목에서 반복하고 있다("이윽고 잿빛 대지 위에 **장려한 무지개**가 섰다. 빌헬름은 그 무지개를 향해 말을 몰고 가면서 우울한 심정으로 그것을 바라보았다. '아!'하고 그는 스스로에게 말했다. **'우리 인생에서 가장 아름다운 빛깔들은 대체 이렇게 어두운 대지 위에서만 나타나야만 하는 것일까?'**", 『빌헬름 마이스터의 수업시대 2』, 안삼환 옮김, 민음사, 1996, 599쪽).

9 W. Lepenies, *Melancholie und Gesellschaft*, Frankfurt a. M. 1969, 109쪽에서 재인용.

에 대한 부정적인 시각은 고대의 체액병리학적 시각을 넘어서 근대에서도 지속적으로 제시된다. 멜랑콜리에 대한 대표작 『멜랑콜리의 해부』(1621)에서 로버트 버튼(R. Burtron)은 "도시는 병든 육체와도 같다. (…) 순화를 통해 그 병든 육체가 회복될지라도 결국 멜랑콜리만은 남는다"[10]고 언급한 바 있다. 도시를 병든 육체로 파악하고 멜랑콜리를 치유되지 않는 감정으로 파악함으로써 그는 최초로 도시와 사회적 삶과의 연관 속에서 멜랑콜리를 파악하였다. 특히 엘리자베스 1세(1533-1603)의 화려한 시대에도 불구하고 소위 영국병으로 만연된 멜랑콜리를 다양한 차원에서 버튼은 분석해내고 있는데, 가령 육체와 정신의 분열, 국가와 멜랑콜리, 귀족과 멜랑콜리, 학자문화와 멜랑콜리, 유토피아와 멜랑콜리 등을 들 수 있다. 비록 버튼이 멜랑콜리를 극복 및 치유 대상으로 파악하고 있음에도 불구하고 그의 분석 시각은 근대성 이념과 화려한 외양을 띤 대도시의 발전 이면에는 종양, 파편, 폐허 등이 담겨 있다는 19세기 사회철학적, 미학적 인식을 선취하고 있기에 매우 혁신적인 시각이 아닐 수 없다.

멜랑콜리에 대한 부정적인 사유는 계몽주의에서 그 절정에 도달한다. 계몽주의가 멜랑콜리를 어떻게 비판하였는지, 그리고 그 비판의 담론이 과거적인 것만이 아니라 오늘날에도 여전히 반복적으로 재생산되고 있음을 밝혀주는 매우 중요한 작업으로는 한스-유르겐 쉥스(H.-J. Schings)의 『멜랑콜리와 계몽주의』를 들 수 있다. 그 연구서에서

10 R. Burtron, *Anatomy of melancholy*, London 1621. 이 저서 가운데 중요한 부분은 독일어로 번역되어 다음에 실려 있다(*Melancholie oder vom Glück*, unglücklich zu sein, hrsg. v. P. Sillem, München 1977, 67-106쪽).

쉉스는 17/18세기까지의 철학적, 종교적, 문학적 담론을 분석하는 가운데 멜랑콜리는 당시 행복이나 이성에 위반되는 광신주의(Fanatismus)와 동일시되었음을 보여주고 있다. 예를 들면 슬픈 감정인 멜랑콜리가 대중적으로 만연될 경우 그것은 사회적 행복을 해치는 위험한 병일뿐 아니라 광란, 비이성적 절망 등을 낳는다는 것이며, 이러한 인식이 곧 멜랑콜리에 대한 계몽주의적 비판의 핵심을 이룬다.[11] 계몽주의적 비판이 또한 정치적, 종교적 관점과 연결될 경우, 멜랑콜리는 신성한 종교적 감정을 타락시킬 뿐 아니라 사회와 통치 행정을 극도의 혼란 속에 빠뜨릴 위험한 것으로 간주되곤 했다. 가령 광신주의로서의 멜랑콜리에 대해 경계하기 위하여 슈틴스트라(Stinstra)라는 신학자는 종교적 덕성(Tugend)을 강조하고 나서는데, 그런 덕성이야말로 "우울한 마음의 먹구름이 우리의 정신을 덮지 못하도록 보호할 수 있으며, 또한 전율의 빛으로 우리를 불안케 하고 우리를 공포와 불안 속에 집어넣는 기회를 광신주의에 내주지 않게 된다"[12]고 역설한다. 덕성에 기초한 쾌활하고도 건강한 도덕주의적 삶이야말로 멜랑콜리한 광신주의에 대항할 수 있는 확실한 보루로 제시되었던 것이다.

멜랑콜리에 대한 근대의 부정적 시각은 사회학과 심리학 영역에서도 반복한다. 특히 문학과 심리학의 연관성 차원에서, 멜랑콜리한 내용의 문학 작품을 사회에 적응하지 못한 개인주의의 극단적인 모습으

11 Hans-Jürgen Schings, *Melancholie und Aufklärung*, Stuttgart 1977. 이 책의 핵심적인 부분은 다음 책에 발췌되어 수록되어 있다(*Melancholie*, hrsg. v. L. Walter, Stuttgart 1999, 114-121쪽).

12 같은 책, 120쪽.

로 간주하는 시각은 문학사에서 자주 발견된다. 문학적, 심미적 현상과 실제의 사회심리학적 현상 간의 차이를 인정하지 않고 양자를 동일한 것으로 파악한 나머지 멜랑콜리한 심미적 현상을 결국 "고통스럽고 치명적인 병"으로 간주하는 사유는 사실 초보적인 심리학적 사유에 지나지 않는다. 심리학적 사유의 부정적 진단에도 불구하고 20세기에 들어서 멜랑콜리에 대한 긍정적인 시각이 제시되었는데, 그것은 15세기 독일 화가 뒤러가 남긴 동판화 〈멜랑콜리아 I〉에 대한 연구자들의 본격적인 해석을 통해서 가능해졌다. 그 동판화에서 멜랑콜리는 사투르누스(Saturnus)의 특성을 통해서 암시되고 있다. 사투르누스는 온화함과 사색에 대한 표상이며, 그의 동물은 저녁 무렵 달빛을 받으며 "멜랑콜리"라고 쓰여진 글귀를 들고 날아오고 있는 박쥐다. 그는 동판화의 중앙에서 깊은 생각에 젖어 있으며, 주변에는 개, 둥근 돌, 다면체 돌, 모래시계, 종, 저울, 대패, 못, 집게, 마방진 등 다양한 기하학적, 천문학적, 연금술적인 도구들이 놓여 있다. 흥미로운 점은 사투르누스가 명상과 죽음을 뜻할 뿐 아니라 그 옆에 있는 어린아이를 통해 더욱 숭고한 자아의 탄생까지도 암시하고 있다는 것이다. 승리자의 화환과 날개도 그러한 명상적인 형상을 강조하고 있다. 이와 같이 뒤러의 멜랑콜리 동판화에 현대적인 해석을 제공했던 이는 파노프스키(E. Panofsky)이다. 그에 의하면, 이 동판화는 사투르누스와 멜랑콜리, 사색과 절망, 예술과 과학(기하학) 사이의 긴밀한 연관성을 강조하고 있다는 것이며, 이러한 특징들은 모두 "상상하고 구성하고 사유하는" 자의 멜랑콜리, 즉 "예술가의 멜랑콜리"(Künstlermelancholie)를 나타낸다는 것이다.[13] 이와 같은 새로운 해석은 동시대의 많은 철학자와 문인에게 영향을 끼친

바 있다. 이러한 분석이 새로웠던 까닭은, 유럽의 문화적 전통에서 사악하고 방탕한 인간과 절망을 뜻하던 박쥐가 사투르누스와의 연관하에서 어두운 밤에서의 사색과 글쓰기 같은 의미로 해석되었기 때문이다.[14] 뒤러의 동판화에 대한 파노프스키의 새로운 해석은 바로크와 멜랑콜리의 긴밀한 관계를 조명했던 발터 벤야민에게도 상당한 영향을 끼쳤다.

18/19세기의 문학적, 철학적 담론이 주로 슬픔과 우울에 젖은 모든 감정을 멜랑콜리로 간주하고 그에 대해 부정적, 긍정적 해석을 내놓았다면, 20세기 초 프로이트는 애도(Trauer)와 멜랑콜리를 엄격하게 구분하면서 멜랑콜리에 대한 새로운 시각을 제시하였다. 「애도와 멜랑콜

13 Panofsky/Saxl, *Dürers "Melancolia I". Eine quellen- und typengeschichtliche Untersuchung*, Leipzig/Berlin 1923. 여기서는 다음을 참조하였음(Panofsky, "Die Kulmination des Kupferstiches: Albrecht Dürers "Melancolia I"(Auszug)", in: *Melancholie*, hrsg. L. Walter, a.a.O., 86-106쪽). 파노프스키에 의하면, "Melanchlia I"이라는 제목에서의 "I"은 나열을 나타내는 숫자라기보다는 "가치들 가운데 가장 이상적인 순위"를 뜻한다.

14 가령 고야의 잘 알려진 판화집 『광상』의 43번 「이성의 잠(꿈)이 괴물을 낳는다」(El sueño de la razón produce monstruos/Der Schlaf der Vernunft gebiert Ungeheuer)는 잠들어(혹은 꿈꾸고) 있는 화가 주변에 박쥐 떼가 몰려 있는 형상을 보여주고 있다. 잠과 꿈이라는 두 가지 의미를 지닌 "sueño"를 어떻게 번역하는가에 따라서 고야의 그림은 다르게 해석된다. "이성의 잠"으로 번역될 경우 이성이 정지하면 합리성을 파괴하는 어두운 괴물(박쥐 떼)이 나타난다는 것이 일반적인 해석이라면, 이와 달리 "이성의 꿈"으로 번역될 경우 이성 자체가 괴물을 낳는 꿈을 꾼다는 해석이 가능하다. 후자의 경우 자기 자신을 절대화하는 이성이 곧 사악함의 주체가 되는 셈이다. 이러한 두 가지 해석에도 불구하고 어쨌든 박쥐 자체는 전율, 사악함, 괴물 등을 나타내는 형상이며 그러한 박쥐에 대한 부정적 시각은 18/19세기에도 지속했다. 만약 파노프스키의 해석처럼 뒤러(1471-1528)가 박쥐에 긍정적인 의미를 부여했다면 이는 유럽의 문화적 전통을 전복했다는 점에서 매우 각별한 의미를 지닌다.

리」(1917)[15]에서 프로이트는 양자의 공통점과 차이점을 규명하고 있는데, 우선 애도나 멜랑콜리는 애정 어린 타자를 상실함으로써 야기된 매우 고통스럽고 불쾌한 상태에서 출발한다. 이러한 공통점에도 불구하고 양자 간에는 결정적인 차이점이 존재한다. "애도의 경우 세계가 초라하고 공허하고, 멜랑콜리의 경우 그 초라하고 공허한 것은 자아다."(165) 또한 상실에 의한 공허한 감정 상태에서 애도는 궁극적으로 대상의 상실을 이내 인정하고 자신감을 잃지 않으면서 새로운 대상을 찾아 나서는데, 이를 프로이트는 "현실성 검사"를 통해 대상 상실을 극복하려는 심리적 대처 행위라는 의미에서의 "애도의 작동/노동"(Trauerarbeit)이라고 부른다(164). 요컨대, 애도는 상실의 우울한 상태를 극복하는 **정상적 반응**으로서—헤겔식으로 말하자면—"개념적 지양"이 작동하는 셈이다. 이와 달리 애정 어린 대상을 상실하는 가운데 자아의 자신감에 장애가 나타날 수 있는데, 즉 애정 어린 대상을 잃어버린 자아는 자기 자신을 비난하게 되고 궁극적으로는 자아 빈곤의 상태에 이르게 된다. 다르게 표현하면, 멜랑콜리에서는 상실된 대상의 현존이 여전히 자아를 지배하고 있는 것이다. 프로이트의 말을 빌리자면, "객체의 그림자가 자아에 드리운다."(169) 그로 인해 멜랑콜리한 자는 상실한 대상과 자기 자신을 동일시하는 나르시시즘에 빠진다. "멜랑콜리의 특징은 고통스럽고 기분 나쁜 상태, 외부세계에 대한 관심의 중지, 사랑하는 능력의 손실, 모든 실행의 장애 그리고 자신감의 경시이며,

15 S. Freud, "Trauer und Melancholie", in: *Melancholie oder vom Glück, unglücklich zu sein*, hrsg. v. P. Sillem, a.a.O., 165쪽(이하 쪽수는 본문에 기입).

이는 곧 자신에 대한 질책과 자신에 대한 비난으로 귀착된다."(163) 결국 "자신감의 장애" 내지는 "자아의 빈곤"으로서의 멜랑콜리는 일종의 **병리적 증상**이 되고 만다.

애도와 멜랑콜리는 각기 타자와 어떠한 상실 관계를 맺는가를 통해서도 구분된다. 애도는 가까운 사람의 치명적인 상실(예: 타자의 죽음)을 통해 야기되지만, 멜랑콜리는 그와 같은 타자의 치명적인 죽음보다는 타자와 멀어지는 이별이나 결별을 통해 야기된다. 프로이트에 의하면, 애도의 경우 자아는 자신이 상실한 대상을 명확하게 인식하지만, 이와 반대로 멜랑콜리의 경우 "그 대상에서 무엇이 상실되었는지 전혀 인식하지 못한다."(165) 특정 개인, 특정 이념 같은 대상에 성적으로 결합되어 있던 자아가 이별, 결별, 실망 등을 통해 그 애정 어린 대상과 멀어졌음에도 불구하고 대상에 대한 성적 충동은 새로운 대상을 찾지 못한 채 자신의 내부 속으로 향하게 되며, 그 결과 멜랑콜리한 자아는 이전의 대상과 자기 자신을 동일시하게 된다. 결국 멜랑콜리한 자아는 분열에 시달리는데, 한편으로는 애정 어린 대상과 자신을 동일시하는 부분 자아가 존재하며, 다른 한편으로는 비판적이고 평가하는 자아가 존재하게 된다. 그러한 두 가지 부분 자아 간의 갈등이 소위 "멜랑콜리한 콤플렉스"를 형성하는 것이다. "멜랑콜리에서는 하나의 대상을 두고서 사랑과 증오가 서로 싸우는 수많은 투쟁이 일어난다. (…) 멜랑콜리한 콤플렉스는 마치 '하나의 열린 상처'(eine offene Wunde)와도 같다."(173) 이처럼 애도와 멜랑콜리를 일종의 정상과 비정상의 상태로 분리하면서 프로이트는 멜랑콜리보다는 애도를 삶의 긍정적인 추동력으로 해석하고 있다. 이러한 프로이트의 구분은 다른 각도에서 볼 때 비판될

여지가 있다. 왜냐하면 현실원칙(Realitätsprinzip)에 순응하는 감정 상태로서의 애도를 강조한다는 것은 사실 이성적인 현실을 옹호할 수 있기 때문이다. 아울러 비록 멜랑콜리가 상실된 대상에 집착하는 듯한 병적인 상태일지라도 그 이면에는 억압적인 현실에 더 이상 순응하지 않으려는 비판적인 감정이 놓여 있는 것으로 해석될 수 있기 때문이다. 요컨대, 애도는 현실에 대한 불만족을 개념적으로 지양하는 자세(즉 이성적 사유에 의한 현실에의 순응)를 취한다면, 멜랑콜리는 역으로 그런 "개념적 지양"에 저항하고 있는 것이다.

심리학적 차원에서 멜랑콜리를 부정적으로 해석하고 있는 프로이트와 마찬가지로 사회학적 차원에서 멜랑콜리를 냉정하게 관찰하는 시각이 있다. 『멜랑콜리와 사회』라는 저서를 내놓으면서 레페니스(W. Lepenis)는 멜랑콜리를 18세기 시민사회가 태동하는 가운데 개인이 취하게 된 "현실도피주의"(Eskapismus)로 설명하고 있다. 멜랑콜리는 "행동의 장애"에 기인하며, 그러한 행동의 장애를 갖게 되었던 이들은 대체로 18세기 이후 지식인을 중심으로 한 시민계급이라는 것이다. 이들 계급이 멜랑콜리에 젖을 수밖에 없었던 까닭에 대해 레페니스는 "세계의 현 상태의 원칙에서 고통을 받았기" 때문이라고 한다. 이들이 취했던 방식과 과제는 오로지 "사유"에만 놓여 있었고, 그로 인해 그들은 더 이상 안(사유)에서 밖(행동)으로 나가지 못하는 나약함을 지니게 되었다. 소위 18/19세기 지식인들에게 "성찰의 위험은 다름 아닌 세계도피"이었던 것이다.[16] 멜랑콜리에 대한 역사적인 분석은 매우 뛰어나지

16 Vgl. W. Lepenies, *Melancholie und Gesellschaft*, a.a.O., XXIV.

만 레페니스의 시각은 흔히 접할 수 있는 사회사적 시각의 반복이기도 하다.

멜랑콜리를 부정적으로 파악했던 프로이트와 레페니스의 시각은 다음과 같은 점을 결정적으로 간과하고 있거나 오인하고 있다. 즉 멜랑콜리커의 "사악한 시선"은 현실부적응 혹은 사유 속으로의 도피가 아니라 파격적이고 급진적인 현실 비판의 언술과 인식을 갖고 있었다는 점이 그것이다. 프로이트와 레페니스에 대항하는 차원에서 뵈메(H. Böhme)는 자신의 연구서 『자연과 주체』에서 "멜랑콜리의 비판"과 "비판의 멜랑콜리"를 구분하면서 멜랑콜리에 대한 기존의 편협한 이해를 비판적으로 서술하고 있다. "멜랑콜리를 비판하는 이들은 대체로 질서의 수호자로서, 건전한 국가의 수호자로서, 작은 일상의 만족에 자족하는 평온한 정상성의 수호자임이 입증된다. 이와 반대로 멜랑콜리한 자는 **사악한 시선**을 드러낸다. 무희(舞姬)의 아름다운 외양 뒤에서 그는 종양과 고름을 발견하며 또한 사회의 육체를 부패의 기념물로 만드는 역겨운 벌레와 비열한 인간을 발견해낸다. 평화의 감성적 구조에서 그는 이미 전쟁을 암시하는 긴장과 균열을 감지해낸다. 시대를 극복하려는 의지하에 건설되는 것을 그는 이미 미래의 폐허로 보고 있다."[17] 보들레르 이후 멜랑콜리한 지성인은 개인주의적 성찰 내지는 자신만의 사유와 고독 속에 갇혀 있었던 것이 아니라 "종양과 고름", "부패된 육체" 같은 말하는 몸의 담론을 통해 평화로운 현실 뒤에 도사리고 있는

17 H. Böhme, *Natur und Subjekt*, Frankfurt a. M. 1988(이 책의 전문은 친절하게도 뵈메의 홈페이지에 실려 있으며 필자 또한 인터넷에 실린 그 글을 참조하였다. www.culture.hu-berlin.de/HB/volltexte/natur.html)

역사의 "균열"과 "폐허"를 비판적으로 인식해냈던 것이다. 더 나아가 멜랑콜리한 자의 시선 자체는 곧 사회를 비판하는 하나의 균열 그 자체로 작용하는데, 이때 그의 시적 노래는 결코 아름다운 노래가 아니라 고통과 죽음의 노래와도 같다. "현존재의 노래가 영원한 레퀴엠인 양 말이다. 멜랑콜리한 자는 봉기의 노래가 아니라 몰락한 사물, 먼지로 흩날려진 희망, 파괴된 문화에 관한 죽음의 미사곡을 듣는다."[18]

가장 최근에 멜랑콜리에 대해 새로운 시각을 제시한 이는 슬라보예 지젝(S. Žižek)이며, 멜랑콜리를 해석하는 그의 시각은 다분히 (포스트)모던적이다. 일련의 저서에서 멜랑콜리를 흥미롭게 다루고 있는 지젝은, 프로이트에 대항하여 멜랑콜리를 이념적으로나 윤리적으로 복권시키는 시각(쉥스, 뵈메 등)을 재비판하는 동시에 프로이트와 라캉의 시각을 수용하는 방식으로 멜랑콜리를 새롭게 정의하고 있다. 그에 의하면, 과거 멜랑콜리를 옹호하는 이들이 범한 결정적인 오류는 "상실"과 "결핍"이라는 두 개념의 혼동에 있다는 것이다. 프로이트를 옹호하든지 혹은 비판하든지, 멜랑콜리는 소유했던 대상의 상실에서 발생하는 것이 아니라 처음부터 그 대상을 결핍하고 있었다는 것이다. 결국 멜랑콜리는 "마치 결핍된 대상을 과거에 소유했었지만 나중에 잃어버리고 만 것처럼"[19] 행하기 때문에 일종의 "기만"이라는 것이다. 지젝에 의하면, 대상은 결코 그 자체로서 존재하는 것이 아니라 "왜곡된 실재"로서만 존재할 뿐이다. "요컨대, 멜랑콜리는 대상이 처음부터 결핍되어

18 같은 곳.
19 Slavoj Žižek, *Das fragile Absolute*, Berlin 2000, 140쪽.

있다는 사실을 은폐하고 있다. 다시 말하면, 대상의 출현은 그 대상의 결핍과 함께 한다는 사실, 그리고 그 대상은 공허/결핍을 긍정시하는 것에 다름 아니라는 사실을 은폐하고 있다. 대상은 결국 그 '자체로' 존재하지 않는 왜곡된 실재다."[20] 요컨대, 멜랑콜리의 패러독스는 결핍이 상실처럼 기만되는 전이되는 과정을 통해서 우리가 마치 대상을 소유한 것처럼 보인다는 데 있다. 그러한 멜랑콜리의 패러독스로 인해 "기만적인 스펙터클"이 나타난다고 지젝은 강조한다. "처음부터 잃어버린 대상, 우리가 결코 소유하지 않았던 대상을 소유할 수 있는 유일한 가능성은, 우리가 **아직** 소유하지 않은 대상을 마치 우리가 **이미** 잃어버렸던 것처럼 행동하는 데 있다. 따라서 슬픔의 일을 행하는 것에 저항하는 멜랑콜리커는 정반대의 형식을 취한다. 대상을 잃어버리기도 전에 그 대상에 대해 **지나치고 과도하게** 슬퍼하는 기만적인 스펙터클의 형식 말이다."[21]

이처럼 멜랑콜리에 대한 기존 해석을 비판하면서도 지젝은 멜랑콜리의 기만적인 스펙터클을 통해 대상에 대한 욕망의 구조를 정확히 파악해낼 수 있다고 강조한다. 실제로는 잃어버린 대상이 부재함에도 불구하고 마치 잃어버린 것처럼 현존하는 대상, 이러한 부재와 현존의 패러독스와 관련하여 지젝은 대상과 욕망의 대상 원인(오브제 프티 a)이라는 라캉의 구분을 수용한다. 그 욕망의 대상 원인은, "기만적인 스펙터클"이 그렇듯이, 대체로 "특징들"로 다가오며, 그 특징들을 들여다봄

20 같은 책, 141쪽.

21 같은 책, 143쪽.

으로써 욕망의 대상 원인이 밝혀질 수 있다고 한다. "현실 속의 일련의 대상은 공허(결핍)를 중심으로 구조화되어 있다. (…) 따라서 현실의 견고한 조직을 지탱하기 위해서 현실 요소들 중 하나가 핵심적인 공허로 옮겨지게 되고 그 공허를 채우게 된다. 이것이 곧 라캉의 대상 a이다. 이 대상은 이데올로기의 숭고한 대상인 바, 즉 '사물의 존엄성으로 숭배된' 대상이며 동시에 왜곡된 대상이다."[22] 여기서 한 걸음 더 나아가면, 멜랑콜리에 내재되어 있는 대상 원인의 특징을 파악함으로써 이데올로기의 숭고한 대상까지도 짚어낼 수 있게 된다. 모든 철학이나 문학은 처음부터 실제의 대상을 결핍한 채 단지 "이데올로기의 숭고한 대상"을 향해 있으며, 그 숭고한 대상은 모더니즘이나 포스트모더니즘이든지 간에 언제나, 도처에 깔려 있다. 그런 정치사회적 상황을 지젝은 비판적으로 암시해주고 있는 셈이다.

III. "심미적 현상"으로서의 근대적 멜랑콜리에 관한 네 가지 사례

지금까지 멜랑콜리의 어원과 수용과정, 그리고 멜랑콜리에 대한 다양한 이론적 재해석을 살펴보았다. 슬픔, 우울(Hypochondrie), 고독(Einsamkeit), 무기력/나태(Acedia, Ennui) 같은 심리적 현상을 수반하는 멜랑콜리는 무엇보다도 자아가 대상을 상실함으로써 겪는 감정 상태로 요약될 수 있겠다. 물론 지젝이 밝힌 것처럼, 그 대상은 한때 소유했지만 상실하고만 대상이 아니라 처음부터 결핍되어 있던 기만적인 대상일 수 있으며 이 경우 멜랑콜리한 감정은 일종의 스펙터클한 제스처로 간

22 같은 책, 145쪽.

주된다.

그렇다면 근대로의 전환과 함께 심미적 현상으로서의 멜랑콜리를 다양하게 제시하고 있는 18세기 이후 근대적 문학작품에서 주인공들은 도대체 어떤 대상을 상실/결핍하였기에 그러한 멜랑콜리에 시달리는 모습을 내보이는 것일까? 애도와 멜랑콜리의 공통점으로 타자의 상실을 거론하면서 프로이트는 그 "타자"란 사랑했던 특정 개인을 지칭할 뿐 아니라 희망(Hoffnung), 이상(Ideal), 이념 같은 추상적인 개념도 해당된다고 밝힌 바 있다. 이를 바탕으로 우리는 근대적 문학작품에서 문학적으로 허구화된 멜랑콜리한 인물들이 도대체 무엇을 상실/결핍하고 있었는지를 추적해볼 수 있을 것이다. 이를 위해 멜랑콜리를 형상화한 대표적인 장면으로 루소, 괴테, 보들레르, 벤야민의 텍스트를 살펴보기로 하자.

첫 번째 장면

루소의 『고독한 산책자의 몽상』(1776-1777)은 개인적 차원에서 『에밀』(1762)이 발표된 이후 주변 환경의 탄압에 대항하는 반론의 차원에서 쓰여진 책이다. 보편과 특수, 도덕과 의무 등에 대한 정당성을 묻는 사회철학적 담론 특성에서 벗어나 『고독한 산책자의 몽상』은, "고독"과 "몽상"이라는 시적 개념의 제목이 말해주듯, 멜랑콜리를 근대적 차원에서 최초로 형상화한 글로 간주된다. 루소의 글은 이중적 특성을 지니는데, 즉 한편으로 자신의 개인적 삶을 투영하는 자전적 진정성의 특성을 지니며 다른 한편으로 권력 투쟁이 작동하는 사회적 삶 속에서 근대적 개인이 흔히 겪게 되는 고독과 고립을 "문학적으로"(즉 "허구적으로") 표출해내고 있다. 이러한 글의 이중적 특성은 『고독한 산책자의 몽상』 자체 내에서도 언급되어 있는데, 어느 한 대목에서 서술적 자아인 "루소"—이 "루소"조차도 실제 루소이자 동시에 허구적인 루소를 가리키는데—는 "허구와 현실의 분리점을 명시할 수 없다"[23]고 밝힌다.

자신을 "루소"로 명명하는 서술적 자아는 고독한 인간의 마음에 유일한 위로를 가져다주는 것으로서 다름 아닌 은신처에서의 명상, 자연 연구, 우주의 정관을 들고 있다. 우선 첫 번째 산책에서, "내 주위의 모든 것이 나에게는 낯설다. (…) 나는 현재 거주하고 있는 세계로부터 낯선 어느 별로 옮겨져 있다"(643)는 언술을 통해 사회의 일반인과 자신을 구분하고 있으며, 또한 "무아" 혹은 "나라는 존재는 무와 같다"라는 언술을 통해서도 자신의 고독한 심리적 양태를 부각시키고 있다. 두 번째 산책에서 "루소"는 고독한 산책 도중에 몽상에 젖는데, 이때 달려오는 개와 부딪히는 돌발적인 사건을 통해서 그 서술적 자아는 순간적으로 "자아 망각" 혹은 "황홀감"을 경험한다. 그런데 이 고독한 "루소"의 자기 자신에 대한 언술은 사실 모순적이다. 왜냐하면 그는 자기만의 고유한 자아를 추구하지만 동시에 자아를 잊는 상태도 경험하고 있기 때문이다. 예를 들면 세 번째 산책과 일곱 번째 산책의 경우 한편으로 자기를 위한 철학, 나의 탐구, 나만의 능력, "자기 혼자서", "자기 마음"에 드는 것, "자신이 마음 내키는 것", "자기에게 남아 있는 힘" 등이 역설되지만, 다른 한편 다섯 번째 산책과 일곱 번째 산책에서는 자

23 Jean-Jacques Rousseau, "Träumereien eines einsamen Spaziergängers", in: *Schriften in zwei Bänden*, München/Wien 1978, Bd. II, 701쪽(이하 쪽수는 본문에 기입).

아의식이 부재하는 "상태"(Zustand)가 강조되거나 혹은 자신을 망각하는 "꿈"이 긍정적으로 서술되고 있다(698-701). 현실을 지배하는 세력으로부터 벗어나 기꺼이 아웃사이더로서 자연과 우주 속에서만 거주하려는 자가 때로는 자아에 대한 강한 애착을, 때로는 자아 망각에 대한 심취를 보이는 이와 같은 모순적인 모습은, 후에 자아 추구와 자아 해체의 모순을 이론화했던 독일 낭만주의의 경향을 선취하고 있다.

여기서 서술적 자아인 "루소"가 도대체 왜 고독과 몽상에 젖는가 하는 점이 궁금하다. 표면적으로는 자신을 탄압한 주변 세계로부터 도피하는 행동에 기인하지만, 사실 그 서술적 자아는 근본적으로 무엇인가를 상실했기 때문이다. 그가 상실한 것은 다름 아닌 역사가 끊임없이 진보해나간다는 계몽주의의 역사철학적 사유와 관계된 근대성 이념이며 한 걸음 더 나아가 그 이념은 이성, 사회적 행복, 정의, 도덕, 학문 등 다양한 개념과도 연관되어 있다. 이러한 근대성 이념의 완전한 상실은 곧 사회적, 객관적 시간이 사라진 상태를 통해서 간접적으로 묘사되고 있다.

> 과거를 돌이켜보거나 미래를 선취할 필요가 없는 그런 상태, 시간이 영혼에 아무런 의미도 없는 상태, 그 지속의 느낌도 없이 그리고 순차적인 진행의 흔적도 없이 언제나 현재적인 것만이 지속하는 상태, 그 어떤 소유나 쾌락, 기쁨이나 고통, 원망이나 공포도 없이 오직 우리의 현존 감정에만 제한되어 있는 상태, 그런 감정만이 현재를 채울 수 있는 상태가 있다고 가정한다면, 요컨대 그런 상태가 있을 경우 그런 상태에 처해 있는 사람이야말로 진실로 자신을 행복한 사람이라고 부

를 수 있을 것이다.(699)

여기서 과거-현재-미래의 시간적 틀을 바탕으로 하는 지속적인 발전이 상실되고 또한 결핍, 소유, 쾌락, 고통 같은 인간학적인 범주도 상실되어 있다. 그 대신 유일한 행복의 순간은 과거나 미래와 연결되지 않는 오로지 "언제나 현재적인 것만이 지속하는 상태"인 것이다. 이를 두고서 보러(K. H. Bohrer)는 자기보존의 범주가 해체된 미학적 상태의 징후로 파악하고 있지만,[24] 우리의 맥락에서 중요한 점은 끊임없이 지속적으로 발전하는 역사적인 시간이라는 대상을 완전히 상실하고 있다는 점이다.

그런데 근대성 이념을 상실한 서술적 자아 "루소"는, 프로이트의 구분을 적용해서 말하자면, 멜랑콜리에 젖어 있는 것이 아니라 애도의 감정을 갖고 있다. 그것은 "루소"가 역사의 발전에 대한 믿음을 상실한 후 무시간적인 상태와도 같은 "현재적인 것만이 지속하는 상태", 그리고 이와 부합하는 "자연"이라는 새로운 대상을 찾아냈기 때문이다. 역사의 발전이 상실되고 그 자리에 들어선 대상인 자연에의 도취는 마지막 열 번째 산책에 잘 드러나 있다. "이 시기에 나에게는 내 마음의 양식이 되어준 솟구치는 부드러운 감정과 더불어 고독과 명상을 즐기는 정신적인 경향이 생겼다. 세상의 소란스러움과 잡음은 내 마음의 감정을 압박하고 구속하지만, 안정되고 평화로운 자연은 그것을 샘같이 솟아오르게 하고 새같이 하늘 높이 날게 한다."(759) 『고독한 산책자의

24 K. H. Bohrer, *Der romantische Brief*, München/Wien 1987, 24-41쪽.

몽상』의 서술적 자아로서의 "루소"는 역사의 낙관적 발전이라는 근대성 이념을 상실하는 가운데 그 슬픔에 완전히 몰입하기보다는 자연이라는 새로운 대상을 찾아냄으로써 더 이상 멜랑콜리에 머물지 않고 애도의 감정으로 전환되어 있는 것이다.

두 번째 장면

루소의 『고독한 산책자의 몽상』의 경우 사회적으로 고립된 이가 처음에는 이념의 상실로 인해 슬픈 감정에 사로잡히다가 곧 자연이라는 새로운 대상을 통해 슬픔을 극복하게 된다면, 괴테의 『젊은 베르테르의 고뇌』에서는 흥미롭게도 자연의 두 가지 측면이 우울한 현상과 관련되어 있음을 알 수 있다. 더욱 정확히 말하자면, 『젊은 베르테르의 고뇌』의 서술적 자아 베르테르의 경우 한편으로 자연을 통해 애도의 감정을 갖게 되고, 다른 한편으로 상실한 대상(로테)에 대한 다른 이름으로서의 자연은 다시금 멜랑콜리의 지배적 현상으로 작용한다. 우선 베르테르는 도시에서 어떤 괴로운 일을 겪은 후 과감하게 탈출한 듯한 언급으로 편지의 서두를 꺼낸다. "내가 떠나온 것이 얼마나 즐거운지 모르겠구나."[25] 또한 5월 18일자 편지의 "어린 시절의 여자 친구가 세상을 떠났네!"(12)라는 언급으로 보아 베르테르가 사랑하는 대상의 상실을 이미 경험한 상태에 처해 있음을 독자는 직감할 수 있다. 어린 시절의 사랑하는 여인의 죽음에 대한 묘사는 흥미롭게도 자살 직전 로테

25 J. W. v. Goethe, "Die Leiden des jungen Werther", in: *Hamburger Ausgabe in 14 Bänden*, München 1981, Bd. 6, 7쪽(이하 쪽수는 본문에 기입).

에게 남긴 편지에서도 반복되고 있다. "의지할 데 없었던 어린 시절에 나의 모든 것이었던 여자 친구가 있었지요. 그런데 그녀가 죽었답니다. 나는 그녀의 유해를 따라 묘지까지 갔었습니다."(116) 그런 상실의 슬픔은 그에게 커다란 아픔을 가져다준 것처럼 보이며, 그로 인해 5월 13일자 편지에서 그는 "나의 마음을 병든 아들처럼 생각하고 있네"(10)라고 자신의 우울한 마음을 밝히고 있다. 이런 상태에서 그가 거주하는 마을 주변의 자연(그리고 로테와의 만남)은 그 슬픈 상태를 극복하도록 해주는 새로운 대상으로 다가온다. 즉 소설 전반부의 경우 베르테르에게 자연은 자신의 애정 어린 대상을 상실한 슬픈 상태를 치유해주는 새로운 대상이 되는 셈이다. "아무튼 나는 이곳에서 잘 지내고 있으며, 낙원과도 같은 이곳에서 고독은 내 마음에 값진 청량제가 되네. (…) 도시 자체는 별로 좋지 않지만, 주변에는 **자연의 말할 수 없는 아름다움**이 있어."(8) 이와 비슷한 대목은 편지의 초반부에서 발견되는데, 가령 "나는 흐르는 시냇가에 무성히 자란 풀밭 위에 누워보며, 얼굴을 대지에 가까이 대하면 다채로운 풀잎들이 내게는 진기하여 여겨지네"(9), "자연만이 무한히 풍요로우며 이 자연만이 위대한 예술가를 만들지"(15)라는 대목을 들 수 있다.

이 지점까지 베르테르는 도시에서 겪은 상실의 슬픔을 극복해줄 새로운 대상으로 자연을 발견함으로써, 루소의 『고독한 산책자의 몽상』에서처럼 일종의 애도의 감정을 갖게 된다. 그리고 새로운 대상인 로테와의 만남도, 자연과 마찬가지로, 그에게는 삶의 기쁨과 환희를 가져다주는 것으로 서술된다. 즉 자연과 사랑스런 여인 로테는 베르테르에게 동일한 대상인 셈이다. 그것은 "주변의 모든 사물과 하늘은 마치 여인의 모습처럼 내 영혼 속에 깃든다"(9)의 언술을 통해 간접적으로 입증된다. 자연과 여인을 동일한 것으로 간주하는 언술은 레싱의 『에밀리아 갈로티』의 마지막 장면에서 에밀리아의 희생을 유도하는 듯한 아버지 오도아르도의 "자연은 여성을 자신의 뛰어난 걸작으로 만들고 싶어 했지"[26]라는 언술과 동일한 맥락을 형성한다. 이는 계몽적, 고전적 남성 작가가 만들어낸 "자연과 여인의 등가성" 이념이 베르테르에게도 그대로 적용될 수 있음을 말해준다.

그러나 이미 정혼한 로테와의 이루어질 수 없는 사랑을 인식하는 순간부터 그는 이미 다른 상실의 감정을 갖게 되면서 심한 멜랑콜리한 상태에 사로잡힌다. 그것은 다양한 방식으로 예견되고 있다. 예를 들면 7월 1일자 편지에서는 "나의 불행한 마음은 병석에 누워 앓고 있는 사람들보다 더 가련한 상태니까"(31)라고 언급되고 있으며 또한 권태, 불행, 죽음 등이 거론되고 있는 8월 22일자 편지도 베르테르의 멜랑콜리한 상태를 입증해준다. 특히 알베르트와의 대화를 전하는 8월 12일자 편지에서 베르테르는 이성적 사회를 극단적으로 거부하고 그 대신 내면성, 이성, 자살, 인간의 한계, 죽음에 이르는 병, 정열 등을 적극 옹호하고 나선다.

사랑하는 대상의 상실로 인한 멜랑콜리한 상태와 부합하는 것은 다름 아닌 자연의 변화이다. 이미 한 번 슬픔을 겪고 자연을 새로운 대상으로 찾았던 베르테르에게 이제 자연은 더 이상 아름답게 비추어지지 않는다. 그의 자아는 대상 손실로 인해 완전히 초라해진 상태이고

26 G. E. Lessing, *Emilia Galotti*, Stuttgart 1984, 76쪽.

더욱이 자기파괴적인 상태로 나아가고 있으며, 그런 내면적 상태와 동일시되는 것이 곧 파괴적 자연이다. "대자연 속에 숨겨져 있는 파괴력이 내 마음을 해치네. 이웃이나 자기 자신을 파괴하지 않는 것을 자연은 하나도 만들지 않았네. (…) 내가 보는 것은 다만 영원을 집어삼키고 되새김질하는 괴물뿐이네."(53) 상실한 대상의 그림자처럼 자연은 더 이상 아름다운 형상이 아닌 파괴적이고 어두운 형상을 띤다. 이와 같은 파괴적인 자연은 실제로 어두운 파괴력을 지닌 자연이면서도 동시에 베르테르의 내면에서 싹튼 형상으로 읽힐 수 있다. 베르테르의 자살 시점이 가까이 다가올수록 베르테르는 그 파괴적인 자연과 자기 자신을 동일시하는데, 이러한 양상은 다음과 같은 대목에서 그 절정에 도달한다.

> 바위에서 떨어져 내린 굽이치는 물이 달빛 속에서 소용돌이치는 것을 보는 것은 **무서운 광경**이었어. 밭, 목장, 울타리 그리고 모든 것을 뒤덮어버렸고, 저 넓은 골짜기는 온통 바람이 몰아치는 가운데 폭풍우 치는 바다 같았네. 이윽고 달이 다시 나타나 검은 구름 위에 걸려 있었고, 내 눈앞에서 그 물결은 섬뜩하리만큼 아름답게 빛 속에서 반사되면서 소리를 내며 흘러갔지. 그 순간 **전율과 그리움**이 나를 엄습했네. 아, **나는 두 팔을 벌리고 심연을 향해 마주서서 숨을 내쉬었지. 그리고 고뇌와 슬픔을 성난 파도처럼 쏟아버리는 환희에 젖어 나 자신을 잃고 말았어.**(99)

여기서 극단적인 심리적 상태에 부합하는 어두운 자연이 심미적으로 처리되어 있음을 알 수 있다. 사실 아름다운 자연이 어두운 자연으로 변화하는 상태는 이미 다른 대목에서도 압축적으로 처리된 바 있는데, 그것은 오시안, 호메로스 같은 작가 이름에 의한 환유법적 서술이다. 즉 "오시안이 내 마음 속에서 호메로스를 쫓아버렸네."(82) 로테와의 사랑의 좌절, 아름다운 자연의 상실, 이러한 상태에서 베르테르는 새로운 대상을 찾지 못한 채 자신의 내면에 자리 잡은 그 어두운 그림자와 자기 자신을 일치시키고 있다. "고뇌와 슬픔을 성난 파도처럼 쏟아버리는 환희에 젖어 나 자신을 잃고 말았어"라는 언술은 어두운 자연과 자기파괴적인 자아를 동일시하는 베르테르의 모습을 적절하게 그려주고 있는 것이다.

어두운 자연과 관련하여 또 한 가지 더욱 흥미로운 점은, 베르테르가 자살로 치닫는 상황에서의 자연 묘사는 동시대 철학자 칸트가 언급했던 "숭고"(Das Erhabene)의 상황과도 비슷하다는 것이다. 그러나 결정적인 차이는, 칸트가 어두운 자연에 직면하여 자아의 도덕적 숭고함을 강조하였다면, 괴테의 경우 도덕적 자아는 그 어두운 자연에 의해 압도당하고 만다는 것이다. 이는 곧 칸트식의 숭고함의 좌절을 뜻한다. 아울러 루소식의 자아도 좌절됨을 뜻한다. 『고독한 산책자의 몽상』에서 슬픔과 고독에 젖은 자아가 아름다운 자연을 새로운 대상으로 찾아냄으로써 멜랑콜리에 머물지 않고 자기 파괴의 위험을 극복하는 애도의 감정으로 전환하고 있다면, 베르테르의 경우 자연은 치유적 대안으로 작동하다가 갑자기 멈추게 된다. 혹은 지젝의 논리를 적용하자면, 베르테르의 경우 처음부터 역사나 자연 같은 근대성 이념이 결핍되어 있었고 단지 그러한 대상을 마치 소유했다가 상실한 듯한 기만적 모습이 극단적으로 그려져 있는 것과도 같다. 그런 멜랑콜리의 스펙터클한 제스처를 통해서 생산되고 있는 것은 다름 아닌 어두운 자연의 심미성에 부합하는 자기파괴(자살)라는 이데올로기의 숭고한 대상이다.

세 번째 장면

심미적 현상으로서의 멜랑콜리에 대한 세 번째 장면으로는 보들레르의 작품을 들 수 있다. 그런데 루소, 괴테가 형상화하였던 멜랑콜리와 보들레르(그리고 후에 벤야민)가 형상화하고 이해했던 멜랑콜리 사이에는 결정적 차이점이 있는데, 그것은 더 이상 도시로부터 도피한 자연 공간과 멜랑콜리의 관계가 아니라 도시 자체 내에서의 멜랑콜리라는 점이다. 사실 근대성, 멜랑콜리, 대도시는 매우 밀접한 상호 관계를 맺는다. 역사의 발전이라는 이념을 함의하고 있는 근대성은 대도시의 발전—특히 기술의 발전—을 통해서 더욱 낙관적으로 가속화된다. 그러나 근대성과 마찬가지로 대도시의 의미 또한 다양한 각도에서 복수성, 이중적 분열, 양가성으로 점철된다. 대도시는 한편으로 전통적인 삶의 형태나 가치로부터 해방된 시민적 개인들이 자율적으로 움직이는 삶의 공간이라는 긍정적인 의미를 띠지만, 다른 한편 아이러니컬하게도 그 개인이 점차 탈개인화됨으로써 집단적, 익명적 공간이라는 부정적 의미를 갖는다. 또한 한편으로 대도시는 시민적 공공성, 건강성 등을 표방하는 공간이지만 다른 한편 잔인성, 무관심, 고립, 병, 범죄, 불안 등이 꿈틀거리는 공간이기도 하다. 경제적으로도 대도시는 빈과 부가 동시적으로 공존하는 공간이다. 아울러 대도시는 자유로운 문화의 다양성을 보장하지만 동시에 유행 같은 획일성을 띤다.

이와 같은 새로운 형태의 대도시는 작가 보들레르에게 실제와 상상 간의 경계가 해체된 "상상적인 실제" 혹은 "실제적인 상상"의 공간처럼 여겨졌다. 대도시는 그 거주자들을 희생물로 취하는 몰록(Moloch)처럼 그려지는데, 이와 같은 몰록과도 같은 대도시 속에서 근대성 이념의 신화가 생산된다. 그런데 근대성 이념의 신화가 생산되는 대도시로부터 소외되어 있는 존재, 그렇다고 해서 대도시로부터 벗어날 수도 없는 기이하고도 이질적인 존재 상황에 대한 상상이 문학에서 펼쳐지는데, 그것은 18세기와는 전혀 다른 멜랑콜리의 특성에서 찾을 수 있다. 그 멜랑콜리는 실존적 진정성의 재현이라기보다는—대도시처럼—실제와 상상 사이에서 부유하는 심미적 특성을 지닌다. 그와 같은 멜랑콜리는 특정 이념이나 대상을 상실한 슬픔이기보다는 뚜렷한 이유 없이, 뚜렷한 상실의 근거 없이 우울과 권태에 젖고 더 나아가 광기와 극단적인 패덕의 모습까지도 띤다. 요컨대, 그 기괴한 멜랑콜리 현상과 관련해서는 프로이트의 정신분석학적 해석은 더 이상 타당성을 갖지 못하며 그 대신 알레고리 같은 문학적 방식을 이해함으로써만 멜랑콜리에 내재해 있는 의미가 발견될 수 있다.

우선 보들레르의 대표적 작품인 『파리의 우울』에 나타난 멜랑콜리의 인상학적 분석을 시도해보자. 거기서 멜랑콜리는 늙은 여인, 광대, 예술가, 대중 등 다양한 매개적 인물을 통해 형상화되고 있다. 가령 「늙은 여인의 절망」에서 멜랑콜리한 여인은 "영원한 고독 속으로 물러나 구석에서 울고"[27] 있으며, 또한 고독한 몽상에 젖은 예술가도, 루소의 『고독한 산책자의 몽상』과 비슷하게, 자신의 "위대한 몽상 속에서 자아(le moi)가 사라지는" 상태를 경험하기도 한다. 멜랑콜리한 이는 어떤 황홀한 상태에 젖을 때도 있지만 이와 달리 자기비하적이고 자기파괴적인 모습을 내보인다. 예를 들면 「어릿광대와 비너스」의 경우 "나는 사랑도 친구도 상실당한 가장 고독한 마지막 인간입니다. 그런 점에서 볼 때 나는 가장 형편없는 짐승만도 못한 겁니다. 그런데도 나는 불멸의 미를 이해하고 느낄 수 있게끔 되어먹은 것입니다"라고 서술되어 있다. 18세기 텍스트와는 달리 대도시에 기거하는 멜랑콜리한 이는 자기 자신에 대한 성찰을 전개하는 특이한 현상을 띤다. 그는 자신의 멜랑콜리가 "책에서 부자연스러운 태도를 꾸미는 멜랑콜리"와는 다른 것이라고 스스로 인식하고 있으며(「야만스런 여인과 젠체하는 여인」), 또는 살인과 음란의 영혼이 자신의 "고독"에 기거하고 있음을 느낀다고 말한다. 여기서 간과되지 말아야 할 점은, 책에서 꾸며진 멜랑콜리와는 정말 다른 실제적인 멜랑콜리라고 언급하는 언술 자체가 사실은 이미 책 속에서 꾸며진 것에 다름 아니라는 점이다. 즉 허구가 아니라 실제인 것처럼 말하는 것 자체가 허구인 셈이다. 요컨대, 멜랑콜리한 증세는 더 이상 실제의 정신분석학적 증세가 아니라 심미적으로 채색된, 인공적으로 만들어진 것일 뿐이다. 대도시 내의 멜랑콜리와 관련된 중요한 또 하나의 특징은 그것이 대중과 예술가를 연결시켜주는 매개로 작용한다는 점이다. "군중과 고독, 이 두 어휘는 풍요하고 적극적인 시인에게는 서로 교환할 수 있는 동동한 어휘일 수 있다. 자신의 고독을 채울 줄 모르는 자는 역시 분주한 군중 속에서 홀로 존재할 줄 모른

27 Ch. Baudelaire, *Die Tänzerin Fanfarlo und Der Spleen von Paris*, deutsch übersetzt von W. Küchler, Zürich 1977. 여기서는 다음의 국내 번역서를 참조하였음(『파리의 우울』, 윤영애 옮김, 민음사, 1996).

다."(「군중」) 예술가는 대도시를 회피하는 것이 아니라 대도시 내에서 외롭게 거니는 댄디 혹은 배회자(Flaneur)의 모습을 띠기도 하며 혹은 자신을 "개"로서 간주하기도 한다. "나는 흙투성이의 개를 찬양하는걸. 집도 없는 개, 배회하는 개, 어릿광대인 개를 나는 노래한다. 그들의 직감은 가난한 자, 보헤미안, 익살광대의 그것처럼 필요에 의해—이 놀라운 지성의 어머니, 이 진정한 지성의 수호신! 필요에 의해—훌륭한 자극을 받고 있다."(「착한 개들」)

이와 같은 모습은 멜랑콜리의 무해한 외면을 구성한다. 그런데 멜랑콜리한 자는 때론 충동적인 파괴나 광기적인 행동에의 쾌락 같은 위험한 성향을 내보이는데, 그 점은 『파리의 우울』의 백미인 「불쾌한 유리장수」를 통해 구체화될 수 있다. 그 이야기의 서두는 다음과 같다.

> 순전히 명상적이며 행동에는 전혀 적합지 않은 성품의 소유자들이 있는 법이다. 그러나 그들이 때로는 신비한 불가사의의 충동하에 자신조차 가능하리라고 믿어지지 않을 정도로 재빨리 행동에 뛰어드는 수가 있다. (…) 모든 것을 다 안다고 자처하는 의사나 도덕주의자도 어떻게 이 나태하고 관능적인 영혼에 그처럼 갑자기 **광기에 가까운 에너지**가 나타나는지 설명하지 못할 것이다.

이처럼 화자는 권태, 공상, 충동에 사로잡혀 "위험한 행위"를 저지르는 친구들에 관해 언급하면서 그 자신도 위험한 일에 대한 충동(즉 사악한 악마의 충동)에 사로잡힌 나머지 어떤 일을 저지른 바 있다고 밝힌다. 그 이야기의 대략적인 내용은 다음과 같다. "우울하고 슬프고 피곤

한"(이것은 개인적인 상태라기보다 암울한 사회적 상태를 암시해준다!) 느낌에 젖어 있는 화자는 어느 날 아침 유리제품을 팔러 다니는 가난한 장사꾼의 소리를 듣고서 위층의 자기 방으로 그를 불러들인다. 그러나 화자는 "인생을 아름답게 보게 하는 색유리"를 팔지 않는다는 이유로 그 유리장수를 내쫓고는 다시 발코니로 나가서 그 가난한 유리장수를 향해 화분을 내던진다. 그로 인해 그 유리장수가 갖고 있던 모든 유리제품은 순식간에 깨지고 말았는데, "그 깨지는 소리는 벼락을 당한 수정궁전이 폭발하는 소리를 만들었다"는 것이다. 이것이 멜랑콜리한 화자가 전하는 이야기의 전부다.

이 텍스트와 관련하여 제기될 수 있는 질문은, 과연 갑작스런 충동에서 나온 멜랑콜리한 일인칭 화자의 행위가, 일반적인 사회심리학적 차원에서처럼, 일종의 "충동적 패덕성"으로 간주되어야만 하는 것인가 하는 점이다. 아무런 이유 없이 가난한 유리장수에게 화분을 던지는 화자의 위험한 행동은 정말 "악마와도 같은" 행동인 것일까? 만약 이 텍스트를 멜랑콜리한 자의 위험한 행동에 관한 재현으로 이해하고 도덕적, 심리학적 진단을 내리려는 평자가 있다면, 아마도 그는 보들레르의 텍스트는 일반 독자에게 모방 행위를 부추길 수 있는 매우 위험한 문학이라고 평할지도 모른다. 그러나 그와 같은 개연성 있는 심리학적, 도덕적 수용 행위에 대해서 위에 인용된 대목은 일침을 가하고 있다. 즉 멜랑콜리한 자의 광기어린 행동을 "의사"나 "도덕주의자"는 전혀 설명할 수 없을 것이라고 말해주는 언술은, 문학적 텍스트 내에 그려진 행위는 심리학적, 도덕적 진단에 내맡겨질 수 없다는 점을 우회적으로 말해준다. 그렇다면 어떤 해석 방식에 의해서 문학적 텍스트는 이해되어야 할까? 그것은 바로 알레고리라는 "문학적 독법"을 통해서만 가능하다. 알레고리는 형상(Bild)과 의미의 불일치, 기표와 기의의 불일치에 그 토대를 둔다. 바로크 시대나 보들레르 문학을 새롭게 해석한 벤야민에 의하면, 알레고리는 영상과 (그것의 일반적인) 의미 간의 불일치에서 출발하여 완전히 "다른 의미"를 향하고 있다고 강조한 바 있다. "알레고리커의 손에서 사물은 다른 어떤 것이 되며, 이를 통해 알레고리커는 어떤 다른 것에 대해 말한다."[28]

바로 「불쾌한 유리장수」도 멜랑콜리와 알레고리가 함께 작용하고 있는 텍스트다. 가난한 사람을 이유 없이 가해하는 반인륜적 행위를 보여주는 듯한 이 텍스트는 사실 하나의 정치적, 미학적 구성물이다. 단순히 일반인의 병적인 심리 상태로 환원될 수 없는, 문학적 상상력에서 인공적으로 만들어진 텍스트는 그 제시된 표피적인 의미와는 완전히 다른 정치적인 의미를 지니며, 이것이 곧 보들레르 텍스트의 알레고리컬한 특성과 연결된다. 즉 화자가 전하는 이야기의 핵심은 유리장수가 갖고 있던 유리제품들의 "깨지는 소리"에 있다. 그 소리는 마치 "벼락을 당한 수정궁전이 폭발하는 소리"로 비유되고 있는데, 여기서 수정궁전에 대한 이해를 통해서만 텍스트의 알레고리 혹은 "사악한 아이러니"가 무엇을 꾀하고 있는지 알 수 있게 된다. 그 수정궁전은 다름 아닌 "새로운 파리라는 소위 아름다운 세계의 훌륭한 건축물" 혹은 당시 "화려한 거리나 국제박람회에서 경탄을 불러일으켰던 소비의

28 W. Benjamin, "Ursprung des deutschen Trauerspiels", in: *Gesammelte Schriften*, hrsg. v. Rolf Tiedemann und Hermann Schweppenhäuser, Frankfurt a. M. 1972, Bd. I, 359쪽(이하 GS).

성전"[29]을 암시하고 있는 것이다. 따라서 멜랑콜리한 화자의 공격 대상은 가난한 유리장수 자체가 아니라 거대한 자본과 현란한 소비사회이며, 이러한 소비사회에 대한 급진적인 공격성이 곧 보들레르 특유의 "전복의 미학"을 구성하고 있다. 그런 의미에서 근대성 이념과 대도시에 대해 화자는 적대적인 모습을 띠고 있다.

다른 한편으로 이 산문시는 보들레르 자신의 문학과 동시대의 문학적 경향 간의 차이를 암시해주기도 한다. 즉 이 산문시는 "파리를 미화시키거나 혹은 자본가들에게 삶을 달콤하게 만들어주는 아름다운 미에 대한 저항"[30]을 담고 있으며, 이런 점에서 "삶을 아름답게! 삶을 아름답게!"라고 외치는 화자의 목소리는 마치 그 자신이 요구를 내세우는 것처럼 되어 있지만, 이것 역시 아이러니이다. 그것은 "삶을 아름답게" 꾸미려 했던 동시대의 문학적 경향(즉 부르주아 문학)에 대한 비판적 아이러니인 것이다. 짧게 정리하자면, 보들레르의 텍스트는 부르주아 문학의 언어와 문학관을 차용하여 그 부르주아 계급에 맞서려 했던 것이다. 강렬하고도 순간적인 파열음을 야기하는 파편 조각의 시청각적 이미지는 어쩌면 두 가지 의미와도 연결될 수 있는데, 즉 한편으로 자본과 소비에 이끌려가는 산문적 현실에 대한 저항의 소리이며 다른 한편으로는 삶의 심미화를 파괴하려는 보들레르 텍스트 자체가 내는 소리일 수도 있다. 더 이상 애처로운 슬픔이 아니라 저항적이고 파괴적인 강렬한 소리와 멜랑콜리한 텍스트는 서로 연관되어 있는 것이다.

29 D. Oeler, *Ein Höllensturz der Alten Welt*, Frankfurt 1988, 296쪽.

30 같은 책, 297쪽.

네 번째 장면

대도시와 멜랑콜리를 주제로 삼고 있는 보들레르 텍스트는 그동안 상당히 왜곡된 채 흔히 현실도피적이고 탐미주의적인 문학으로만 비판되어왔지만, 다행히도 발터 벤야민이 그러한 왜곡된 수용을 수정하면서 근대성 이념에 대한 비판적 맥락 차원에서 보들레르 텍스트를 새롭게 읽어냈다. 이를 위해서는 무엇보다도 탐미주의나 멜랑콜리에 대한 기존의 부정적 선입견과 사유를 수정해야만 하는데, 이를 위해서는 "바로크, 알레고리, 멜랑콜리" 간의 친밀한 관계에 대한 새로운 인식이 요구된다. 벤야민의 『독일 바로크 비극의 기원』은 그 관계를 제대로 읽어낸 대표적인 연구서라고 할 수 있다. 그 저서에서 벤야민은 "바로크"라는 개념을 16/17세기 시대로만 파악한 것이 아니라 바로 역사의 무한한 발전을 꾀하는 근대성 이념에 대한 메타포로 인식하였으며, 그 근대성 이념에 대한 비판적인 멜랑콜리한 감정이 다름 아닌 알레고리를 통해 표출되고 있음을 간파하였다. "애도의 이론은, 마치 비극과는 대조적인 추로서 제시되듯, 멜랑콜리한 이의 시선하에 드러나는 세계, 그러한 세계의 서술에서만 전개될 수 있다."[31] 바로크 작가들과 관련하여 벤야민은 그들을 현실의 엄숙함 속에서도 우울과 삶의 허무를 발견해냈던, 그리고 현실을 변혁시키려 했던 멜랑콜리커로 해석하였다. 요컨대, 그들에게 삶과 역사는 결코 낙관적이지 않았다. 왜냐하면 역사

31 W. Benjamin, "Ursprung des deutschen Trauerspiels", in: *Gesammelte Schriften*, hrsg. v. Rolf Tiedemann und Hermann Schweppenhäuser, Frankfurt a. M. 1972, Bd. I, 318쪽(이하 GS). 인용문을 통해 알 수 있듯이 사실 벤야민은 애도와 멜랑콜리를 명확히 구분하지 못했다.

의 주인이 된 인간의 행위에서 "공허한 세계"가 싹트게 되었고 그로 인해 모든 인간의 현존재에 전율이 놓여 있었고 삶은 경직된 것으로 비추어졌기 때문이었다. 여기서 그들 바로크 작가들은 재현의 서술 방식보다는 자연의 허무를 통해 역사의 허무를 읽어내는 우회적인 서술 방식인 알레고리를 취했으며, 그런 의미에서 벤야민은 전통적인 상징 우위를 비판하고 동시에 알레고리를 새롭게 복권시켰다.

죽음, 시체, 허무 같은 생명체의 자연적 몰락 상태를 담은 형상이 역사 발전에 대한 부정을 암시하는 알레고리컬한 방식을 논하기 위해 벤야민은 독특한 언어학적, 기호학적, 미학적 사유를 제시한다. 가령 알레고리의 구조를 "형상적 존재와 의미 사이의 심연"[32]으로 정의하고 있는 대목뿐 아니라 다음과 같은 알레고리의 구조적 특성에 대한 언급이 그에 해당된다. "그(알레고리를 구사하는 작가—옮긴이)의 손에서 사물은 다른 어떤 것이 되며, 이를 통해 그는 어떤 다른 것에 대해 말하고 있다. 그가 사물을 엠블렘(Emblem)으로서 경외시할 때 그 사물은 그에게 은닉된 지식 영역의 열쇠가 된다. 이것이 곧 알레고리가 지닌 글의 특성인 것이다."[33] 표현된 사물이 알레고리를 구사하는 작가의 손을 거치면서 "다른 것"으로 된다는 점, 그리고 그러한 과정을 통해 "다른 것에 대해 말하고 있다"는 점, 이러한 과정은 좁게는 기표와 기의의 불일치, 넓게는 텍스트와 의미의 불일치를 뜻한다. 일반적으로 바로크 시대의 알레고리는 그림과 간단한 텍스트로 구성되어 있는데, 그러한

32 같은 책, 342쪽.

33 같은 책, 359쪽.

형상(텍스트와 그림)은 특정한 의미를 단순히 재현하는 것이 아니라 "다른 의미"를 향하고 있는 것이다. 생명체의 자연적인 몰락 상태 같은 형상이 "역사"라는 다른 의미를 향하고 있는 까닭은 그 알레고리적 형상이 단순히 형상으로 그치지 않고 새로운 글 읽기를 통해 새로운 의미를 찾을 것을 요구하는 "글의 특성"처럼 작용하고 있기 때문이다. 이러한 형상과 의미의 불일치를 근본으로 하는 알레고리는 다름 아닌 "모든 전달과 내적으로 단절된 상태로서 언어 자체에 구성적으로 속해 있는 간극"[34]이라고 부연될 수 있다. 그와 같은 형상과 의미의 불일치 내지는 간극으로서의 알레고리는 보들레르에게서도 지속하는데, 벤야민은 보들레르가 구사하는 현대적 알레고리의 특성을 다음과 같이 밝히고 있다. "사물을 그것의 일반적인 연관성에서부터 떼어놓는 것—물론 이것은 상품이 진열되는 단계에서 자연스러운 일인데—이 보들레르의 매우 독특한 방식이다. 그것은 알레고리적 의도에 내재해 있는 유기체적 연관성의 파괴 방식과 연관되어 있다."[35]

알레고리로 표현된 사물이 사물의 본래 "연관성"을 파괴하고 다른 맥락으로 전이됨으로써 "다른 의미"를 획득하게 되는 현상은, 가령 보들레르 문학의 경우 상품, 대도시, 에로틱한 여인 같은 형상적 서술이 단순히 자본주의적 삶에의 탐닉을 옹호하는 것이 아니라 물질 사회에 대한 비판, 상품으로 전락한 예술의 의미, 좌절된 혁명의 슬픔 같은 다양한 의미를 향하고 있는 점과 연계된다. 그러한 보들레르 문학과 관

34 B. Menke, *Sprachfiguren. Name-Allgeorie-Bild nach Benjamin*, München 1991, 14쪽.
35 GS, Bd. I, 670쪽.

련하여 벤야민은 다음과 같은 분석을 제시한다. "알레고리로 일그러진 상품 세계의 모습은 바로 상품 세계의 기만적 변용에 대항한다. 상품은 자신의 얼굴을 보려고 한다. 창녀를 통해 상품은 자신의 인간화된 모습을 내보인다."[36] 또한 대도시에서 개최되는 "박람회는 상품 숭배를 위한 순례지"[37]와도 같으며 그와 같은 박람회를 통해 유행이 조성되는데, 이때 "유행은 상품 숭배가 성스럽게 치루는 예식을 지시한다."[38] 사실 보들레르의 알레고리적 서술을 자세히 들여다보면, 거기서도 죽음의 이미지는 매우 중요하다. 그것은 보들레르가 근대성의 특징으로 언급했던 "유행"이 사실은 그 모든 척도를 죽음에 두고 있기 때문이다. 요컨대 새로운 것의 유행은 낡은 것을 사라지게(죽음) 만들지만 동시에 그 새로운 것 자체도 곧 낡은 것으로 되고 마는, 즉 사라지게(죽음) 되는 운명을 갖는다. 그리고 상품과 유행의 형상을 통해 표출된 죽음의 이미지는 곧 역사의 모습을 가리키고 있는 것이다. 그렇기 때문에 바로크 비극에서 팽배했지만 이후 계몽과 역사의 발전 이데올로기에 의해 점차 밀려났던 알레고리적 서술이 보들레르 문학을 통해 다시 부활하였을 때, 바로크 문학에서 읽혀진 죽음과 역사의 변증법적 관계가 보들레르 문학에서도 반복된다. 단지 차이점이 있다면 "바로크 알레고리는 시체를 밖에서 본다. 보들레르는 그것을 안에서 보고 있다"[39]라는 식의 외면과 내면의 차이가 있을 뿐이다.

36 같은 책, 671쪽.

37 GS, Bd. V, 50쪽.

38 같은 책, 51쪽.

39 GS, Bd. I, 684쪽

근대성으로서의 바로크, 멜랑콜리, 알레고리 간의 관계에서 또 한 가지 흥미로운 점은, 벤야민이 바로크 시대의 영주의 모습을 "멜랑콜리한 자에 대한 패러다임"으로 읽고 있다는 것이다. 영주가 기거하고 있는 화려한 궁정은 곧 "슬픔의 공간으로 명명되는 지옥의 그림과 그리 다르지 않은"[40] 공간으로서 "흩어짐(Zerstreuung)과 집중(Sammlung)"[41]의 특징을 띤다. 이러한 특징은 다시금 사회적 근대성과의 연관 속에서 그 의미를 획득하는데, 즉 영주와 궁정은 다름 아닌 멜랑콜리한 댄디와 아케이드 같은 대도시적 소비 성전물의 모습을 통해서 다시 출현하는 것이다. 다시 말하면, 흩어짐과 집중의 궁전 안에서 방황하는 영주의 모습이 마찬가지로 흩어짐과 집중의 특징을 지닌 아케이드 내에서 산책하는 댄디의 모습과 오버랩되는 셈이다.[42]

IV. 나가는 말

애도와 멜랑콜리를 구분했던 프로이트로 다시 돌아가면, 그 두 개념은 영화라는 새로운 문화적 매체와 관련하여 서로 상이한 입장을 취했던 벤야민과 아도르노에게도 적용될 수 있다. 아우라를 지닌 전통적인 예술과 자본주의 간의 관계에 직면하여 그들은 각기 애도와 멜랑콜리를 경험한 이들이다. 아도르노는 자본주의적 현실 속에서 예술의 전통적 위상이 사라졌음을 인식했지만 그의 미학에는 여전히 예술의 전

40 같은 책, 322쪽.

41 같은 책, 364쪽.

42 이에 대해서 필자의 저서(『파편과 형세—발터 벤야민의 미학』, 서강대학교 출판부, 2012) 가운데 4장을 참조할 것.

통적 위상의 그림자가 드리워져 있었는데, 즉 그는 전통적 예술이라는 대상 상실을 극복하지 못한 멜랑콜리한 미학이론가로 머물렀다. 이와 달리 자본주의적 힘이 맹위를 떨치는 가운데 그에 저항하는 차원에서 벤야민은 전통적인 예술과 작별하고 새로운 매체인 영화를 사회 개혁을 위한 새로운 대안으로 받아들였으며, 그런 의미에서 그는 애도의 입장을 취했던 것이다. 이러한 양자의 차이점은 형상과 개념의 대립으로 벤야민이 자신과 아도르노와의 차이점을 설명하는 듯한 짧은 대목을 통해서 입증될 수 있다. "작별의 경우 개념이 중지하게 되고 결국 형상으로 된다."[43] 이 대목은 "개념이 형상으로 되는" 새로운 상황, 즉 영화 매체의 현실을 옹호하는 것으로 파악되는데, 즉 벤야민이 전통 예술 및 개념적 사유와 작별을 고하고 형상의 시대를 적극 받아들였다는 점을 뜻한다. 물론 아도르노와 벤야민의 차이점은 일시적인 측면일 수도 있다. 왜냐하면 벤야민에게서는 사실 모순적인 모습이 드러나는데, 가령 그는 영화 매체를 취함으로써 애도의 감정을 취했더라도 문학과 관련해서는 여전히 예술의 전통적인 위상에 대한 멜랑콜리한 감정을 지녔기 때문이다.

새로운 기술적 매체 환경에 직면하여 벤야민과 아도르노가 각기 다르게 취했던 애도와 멜랑콜리는 어쩌면 오늘날 문학과 영화 간의 매체적 경쟁에서 양자택일의 선택적 강요를 받고 있는 수많은 인문학자들에게도 적용될 수 있을지 모른다. 즉 전통적 예술과 작별하고 새로운 대상으로서의 영화를 찾아 나서려는 이들, 아니면 전통적 예술의 그

43 GS, Bd. V, 47쪽.

림자 내에서 자리 잡고 있는 이들, 이러한 두 가지 상반된 모습이 사실 현재 인문학자들의 불안정한 자화상을 이루고 있다. 물론 누가 능동적인지 혹은 수동적인지 알 수 없는 노릇이지만….

멜랑콜리와 모더니티
문화적 모더니티의 세계감 분석[1]

김홍중

I. 문화적 모더니티

보헤미아에서 태어나 19세기 프랑스의 무언극 배우로 명성을 떨친 드뷔로(Jean Gaspard Deburau, 1796-1846)는 이탈리아의 코메디아 델라르테에 나오는 피에로를 프랑스식으로 변신시켜, 천진하면서도 슬픈 웃음을 자아내는 현대적 광대의 원형을 창출하였다. 그에 관해 전해오는 한 일화를 벤야민(Walter Benjamin)은 자신의 『파사젠베르크』(Passagenwerk)의 "권태, 영겁회귀" 장(章)의 한 페이지에 다음과 같이 기록해 놓았다. "유명한 신경 전문의 한 사람이 파리에 있는 자신의 진료소에

1 이 논문은 『한국사회학』 40집 3호(2006)에 실렸으며, 『마음의 사회학』(문학동네, 2009)에 부분 수정 후 다시 실렸음을 밝힌다.

서 어떤 환자를 맞이했다. 처음 보는 이 환자는 소위 세기병에 시달린다고 토로하였고, 살고픈 의욕이 거의 없으며, 기분이 늘 침울하며, 항상 권태롭다고 하소연을 늘어놓았다. "걱정할 것 없소이다." 침착하게 진찰을 마친 후에 의사가 말했다. "당신은 약간 휴식을 취해야 할 것 같소, 편하게 좀 쉬시오. 날을 잡아서 드뷔로의 공연을 보러 가시오. 그러면 아마도 인생이 달리 보일 거요." 환자가 대답했다. "하지만 선생님, 제가 바로 드뷔로입니다."(Benjamin 1927-1940: 133) 드뷔로의 선조(先祖)라 할 수 있는 중세의 광대들은 타인과 자기 자신마저 웃음거리로 만들 수 있는 특권적인 존재로서, 이들의 신랄한 재담과 파괴적인 농담 그리고 과장된 몸짓과 가면 뒤에는 종종 사태를 명증하게 파악하는 비판적 지성의 단초 혹은 이러한 지성의 소유자가 '어리석은' 세계에 대해서 가질 법한 깊은 상심이 은폐되어 있었다(Bakhtine 1937-8: 350-5). 그러나 위의 일화에는 무언가 더 심각한 것이 존재한다. 우울은 이제 의사와의 상담을 통해서 치료되어야 하는 질환이며 우울을 풀어주는 광대마저 우울증에 빠져 있다. '세기병'이라는 표현에서 알 수 있듯이, 우울은 이제 그 외부가 존재하지 않는 하나의 세계감(感)으로 자리 잡은 것이다.

19세기의 중후반 이후에 이처럼 문화의 한 차원으로 구조화되는 권태, 슬픔, 무기력, 멜랑콜리, 허무감, 무사감(insouciance), 피로감 등의 정서군(群)은 고대로부터 내려오는 서구의 체액설에 의해 흔히 '우울질'의 감정 형식으로 분류되어왔고, 오랫동안 서구인의 심성 속에서 신화적 영향력을 행사하던 점성술에 의해 '토성'(Saturn)의 감정이라 일컬어져왔다. 나태함, 게으름, 몽상, 느림, 어둠, 깊이 등의 다양한 속성들이 부여된 이 토성의 감정들이 갖고 있는 결정적인 특성은 이들이, 고전적 의미의 열정처럼 적극적으로 분출되는 감정이 아니라 열정의 결여, 감정을 느낄 수 있는 능력의 쇠락, 즉 감정의 불가능성과 연관되어 있다는 사실이다. 가령, 플로베르의 『보바리 부인』(1856)에서 엠마 보바리의 삶을 삼킨 권태는, 고독과 막연한 그리움과 긴장된 무기력으로 가득 차 있는 공허한 일상적 세계 속에서 그 어떤 것에도 진정한 삶의 활력을 느끼지 못하게 하는 타성의 원천으로 등장한다. '불안'이라는 정서를 20세기의 실존철학에 전수했던 키르케고르는 『이것이냐, 저것이냐』(1843)에서 멜랑콜리가 야기하는 정신적 무능을 다음과 같이 진술하고 있기까지 하다. "사람들은 오랫동안 우리 시대의 무심함에 대해서 말해온 바 있다. 나는 지금이야말로 우리 시대의 멜랑콜리에 대해서 말해야 할 때라 생각하며, 이와 연관된 모든 것들이 해명되기를 희망한다. 멜랑콜리야말로 무사태평한 웃음 속에서 메아리치는 이 시대의 질병이며, 우리로부터 명령과 복종과 행동과 희망의 용기를 앗아간다."(Kierkegaard 1843: 364)

행동과 감정의 불가능이라는 이러한 세계감은 역설적이게도, 사회의 모든 부면(部面)에서 성취된 전례 없는 혁신에 대한 자신감과 역사적 미래에 대한 낙관 위에 설립된 근대의 진보적 세계관의 필연적인 그림자였다. 근대가 창출한 사회적 모더니티가 국민-국가, 자본주의 그리고 시민사회를 축으로 하는 공적 제도의 영역에서, 베버의 표현을 빌리자면, '정신(Geist) 없는 전문가'와 '가슴 없는 향락자'들을 양산했다면(Weber 1904-5: 136), 사회적 모더니티의 지배적 가치들에 저항하는 미적 기획에 다름 아닌 문화적 모더니티는 진보하는 부르주아의 공적 세계가 엄폐한 사적 공간에서 되살아난 우울의 신 사투르누스(Saturnus)의 힘에 복속된 '토성의 아이들'을 탄생시켰다.[2] 사회적 모더니티는 과학과 기술의 힘으로 외적 자연을 탈(脫)마법화시키고, 열정을 이해로 변신시킴으로써 인간의 내적 자연마저 정념의 마성으로부터 해방시켰으나(Hirschman 1977), 문화적 모더니티는 이러한 해방의 아이러니한 결과에 다름 아닌 환멸감 속에서 죽은 고대의 신에 다시 사로잡힌다. 역사적이고 집합적인 파토스의 차원에서 보자면, 근대인의 감정을 지배하는 것은 우울자들을 비호하는 사투르누스였다. 고전사회학이 다양한 방식으로 집합적 감정을 다룰 수 있는 가능성을 실험했음에도 불구하고(김경동 1989: 346-354), 근대적 세계감의 가장 근본

2 독일의 문예학 전통에서 수용미학의 창시자 한스 로베르트 야우스는 미적 모더니티(ästhetische Moderne)라는 개념을 사용해온 바 있다. 이 용어는, 영미문학 이론에서 하나의 장르로 파악되는 '모더니즘'이라는 협소한 개념과는 달리, 루소, 독일 낭만주의, 괴테, 보들레르, 프루스트, 아방가르드, 미래파, 입체파, 표현주의 등의 다양한 근대예술 현상과 니체, 벤야민, 아도르노 등의 문화 비판의 흐름을 포괄하는 근대의 독특한 미학적 선회를 특화시켜 지칭하는 용어이다(Jauß 1970; Jauß 1989; Bohrer 1994; Habermas 1984: 26-35). 이러한 의미에서 미적 모더니티와 소위 사회적 모더니티 사이에는 일종의 긴장, 갈등, 경합이 존재하는 바(Calinescu 1977: 53), 근대성 내부에서 발견되는 이러한 두 개의 상이한 모더니티에 대한 논의는 모던/포스트모던의 이분법적 사유를 지양하면서 문화적 산물들에 대한 심층적인 논의를 펼치고 있는 최근의 인문, 사회과학적 흐름 속에서 폭넓게 수용되고 있다. 본고에서 필자는, 역사적 과정이자 사회적 실재의 변동으로서의 근대화를 내재적으로 비판하고자 했던 이러한 흐름을 단순히 '미학적' 영역에 국한시키지 않고, 좀 더 포괄적인 의미에서 문화적 모더니티라 부르고자 한다(박성환은, 짐멜의 '사회학적 미학'에 대한 논의를 통해서 '문화적 근대'라는 용어를 사용한다(박성환 1999)). 이러한 맥락에서 본 논문은 문화적 모더니티를, 19세기 중후반으로부터 20세기 초반에 이르는 서구의 지성사, 예술사, 문학사의 영역에서 다양하게 표출되었던 근대적 삶의 양식에 대한 비판적 사유와 상상력의 표현으로 특징지어지는 미학적, 인식론적, 윤리적 문제설정이며, 다양한 저자, 개념, 수사(修辭), 전망, 전략, 감수성, 테마 등의 동시대적 교직(交織), 즉 하나의 담론 구성체(formation discursive)로 규정한다.

적인 차원인 이 토성적 감정의 발생과 구조에 대한 체계적인 접근은 보여주지 못했다. 근대적 멜랑콜리는 사회학이 아닌 심리학 혹은 정신분석학의 대상으로 설정되었고, 사회를 움직이는 추동력이 아닌 특정 계급의 나른하고 나약하고 몽롱한 허위적 감정의 사치쯤으로 인식된 것이 사실이다. 그러나 멜랑콜리는 문화적 모더니티를 이해하는 가장 기본적인 정서적 코드이며, 대다수의 문화적 산물들의 심정적 배경을 구성하는 문화해석학적 열쇠라는 점에는 이론의 여지가 없다고 할 수 있다(Blaise 2002: 80). 이러한 맥락에서 이 글은 고전 사회학이 공백으로 남겨놓은 이 세기적 감정에 대한 사회학적 접근의 초안을 다음과 같은 순서로 기획한다. 첫째, 감정, 열정, 정념, 충동, 정서, 파토스 등 다양한 방식으로 불리는 소위 '느낌'의 문제에 대한 구조적인 접근을 가능하게 해주는 개념으로서 우리는 하이데거의 정조(情調, Stimmung) 개념을 소개한다. 둘째, 문화적 모더니티의 근본 정조로 규정되는 '토성적인 감정'의 계보를 재구성함으로써 그 역사적 발생 구조를 명료히 드러낸다. 셋째, 이러한 토성적인 감정이 구성하는 의미 구조를 주체, 세계, 그리고 세계와 관계 맺는 주체의 전략이라는 차원에서 분석한다. 넷째, 토성적 정조의 가장 전형적인 형상화를 보여준 보들레르의 시세계에 대한 감정사회학적 분석을 제시한다. 이러한 논의들의 결론을 대신하여 감정에 대한 사회학적 접근의 가능성을 모색한다.

II. 감정사회학의 기본 개념: 하이데거의 정조(Stimmung)

합리성과 자유의지의 확고한 이상 위에 설립된 서구의 지적, 윤리적 전통에서, 감정은 늘 부차적이고 잉여적인 것으로 취급되어왔다

(Averill 1974/1996; Joffe 1999: 184). 감정 즉 파토스는 항상 능동적인 행위(poïeïn)가 아닌 수동적 정념(passion)이며, 항상적 실체(ousia)가 아닌 우발적인 사건이며, 철학적 사유가 이상으로 삼던 평정심(apathéia)과 지혜(sophia)에 반하는 정신의 동요로 이해되었다(Didi-Huberman 2002: 203). 철학뿐 아니라 사회과학의 경우에도 이는 마찬가지였는데, 그 이유는 감정이 주관적이고 개인적이며 비합리적인 토대를 갖고 있다고 파악되었기 때문이다(Joffe 1999: 183-211). 따라서 감정에 대한 사회학적 접근이 이루어지기 위해서 우선 요구되는 것은 감정이 순수한 심리학적 현상이 아니라 집합현상을 이해하고 설명할 때 반드시 고려해야 하는 문화적, 역사적, 사회적 객관성을 구비한 현상이라는 인식이다. 이러한 인식의 대표적인 실례를 우리는 하이데거의 '정조' 개념에서 찾아볼 수 있다.[3]

하이데거는 1929년에서 30년에 이르는 겨울학기 동안에 프라이부르크 대학에서 행한 일련의 강의에서 '철학적 사유를 뒷받침하고 있는 감정이 무엇인가'라는 질문을 던지고, 그 해답으로서 권태라는 감정을 제시한다. 철학함의 근본 감정이 권태인가, 불안인가 아니면 공포인가라는 문제는 오히려 부차적인 것이다. 더욱 중요한 것은 그가 던진 '형

3 감정, 느낌, 파토스, 열정, 정념, 충동, 감각 등의 개념들은, 김경동이 적절하게 지적하고 있듯이, 논자의 이론적 관점에 따라서, 학문 분과에 따라서, 그리고 지칭하는 현상의 영역(예술, 문학, 학문, 종교 등)에 따라서 매우 상이하게 사용되는 용어들이다(김경동 1989: 361). 그러나 이러한 차이에도 불구하고 이 용어들의 동질성을 보장해주는 것은 이 개념들이 사유(thinking), 느낌(feeling), 의지(wanting)라는 인간의 권능 중에서 느낌(feeling)의 차원을 지칭한다는 사실이다. 정조라는 개념은 이러한 맥락에서, 감정, 느낌, 파토스, 열정, 정념, 충동, 감각 등 다양한 방식으로 불리는 인간 주체의 정서적 권능에 대한 현상학적, 실존철학적 명명으로 이해할 수 있다.

이상학의 파토스는 무엇인가?'라는 질문의 형식 그 자체이다. 왜냐하면, 위의 질문은 철학적 사유의 기저에 이성이 아닌 특수한 감정의 상태가 놓여 있다는 사실을 내포한다는 의미에서 로고스와 파토스의 위계를 전도시키고 있으며, '사유'와 '의지'에 늘 종속되어 있던 '느낌' 즉 감정의 질서를 학문적으로 복권시키려는 의도를 가진 질문이기 때문이다. '풍경 위에 드리워지는 불안정하고 붙잡히지 않는 구름의 그림자'(Heidegger 1929-30)에 불과한 것으로 여겨지는 감정의 차원을 재평가함으로써, 인간의 감정이 단순한 심리학적 소여가 아니라, 주체가 역사적으로 세계와 관계 맺는 가장 본원적인 차원이며 집합적인 체험의 구조라는 사실을 논구하기 위해서 그가 사용하는 개념인 '정조'는 다자인(Dasein)이라는 주체 형식에 대한 하이데거적인 문제의식으로부터 도출된 것이다.

하이데거는 합리적 이성을 본질로 하는 근대적 주체철학의 인간관을 비판적으로 성찰하는 과정에서, 1927년의 『존재와 시간』에서 다자인이라는 주체 형식을 제출한다. 다자인은 세계 내 존재이다. 여기에서 말하는 세계는 자연적이고 물리적인 실체가 아니라, 역사적 결단을 포함한 모든 '가능성의 총체'로서 늘 거기에 존재하며 이미 전제되어 있는 삶의 환경 전체를 일컫는 말이다. 다자인의 본질은 이성도 육체도 아닌 그 자신의 실존이다. 이러한 세계 안에 던져진 유한자이며, 자신 앞에 펼쳐지는 무한한 가능성과 직면하고 있는 자기 형성적인 주체이자, 그 본질이 자신의 실존(Existenz)과 동일시되는(Heidegger 1927: 73) 다자인이 세계와 맺는 관계는 협소한 인지적 관계를 넘어선다. 즉 다자인은 세계를 이해하기에 앞서 세계를 느끼고 세계 속에서 특정한 감정을 갖는 존재라는 점에서, 다자인을 다자인으로 만들어주는 것은 코기토가 아닌 바로 정조이다(Heidegger 1927: 182). 이러한 맥락에서 하이데거는 『존재와 시간』의 5장 30절에서 공포의 감정을, 6장 40절에서 불안의 감정을 분석하며(Heidegger 1927: 184-7, 233-40), 「형이상학이란 무엇인가?」에서 권태, 환희, 불안의 정조를 분석한다(Heidegger 1929: 56-9). 이러한 정조들은 심리학적 개인의 심적 상태를 지칭하는 것이 아니라 집합적이고 객관적이고 역사적인 의미에서 이해되는 다자인과 세계의 관계맺음의 양식을 지칭하고 있다. "정조는 절대적으로 '내면'에 존재하는 것이 아니다. 내면에 있다가 드러나서 시선에 포착되는 것이 아니다. 그렇다고 해서 정조가 외부에 존재하는 것만도 아니다. (…) 정조는 체험된 인상으로서 영혼 속에서 발견되는 존재자가 아니라, 우리의 '공통적인' 다자인의 상태이다."(Heidegger 1929-30: 107) 공통적인 다자인의 정서적 상태로서의 정조는 인간과 세계를 매개하는 하나의 '분위기', '풍토' 혹은 '환경'(Umwelt)으로 이해할 수 있다(Han 1997: 533). 정조라는 단어를 구성하는 중요한 의미소인 목소리(Stimme)가 음악적 비유의 영역에 속하는 것은 그리하여 우연만은 아니다. 정조란 다자인이 세계와 화음을 조정하는 과정이며 세계의 객관적인 음조와 주체의 음조가 섞이고 부딪히고 조정되어 형성되는 일종의 음역(音域)이다. 조화로운 화음도 있지만, 불협화음 또한 있을 수 있다. 하이데거는 후자를 불쾌감(Verstimmung)이라 부른다. 다자인이 세계를 이해한다는 것, 즉 세계와 인식론적 관계를 맺는다는 것은 무엇보다도 세계와의 특정한 정서적 감응상태, 음악적 조응상태에 들어간다는 것을 전제로 하고 있으며, 이러한 의미에서 세계를 이해하는 것은 세계에 대한 감정을 갖는 것보다 사후적으로 발생하는 현상이다(Heidegger 1927: 187; Heidegger 1956: 337; Harr 1985: 87-8).[4]

이러한 맥락에서, 하이데거가 사유의 역사를 정조의 역사로 새롭게 구성하는 것은 전혀 놀랄 만한 일이 아니다. 정조가 사유보다 근원적인 체험의 양식일 때, 사유라는 상부구조는 자신의 전(前)-사유적인 하부구조로서 감정적 차원을 갖게 된다. 프랑스의 세리지-라-살(Cerisy-la-Salle)에서 1955년 8월에 있었던 한 콘퍼런스에서 그는 정조를 중심으로 재구성된 사유의 역사를 제시한다. 그에 의하면 그리스 철학을 가능하게 해주었던 근본 정조는 경이의 감정(thaumazein)이다. 이 경이의 감정은 자연의 잠으로부터 깨어난 인간이 자신 앞에 현현하는 세계에 대해 놀라고 감탄하는 파토스가 추동한 서구철학의 개시와 조응한다. 또한 데카르트적인 근대철학의 근본 정조는 '인식에 대한 절대적 확실성에 대한 믿음'에 복무하는 감정으로서의 '의혹의 정조'이다(Heidegger 1956: 340 이하). 그렇다면, 하이데거 당대의 사유, 즉 20세기의 사유를 규정하는 본원적 감정구조는 무엇인가? 그는 이렇게 대답한다. "오늘날의 사유는 어떠한 정조로 우리를 이끌고 있는가? 이 질문에 일원적인 대답을 내리는 것은 매우 어렵다. 아마도 어떤 근본적 정

4 세계관의 차이는 세계감의 차이를 전제로 한다는 상식적 직관과 일치하는 이러한 하이데거의 정조론을 원용하여 레비나스(Emmanuel Lévinas)는 1934년에 히틀러의 파시스트적 사유체계의 본질은 그 논리, 독트린, 개념, 이미지, 혹은 수사에 있는 것이 아니라 그 사유의 체계가 뿌리내리고 있는 정조에서 드러난다는 입론을 펼친다. 그가 파악하는 히틀러주의의 정조는 '생물학적 육체에 못 박힌 존재'(être-rivé)의 특수한 존재양태를 정서적으로 결정하는 사슬에 묶인 감정(enchaînement)이다. 환언하자면 히틀러주의는 단순한 광기가 아니라 기초적인 감정들을 일깨우고 이를 자극함으로써 세계에 대한 태도를 형성시키는 특수한 정서적 바탕의 이념적 표현이다(Lévinas 1934: 7).

조가 작동하고 있을 것이다. 그러나 그것은 숨어 있다. (…) 우리는 다양한 정조들의 혼재를 본다. 한편으로 의혹이 다른 한편으로는 절망이 있으며, (…) 공포와 불안이 희망과 믿음에 뒤섞여 있다. 종종 그리고 끝없이, 합리적이고 계산적인 표상의 양태들에 비추어보면 사유는 모든 정조로부터 자유로운 듯이 보인다. 그러나 이 계산의 차가움, 산문적인 명석함 또한 (어떤 정조의—필자) 부름에 대한 응답이다. 모든 열정으로부터 해방된 듯이 보이는 이성은, 이성으로서 자신의 원칙과 규칙의 논리적이고 수학적인 명증성에 대한 신념에 정서적으로 조응한다." (Heidegger 1956: 341-2)

하이데거는 지금 근대적 사유의 근본 정서를 규정하지 못하고 있다. 당대는 희망과 절망, 불안과 믿음이 공존하며 서로를 상쇄하여 마치 아무런 정조도 없는 듯이 보이는 시대이다. 차갑고 냉정한 계산적 합리성에 의해서 압살된 듯이 보이는 정조의 부재상태는 그러나 하이데거의 견해에 의하면 또 하나의 정조에 다름 아니다. 이성이 모든 파토스로부터 해방되어 투명하고 순수한 계산적 합리성으로 증류된 듯이 보이지만, 이러한 이성의 작동 원리는 열정을 제압하는 더 강한 그리고 보이지 않는 열정에 기초하고 있다. 열정을 억압하고, 삼키고 또한 비가시적으로 만들어버리는 이 열정이 바로 모든 다른 파토스들을 은폐시키는 근대의 근본적 열정, 즉 '열정의 소멸에 대한 열정'이다. 이는 사실, 하이데거가 파악하는 근대적 세계에 대한 비판적 관심에서 비롯된다. 즉 근대세계는 테크놀로지의 확산으로 인해 다자인 고유의 결단성(Entschlossenheit)이 소거됨으로써 세계 고유의 성격을 박탈당한 일종의 비(非)-세계이며, 다자인은 이러한 세계 속에서 스스로 자신의 정향을 고민하고 결정할 수 있는 체험을 상실하며, 이 체험의 상실이 바로 파토스의 부재, 즉 정조의 불가능성을 낳는 것이다(Harr 1994: 258). 이러한 맥락에서, 근대적 사유의 근원적 정조는 모든 정조의 혼재라기보다는 오히려, 느낌의 불가능, 열정의 불가능, 파토스의 불가능으로 이해할 수 있다. 모든 인간적 고통을 기술이 위무하는 고통의 부재가 근대의 가장 큰 고통이듯이, 근대적 사유를 규정하는 가장 근본적인 정조는 파토스의 분출이 아니라 그 퇴행과 은폐이며, 감정의 원초적 폭발이 아닌 그 소멸이다. 바로 이러한 이유로, 하이데거는 위의 강의에서 일관적으로 근대적 형이상학의 근본 정조로서 '권태'라는 감정 형식을 선택한 것이다. '마비를 가져오는 불편함', '무관심', '무심히 흐르는 시간의 압박감', '공허' 그리고 '알 수 없는 무언가의 나타남' 등으로 특징지어지는 권태는 전형적으로 멜랑콜리, 슬픔, 우수(憂愁), 공허감, 피로 등 문화적 모더니티의 주요한 감정 형식들과 맥을 같이 한다(Heidegger 1927-30: 184). 하이데거가 자신의 정조론의 중요한 원천으로 삼고 있는 니체를 빌려 말하자면, 근대의 비극은 비극적 파토스의 불가능에 있다(Metrovic 1997 참조). 그가 근대문화 일반을 소위 데카당스라 부르며 폄하했던 가장 중요한 이유는 인간이 자신의 존재조건을 뛰어넘어 초월적인 것과 소통하는 고양의 체험에 동반되던 비극적 감정이 소멸했기 때문이다. 비극적 감정이 더 이상 불가능한 인간, 비극적 감정의 핵심인 디오니소스적 고양에서 깨어난 인간을 니체는 햄릿에 비유한다(Nietzsche 1872: 64). 우울을 감추기 위해서 신랄하고 통렬한 유머리스트의 가면을 썼던 덴마크 왕자의 멜랑콜리는 근대인의 근본적 정서구조의 원형을 예시하고 있다. 비극적 구원은 사라졌고, 남은 것은 무의미한 연극에 불과한 이 세계의 덧없는 현존이다. 부조리한 세계를 바라보며 '사느냐 죽느냐'를 묻는 햄릿의 세계감은 하이데거가 세계와 유한성과 고독의 의미를 묻는 형이상학의 근본 정조로 파악한 '깊은 권태'와 조응하고 있으며, 이것이 바로 문화적 모더니티를 진동시키던 불협화음적인 음계, 즉 근대적 정조였던 것이다.

III. 토성적 정조의 계보와 그 문화적 함의

하이데거의 정조 개념은, 로고스의 토대로 기능하는 파토스의 위상을 복원시키고, 이를 심리학적 내면성으로 환원시키는 대신에 한 시대의 공통적이고 집합적인 열정의 양식으로 이해할 수 있는 가능성을 제시한다. 이러한 맥락에서, 이 글에서는 멜랑콜리, 권태, 무기력, 우수, 슬픔 등의 일군(一群)의 현상들을 '토성적 정조'라 명명한다. 비교적 낯선 이 어휘를 사용하는 이유는 두 가지이다. 이는 첫째 문화적 모더니티의 지배적 세계감을 하나의 구조로 설정하고 그 논리와 질서를 규명하기 위함이다. 파토스로 구성된 느낌의 체계인 세계감은, 언어와 의미로 구축된 인식의 틀을 가리키는 세계관 혹은, 이미지로 구축된 원초적 풍경으로 이해되는 세계상과 마찬가지로, 경험적 실체가 아니라 선험적 구조에 속한다. 그것이 선험적 구조인 한에서, 세계감은 다양한 정서적 현상들을 하나의 망(網)으로 묶는 독자적인 질서를 갖고 있으며, 이러한 질서와 구조적 논리가 바로 '토성적 정조'가 가리키는 대상을 구성한다. 이 글의 분석 대상은, 이러한 의미에서, '정조'의 '구조'인 것이다. 둘째, 그러나 굳이 왜 '토성'이라는 형용사를 사용해야 하는가? 그 까닭은, 우울과 슬픔을 필두로 한 위의 감정들은 고대로부터 내려오던 체액론에 의하면 '우울질'로 분류되었고, 이러한 '우울질'과 상응하는 천체는 다름 아닌 '토성'이었기 때문이다. 그러나 여전히 질문은 남는다. 왜 이러한 신화적이고 전(前)-과학적인 어휘를 동원하여 개념을 설정해야 하는가? 그 까닭은 파토스 고유의 시간성 때문이다. 파토스는, 로고스나 에토스와 비교하자면 한층 더 무의식적이며, 더 장기지속적이다. 감정은 늘 심층적인 현상이다. 심층의 현상을 이해하기 위해서는 역사의 표면으로부터 신화적이고 상징적인 지층에까지 소급해 내려가야 한다. 토성적 정조를 중요한 지적 관심의 영역으로 승화시킨 20세기 초반의 독일 예술사 전통에서, 이러한 시간성의 고려는 두드러지게 나타나고 있다. 가령, 기로우(Carl Giehlow), 바부르크(Aby Warburg), 파노프스키(Erwin Panofsky), 삭슬(Fritz Saxl) 등은 1517년에 알브레히트 뒤러가 제작한 동판화인 〈멜랑콜리아 I〉에 대한 일련의 도상학적 분석의 과정에서, 서구적 상상계의 근저에 존재하는 점성술과 체액설의 연관을 밝히는데, 이때 이들이 집중적으로 탐구한 것이 바로 토성의 상상계와 멜랑콜리의 상상계였다(Giehlow 1903; Warburg 1921; Panofsky/Saxl 1923). 예술사의 영역을 넘어서 지성사, 문화사적인 차원에서 포괄적으로 드러나게 되는 서구 근대의 정서구조는 이처럼, 신화와 상징의 세계에 대한 폭넓은 고려를 통해서만 제대로 파악될 수 있었던 것이다.[5] 이러한 맥락에서 우리는 하이데거적인 정조의 개념과 이 정조를 규정하는 신화적 언술의 의미소인 토성을 결합하여, '토성적 정조'라는 용어를 사용하고자 하며, 그 구조를 분석하기 위해서 우선 그 계보를 소략하게 점검하고자 한다.

고대 그리스의 피타고라스학파로부터 유래하는 체액설은 인간의 체질을 체액에 근거하여 네 가지로 구분한다. 피가 많은 다혈질(sanguin), 황담즙이 많은 담즙질(colérique), 점액이 많은 점액질(flegmatique), 흑담즙이 많은 우울질(mélancolique)이 그것인데, 이들에게는 각각의 성격 유형, 색깔, 계절 등의 속성이 부여되었다. 지배적인 체액에 근거하여 인간의 성격을 파악하는 이 도식에 의하면 우울질은 교활하고, 탐욕스럽고, 늘 잠에 취해 있고, 질투심이 많으며, 무심한 성격의 소유자로 표현되어 있다. 우울증을 야기시키는 흑담즙은 신체의 좌측을 관장하는 비장(脾臟)의 분비액으로 알려져 있었는데, 차고 건조하여 사람을 성마르게 하고, 소심하게 하고, 무기력하게 하며, 늘 졸린 상태로 만들고, 이로부터 근심과 걱정들을 유발시킨다고 인식되었다(Klibansky/Panofsky/Saxl 1964: 114-7, 177). 흑담즙의 과잉은 피부와 피와 소변을 검게 하며, 맥박을 경화시키며, 복부에 타는 듯한 통증을 주며, 소화에 문제를 일으키고, 신트림을 유발하고, 왼편 귀에 이명(耳鳴)을 일으키는 등의 다양한 증상으로 표현되며, 히스테리, 치매, 간질, 나병, 치질, 옴, 자살 등의 원인으로 인식되었다(Agamben 1981: 34-5). 중세에 소위 아키디아(accidia)라 불리던 '영혼의 병'은 바로 이러한 멜랑콜리의 기독교적 판본이라 할 수 있다. 단테에 의해서 일곱 가지의 대죄 중 다섯 번째의 중죄로 설정된 바 있으며(Benjamin 1928: 166) 아키디아에 걸린

5 이들의 작업은 근대성과 멜랑콜리의 문제를 보들레르의 시에 대한 해석을 통해서 주요한 모더니티의 테마로 부각시킨 바 있는 벤야민에게 직접적인 영향을 주었다. 1928년에 출판된 『독일 바로크 드라마의 기원』에서 벤야민은, 17세기 바로크 드라마의 주요한 정조로서 멜랑콜리의 문제를 집중적으로 다루면서 위에 언급한 저자들의 연구들을 방대하게 인용한다(Benjamin, 1928: 149-169).

자들은 대개 기독교의 교부들과 수도사들이었다(김영한 1989: 26). '정오의 악마'라는 별칭으로 불리기도 하던 이 질병의 희생자들은 노동과 기도의 의무를 저버리고 무기력 상태에 빠지며, 움직이지 않고 한자리에 오래 머무르며, 생각에 잠겨 있고, 무기력과 정신적 태만을 벗어나지 못하고, 자신의 상상에 몰두하며, 주로 책을 읽는다(Agamben 1981: 22). "부서져버려서 그 눈동자가 머릿속을 바라보게 되어버린 인형"에 비유되는(Cioran 1952: 764) 우울자의 병적인 내향성은, 도상학적인 관점에서는, 멍하니 생각에 잠겨서 땅을 바라보고 있는 자세, 왼손으로 떠받친 턱, 환각적인 표정, 완벽한 부동성(不動性) 등으로 표현되어왔다. 우울자에 부여된 이러한 속성들은 모두가 우울을 야기하는 흑담즙의 상징계로부터 온 것이다. 흑담즙은 지형적으로는 대지와, 계절로서는 가을과, 색채로서는 흑색과 그리고 연령으로는 노년과 그 상징성을 공유하였다. 대지처럼 차고 메마르며, 가을처럼 침잠하고 음울하며, 흑색처럼 모든 것을 삼키고, 노인들처럼 허약하지만 지혜롭다는 파생적 의미 발생이 일어난 것이다.

그런데, 이러한 다양한 의미망 중에서 우주론적 질서의 차원에서 멜랑콜리와 연관되어 있던 별이 바로 토성이었다. 이는 약 9세기경에 고대 그리스 의학을 보존해오던 아랍 의학이 중세 점성술과 결합함으로써 발생한 것인데(Benjamin 1928: 159), 이러한 접합에 의해서 목성은 다혈질을, 화성은 담즙질을, 달과 금성은 점액질을, 그리고 토성은 바로 우울질을 주관하는 별이 된다. 이렇게 멜랑콜리와 결합한 토성을 구성하던 의미론적 가치들은 그리스 신화로부터 왔다. 라틴어로 사투르누스라 불리는 토성의 기원인 그리스의 신 크로노스는 자신의 아버지인 우라노스를 낫으로 거세하고 신들의 왕좌에 등극한 거인족의 일원으로서, 그 자신 또한 레아와의 사이에서 수많은 신들을 낳지만, 이들이 태어나자마자 모두 먹어치우고 마는 불길하고 비정한 신으로 등장한다. 자식들 중의 막내인 제우스는 어머니 레아의 계략으로 이 친자살해의 운명을 벗어나 나중에 다시 크로노스를 권좌에서 몰아내는 데 성공한다(Hesiode 2004: 36, 57-8). 그리스의 이 크로노스가 로마로 가면, 아비를 거세할 때 들고 있던 낫은 수확의 도구로 바뀌고, 농사를 주관하는 사투르누스로 다시 태어난다(Klibansky/Panofsky/Saxl 1964: 243). 중세의 세밀화나 목판화에 보면, 사투르누스는 침울하고, 약골이며, 농부의 외양을 하고 있으며, 손에는 낫이나 괭이 혹은 삽을 들고, 종종 다리를 절거나 목발 혹은 의족을 한 늙은이의 형상으로 등장한다(Panofsky 1939: 113-4). 근동으로부터 그리스를 거쳐 다시 로마의 신으로 변모해 간 그는, 이러한 변천의 과정에서 매우 독특한 양가성을 부여받게 된다. 우선 토성이라는 별을 지칭한다는 점에서 천상적이지만, 수확과 노동의 신이라는 점에서 동시에 대지적(大地的)이며, 낫으로 부친을 거세하고 자식들을 씹어 삼키는 무자비한 파괴자이지만 동시에 이 파괴의 도구로 농토를 경작하는 문화의 신이기도 하다. 침울하고 음산한 인상을 풍기지만, 그를 상징하는 특유의 노령(老齡)은 그에게 지혜와 경륜의 외관을 부여한다.

이처럼 상이한 두 상징계의 접합을 통해서 멜랑콜리는 토성의 상상계가 포괄하는 물질적 내용들을 내포하게 된다. 가령, 9세기의 한 텍스트(Abû Ma'šar)에는 토성이 주관하는 감정적 현상이 다음과 같이 기술되어 있다. "토성은 자신에의 침잠, 고독, 비사교성, 허풍, 권력욕, 오만을 주관하며 (…) 공포, 불운, 근심, 슬픔의 과잉, 글쓰기, 혼돈, 고통, 삶의 궁핍, 비탄, 상실, 죽음, 유산, 장송곡, 고아들을 관장한다. (…) 토성은 자기파괴의 충동과 권태를 유발하는 모든 것들 위에 군림한다." (Klibansky/Panofsky/Saxl 1964: 206-7) 멜랑콜리를 수식하던 거의 모든 의미소들이 토성과의 새로운 연관 속에서 재배치되어 있다. 이러한 상징적 연합을 통해 등장하게 되는 토성적 인간(우울자)은 체질적이고 우주적인 구조가 결정하는 치명적인 정조를 벗어날 수 없는 존재인 동시에, 이 구조와 '문화적'으로 투쟁하는 존재이다. 그의 명상과 고독과 침잠, 즉 외면적 부동성은 단순한 무기력이 아니라, 사물들의 깊이를 관통하는 시선의 깊이를 상징하며, 늘 아래를 바라보는 토성의 눈은 표면을 꿰뚫어 시선의 대상의 내면을 파악하는 통찰력을 암시한다(Benjamin 1928: 163-4). 토성적 인간의 주된 실천양식은 행동이 아닌 관조 즉, 성찰과 관찰과 해부와 인식이다. 그는 높은 곳으로 상승하는 정신인 디오니소스적인 인간과는 달리 아래로 침잠하여, 지하에 묻혀 있는 문화의 보석들을 캐내는 자이다. 이러한 견해는 이미 우울질에 대한 아리스토텔레스적인 해석에서 개진된 바 있다. 사투르누스에 대한 이후의 해석에 크게 영향을 준 바 있는 아리스토텔레스의 『문제 XXX』에서 집중적으로 분석되는 멜랑콜리는 놀랍게도 철학적, 예술적 천재와 영웅들(엠페도클레스, 플라톤, 소크라테스 등)의 전형적인 체질로 이해된다(Aristote 1988: 83-5). 이처럼 가장 밀도 있는 지성을 보필하는 감정으로서 아리스토텔레스가 멜랑콜리를 선택했다는 것은 의미심장한 문명사적 징후로서, 중세의 우울증인 아키디아의 주된 희생자들이 당대의 문화인이라 할 수 있는 수도사들이었다는 사실과 조응한다. 철학과 예술 그리고 종교로 대변되는 인간의 정신적 활동의 심연에서 문화적 인간은 일종의 광기와 투쟁하게 되는데, 이러한 광기는 반대로 이들을 '예외자'로 만들어주는 체질적인 특성으로 이해된 것이다(Aristote 1988: 107).

이처럼 토성적 감정에 사로잡힌 주체들은 서구적 상상계 속에서 독특한 역설적인 위치를 차지하고 있다. 이들은 다른 유형들과는 차별되는 문화적 감수성의 소지자로 인식되며, 이들이 생래적으로 갖고 있는 위험이 바로 이들의 가장 수월한 특장인 문화적 창조의 가능성이기도 한 것이다. 멜랑콜리의 계보에서 드러나는 이 역설, 즉 우울의 정조가 문화의 핵심을 관장하고 있다는 사실은 자연으로부터 이탈하여 획득한 문화의 본질인 상징계에 구속된 '문화인'의 운명을 암시적으로 드러낸다. 문화란 상징을 도구로 하여 자연을 통제하려는 인간 고유의 사고공간이다. 자연과 인간 사이에 설정된 이 매개적 공간은 그러나 그 자체로 하나의 역설을 갖는다. 이는 언젠가 헤겔이 논구한 바와 같이 그리고 그 이후에 소쉬르 혹은 말라르메가 성찰한 바와 같이 상징이 상징으로 기능하기 위해서는 그것이 지시하는 사물을 살해해야 한다는 역설이다(Hegel 1807: 159-175; Mallarmé 1976: 251; Blanchot 1947: 36). 기호가 있는 곳에는 사물이 없다. 우리가 '꽃'이라 불렀을 때 우리에게 오는 꽃은 블랑쇼의 표현을 빌려 말하자면 '실제의 꽃이 아니며, 꽃의 이미지도 아니며, 꽃에 대한 기억도 아니고 사실은 꽃의 부재 그 자체'이다(Blanchot 1949: 38). 실제의 꽃이 '물질적으로' 나타나지 않는다는 전제하에서만 꽃이라는 상징은 사용 가능한 무엇이 된다. 말과 사물, 상징과 실체 그리고 문화와 자연 사이에 존재하는 이러한 간극이 발생시키는 정조가 바로 멜랑콜리이다. 인간이 사투르누스로부터 경작을 배움으로써 자연으로부터 벗어나고 글자를 배움으로써(토성은 글쓰기를 관장한다) 기호를 통해 사물들을 배제시키는 문화인으로 탄생하는 것은 멜랑콜리라는 트라우마를 낳는다. 토성적 정조에 대한 언술들은 이처럼 문화인의 근원적 아이러니를 감정적 이념형으로 제시하고 있는 것이다.

Ⅳ. 토성적 정조의 근대적 의미 구조: 주체, 세계, 전략

1. 애도와 우울의 메커니즘

정조는 특정 유형의 역사적 주체와 그가 속한 세계 사이의 전(前)-이론적 관계의 형식을 규정한다. 니체가 분석한 비극적 파토스의 경우를 예로 들자면 가령, 디오니소스적인 감정의 주체는 전형적인 도취의 인간으로서 소위 '개별화의 원리'(principium individuationis)를 초월하여 자신을 둘러싼 모든 환경과 완벽하게 동일화된 인간이다. 축제, 혁명, 약물에 의한 중독의 경우에 관찰되는 이러한 주체성과 조응하는 세계는 '근원적 일체' 즉 원초적 자연 상태이다. 이와는 반대로 아폴론적 감정의 주체는 전형적인 몽상의 인간으로서 이에 조응하는 세계는 이러한 개체의 인식에 포섭되어 나타나는 현상적 세계이다(Nietzsche 1872: 37-41). 이처럼 각각의 정조들이 각자에 고유한 주체와 세계 그리고 양자의 관계를 규정한다면, 우리가 문화적 모더니티의 세계감으로 파악하는 토성적 정조는 어떤 주체와 세계 그리고 그들의 연관을 구조화하는가? 이 질문에 대한 해답을 제시하기 위한 방편으로, 체액설과 점성술이 독점하던 멜랑콜리를 대상으로 근대적 담론을 구성했던 정신분석학적 논의를 살펴보기로 한다.

1917년의 논문인 「애도와 우울증」에서 프로이트는 멜랑콜리의 메커니즘을 분석하기 위해서 이를 애도의 감정과 비교하고 있다. 환언하자면, 소수의 특권적인 문화인들에게 배타적으로 수여되었던 멜랑콜리라는 감정은 이제 누구나 느낄 수 있는 '애도'와의 연관 속에서 일상화되고 세속화되고 있다. 애도는 '사랑하는 사람의 상실, 혹은 사랑하는 사람의 자리에 대신 들어선 어떤 추상적인 것, 즉 조국, 자유, 어떤 이상(理想) 등의 상실에 대한 반응'(Freud 1917: 244)이다. 이러한 반응은 대개 삶에 대한 총체적인 의욕의 소멸로 집약되는바, 자식을 잃은 어버이의 심정처럼, 심한 애도의 슬픔은 다른 어떤 것으로 채워질 수 없는 깊은 공허와 무기력을 생산한다(Freud 1916: 132-3). 적어도 증상의 차원에서 보자면 애도와 우울증은 매우 흡사하다. 가령, 전형적인 우울증 환자가 보이는 증상들은 '심각할 정도로 고통스러운 낙심', '외부세계에 대한 관심의 중단', '사랑할 수 있는 능력의 상실', '모든 행동의 억제'(Freud 1917: 244) 등으로서, 이는 애도의 징후들과 거의 동일한 것이다. 그러나 프로이트는 이 유사성의 배후에서 상이한 심리적 메커니즘을 추출한다. 즉 애도는 특정한 대상에 강력하게 충당되었던 리비도가 그 대상의 소멸과 더불어 한시적으로 부유하는 현상이다. 한번 대상과 관계를 맺으면 이를 좀처럼 포기하려 하지 않는 리비도 특유의 점액성으로 인하여, 깊이 사랑하는 무언가를 잃어버린 자는 이 대상을 환상적으로 유지하면서 감정적 연대를 지속하고자 한다. 소위 애도의 작업(Trauerarbeit)이란 이처럼 부재하는 대상에 집착하는 리비도를 거두어들여 현실 속에 실존하는 새로운 대상에 대한 애착으로 전환시키는 일종의 노동이다. 현실원칙은 애도자에게 다음과 같은 정언명령을 부과한다. "살아야 한다. 아무리 슬퍼도 현실을 직시하라. 왜냐하면 네가 사랑하던 그것은 이제 현실 속에는 없기 때문이다." 이처럼 일정한 시간을 경과하면서, 애도자의 애정 방정식은 수정되어 고통스럽던 무기력으로부터 서서히 벗어나게 되는 것이다. 이것이 바로 애도의 메타심리학적 기제이다(Freud 1917: 245-6).

그러나 우울은 애도와 다음의 세 가지 차원에서 차이를 보인다. 첫째, 우울자가 느끼는 상실감은 그 대상이 없다. 우울자는 자신이 무엇을 잃었는지 알지 못하면서 그것에 대한 상실감에 시달린다. 즉 애도의 대상이 의식적이라면 우울증의 대상은 무의식적이다. 둘째로 리비도는 대상에 충당되는 애도와는 달리, 우울증적 리비도가 자아에 충당된다. 셋째, 이렇게 자아로 충당되는 리비도는 대부분의 경우에 사디즘의 형식을 띤다. 즉 우울자는 애도자와는 달리 극심한 자기비하와 자기멸시의 감정에 빠져, '자존감의 극심한 감소'와 더불어 '자아의 거대한 빈곤화' 증상을 보여주며, 급기야는 자신을 누가 처벌해주었으면 하는 징벌에 대한 망상적 기대를 갖기에 이른다(Freud 1917: 244). 프로이트는 이 세 가지의 특징들을 나타나게 만드는 우울증적 리비도의 경제학을 자신의 나르시시즘에 대한 가설을 통해서 다음과 같이 제시한다. a) 리비도가 어떤 대상에 집중된 일이 있었다. b) 이러한 애정의 관계가 파괴되었다. c) 이 리비도가 다른 대상을 찾는 대신 자아의 내부로 집중되었다. d) 이는 상실한 대상과 자아의 동일시를 가져온다. e) 초자아가 자아를 대상처럼 다루게 된다. f) 주체와 대상의 관계가 주체 내부의 자아와 초자아의 관계로 전이된다(Freud 1917: 251-2). 요약하자면, 자아가 대상을 삼켜버림으로써 대상 그 자체가 되어버리는 현상, 소위 자기애적 퇴행(Freud 1914)이 바로 멜랑콜리의 기제인 것이다.

2. 식인증적 주체와 물신화된 폐허로서의 세계

우울의 정신분석학적 메커니즘을 통해서 명확하게 드러나는 것은 멜랑콜리의 주체와 그 주체가 마주 선 세계의 구조적 특성이다. 우선 가장 두드러진 특징으로 지적할 수 있는 것은 자기애적 퇴행의 결과로 나타나는 주체와 세계의 경계선의 소멸현상이다. 앞서 말했듯이, 우울자는 이러한 퇴행의 과정 속에서 외부에 존재하는 대상을 자신의 내부로 이동시킨 후, 이를 자신의 일부로 변화시킨다. 객체는 주체의 내부에 육화(Einverleibung)되고, 주체는 이러한 객체의 침투에 의해서 사물화되어 있다. 우울증의 가장 큰 위험은 바로 이처럼 사물화된 주체와 육화된 객체의 혼융이다. 리비도가 대상에 충당되지 않고 자아의 일부에 집중되는 이러한 현상은 전형적으로 구순기의 유아에게 나타난다. 아직 대상들의 세계와 분리되는 주체성을 형성하지 못한 단계에서 유아는 어머니의 젖가슴을 자신의 일부로 파악하며 심지어는 자신을 젖가슴과 동일한 것으로 인식한다(Freud 1938: 289).

『성욕에 대한 세 편의 에세이』에서 구순기적 발달 단계를 묘사하기 위해 프로이트가 사용한 개념인 이 '식인증적'(kannibalisch) 단계는 하나의 역설을 내포하고 있다(Freud 1905: 96-7).[6] 즉 유아는 자신이 가장 사랑하는 것을 오직 씹어 삼킴으로써만, 파괴시켜 소화시킴으로써만, 소유할 수 있다. 대상을 '물리적으로' 부정해야만 그 대상을 점유할 수 있는 유아와 마찬가지로 우울자 역시 자신이 상실한 것과 자기 자신을 구분하지 못하는 일종의 식인증적 단계로 퇴행한 자들이다.[7] 대상이 이처럼 주체의 내부로 전이되어 생존하는 한에서 리비도는 새로운 대상으로 전이되지 못하며, 따라서 과거는 과거로서 정리되지 못하고, 주체의 내부에 파괴된 채로 살아남은 이 대상은 죽은 것도 아니고 산 것도 아닌 상태로 항존하게 된다. 현실원칙에 굴복하여 다시 현실로 돌아오는 애도자와 달리 우울자는 자신이 상실했다고 상상하는 '그것'을 끊임없이 찾아서 떠나야 하는 '방황하는 유대인'에 비유되며(Binswanger 1960: 56-7), 영원한 애도의 상태 속에 존재하는 무기력자로 묘사된다. 모든 토성적 정조의 주체들이 감정적 무능에 시달리는 까닭은 여기에 있다. 이들은, 사회적 모더니티의 지배적인 주체인 합리적인 계산과 이성에 근거하여 세계와 대면하고, 세계를 분절하고, 측량하며, 지배하는 세계의 주인이 아니다. 그는 대면할 세계가 어디서부터 시작되는

6 '식인증적'이라는 단어는 우울자에 대한 정신분석학적 설명체계가 신화적 상상력과 '무의식적으로' 결합되어 있음을 보여주는 일종의 징후이다. 우울자는 크로노스처럼 자신이 사랑하는 대상을 심리(psyche)의 내부에 삼켜버리는 존재이다. 앞서 지적했듯이, 사투르누스가 들고 있는 경작의 낫은 원래 크로노스가 들고 있던 파괴의 낫이었으며, 후자는 모든 신들의 아버지로서 자신의 자식들을 집어 삼키는, 환언하자면 외부의 사물들을 파괴하여 내면화하는 존재이기 때문이다.

7 1975년에 푸코는 콜레주 드 프랑스에 개설된 강의에서, 19세기의 정신병리학적 언술의 대상으로 본격적으로 등장한 식인귀(orge)의 형상을 분석한다. 그는 범죄자들이 매우 특이한 비정상성의 징후들(멜랑콜리, 살인, 성적 도착 그리고 식인)을 보여준 몇 개의 사건들에 대한 의학적, 형법적 언술들을 분석한다. 그 이전에는 오직 동화 속에서만 등장하던 이러한 식인증적 인간들이 나타나게 되는 현상들의 배후에서 그는 멜랑콜리와 연관된 '근친상간-식인증'에 대한 인류학적 문제설정을 발견하는데, 이러한 문제설정을 구성하는 지식구성체는 뒤르켐, 뤼시앙 레비-브륄, 레비-스트로스, 프로이트, 멜라니 클라인을 망라한다(Foucault 1974-5: 75 이하, 101-126).

지 알지 못하고, 세계를 분절할 수 있는 경계를 상실했으며, 객체적인 세계에 의해서 지배되는 주체이다. 그는 정서의 욕동을 단호하게 억제하면서 미래를 투기하지 못하고, 토성적 정조에 사로잡혀 현실원칙으로 귀환하지 못하는 욕망의 노마드이다. 이러한 식인증적 주체가 상징화되었을 때, 그는 전형적인 탐구자 혹은 연구자의 모습으로 등장하게 된다. 많은 우울자들이 맹렬한 독서가이자 또한 가차 없는 수집가이자 늘 책을 손에서 떼지 않는 독서인으로 표현된 것은 바로 이 때문이다 (Benjamin 1927-1940: 803; Benjamin 1928: 167-8; Hippocrate [pseud.] 1991; Burton 1621: 890).

근원적인 내적 결핍감을 채우기 위해서 자신을 둘러싼 세계의 파편들을 끊임없이 섭취하고 내면화하는 일종의 복합적인 식인증적 주체와 조응하는 멜랑콜리의 세계는 '기호학적 폐허'로 규정할 수 있다 (Benjamin 1928: 190-6). 그 까닭은 우울자가 식인증적으로 흡수하고, 소비하고, 육화시키는 모든 세계내적 사물들이 결국, 자신이 원초적으로 상실했다고 생각하는 그 부재하는 대상을 '환유적으로' 혹은 '제유적으로' 표상하는 파편들에 불과하기 때문이다. 멜랑콜리가 구성하는 세계는 근원적인 '사물'(Chose)을 결여하고 있는 세계이다(Kristeva 1987: 22-4). 여기에서 사물이란, 시공간적 격자 위의 한 지점에 던져져 있는(objet) 주체와의 상대적 관계 속에서 형성된 대상(Objet)이 아니라, 이러한 대상들이 대상으로서 나타나게 되는 근원적 지평이자 표상의 피안을 의미한다. 사실, 대상이란 주체와 공(共)-기원적이며 공(共)-구조적이다. 대상 없는 주체는 없으며, 그 반대 또한 불가능하다. 그러나 '사물'은 주객의 이러한 인지적 관계를 넘어서서 존재하는, 표상 불가능하고, 결정 불가능한 대상계 그 자체를 가리킨다. 우울증적 세계란 그 세계를 구성하는 사물들과 이 사물들의 원초적 토대(Grund) 사이의 관계가 영원히 실종되어버린, 부유하는 기호들의 난맥(亂脈)인 것이다. 근본적인 총체성의 핵이 부재하는 이 세계는 파편화된 기호의 무한한 변전과 조합과 놀이로 구성되어 있는 만화경적 공간이며, 우울자는 이 명명할 수 없고 표상할 수 없는 '사물'을 찾아나서는 끝없는 모험 속으로 '탈주'하지만, 그가 만나게 되는 대리물들은 늘 그를 실망시킬 뿐이다(Kristeva 1987: 22-3).

이처럼 파편화된 폐허로 표상된 토성적 세계란 사실 자본주의 시장이라는 실제적인 대응물을 갖고 있었다.[8] 마르크스가 지적했듯이 자본주의적 세계의 환상적 성격은 상품의 물신성에서 비롯된다. 그리고 상품의 물신성은 다름 아닌 사용가치와 교환가치의 분화에 기초하고 있다. 노동생산물이 상품형태를 취하게 되는 순간, 상품은 단순한 물질적 효용을 지닌 '물건'이 아니라 하나의 '가치'로 등장한다. 효용을 지닌 물건으로서의 상품은 사회적 관계를 전도된 방식으로 표상하는 '초감각적(사회적) 물건'으로서의 상품과 분열적으로 결합되어 있는 것이다. 그러나 이 결합은 이율배반적이다. 즉 어떤 소유자도 한 상품의 사용가치와 교환가치를 동시에 향유할 수 없다. 사용가치를 향유하기 위해서는 교환가치를 포기해야 하며, 교환가치를 향유하기 위해서는 사용가치를 포기해야 한다. 그러나 교환상황을 전제로 하는 자본제적 시

8 아감벤(Giorgio Agamben)은 마르크스의 상품물신론이 가정하는 자본주의적 세계와 프로이트의 물신숭배 분석이 보여주는 물신숭배자의 세계 그리고 우울자가 구성하는 파편화된 세계가 구조적 상동성을 갖고 있음을 보여준다(Agamben 1981: 72-5).

장에서 상품과 그 상품의 소유자는 기본적으로 사용가치를 매개로 한 관계를 맺을 수가 없다. 상품이 사용가치를 갖는 순간, 그 상품은 더 이상 교환될 수 없기 때문이다. 따라서, "모든 상품은 그 소유자에게는 비사용가치이고 그것의 비소유자에게는 사용가치"라는 역설이 등장하는 것이다(Marx 1867: 108). 이처럼 '교환가치로서의 상품'은 본질적으로 비물질적이며 추상적인 것이다. 그리하여 교환가치로서의 상품을 구체적으로 향유하는 유일한 길은 사용이 아닌 끝없는 축적과 교환뿐이다. "그(상품소유자—필자)의 상품은 그에 대해서는 직접적인 사용가치를 가지고 있지 않다. 만약 그것을 가지고 있다면 그는 그 상품을 시장에 가지고 가지 않을 것이다. 그의 상품은 다른 사람에 대해 사용가치를 가지고 있다. 상품소유자에게는 상품은 교환가치의 담당자(따라서 교환수단)라는 점에서만 직접적 사용가치를 가지고 있다."(Marx 1867: 107)

상품은 바로 이러한 의미에서 프로이트가 분석한 물신(fétiche)과 커다란 유사성을 보여준다. 물신이란 '남자아이가 한때 그 존재를 믿었던 여성의 남근, 혹은 어머니의 남근의 대체물'이다(Freud 1927: 320 이하). 남자아이는 여성에게도 남근이 존재한다고 믿지만, 그가 여성을 관찰하고 난 이후에 여성에게는 음경이 존재하지 않는다는 사실을 알게 되면 극심한 거세 콤플렉스에 시달리게 된다. 거세 공포에 짓눌린 채 음경의 부재라는 현실을 받아들일 수 없는 남자아이는 일종의 타협점을 만드는데, 그것이 바로 여성의 남근을 대체하는 다양한 물신들이다. 실제로는 존재하지 않는 여성의 성기를 환상적으로 대체하는 이 물신-기호들은(속옷, 구두, 손톱, 입술, 혹은 신체의 일부 등) 전체로부터 분절되어 존재하는 파편들인 동시에, 부재하는 여성의 팔루스로서 대리적으로 기능하는 환영이다. 물신숭배자가 수집하는 속옷은 입기 위한 것이 아니다. 마치 교환관계 즉 시장 속에 존재하는 상품처럼 그 속옷은 사용가치를 갖고 있지 않으며 오직 물신으로서의 가치 즉, 무의식적 공포를 극복하게 해주는 기호 가치만을 갖고 있다. 상품의 소유자가 자신이 소유한 상품을 사용하지 못하듯이, 물신숭배자는 자신이 소유한 물신을 사용하지 않는다. 또한 상품의 소유자가 오직 끝없는 축적과 교환을 통해서만 '교환가치로서의 상품'을 향유할 수 있듯이, 물신숭배자는 존재하지 않는 여성의 남근을 표상하는 수많은 파편들을 수집해야 한다. 상품소유자와 물신숭배자는 이러한 의미에서 파편화된 폐허의 세계에서 자신이 상실했다고 믿는 애정의 대상의 대리물들을 집어 삼키는 무한한 과정에 침몰되어 있는 식인증적 우울자와 동일한 기호학적 활동을 벌이고 있다. 상품의 소유자도 물신숭배자도 그리고 우울자도 결코 자신이 욕망하는 그것(상품의 사용가치, 여성의 남근, 상실한 애정의 대상)을 결코 소유할 수 없다. 그가 그것들을 소유하는 유일한 길은 그것들의 대체물들을 수집하여 집적하는 것이다.

3. 멜랑콜리적 전략: 파괴됨으로써 보존되는 새로운 타자성의 창출

이처럼 물신으로 구성된 파편적이고 환몽적인 세계와 식인증적 주체의 변증법적 관계를 더 깊이 살펴보면 놀라운 역설이 발견된다. 그것은 바로, 토성적 정조의 근본적 징후인 '식인증'에 대한 좀 더 심층적인 접근을 통해 드러나는 '우울증적 전략'이라 부를 수 있는 것이다. 이미 우리가 살펴본 바와 같이, 우울자에게 상실은 선험적인 것이다. 그는 자신이 상실한 것을 경험적 지평에서 찾아낼 수도 확인할 수도 또한 기억할 수도 없다. 이러한 선험적 상실의 대상은, 그것이 크리스테바가 개념화하는 '사물'이건, 아니면 중세의 아키디아에 시달리던 수도사들에게서처럼 '신'이건, 혹은 라캉의 도식으로 표현되는 '실재계'이건, 아니면 물신숭배 분석의 핵심이었던 '어머니의 페니스'이건, 인간이 결코 직접적인 방식으로 소유할 수 없는, 존재론적으로 초월적인 대상들이다. '사물'이나 '신', '실재계' 등은 그 안에서 인간이 무언가를 소유할 수 있게 하는 조건 그 자체이지 소유의 대상이 아니다. 또한 물신숭배에서 어머니의 남근은 환상적으로 구축된 몽상의 산물일 뿐 실재의 대상이 아니다. 이처럼 소유할 수 없는 것을 어떻게 상실할 수 있으며, 또한 어떻게 그것에 대한 상실감에 시달릴 수 있는가? 프로이트의 이론을 비판적으로 심화시키면서 페디다(Pierre Fédida)가 날카롭게 통찰하는 것이 바로 이 점이다. "멜랑콜리는 대상의 상실에 따른 퇴행적 반응이라기보다는 오히려 상실된 대상을 살아 있게 만드는 몽환적인(혹은 환각적인) 능력이다."(Fédida 1978: 65-6)

이를 좀 더 명료하게 요약하자면, 토성적 정조는 무언가의 상실로부터 비롯된 결과가 아니라, 사실은 상실을 인식하고 상실을 문제시하게 만드는 조건이라는 사실이다. 무언가를 상실해서 우울한 것이 아니라, 우울하기 때문에 상실을 인지하고 상실을 회복하기 위해서 세계내의 기호들을 삼키는 것이다. 우울자는 그가 단 한 번도 소유해본 적이 없는 '그것'의 상실을 연기(演技)하고 있으며, 동시에 '그것'의 회복을 끝없이 연기(延期)한다. 그는, 규정할 수도 표상할 수도 명명할 수도 없는 '그것'을 상실의 이름으로 불러내어 실체화하고, 현존하지 않는 '그것'을 존재의 영역으로 불러낸다. 단 한 번도 소유해본 적이 없기에 상실한 적도 없는 대상을 이러한 부정적인(negative) 방식으로 소유하는 우울자에게, 진정한 소유의 대상은 바로 상실감 그 자체이다. 그가 진정으로 추구하는 것은 그리하여, 상실된 대상이 아니라 그 대상의 부재이며, 이 대상이 현존하지 않는 한에서 그것은 늘 점유를 향한 우울자의 욕동을 추동하는 힘으로 작용한다. 식인증이란 이처럼 소유할 수 없는 것이 '상실된 것으로서' 나타나게 하고, 재현할 수 없는 것이 '재현 불가능한 것으로서' 표상되게 하며, 접근할 수 없는 것이 '알레고리적으로' 접근 가능하게 해주는 토성적 정조의 전략이다(Agamben 1981: 48-9).

이는, 사회적 모더니티가 빠른 속도로 일소(一掃)해버린 초월적 가치들과 대상들, 즉 사유의 타자들을 문화적 모더니티의 영역에서 생존시키려는 일종의 전략으로 파악할 수 있다. 신은 죽었지만, '죽은 신'은 하나의 형식으로 살아남고, 예술도 죽었지만 '죽은 예술'은 하나의 이상으로 살아남는다. 총체성은 소멸했고 모든 것이 잡다한 기호의 소용돌이지만, 소멸한 총체성은 가능성의 범주로서 살아남는다. 이들 앞에서 우리는 우울하다. 그러나 더 정확하게 표현하자면, 우울한 자들에게만 이러한 가치들은 부재하는 현존이라는 역설적 방식으로 살아남게 된다. 사회적 모더니티의 표면적 세계에서 죽고, 소멸하고, 사라진 모든 근원적 가치들은 문화적 모더니티의 지배적 정조인 멜랑콜리의 전략 속에서 이처럼 보존되고 있었다. 이것이 단순한 향수(鄕愁)가 아닌 것은, 이러한 초월적 가치들이 더 이상 이 세계의 내재적 질서 속에 구현될 수 없다는 우울증적 인식의 엄격함에 의해 증명된다. 이들을 아직도 신앙하는 자는 우울하지 않다. 또한 이들이 완벽하게 소멸되었다고 믿는 자 역시 우울할 수 없다. 우울자는 그 중간에 머물면서 '소멸됨으로써 살아 있는 어떤 것'을 끝없이 추구한다. 이는 파편적이고 몽환적인 세계 속에서 오직 식인증적 육화를 통해서만 끝없이 가야 하는, 그러나 도달할 수 없는 소실점에 거처하는 타자성의 형상으로 기능한다. 이 타자성의 형식들은 파괴됨으로써 보존되며, 추락함으로써 생존하고, 망각됨으로써 존속하고, 살해됨으로써 영원성을 획득한다. 이들은 동일자에 의해서 손쉽게 포획되거나 전유되지 않는다. 근대화된 세계 내부에는 이들이 존재할 자리는 없다. 이들은 부재한다. 그러나 이들의 부재는 이들이 생존하는 형식이다. 릴케가 1912년에서 20년까지, 토성의 운행주기처럼 긴 시간 동안 창작하여 발표한 슬픔의 노래인 『두이노의 비가』의 제 일곡(一曲)에 쓴 것처럼, "영웅은 존속한다. 영웅의 추락은 단지 존재하기 위한 핑계"에 불과한 것이다(Rilke 1912-20: 26). 이처럼 추락하여 부서져 파편으로 산포되었으나, 이 산포(散布)가 자신의 존재양식인 독특한 타자성의 형식을 창출한 것은 근대적 로고스가 아닌 근대적 파토스, 그것도 우울하고, 슬프고, 권태롭고, 무기력한 토성적 정조였다. 근대적 로고스의 타자를 '사유될 수 없는 것으로서' 사유의 형식 안으로 포섭하는 문화적 모더니티의 심연적 성찰성의 근저에는, 하이데거가 '권태'라 불렀던 근대적 형이상학의 근본정조, 즉 토성적 정조가 있었다. 이 토성적 정조가 구성한 의미의 세계 속에서 근대인은 사회적 모더니티의 패기만만한 진보주의자들과는 달리, 어둡고 우울하지만 한층 더 심오한 정신적 역설을 살고 있었던 것이다.

V. 보들레르의 미적 모더니티의 정조

보들레르는 토성적 정조를 자신의 시세계의 핵심에 배치하고, 이 정조가 구성하는 주체성과 세계상, 그리고 역설적인 전략이 엮어내는 환몽적인 우주를 19세기 중후반 파리라는 '모더니티의 수도'(Harvey 2003)를 물적 토대로 하여 역사적 현실로 드러내는 데 성공한 문화적 모더니티의 대표적인 시인이다. 『악의 꽃』의 제1부의 제목인 「우울과 이상」(Spleen et Idéal) 그리고 산문 시집의 제목인 『파리의 우울』(*Spleen de Paris*)이 암시하듯이, 보들레르의 세계를 규정하는 감정은 '이유 없는 권태와 삶에 대한 역겨움'을 함축하는 우수(憂愁, Spleen)이다. 이 정서적 테마는 보들레르의 모든 시선을 규정하고, 인식을 형성시키고, 수사(修辭)를 주조하며, 이미지를 창조하는 일종의 기조화성이라 할 수 있는데 『악의 꽃』의 서시(序詩)에 해당되는 「독자에게」라는 유명한 시에서부터 이는 섬뜩한 호소력을 가지고 등장하고 있다. 이 '서시'에서 보들레르는 자신의 독자들을 '형제'라 부르며 프랑스 혁명의 삼대 가치 중의 하나인 '형제애'를 정치적 영역에서 시적 영역으로 전이시킨다. 그런데, 문제는 이 형제애라는 연대감이, 가슴을 드러낸 채 깃발을 흔들며 바리케이드를 넘어가는 공화국의 자식으로 규정되는 시민적 형제애가 아니라는 사실이다. 보들레르는, 후일 뒤르켐이 '집합적 열정'으로 개념화하는 디오니소스적 감정 속에서 연대의 원리를 발견한 것이 아니라, 토성적 정조 즉 권태 속에서 형제됨의 원리를 본다. 악(惡)의 객관적이고 심리적인 표상들이 열거되는 위의 시의 마지막에서, 보들레르는 가장 도저한 악이자 독자와 자신을 연결하는 공통감으로서의 공통악을 '권태'에서 찾는다.

(…) 우리 악의 더러운 가축 우리에서
짖어대고 악쓰고 으르렁거리고 기어다니는 괴물들 중에서

제일 흉하고 악랄하고 추잡한 놈 있으니! (…)

그놈은 바로 「권태!」—눈에는 무심코 흘린 눈물 고인 채
담뱃대 빨아대며 단두대를 꿈꾼다.
그대는 안다, 독자여, 이 까다로운 괴물을,
—위선자 독자여, —내 동류, —내 형제여!
(Baudelaire 1961: 6)

독자를 이렇게 부르며 시집의 문을 여는 시인은 보들레르 이전에는 존재하지 않았다. 신성한 시인의 거소인 파르나스에서 질퍽이는 포도(鋪道)의 진창으로 파락한 적선(謫仙)이자, 후광마저 상실한 채 시장에 던져진 근대의 시인은 독자와 자신의 소통 고리를 일종의 공통적 운명으로 확정하고 있다. 이 운명은 놀랍게도 토성적 정조이다. 시인과 독자는, 세계감을 공유한다는 점에서 동시대를 사는 형제와 같은 것이다. 고야의 '우울한 거인'을 연상시키는 이 우의화(寓意化)된 권태로부터 사회적 근대성이 성취하는 모든 진보의 흐름 자체를 파국으로 이해하는 보들레르의 미학적 허무주의가 발원한다. 이러한 우울한 감정으로 바라본 근대는 하나의 거대한 파국에 불과하며(Benjamin 1838-9: 214), 이 파괴의 주체인 근대적 시간이라는 악마의 형상은 우리가 토성적 정조의 계보에서 분석했던 크로노스로 그려지고 있다. 낫을 들고 모든

것의 목을 베는 잔인한 크로노스는 '파괴의 피투성이 기계'로 둔갑하여 등장하고, 이 기계가 유발하고 퍼뜨리는 감정은 다름 아닌 권태이다(Baudelaire 1961: 105).[9] 토성적 정조는 이처럼 세계를 무한한 해체의 과정으로 이해하게 하는 정서적 근원이며, 이 해체된 파편들이 보들레르에게는 마치 '알레고리'처럼 인식된다. 환언하자면, 우울자의 눈에 보이는 세계는 알레고리적이다.

> 파리는 변한다! 그러나 내 우울 속에선
> 무엇 하나 끄떡하지 않는다! 새로 생긴 궁전도, 발판도, 돌덩이도
> 성문 밖 오래된 거리도, 모두 다 내게는 알레고리가 되고
> 내 소중한 추억은 바위보다 더 무겁다
>
> (Baudelaire 1961: 82)

우울자는 지금 오스만의 파리 풍경을 그리고 있다. 그의 눈에는 빠르게 해체되는 공간과 그 공간 안에 흩어진 모든 사물들이 알레고리가 된다. 알레고리란 무엇인가? 알레고리는 상징과 달리 총체성이 결여된 기호이다. 상징은 자체-완결적이고 물질성으로부터 완벽하게 승

9 이미 중세의 다양한 도상들에서 시간의 알레고리는 사투르누스의 표상과 일치하고 있었다. 이러한 이중성은 크로노스라는 그리스 이름이 내포하고 있는 용어적 혼돈에 의해서 가중된 것이다. 그리스어에서 시간을 가리키는 단어인 크로노스(Χρόνος)는 토성의 신을 가리키는 신의 이름인 크로노스(Κρόνος)와 같은 발음을 갖고 있다(Panofsky 1939: 109-110). 따라서 자연스럽게 사투르누스는 시간의 신으로 상상되었으며, 이는 토성의 파괴성과 자연스럽게 조응하는 시간의 파괴성을 부각시키는 상상력의 작용 때문이다(Panofsky 1939: 107).

화된 기호이다. 십자가는, 나무로 만들어졌건 아니면 쇠로 만들어졌건, 그 추상적 형상만으로 초월적 의미를 발생시킨다. 그러나 알레고리는 비가시적 개념을 가시화하기 위해서 그려놓은 그림이다(Jauß 1989: 205 이하). 정의(Justice)라는 개념을 보여주기 위해서 칼과 저울이라는 도구의 재현이 필요하고, 덧없음(Vanity)이라는 개념을 보여주기 위해서 해골과 잦아드는 촛불이 필요하다. 이 과정은 정확하게 말하자면 꿈의 세계와 유사하다(Freud 1900: 611). 꿈이 그 자체로는 부조리하고 맥락에서 유리된 일종의 수수께끼와 같은 파편들로 구성되어 있듯이, 알레고리적 세계는 해독의 노동을 거쳐야만 그것의 의미(개념)를 파악할 수 있는 시뮬라크라(simulacre)의 세계이다. 모든 것이 알레고리가 된다는 것은 세계가 자명한 의미를 상실하고 새롭게 의미론적으로 구성되어야 하는 질료로 변화한다는 것을 암시하며, 이는 정확하게 19세기 후반의 급속한 사회적 구조변동이 불러일으킨 근대세계의 변화상과 조응하는 것이다.

이처럼 알레고리로 변화하는 세계를 관조하고 해독하는 우울한 시인의 자기 정체성을 보들레르는 만보객(flâneur)과 댄디(dandy)의 개념으로 설정하였다. 이들은 단순한 우울자가 아니라, 우울이라는 시대적 감정을 인식론적이고 존재론적인 전략으로 구사하는 메타적 우울자라 할 수 있다(Proust 1994: 78). 단순한 기분전환으로서의 산책이라는 18세기적인 개념 대신에 알레고리로 변화한 세계의 기호들을 흡수하는 식인증적 활동을 '만보'(漫步)라는 개념으로 재정립한 보들레르에게 있어서, 이는 권태와 우울을 이기기 위한 수단인 동시에 권태와 우울이 조성하는 세계를 인식하는 작업이다. 즉 만보란 암호의 해독과정이다.

만보객은 자연 속에서 고적을 즐기며 내적 몽상에 빠지는 루소식의 산책가와는 달리, 도심의 군중에 휩싸인 채 자본주의적 상품의 숲을 거니는 분열된 주체이며, 시의 재료를 찾아 도시의 바닥을 헤매는 검투사이자 모든 흔적들을 수집하는 넝마주이로 규정된다(Baudelaire 1961: 79, 101). 만보객은 이러한 과정에서 자신이 바라보는 사물들을 빠르게 닮는 동화적 권능을 지니고 있는 인물로 묘사된다. "시인은, 그가 자기 자신인 동시에 타인이 될 수 있다는 이 비교할 바 없는 특권을 즐기는 자이다. 배회하는 영혼들이, 원하기만 한다면, 하나의 육체를 발견하여 그 속에 잠입하는 것과 마찬가지이다. 오직 시인에게만, 모든 것은 비어 있다. (…) 고독하고 생각에 잠긴 산책자는 이 보편적인 일치로부터 독특한 취기를 끌어낸다. 그는 쉽게 군중과 결합하고, 열에 들뜬 쾌감을 얻는 것이다."(Baudelaire 1961: 244) 만보객의 인식론은 주객이 분리되기 이전의 상태를 미메시스적으로 극복하여, 대상 그 자체의 속성을 자신이 획득해버림으로써 일종의 마술적 인식을 유도한다. 동물을 사냥하기 위해서 그 동물을 흉내 내는 사냥꾼에게 그러하듯이, 인식의 가장 원초적인 전략에 속하는 이 미메시스는 그러나 멜랑콜리 고유의 위험성을 갖고 있는데, 그것이 바로 앞서 지적한 주체와 객체의 혼융이자 정신의 분열로서, 객체화한 주체성을 유지시키는 것이 늘 불확실한 과제로 남아 있다는 사실이다(Benjamin 1927-40: 803). 미메시스의 달인은 광기를 내포한다. 즉 자신인 동시에 타자가 될 수 있다는 권능이란 사실 멜랑콜리 고유의 자기분열적 위험의 이면인 것이다.

이러한 만보객이 토성적 감정의 인식론적 사용자라면, 댄디는 토성적 정조를 자신의 존재론적 원칙으로 확립하는 주체이다. 부르주아 시민사회와 자본주의적 시장이 야기하는 모든 가치들의 쇠락을 견디며, 귀족적 고고함을 유지하는 매우 오만한 존재로 묘사되는 댄디는 이미 자신의 사용가치가 소멸한 시대에 화석처럼 살아남아 있는 일종의 시대착오적 존재로 규정된다. 보들레르의 댄디론에서 그의 나르시시즘만을 읽는 것은 매우 피상적인 독해인데, 그 이유는 그의 댄디론이 바로 문화적 모더니티의 모든 핵심적 테마들을 내포하고 있기 때문이다. 댄디는 단순히 유행을 좇는 자가 아니라, 사회적 모더니티에 항거하는 정신적 존재로 표상된다(Baudelaire 1961: 1278). 그러나 주목할 것은 댄디의 핵심적 자격 요소는 그의 이데올로기나 신념, 외향이나 출신이 아니라, 바로 그의 정서적 태도라는 사실이다(Baudelaire 1961: 1178). 즉 댄디는 부동심과 평정심의 소유자이다. 그는 의식적으로 무감동을 추구하며, 얼음처럼 싸늘한 그의 감정구조는 '결코 감동받지 않겠다는 확고한 결단'에서 온다(Baudelaire 1961: 1160). 부와 명예를 좇는 천박한 부르주아들의 계산적 가치관을 비웃고 조롱하며 해체시키기 위해서 늘 그들을 곤혹스럽게 하는 일을 즐기는 기인이며, 이를 위해서 어떤 직업도 갖지 않는 영원한 아마추어이자 딜레탕트이며 낭만적 감상주의나 전근대적 온정주의 따위를 경멸하는 위인이다. 또한, 그는 그 어떤 사상에 대해서도 쉽게 동참하지 않는다. 만하임의 '자유부동하는 지식인'처럼, 댄디는 자신의 존재론적 근거를 토대 없는 곳에서 유아독존하는 환상적 지점 위에 설립한다. 파토스의 영도(零度), 즉 어떤 것에도 감동받지 않고, 놀라지 않고 대신 자신이 놀람이라는 파토스를 불러일으키는 기이한 존재가 되기를 열망하는 댄디는 전형적인 우울자를 존재론적으로 모방하는 일종의 또 다른 미메시스이다. 만보객이 인식의 대상을 미메시스하면서 세계와의 불확실한 경계선에서 위험한 인식의 곡예를 하고 있다면, 댄디는 존재론적으로 우울자의 고전적 전형을 미메시스하면서 모든 환상으로부터 정화된 현실의 순수한 관조자가 됨으로써 우울의 정조를 사용하여 우울을 넘어서고자 한다.

전통의 준거가 소멸하였고, 의미의 핵심적 축들이 사라진 근대적 세계는 모든 개인이 스스로 판단의 주체로 설 것을 요구하는데, 이러한 사회적 상황을 문화적 상상력으로 극대화하면서 보들레르가 가능의식의 최대치로 제시한 정서적 주체가 바로 만보객과 댄디라 할 수 있다. 기든스가 말하고 있는 성찰적 주체의 19세기적 판본이 여기에서 발견된다. 중요한 점은 보들레르의 주체들은 하이데거의 다자인과 마찬가지로 로고스나 에토스보다 훨씬 더 심층적인 파토스의 차원과 연관되어 있다는 사실이다. 근대적 주체란 사유나 이념뿐이 아닌 그의 정조를 통해서 구성된 주체이다. 이러한 주체가 현실태가 아닌 문화적 가능태라는 사실로부터 보들레르의 만보객이나 댄디를 타락하고 왜곡된, 그리하여 현실성을 결여하고 있는 주체로 비판하는 행위의 정당성은 감손될 수밖에 없다. 중요한 점은 이러한 주체들이 바라본 근대세계의 양상이다. 그것은 사회적 근대의 궁극적으로 낙관적인 세계상, 세계관, 세계감과는 매우 상반되는 또 다른 독자적인 구조에 대한 심층적인 이해를 전제로 한다. 모더니티는 이들에게 근본적으로 '슬픈' 것이었다. 슬픈 모더니티, 우울한 모더니티, 베버가 근대를 '철창'으로 바라본 심정이 바로 이것이 아니었을까?

VI. 마치며

이 글의 테제를 한 문장으로 제시하자면 그것은 '문화적 모더니티의 세계감은 토성적 정조이다'라고 요약될 수 있다. 이 테제를 구성하는 주요 개념들은 모두가 기왕에 엄폐되어 있었던 영역을 연구의 대상으로 설정하기 위해서 필요한 일종의 탐조등이라 할 수 있다. 문화적 모더니티란 사회적 모더니티와 대별되는 또 다른 근대성의 축에 대한 관심을 촉발하기 위해서 사용하였고, 세계감이란 세계관으로 대표되는 (지식)사회학적 인식론의 확장을 위한 것이며, 이 두 개념의 교점을 형성하는 것이 바로 근대의 심층적 파토스를 구조적으로 포착하기 위해서 하이데거로부터 빌려온 정조의 개념과 서구의 신화적 상상력의 핵심에 존재하는 사투르누스를 결합한 '토성적 정조'라는 개념이다. 이 토성적 정조의 의미 구조를 세계, 인간, 그리고 전략이라는 차원에서 분석함으로써 우리는 하나의 특정한 시대적 감정 형식이 어떻게 자율적이고 자기 완결적이며 또한 구조적인 담론의 구성을 가능하게 해주는지를 살펴보았다. 이제 마지막으로 이 글에서 제기한 가장 중요한 문제의식이라 할 수 있는 문화적 모더니티와 세계감이라는 두 개념의 사회학적 함의를 살펴봄으로써 글을 마치고자 한다.

첫째, 문화적 모더니티와 사회적 모더니티의 구분은 문화와 현실 사이에 존재하는 시차에 근거하고 있다. 문화와 현실은 동시대의 산물이지만, 문화는 현실의 시간과 동일한 방식으로 진행되지 않는다. 어떤 문화적 산물은 때로는 사회적 현실을 예언하기도 하고 때로는 사멸한 현실을 환상적으로 유지시키는 관성으로 기능한다. 문화에 대한 사회학적 접근이 늘 내포하고 있는 위험성은 문화적 영역의 독자적 논리를 충분히 존중할 수 있는 해석학적 윤리의 결여이다. 문화의 산물을 다루는 사회학은, 김현의 말을 빌리자면, 사회학이되 문화의 울음을 울어야 한다. 그렇지 않으면, 문화적 산물 고유의 깊이와 시간성을 모두 놓치고 현상적으로 드러나는 외피에 만족하여, 의미의 체계인 문화를 진리의 함량이 희박한 양적 자료로 다루는 돌이킬 수 없는 우를 범하게 된다. 이는 모더니티의 문제에 대해서도 매한가지이다. 사회학이 이제까지 다루어온 제도적인 모더니티에 대한 접근과는 상이한 접근이 문화적 모더니티에 대해서 시도되어야 하며, 이는 문화적 모더니티 내부의 복합적인 시간성에 대한 충분한 고려와 관심을 요구한다.

둘째, 세계감이라는 개념은 전통적인 지식사회학이 비교적 방기했던 감정의 영역에 대한 관심을 반영하는 개념이다. 도식적으로 말하자면, 지식사회학이 드러내야 하는 집합적 표상의 구조에는 세계관뿐 아니라 세계감과 세계상이 존재한다. 세계관은 특정 시대가 세계를 이해하는 선험적 인식의 틀(Logos Mundi)을 의미하며, 세계상은 특정 시대가 세계를 상상하는 선험적 이미지의 틀(Imago Mundi)을 의미하고, 세계감은 마찬가지로 감정의 틀(Pathos Mundi)을 의미한다. 문화적 모더니티가 하나의 담론 구성체라면, 문화적 모더니티의 지배적인 세계관, 세계감, 그리고 세계상에 대한 탐구 역시 각각 요구된다고 볼 수 있다. 세계관 혹은 이데올로기의 개념은 마르크스, 만하임, 루카치의 지식사회학적 전통과 이에 기초한 루시앙 골드만의 문학사회학의 기본적 개념으로 활용되어온 바 있다(전태국 1994; 송호근 1990). 사회과학 전통에서 커다란 관심의 대상이 되지 못한 이러한 세계감과 세계상은 인식의 질서인 세계관을 정서적으로 그리고 영상적으로 지탱하는 시대와 사회의 무의식적 하부구조로서, 이에 대한 체계적인 접근은 문화적 산물을 이해하고 설명하려는 사회학적 논의에서 빠뜨릴 수 없는 중요한 테마라고 할 수 있다. 사회심리학적인 경험적 접근이 주종을 이루는 현재의 감정심리학은 세계감이라는 구조적인 개념을 중심으로 하는 해석학적 접근과 조화를 이루어야 하며, 이는 문화사회학과 감정사회학 사이에 형성될 수 있는 양자의 교통공간에서 수행되어야 하는 작업으로 보인다.

참고문헌

김경동 1989: 『사회학의 이론과 방법론』, 박영사.

김영한 1989: 『르네상스 휴머니즘과 유토피아니즘』, 탐구당.

박성환 1999: 「'문화적 근대'의 본질과 특성: 짐멜(Georg Simmel)의 '사회학적 미학'을 중심으로」, 『한국사회학』(33).

송호근 1990: 『지식사회학』, 나남.

전태국 1994: 『지식사회학』, 사회문화연구소.

Agamben, G. 1981: Stanze. Parole et fantasme dans la culture occidentale. trad. Y. Hersant. Paris: Payot & Rivages. 1994.

Aristote 1988: L'homme de génie et la Mélancolie. Problème XXX, 1. trad. J. Pigeaud. Paris: Rivages.

Averill, J. R. 1974/1996: "An Analysis of Psychophysiological Symbolism and Its Influence on Theories of Emotion". in: R. Harre and W. G. Parrott(eds.). The Emotions: Social, Cultural and Biological Dimensions. London: Sage.

Bakhtine, M. 1935-8: 「소설 속의 시간과 크로노토프의 형식」, 『장편소설과 민중언어』, 전승희, 서경희, 박유미 옮김, 창작과 비평, 1988.

Baudelaire, C. 1961: Œuvres complètes. C. Pichois(éd.). Paris: Gallimard.

Benjamin, W. 1927-1940: Paris, capitale du XIXe siècle. Le livre des passages. trad. J. Lacoste. Paris: Cerf. 1989.

Benjamin, W. 1928: Origine du drame baroque allemand. trad. S. Müller. Paris: Flammarion. 1985.

Benjamin, W. 1938-9: Zentralpark. in Charles Baudelaire. trad. J. Lacoste. Paris: Payot. 1982.

Benjamin, W. 1940: "Paralipomènes et variantes des thèses Sur le concept d'histoire". in: Ecrits français. trad. J.-M. Monnoyer. Paris: Gallimard. 1991.

Binswanger, L. 1960: Mélancolie et manie. trad. J.-M. Azorin et Y. Totoyan. Paris: PUF. 1987.

Blaise, M. 2002: "À propos du «haut pays sans nom»: paysage mélancolique et traditions modernistes". in: Romantisme. n° 117.

Blanchot, M. 1947: "La littérature et le droit à la mort". in: De Kafka à Kafka. Paris: Gallimard. 1981.

Blanchot, M. 1949: La part du feu. Paris: Gallimard.

Bloch, E. 1935: Héritage de ce temps. Critique de la politique. trad. J. Lacoste. Paris: Payot. 1978.

Bohrer, K. H. 1994: 『절대적 현존』, 최문규 옮김, 문학동네, 1995.
Burton, R. 1621: Anatomie de la mélancolie. trad. B. Hoepffner. Paris: José Corti. 2000.
Calinescu, M. 1977: 『모더니티의 다섯 얼굴』, 이영욱, 백한울, 오무석, 백지숙 옮김, 시각과 언어, 1993.
Cioran, E. M. 1952: Syllogismes de l'amertume. in: Œuvres. Paris: Gallimard. 1995.
Didi-Huberman, G. 2002: L'image survivante. Paris: Minuit.
Fédida, P. 1978: L'Absence. Paris: Gallimard.
Foucault, M. 1974-5: Les anormaux. Cours au Collège de France. 1974-1975. Paris: Seuil/Gallimard. 1999.
Freud, S. 1900: 『꿈의 해석』, 김인순 옮김, 열린책들, 1997.
Freud, S. 1905: 「성욕에 관한 세 편의 에세이」, 『성욕에 관한 세 편의 에세이』, 김정일 옮김, 1996.
Freud, S. 1914: 「나르시시즘 서론」, 『정신분석학의 근본개념』, 윤희기, 박찬부 옮김, 열린책들, 1997.
Freud, S. 1916: "Parallèle mythologique à une représentation obsessionnelle plastique". in: L'inquiétante étrangeté et autres essais. trad. B. Féron. Paris: Gallimard. 1985.
Freud, S. 1917: 「슬픔과 우울증」, 『정신분석학의 근본개념』, 윤희기, 박찬부 옮김, 열린책들, 1997.
Freud, S. 1927: 「절편음란증」, 『성욕에 관한 세 편의 에세이』, 김정일 옮김, 1996.
Freud, S. 1938: "Résultats, idées, problèmes". trad. J. Altounian, A. Bourguignon, P. Cotet, et al. in Résultat, idées, problèmes, II, 1921-1938. Paris: PUF. 1985.
Giehlow, C. 1903: "Dürers Stich «Melencolia I» und der maximilianische Humanistenkreis". in: Mitteilungen der Gesellschaft für verveilfältigende Kunst: Beilage der Braphischen Künste". Vienne. 26.
Habermas, W. 1984: 『현대성의 철학적 담론』, 이진우 옮김, 1994.
Han, B. 1997: "Au-delà de la métaphysique et de la subjectivité: musique et Stimmung". Les études philosophiques. n°4.
Harr, M. 1985: Le chant de la terre. Paris: L'Herne.
Harr, M. 1994: La fracture de l'histoire. Paris: Jérôme Millon.
Harvey, D. 2003: 『모더니티의 수도, 파리』, 김병화 옮김, 생각의나무, 2005.
Hegel, G. W. F. 1807: 『정신현상학 I』, 임석진 옮김, 지식산업사, 1988.
Heidegger, M. 1927: Être et temps. trad. F. Vezin. Paris: Gallimard. 1986.
Heidegger, M. 1929: "Qu'est-ce que la métaphysique?". trad. H. Corbin. in: Ques-

tion I et II. Paris: Gallimard. 1968.
Heidegger, M. 1956: "Qu'est-ce que la philosophie?". trad. K. Axelos et J. Beaufret. in: Question I et II. Paris: Gallimard. 1968.
Hesiodos 2004: 『신통기』, 천병희 옮김, 한길사.
Hippocrate (pseud.) 1991: Sur le rire et la folie. trad. Y. Hersant. Paris: Seuil.
Hirschman, A. O. 1977: 『열정과 이해관계. 고전적 자본주의 옹호론』, 김승현 옮김, 나남, 1994.
Jauß, H. R. 1970: 『도전으로서의 문학사』, 장영태 옮김, 문학과 지성, 1983.
Jauß, H. R. 1989: 『미적 현대와 그 이후』, 김경식 옮김, 문학동네, 1999.
Joffe, H. 1999: 『위험사회와 타자의 논리』, 박종연, 박해광 옮김, 한울아카데미, 2002.
Kierkegaard, S. 1843: Ou bien...ou bien... trad. F., O. Prior et M. H. Guignot. Paris: Gallimard. 1943.
Klibansky, R., Panofsky, E. et Saxl, F. 1964: Saturne et la mélancolie. Etudes historiques et philosophiques: nature, religion, médecine et art. trad. F. Durand-Bogaert et L. Evrard. Paris: Gallimard. 1989.
Kristeva, J. 1987: Soleil noir. Dépression et mélancolie. Paris: Gallimard.
Levinas, E. 1934: Quelques réflexions sur la philosophie de l'hitlérisme. Paris: Payot & Rivages. 1997.
Mallarmé, S. 1976: Divagation, Un coup de dés. Paris: Gallimard.
Marx, K. 1867: 『자본론 I-上』, 김수행 옮김, 비봉, 1989.
Mestrovic, S. G. 1997: Postemotional Society. London: Sage.
Nietzsche, F. 1869-1872: Fragmenst posthumes(automne 1869-printemps 1872). trad. M. Haar et J.-L. Nancy. in: Œuvres philosophiques complètes I-1. G. Colli et M. Montinari (éds.). Paris: Gallimard. 1977.
Nietzsche, F. 1872: 『비극의 탄생』, 김대경 옮김, 청하, 1982.
Panofsky, E. 1927: "La perspective comme forme symbolique", trad. G. Ballangé. in: La perspective comme forme symbolique et autres essais. Paris: Minuit. 1975.
Panofsky, E. 1939: "Le vieillard Temps". in: Essais d'iconologie. Les thèmes humanistes dans l'art de la Renaissance. trad. C. Herbette et B. Teyssèdre. Paris: Gallimard. 1967.
Panofsky, E. et Saxl, F. 1923: Dürers «Melencolia I». Eine quellen – und typensgeschichtliche Untersuchung. Leipzig, Berlin (Studien der Bibliothek Warburg).
Proust, F. 1994: L'histoire à contre-temps. Le temps historique chez Walter Benjamin. Paris: CERF.

Rilke, R.-M. 1912-1922: Elégies de Duino. trad. F.-R. Daillie. Paris: L'Escampette. 2000.

Warburg, A. 1920: "La divination païenne et antique dans les écrits et les images à l'époque de Luther". trad. S. Muller. in: Essais florentins. Paris: Klincksieck. 1990.

Weber, M. 1904-5: 『프로테스탄트 윤리와 자본주의 정신』, 박성주 옮김, 문예출판사, 1988.

만해의 '기룸'과 하이데거의 '멜랑콜리'

비근대와 탈근대, 동과 서, 그리고 시와 철학의 만남[1]

김동규

I. 만남의 의미

이 글은 한용운(1879~1944)의 시와 하이데거(1889~1976)의 철학에 감도는 '정조'(Stimmung)를 중심으로 동/서양 문화의 차이를 간략히 밝히고자 한다. 동서 비교라는 기획 자체가 이미 거시적 전망을 꾀하는 것이기에, 충분한 논증 과정이 생략될 우려가 있다. 이런 우려를 조금이나마 불식시키기 위해, 동시대에 살았던 동양 시인과 서양 철학자의 텍스트를 비교하면서, 두 텍스트가 발산하는 정조의 차이점을 해명하는 것에 논의를 제한하기로 한다. 비교할 때에는 언제나 비교의 잣대

1 이 글은 백담사 만해 마을에서 있었던 한국하이데거학회 제39차 학술발표회(2010. 8. 1)에서 처음 발표된 논문이며, 『존재론 연구』 23권(2010)에 수록되었다.

가 필요하다.[2] 우리가 이 글에서 사용하는 잣대는 프로이트가 멜랑콜리를 분석했던 개념틀, 즉 '사랑', '사랑의 대상', '상실', 그리고 거기에서 파생되는 '특정 정조의 색깔'이다.[3] 우리가 프로이트의 개념을 비교의 잣대로 삼는 까닭은 최소한 이 잣대가 슬픔 또는 멜랑콜리와 같은 종류의 정조를 분석하는 좋은 준거가 될 수 있기 때문이다.

하이데거는 강력하게 자기네 전통철학과 문화 전반을 비판했던 사상가다. 특히 그의 근대 비판은 탈근대를 지향하는 대부분의 후배 철학자들에게 하나의 모범이 되었다. 하이데거 철학을 계승하든 반박하든, 그 이후 철학자들은 하이데거가 닦아놓은 존재론적 지평 위에서 근대 비판의 구체성과 유의미성을 확보하고자 했다. 그렇다면 과연 하이데거의 서구 전통 및 근대 비판은 철저했다고 평가할 수 있을까? 여전히 그는 서양 전통의 경계 안에 있지는 않을까? 어쩌면 그가 경계 바

2 하이데거에 따르면, 비교는 공통의 기반 위에서 차이점을 밝히는 작업이다. 무엇인가를 비교할 때, 사람들은 주로 '차이'에 초점을 맞추지만 초점의 배경을 이루는 공통의 기반에 주목하는 일은 더욱 중요하고 필요한 일이다. 이 글에서 Ⅱ-Ⅲ장까지는 주로 만해의 시와 하이데거 철학의 공속 지점을 부각시킬 것이며, 마지막 Ⅳ-Ⅴ장에서는 차이점을 밝히는 데 주력할 것이다. 결론부에서는 양자의 차이점을 부각시키겠지만, 비교에서 더욱 중요한 공속성을 이 글에서도 놓쳐서는 안 될 것이다. 하이데거의 "비교" 개념에 관해서는 다음의 책을 참조하기 바란다. 김동규, 『하이데거의 사이-예술론—예술과 철학 사이』, 그린비, 2009, 266-267쪽.

3 Sigmund Freud, "Trauer und Melancholie", in: *Psychologie des Unbewußten* (Studienausgabe Bd. Ⅲ) von hrsg. von A. Mitscherlich/A. Richards/J. Strachey, Frankfurt am Main: Fischer Taschenbuch Verlag, 2000[지그문트 프로이트, 『무의식에 관하여』, 윤희기 옮김, 열린책들, 1998]. 임시방편으로나마 프로이트의 분석틀을 비교의 잣대로 삼는 까닭은 한편으로 그것이 멜랑콜리 정조를 해명해주는 적절한 분석틀이기 때문이며, 다른 한편으로 '사랑의 상실', 혹은 '사랑 대상의 부재'가 만해 시의 정조에 접근하는 잠정적인 길이 될 수 있다는 판단 때문이다.

끝으로 나가기를 기대하는 것 자체가 과도한 기대는 아닐까? 하이데거는 자기를 낳은 전통에 저항하고 그것을 첨예하게 비판하였지만, 그의 철학이 서양철학의 적자임은 부정하기 어려울 것 같다.[4] 그는 오직 서양 문화의 큰 틀 속에서 자기네 문화의 쇄신과 르네상스[5]를 기도했다고 평가할 수 있을 것이다.

만해는 식민지 조선의 어떤 지식인보다 강렬하게 전근대적 문화와 전통을 비판했다. 그는 시인이자 종교인, 사상가일 뿐 아니라, 한 명의 행동하는 지식인으로서 식민지 현실의 변혁운동에 깊숙이 개입했

4 하이데거가 서양 전통과 철학적 대결을 펼칠 때에는 하이데거 철학이 서양의 지적 전통에 귀속된다는 점이 잘 드러나지 않는다. 하이데거 스스로가 너무나도 날카롭게 자기 전통과의 경계선을 긋고 있기 때문이다. 하지만 이방의(서양 중심적 시각에서) 동양인과 만날 때 그는 자신의 입장을 분명히 밝히고 있다. 예컨대 하이데거는 일본인과의 대화에서 유럽예술과 일본예술을 비교하면서 양자의 차이를 다음과 같이 밝힌다. "유럽의 예술은 본질적으로 **묘사**(Darstellung)라는 성격으로 특징지울 수 있습니다. 묘사, 즉 **형상**(Eidos)이란 볼 수 있도록 만드는 것이지요. 예술작품, 형태(Gebilde)란 이미지 속으로 가져오고 볼 수 있게 하는 것입니다. 그와는 달리 동양의 세계에서 묘사란 일종의 장애요소, 즉 볼 수 있도록 만드는 이미지란 일종의 방해를 뜻합니다."(GA16, 554). 그리고 서양인이 일본의 선불교를 이해하는 데 한계가 있음을 밝히고 있다. "우리의 표상들(소위 직접적인 끝없는 길에 대한 표상)을 가지고 일본인이 이미 존재하는 곳에 결코 다다를 수 없다는 사실이 분명해졌습니다. 나는 대가 하쿠인(Meister Hakuin)이 가장 좋아했던 **공안**(Koan) 하나로 끝마치고 싶습니다. (한 손을 치켜들고) '**한** 손이 부딪히는 소리를 들어라'."(GA16, 557) 이처럼 이방인과의 만남에서 하이데거는 자신의 논의를 서양적 담론의 문맥으로 한정시킨다. 서양 지성사적 문맥에서 벗어나면 자기 철학의 유의미성을 확보하기 어렵고, 또한 서양 지성사의 내적 문제를 외부적(동양) 지성을 도입하여서는 결코 해결할 수는 없다고 하이데거는 보고 있다. 이런 입장들을 종합해보자면, 하이데거는 서양 지성사의 과거를 짊어지고 미래를 준비하는 서양 지성의 적자로서 자기정체성을 가지고 있다고 말할 수 있다. 더군다나 진리의 이름으로 스승 플라톤을 비판했던 아리스토텔레스에서 후설을 비판한 하이데거에 이르기까지, 서양의 지적 전통에서 적통을 잇는 후계자는 지적 아버지에게 순종하는 착한 아들이 아니라 종종 '부친 살해자'로 등장한다.

던 사람이다. 이처럼 만해를 불교학자(선사), 사상가, 독립운동가로서 충분히 평가할 수 있지만, 무엇보다 그는 한 명의 탁월한 시인이다. 그는 전근대적인 동양의 질곡(桎梏)을 온몸으로 체험했던 시인이다. 물론 개화기 지식인으로서 만해가 서구적 근대화의 모습을 통찰하고 있었다지만, 그렇다고 서구 근대에 대한 만해의 이해를 과장해서는 안 된다. 비록 만해가 잠시 러시아와 현해탄 건너 근대화된 일본을 경험한 적은 있다 해도, 그가 서구 근대화의 정수를 간파했다고 말하기는 어렵다.[6] 당시로서 만해가 아무리 개화된 사람이었다 해도, 그가 20세기 전근대적인 조선의 아들이었음을 부인할 수 없다. 그렇지만 만해는 놀라울 정도로 비약적인 시적 통찰을 가지고 있던 예지적인 시인이다.

5 다시 태어남, 거듭남, (문예)부흥 등을 뜻하는 르네상스(Renaissance)는 과거를 단순히 반복해서 소생시키고 부활시키는 것을 뜻하지 않는다. 차라리 그것은 혁신적 수용을 뜻한다. 카시러에 따르면, "르네상스라는 이름값을 제대로 하는 르네상스는 그저 단순한 수용이 결코 아니다. (…) 세계사의 위대하고 진정한 르네상스들은 언제나 자발성의 위대한 승리였지 단순한 수용이 아니었다." 그래서 카시러는 페트라르카가 '최초의 근대인'이라고 불리는 까닭이 "고대 언어, 예술 및 문학이라는 매체를 통해서 그는 다시 한 번 고대 삶의 형식을 들여다볼 줄 알았다"는 점에 있다고 본다. 하이데거를 비롯한 현대 서양 철학자들의 자기문화 비판은 이런 혁신적 의미의 르네상스를 꿈꾸는 데 있어 필수 과정이라고 보아야 할 것이다. Ernst Cassirer, *Zur Logik der Kulturwissenschaften*[에른스트 카시러, 『문화과학의 논리』, 박완규 옮김, 길, 2007, 267-268쪽]

6 한 명의 (서양) 철학자로서 만해를 규정할 때, 그와 하이데거와의 비교는 무의미해지기 쉽다. 왜냐하면 당시 시대 상황을 고려할 때, 만해의 서양철학, 근대철학에 대한 이해가 비교 불가능하도록 일천하기 때문이다. 이것은 만해 자신의 솔직한 고백이기도 하다. "나는 서양 철학자의 저서에 관한 한 조금도 읽은 바가 없고, 어쩌다가 눈에 띈 것은 그 단언척구單言隻句가 샛별과도 같이 많은 사람의 여러 책에 번역 소개된 것에 지나지 않는다. 그 전모를 보지 못한 것이 못내 안타까울 뿐이다." 물론 만해의 불교철학과 서양철학을 비교해볼 수는 있을 것이다. 하지만 여기에서 나는 만해를 한 명의 탁월한 비근대 동양의 시인으로서 규정하고, 그의 시를 하이데거 철학과 견주어보고자 한다. 한용운, 『조선불교유신론』, 이원섭 옮김, 운주사, 2007, 26쪽.

시 속에서 그는 근대를 비판했던 하이데거의 혜안마저 무색케 하는 날카로운 존재론적 비전을 보여주고 있다. 이런 점에서 만해는 전근대가 아닌(서양 중심의 시간 구획 및 배열에 따르자면 당연히 근대도 탈근대로 아닌) '비근대'라는 시간을 살았던 시인이라 할 수 있으며, 때문에 탈근대 담론을 개척한 하이데거 철학과 만해의 시 작품을 정당하게 견줄 수 있다. 근대에 살았던 횔덜린이 하이데거에게 탈근대적 시인이었던 것처럼, 시인의 시간은 획일적인 시간 구획과 배열에서 자유로울 수 있다.

지금 이 시점에서 하이데거와 만해의 만남은 여러 가지 층위에서 의미를 갖는다. 이 만남은 첫째, 비근대와 근대, 그리고 탈근대 담론의 교차 지점을 밝히는 좋은 계기가 될 것이다. 탈근대 담론 이후의 시대를 살고 있는 우리에게 탈근대 담론의 이론적 토대를 마련한 하이데거와 비근대에 속한 만해의 만남은 새로운 담론 출현의 작은 시발점이 될 수 있을 것이다. 둘째, 이 만남은 동시에 서양과 동양의 만남이다. 세계화가 서구화를 의미하는 시대에 만해는 서양 문화에 온전히 물들지 않은 동양 지식인의 타자로서의 역할을 충분히 해줄 수 있을 것이다. 셋째, 그 둘의 만남은 상이하지만 인간 최고의 활동이라 여겨지는 철학과 시, 두 영역의 만남이다. 하이데거가 도래하는 존재사건을 언어로 옮기기 위해 필수불가결한 만남이라 칭했던 그 만남이다. 이 글은 이 세 가지 층위의 만남을 하나의 내용적 동아줄로 엮고자 한다. 상이한 층위들의 교차와 엮임이 이 글의 전체 내용을 이룰 것이다.

하이데거의 전통비판은 하이데거 철학 내부에서 크게 두 국면으로 구분될 수 있다. 그의 주저, 『존재와 시간』을 중심으로 하는 전기 철학과 예술, 언어에 대한 관심을 두드러지게 보이는 후기 철학으로 말이다. 전통 비판의 관점에서 보자면, 전기 철학은 여전히 전통철학적 잔재를 간직하고 있는 반면,[7] 후기 철학은 좀 더 과감하게 전통으로부터 벗어나고자 한 것을 확인할 수 있다. 후기 하이데거 철학은 전기보다 더 전통철학에서 멀어진다. 새롭게 고안해낸 그의 다양한 언어군(言語群)만을 살펴보더라도 그 점을 쉽게 확인할 수 있다. 하이데거는 더 이상 전통철학, 근대철학의 개념어들을 사용하려하지 않는다. 언어는 한갓 의사소통의 도구가 아니라 "존재의 집(das Haus des Seins)"(GA9, 313)이기 때문에 어떤 언어를 구사하느냐가 존재사유의 이정표이기 때문이다. 전통철학의 언어 대신에 하이데거는 과감하게 시어를 사용한다. 그는 시어 속에서 새로운 사유의 가능성을 타진한다. 잘 알려져 있다시피, 하이데거는 횔덜린을 비롯하여 수많은 시인들의 언어를 참조한다. 그런데 하이데거가 참조하는 시인들은 공교롭게도 모두 멜랑콜리 정조를 기저에 깔고 있는 작품세계를 구축한 작가들이다. 그리고 하이데거도 인정한 바 있듯이, 여기서 언급되는 멜랑콜리 정조는 서구 지성사를 지속적으로 물들여온 근본정조다.

하이데거 후기 철학이 전기 철학 못지않게 멜랑콜리 정조로 물들어 있다는 점은 직감적으로 비교적 간단하게 확인할 수 있는 사실이다. 예컨대 하이데거가 후기에 많은 관심을 보인 예술가들의 면면을 떠올려보는 것으로도 그것은 쉽게 확인된다. 횔덜린, 노발리스, 트라클, 릴

7 이미 나는 두 논문에서 하이데거가 서양 전통의 근본정조인 멜랑콜리에 휩싸여 있다는 점을 통해서 이 점을 논증한 바 있다. 김동규, 「하이데거의 멜랑콜리 해석—창작하는 자유인의 무거운 심정」, 『해석학 연구』 제21집, 2008; 「하이데거 철학의 멜랑콜리—『존재와 시간』에 등장하는 실존론적 유아론의 멜랑콜리」, 『하이데거 연구』 제19호, 2009 참조.

케, 소포클레스, 뫼리케(Mörike), 괴테, 헤벨(J. P. Hebel), 니체, 게오르게, 아이헨도르프(Jos. v. Eichendorff), 샤(René Char), 랭보, 첼란(Paul Celan), 고흐, 세잔, 클레 등등 이 모든 예술가들의 작품을 하나로 묶어주는 분위기가 무엇인가? 멜랑콜리다. 서양인들은 그런 독특한 분위기를 멜랑콜리하다고 불렀다. 반면 만해의 시는 어떠한가? "님"의 부재와 슬픔을 노래하고는 있지만, 만해의 시를 멜랑콜리하다고 명명할 수 있을까? 아무리 양보해도 그렇게 보기 힘들다.

그렇다면 왜 이런 현상이 발생하는 것일까? 이것은 한갓 우연의 소산도 아니고 개인적인 개성의 편차만도 아니다. 이미 다른 곳에서 언급하였듯이,[8] 동일하게 '생각하는 자'를 조각했지만 로댕의 멜랑콜리한 〈Le Penseur〉와 〈금동미륵보살반가사유상〉이 전혀 다른 정조를 발산하고 있는 것도 우연이고 주관적인 편차란 말인가? 그것은 서양과 동양의 근본정서가 상이한 데서 오는 필연적인 귀결이다. 그리고 그 정서는 양대 철학과 세계관의 차이이기도 하다. 물론 두 문화를 아우르는 어떤 보편적인 지평이 있을지도 모른다. 언젠가 미래의 보편적 문화지평이 도래할지도 모른다. 하지만 그것을 말하기 이전에 먼저 문화적 '차이'를 밝혀낼 필요가 있다. 그 선행 작업을 충분히 이행할 때에만 우리는 미래의 가능성을 선취하고 실현할 수 있을 것이기 때문이다.

8 여기에 관해서는 다음을 참조할 수 있다. 김형효, 「所有와 當爲를 넘어선 無의 길」, 『문명갈등시대의 동서사상의 대화』 대회보 1, 제17회 한국철학자대회(한남대학교 문과대학), 2004년 10월 29-30일. 김동규, 「하이데거의 멜랑콜리 해석—창작하는 자유인의 무거운 심정」 참조.

II. 사랑의 존재, 존재의 사랑

철학자 하이데거는 사랑에 관해 직접 언급한 바가 거의 없다.[9] 때문에 사랑이라는 주제로 하이데거를 거명하기 어렵다. 하지만 사랑의 관점에서 하이데거 철학을 재해석하고 재평가하는 일이 철저하게 불가능하지도 않을뿐더러 무의미한 일도 아닐 것이다. 하이데거가 전혀 사랑을 말하지 않은 것은 아니며, 또한 사랑의 지평에서 그의 철학을 해석하지 말아야 할 하등의 이유가 없기 때문이다. 더욱이 사랑이 인간을 해명하는 핵심 코드라고 가정한다면 그것은 두말할 나위가 없다. 이제 남는 문제는 어떤 의미의 사랑으로 하이데거 철학을 해석할 것이냐는 문제다. 다시 말해 "일상성"으로 "전락"한 사랑 개념을 가지고 하이데거 철학을 통속화시킬 것이냐, 아니면 하이데거 철학에 맞먹는 사랑 개념을 가지고 그의 철학을 해석할 것이냐의 문제다. 그의 철학을 폄훼하려는 악의가 없다면, 당연히 후자의 길을 택해야 한다. 그리고 이 길은 철학에 준하는 인간 최고의 활동영역으로 하이데거 자신이 인

9 시인은 즐겨 사랑을 노래한다. 반면 대개의 철학자는 사랑에 대해 거의 말하지 않는다. 어느 철학자나 '인간'에 관해서는 하나의 학설을 세우려 한다. 그러나 그는 사랑을 말하기를 꺼린다. 철학자가 사랑에 관해 침묵하는 데에는 합당한 까닭이 없지 않다. 철학자는 지나치게 통속화된 그 개념의 힘을 믿지 않으며, 엄밀한 학문의 이념에 비추어볼 때 전문 학술용어로 삼기에는 이 용어가 지나치게 다의적이고 감정적이며 주관적이라고 판단하기 때문이다. 그러나 이런 철학자의 침묵을 비판적 시각으로 바라볼 수 있다. 사랑이란 용어를 꺼리는 것은 많은 경우 그들의 고질적인 현학적 허영심 때문이라고 말이다. 사랑이란 용어만큼 널리 회자되고 관심을 받는 용어는 없기 때문에, 아무리 공들여 그 개념을 분석한들 세인들의 담론과 변별지점을 찾기 힘들다. 또한 공연히 사랑에 대해 말했다가 자신의 얄팍한 지적 수준이 폭로될 수 있으며, 지금껏 남모르게 구축해온 지적 허영심이 한순간에 물거품이 될 수 있다. 사랑을 섣불리 말했다가, 사랑에 관심 있는 무수한 사람들로부터 질타받기 십상이다. 이 글에서 나는 철학자의 정당한 우려는 존중하되, 현학적 허영 내지 지적 자기기만의 질곡에 빠지지 않으려 할 것이다.

정했던 시(詩) 속에서 찾을 수 있을 것이다. 그렇다면 어떤 시인의 사랑시를 선택할 것인가? 이 글에서 나는 만해의 시를 선택하기로 한다. 왜냐하면 나는 만해의 사랑시가 하이데거 철학과 견줄 수 있는 극소수의 예술작품이라 판단하고 있기 때문이다. 내가 보기에, 만해의 시 하나하나는 하이데거의 철학적 깊이에 견주어 결코 뒤떨어지지 않는다.

시인 만해는 철학자 하이데거와는 달리 '사랑'이라는 시어를 자주 사용한다. 하지만 그의 사랑 역시 세간에서 흔히 무차별적으로 사용되는 사랑과는 다르다. 만해의 사랑도 일상적인 사랑과 구분을 해주어야 한다. 그렇다면 어떻게 양자를 구분할 수 있을까? 궁극적으로 이런 구분은 다시 하이데거 철학(또는 심오한 불교철학)의 도움을 받지 않을 수 없다. 왜냐하면 만해의 사랑을 해석할 만한 깊이 있는 철학은 매우 드물고, 하이데거 철학은 그 희소한 경우에 속하기 때문이다. 철학과 시를 이해하는 길은 이렇듯 양자의 호혜적이고 생산적인 만남 속에서 가능하다. 하이데거의 말처럼, 시와 철학은 가까운 이웃이고, 서로 친밀한 관계를 가질 때에만 스스로에 대한 이해 가능성이 열린다(GA12, 163 참조). 우선 만해의 시 하나를 가지고 만해의 사랑론을 살펴보기로 하자.

> 사랑을 「사랑」이라고 하면 발써 사랑은 아닙니다. 사랑을 이름지을 만한 말이나 글이 어데 있습니까. 미소微笑에 눌려서 괴로운 듯한 장밋薔薇빛 입설인들, 그것을 슳칠 수가 있습니까. 눈물의 뒤에 숨어서 슬픔의 흑암면黑闇面을 반사反射하는 가을 물결의 눈인들, 그것을 비칠 수가 있습니까. 그림자 없는 구름을 거쳐서 메아리 없는 절벽絶壁을 거쳐서 마음이 갈 수 없는 바다를 거쳐서, 존재存在? 존재存在입니다.

그 나라는 국경國境이 없습니다. 수명壽命은 시간時間이 아닙니다. 사랑의 존재存在는 님의 눈과 님의 마음도 알지 못합니다. 사랑의 비밀秘密은 다만 님의 수건手巾에 수繡놓는 바늘과, 님의 심으신 꽃나무와, 님의 잠과, 시인詩人의 상상想像과, 그들만이 압니다.(「사랑의 존재存在」, 70쪽)[10]

인용된 시에서 사랑은 먼저 언표 불가능한 사태로 묘사된다. 사랑은 포착(捕捉) 가능한 명사가 아니라 포착 불가능한 동사에 가깝다. 즉 사랑은 특정한 이름으로 언표되자마자 그 이름이 아닌 것으로 변화한다. 동시에 그것은 광대무변(廣大無邊)한 것이자 시간으로도 한정되지 않는 것이다. 죽음마저 사랑의 한계가 될 수 없다.[11] 사랑은 경계를 세울 수 없는 것, 즉 한정할 수 없는 것이다. 그것은 도무지 무엇이라 말할 수 없는 것이어서, 굳이 말한다면, "존재"라고밖에 말할 수 없다. 다시 말해 그런 것이 '있다'고 밖에는 말할 수 없다. 만해의 시 속에 등장하는 "사랑의 존재"라는 말에서 '의'는 동격을 나타낸다. 사랑은 '있다'는 말 이외에 더 이상 붙일 수 있는 술어가 없다. 그런 존재는 당연히 비밀스러운 것이다. "그러나 그 비밀秘密은 소리 없는 메아리와 같아서 표

10 인용된 만해의 시는 다음 판본에서 따온 것이다. 한용운, 『한용운 시전집』, 최동호 편, 서정시학, 2009. 만해 시를 인용할 때에는 시 제목과 인용된 책의 쪽수를 본문에 병기하기로 한다. 그리고 본 논문에서 시를 인용할 때에는 행의 구분은 표기하지 않고 연의 구분만을 //로 표기하기로 하겠다. 왜냐하면 이 글은 제한된 분량을 고려해야 하며, 시적 운율과 리듬의 섬세한 차이보다는 시적 내용을 주로 다루고 있기 때문이다.

11 죽음과 사랑의 관계에 관해서는 「고적한 밤」(39쪽), 「나의 길」(40쪽), 「오서요」(144쪽) 참조.

현表現할 수가 없습니다."(「비밀」, 69쪽) "사랑의 신성神聖은 표현表現에 있지 않고 비밀秘密에 있습니다."(「칠석」, 140쪽)

사랑이라는 존재는 일종의 "비밀"이다. 비밀스러운 사랑이 따로 있는 것이 아니라, 원래부터 사랑은 비밀이다. 여기에서 비밀이란 폭로될 수 있지만 아직 폭로되지 않은 상태, 또는 감추고 숨기는 비공개 사태 전반을 뜻하는 말이 아니다. 도리어 비밀은 시종일관 폭로될 수 없는 사태를 뜻한다. 이런 비밀은 비밀로서 드러나야만 존재할 수 있다. 비밀로 존재하기 위해서는 비밀이 폭로되지 않는다는 조건에서 비밀을 드러내는 어떤 흔적과 단서가 제시되어야만 한다. 하이데거에 따르면, 비밀은 비밀로 남을 때에만, 알려질 수 있다. "우리가 비밀을 안다는 것은 결코 비밀의 베일을 벗기거나 산산 조각냄으로써가 아니라, 오로지 비밀을 비밀**로서**(als) 보호함으로써 아는 것이다."(GA4, 24) 만해는 님을 위해 "수놓는 바늘"과 님이 (나를 위해) 심은 "꽃나무"와 "님의 잠"과 "시인의 상상"만이 그 비밀을 안다고 말한다.[12] 이런 것들은 비밀을 폭로해서 파괴시키는 것이 아니라, 비밀을 비밀로서 드러내는 사랑 비밀의 흔적들이다. 이처럼 만해는 궁극적으로 사랑을 '존재'와 '비밀'로 이해하고 있다. 그리고 사랑의 지평에서 하이데거 철학을 재해석하

12 사랑의 존재를 확인하는 것은 이처럼 흔적을 통한 간접적 방법, 상상을 통한 재구성의 방법으로 가능하다. 이와 유사한 것이 사랑하는 마음을 확인하는 경우에도 해당된다. "당신이 사과를 따서 나를 주랴고, 크고 붉은 사과를 따로 쌀 때에, 당신의 마음이 그 사과 속으로 들어가는 것을 분명히 보았습니다. // (…) 당신이 나의 사진과 어떤 여자의 사진을 같이 들고 볼 때에, 당신의 마음이 두 사진의 새이에서 초록빛이 되는 것을 분명히 보았습니다. // (…) 당신이 떠나시랴고, 나의 큰 보석 반지를 주머니에 넣실 때에, 당신의 마음이 보석 반지 너머로 얼골을 가리고 숨는 것을 분명히 보았습니다."(「당신의 마음」, 135쪽)

려 할 때, 이런 사랑 이해는 해석의 튼튼한 디딤돌이 된다.

그렇다면 하이데거에게 사랑이란 무엇일까? 이 물음에 답하기 위해서는 두 가지 큰 난관을 헤쳐가야 한다. 첫 번째 난관은 하이데거 자신이 사랑에 대해 거의 언급하지 않는다는 점이고, 때문에 두 번째 난관은 하이데거 철학에 관한 대부분의 전문연구에서 사랑이란 테마가 배제되어 있는 실정이라는 점이다. 예외적으로 아감벤과 커니(Richard Kearney)가 거의 유일하게 하이데거 철학과 사랑을 연결시키면서 양자의 조우 가능성을 타진하고 있다.[13] 그리고 아주 드물지만 하이데거가 사랑에 대해 언급한 곳이 있다. 우리는 그 부분을 중심으로 하이데거 사랑관의 전모를 재구성해보기로 하자.

「휴머니즘 서간」에서 하이데거는 다음과 같이 말하고 있다. "어떤 '사태' 또는 '사람'에 대해 그 본질에 있어서 염려한다는 것은, 말하자면 그것을 사랑하는 것이요, 좋아하는 것이다."(GA9, 316)[14] 여기에서 "염려한다"로 번역된 독일어(sich j-s/etw. annehmen)는 관용어로 걱정하다(sich um j-n/etw. kümmern), 또는 돌보다, 염려하다(für j-n/etw. sorgen)

13 Giorgio Agamben, *Potentialities: collected essays in philosophy*, edited and trans. by Daniel Heller-Roazen, Stanford Unversity, Stanford California, 1999. 여기서(12장) 아감벤은 사랑을 현사실성과 존재사건을 해명하는 핵심정조로 제시한다. Richard Kearney, *Strangers, Gods and Monsters*[『이방인, 신, 괴물—타자성 개념에 대한 도전적 고찰』, 이지영 옮김, 개마고원, 2004, 「제10장 최후의 신과 마지막 과제」, 384-422쪽] 참조.

14 이 부분은 하이데거 철학을 사랑의 지평에서 재해석하는 데 있어 매우 중요한 인용문이기 때문에 독일어 원문을 각주에서 밝히고자 한다. 한국어 번역본으로는 『이정표 2』(김선일 옮김, 한길사, 2005, 127쪽)가 있으며, 기존 번역을 존중하되 논의 문맥에 맞게 수정 번역하였음을 밝힌다. "Sich einer »Sache« oder einer »Person« in ihrem Wesen annehmen, daß heißt: sie lieben, sie mögen."

를 뜻한다. 인용문에서 우리는 '사랑하다'와 '좋아하다' 그리고 '염려하다'가 연계되고 있음을 확인할 수 있다. 하이데거가 『존재와 시간』에서 현존재의 존재로서 말하고자 한 "염려"(Sorge)가 바로 다름 아닌 사랑으로 조심스럽게 번역되고(über-setzen) 있는 셈이다. 하이데거에게 인간이 "염려"로 이해된다면, 그것은 곧 "사랑"으로 이해된다는 말이다. 탈자적으로 사물과 타인, 더 나아가 세계를 향해 있으며, "세계-내-존재"로서 이미 특정 세계에 던졌지만 동시에 미래에 자신의 가능성을 던지면서 스스로의 세계를 창조하는 존재가 바로 현존재이고, 염려이며, 동시에 그것은 사랑이다.

사랑은 타자를(어떤 사태나 사람을) 그 본질에서 염려하는 활동이다. 여기에서 염려한다는 것은 어떤 사태나 사람의 외양이나 그에 딸린 부수적인 것만을 돌보는 것이 아니라 그것의 본질에 대해 자신의 마음을 쏟는 것을 뜻한다. 여기서 염려한다는 것은 염려 대상들의 본질을 '받아들이는 것'(an-nehmen)을 뜻한다. 그것은 자신의 고정관념으로 타인과 사물을 재단하는 것이 아니라, 그것의 본질 그대로를 받아들이는 것이다. 그런데 이처럼 타자를 받아들이는 것은 한갓 수동적인 일도 아니며 쉬운 일은 더더욱 아니다. 도리어 그 일은 고된 능동성을 요구하는 어려운 일이다. 어떻게 나와 다른 타자성을 쉽게 받아들일 수 있겠는가? 이런 점에서 사랑한다는 것은 어떤 능동적인 능력이다. 더 나아가 그것은 우리의 모든 능력을 가능케 하는 본질이다. 사랑은 "능력의 본질"(das Wesen des Vermögen)이다. 우리가 통상 "능력"이라 부르는 것은 모두 이전에 사랑의 과정을 통과해서 얻은 결과물일 뿐이다.

사랑은 타자의 본질을 받아들이는 것이다. 그런데 타자의 본질이라는 것이 미리부터 주어진 것은 아니다. 언제나 그것은 사랑하는 이와의 관계 속에서 유동적으로 결정된다. 이런 점에서 사랑이 타자의 본질을 받아들인다는 것은 곧 "본질을 선사하는 것"(das Wesen schenken)이라고도 말할 수 있다. 이 말은 타자의 감추어진 본질이 사랑을 통해 비로소 밝혀진다는 뜻이다. 그래서 하이데거는 본질을 선사하는 사랑을 다음과 같이 말한다. 그런 사랑함은 "그 유-래에서 어떤 것을 '본질이게끔 한다', 즉 존재하게 할 수 있다"[15]는 것을 뜻하며, 결국 그런 사랑은 "본래적으로 '가능케 하는 것'(eigentliche »Mögliche«)"이다. 여기에서 하이데거는 독일어 말놀이를 수행하고 있다. 사랑은 다음과 같은 어원적 동계열의 말들과 밀접히 연관되어 있다. 즉 "좋아하다"(Mögen), "능력"(Vermögen), "가능성"(Möglichkeit)이 그것이다. 이 말을 연결시켜 사랑을 정의하자면, 사랑한다는 것이란 타자의 가능성을 열어주는 능력으로서 좋아한다는 뜻이다.

그렇다면 능력, 가능성과 어원적으로 연결되어 있는 좋아함이란 어떤 의미일까? 하이데거는 '사랑한다'와 동의어인 '좋아한다'를 존재론적인 지평으로 확대해서 해석한다. 이제 사랑은 단지 인간의 본질일 뿐 아니라 존재 자체의 동적 모습으로 확대된다. 인간 역시 존재에 속하는 것이자 존재는 인간을 통해 드러나기 때문에 이런 확장이 가능하다. 좋아함은 존재의 양태다. 동시에 그것은 사유를 불러오고 사유가 존재를 향하게 하는 존재의 "힘"(Kraft)을 뜻한다. 하이데거에 따르면, "이런 좋아함으로부터 존재는 사유할 수 있다. 존재는 사유를 가능하

15 "etwas in seiner Her-Kunft »wesen«, d.h. sein lassen kann."(GA9, 316)

게 한다."[16] 이상의 서술로도 충분히 예상할 수 있지만, 하이데거는 사랑을 어떤 실체, 또는 주체적인 것으로 파악하지 않는다. 사랑은 명사가 아닌 동사이며, 존재의 양태를 나타내는 말이다. 언어의 한계를 무릅쓰고 말하자면, 사랑은 문장의 동사이지만 동시에 주어이자 술어이기도 하다. 또는 그것은 서양어로 말하면 주술 '사이'에서 양자를 연결하며 양자를 규정하는 연계사이며, 우리의 말본에 따르면 주술을 결정짓는 허사, '-이다/있다'이다.[17] 사랑함과 좋아함을 존재와 접속시키면서, 하이데거는 존재를 다음과 같이 재규정한다. "존재는 할 수 있고 좋아하는 것으로서 '가능한-것'이다."[18]

존재는 무능하지 않다. 그렇다고 전통 형이상학에서 생각하는 것처럼 신적이기 때문에 못하는 것이 없는 것으로 해석되면 곤란하다. 존재가 무능하지 않은 것은 좋아하기 때문이다. 좋아하기 때문에 할 수 있고 모든 것이 가능하다. 존재는 닫힌 완전성이 아니라 열린 가능성이다. 여기에서 '할 수 있다'는 말을 되새겨볼 필요가 있다. 하이데거에 따르면, "무엇인가를 할 수 있다는 것은 어떤 것을 그 본질에 따라 우리 곁에서 허용하고 이런 허용을 내밀하게 보호한다"[19]는 뜻이다. 할

16 "Aus diesem Mögen vermag das Sein das Denken. Jenes ermöglicht dieses."(GA9, 316)

17 이 문제에 대한 자세한 논의는 다음의 글을 참조하기 바란다. 박동환, 『동양의 논리는 어디에 있는가』, 고려원, 1993. 특히 "허사(虛辭) 결정론—주변자의 논리"(102쪽 이하)에서 박동환은 서양의 논리와 우리 말본이 함축하고 있는 논리를 비교 검토하고 있다. 그에 따르면, "허사 결정론이 함축하는 논리는, 서양의 아리스토텔레스로부터 형식화된 변함없는 같음으로의 논리전략에 합류될 수 없는, 주변자의 특이한 세계이해를 반영한다. 그는 사물의 참모습을 「같음」에서가 아니라 「다름」에서 잡으려고 주변에 산다."

18 "Das Sein als das Vermögend-Mögende ist das »Mög-liche«."(GA9, 316)

수 있다는 말은 자기 뜻대로 하는 것이라기보다는 변화무쌍한 존재의 모습을 허용하고 보호하는 것을 뜻한다. 사정이 이렇기 때문에, 우리 인간 역시 오직 우리가 좋아하는 것만을 할 수 있다. "그것을 허용함으로써 우리는 언제나 우리가 좋아하는 것, 우리가 진심으로 하고자 하는 것만을 할 수 있다.[20]

Ⅲ. 사랑의 대상 – 님과 존재

사랑은 언술 불가능한 존재를 표현한 말이다. 굳이 언술된다면, 그것은 문장의 주어뿐 아니라 목적어가 될 수도 있다. 사랑의 언어에서는 궁극적으로 목적어 역시 사랑이다. '사랑은 사랑을 사랑한다.' 이런 비일상적인 조어법은 언표 불가능한 사랑의 존재를 언술할 때 발생한다. 난감한 어법에 대한 분석은 잠시 제쳐두고 사랑의 목적어, 사랑의 대상에 관해 살펴보기로 하자. 만해에게 사랑의 대상을 지칭하는 말은 '님'이다. 만해의 사랑이 일상적 이해 지평이 아닌 존재의 지평에서 이해되듯, 만해의 '님'은 통속적인 이해에서 빗나간 곳에 서 있다.

> 「님」만 님이 아니라 기룬 것은 다 님이다. 중생이 석가釋迦의 님이라면, 철학哲學은 칸트의 님이다. 장미화薔薇花의 님이 봄비라면 마시니의 님은 이태리伊太利다. 님은 내가 사랑할 뿐 아니라 나를 사랑하나

19 "etwas vermögen: etwas nach seinem Wesen bei uns einlassen, inständig diesen Einlaß hüten."(GA7, 123)

20 "Wir vermögen immer nur solches, was wir mögen, solches, dem wir zugetan sind, indem wir es zulassen."(GA7, 123)

니라. / 연애戀愛가 자유自由라면 님도 자유일 것이다. 그러나 너희는 이름 좋은 자유에 알뜰한 구속拘束을 받지 않너냐. 너에게도 님이 있너냐. 있다면 님이 아니라 너의 그림자니라. / 나는 해 저문 벌판에서 돌어가는 길을 잃고 헤매는 어린 양羊이 기루어서 이 시詩를 쓴다.
(「군말」, 31쪽)

'님'은 만해에게 사랑의 대상을 지칭하는 말이다. 우리는 상식적인 수준에서 사랑의 대상을 쉽게 말할 수 있다. 사랑의 대상이란 사랑이 지향하는 대상을 뜻하는 말이다. 「군말」에서 만해는 사랑이 지향하는 대상이면 무엇이나 사랑의 대상이 될 수 있다고 말한다. 마치 '사랑하다'라는 동사의 목적어로 다양한 명사들이 자리 잡을 수 있는 것처럼 말이다. 그래서 석가에게는 중생이, 칸트에게는 철학이, 장미꽃에게는 봄비가, 애국자 마시니에게는 이태리가 각각 님으로 설정된다. 사랑이 향하는 곳에 '있는' 것이라면 무엇이든 님이 될 수 있다. 이 맥락에서 칸트와 마찬가지로 철학자인 하이데거에게 님은 철학이 될 것이다. 아니, 평생 '존재'라는 하나의 별만을 바라보며 살았다는 하이데거 자신의 회고를 참조할 때, 하이데거의 님은 아마도 '존재'가 될 것이다. 그런데 하이데거의 사랑의 '대상'은 진정 '존재'라고 명명할 수 있을까? "사랑의 존재"를 말하는 만해의 관점에서 언술되는 '대상'의 의미라면, 그것은 가능하다. 왜냐하면 만해에게 사랑의 대상이란 '사랑이 사랑을 사랑한다'는 문장의 목적어(Objekt)를 뜻하는 말이기 때문이다. 하이데거에게도 '존재는 존재를 존재케 한다'라고 말할 수 있으며, 만일 목적어 위치에 있는 "존재"를 '대상'이라 부른다면, 그런 의미의 대상은 불가능한 것은 아닐 것이다. 하지만 '인식 주체와 맞서 대립해 있는 존재자'라는 의미로 '대상'이란 개념을 사용한다면, 하이데거의 존재를 대상이라 칭하기는 어렵다.

존재는 인식 주체의 맞은편에 있는 인식의 객체일 수도 없고, 고정된 실체나 대상일 수도 없다. 또한 하이데거의 유명한 주장처럼, 존재는 결코 존재자가 아니다(존재론적 차이). 이것은 사랑의 경우도 마찬가지다. 사랑의 대상은 언제나 특정한 어떤 것인 듯 보인다. 하지만 궁극적으로 사랑의 대상은 딱히 무엇이라 언술될 수 없다. 사랑의 주체 역시 마찬가지다. 사랑하는 주체와 사랑받는 대상이 있다고 가정해보자. 사랑하는 주체는 그 대상을 자기 사랑이 향하는 지향점이라고 생각한다. 하지만 사랑 속에서 주체와 객체는 쉽게 전도된다. 비유컨대 사랑의 사냥터에서 사냥꾼과 사냥감은 서로 구분되기 어렵다. 사냥꾼은 사냥꾼이 되기 이전에 사냥감의 유혹 대상(사냥감)이었고, 사냥감은 그 이전에 이미 유혹의 덫을 설치하는 사냥꾼이었기 때문이다. 단지 우리는 사냥꾼과 사냥감을 만드는 곳이 사랑의 사냥터라는 것만을 확인할 수 있을 뿐이다. 요컨대 사랑이든 존재든 그것의 존재방식은 주-객의 도식 속에서는 잡힐 수 없다.

이 점은 만해에게도 적용될 수 있다. 그의 님은 특정한 대상을 지칭하는 말이 아니다. 만해에게 님은 어떤 남성(또는 여성)일 수도 있고, 석가일 수도 진리일 수도 있으며, 조국일 수도 있다. 다시 말해 님은 모든 것이 될 수 있다. 님이란 사랑이 지향하는 방향을 가리키는 뜻말이지, 특정 대상을 가리키는 낱말이 아니다. 만일 사랑의 대상이 특정 대상이 아니라면, 사랑은 어디를 지향하고 있는가? 사랑하는 것을 굳이 사랑의 대상이라고 한다면, 그 대상은 무엇인가? 만해에 따르면, 그것은 사랑이다. 사랑이 지향하는 것은 사랑이다. 사랑은 오직 사랑만을 지향할 뿐이다. 다음의 시를 보기로 하자.

> 당신의 시詩는 봄비에 새로 눈트는 금결 같은 버들이여요. 그러나 기름 같은 바다에 피어오르는, 백합百合꽃 같은 시詩가 없는 것이 아닙니다. 만일 좋은 문장文章만을 사랑한다면, 웨 내가 꽃을 노래하지 않고, 버들을 찬미讚美하여요. // 왼 세상 사람이 나를 사랑하지 아니할 때에, 당신만이 나를 사랑하얐습니다. 나는 당신의 「사랑」을 사랑하야요.(「「사랑」을 사랑하야요」, 130-31쪽)

사랑은 사랑을 사랑한다. 만해의 경우 사랑은 한 문장의 주어이자 목적어이고 동사다. 다시 말하면 하나의 동사적 사태를 언술하는 과정에서 사랑의 주체와 객체가 설정될 뿐, 궁극적으로 사랑은 어떤 단일한 동적 사태를 뜻하는 말이다. 때문에 사랑을 무엇이라 정의할 수도 없고 규정하기도 어렵다. 하지만 여기서 주목해야 할 점은 사랑의 대상인 사랑은 "당신의" 사랑이라는 점이다. 사랑이 사랑하는 '자동'(自動) 현상처럼 보이지만, 목적어에 해당하는 사랑의 대상은 '타자'의 사랑, '타자적 사랑'이다. 그래서 사랑은 타자의 사랑을 사랑하는 타동(혹은 피동) 현상이다.

본래 사랑의 주체는 사랑이다. '내'가 사랑하는 것이 아니라 '사랑'이 나를 사랑하게 한다. 어떤 고정된 자아가 그와 다른 것을 사랑하는 것이 아니라, 사랑이 자아를 통해 사랑을 실현하는 것이다. 사랑에 빠지는 것은 자기 뜻대로 성취할 수 있는 일이 아니다. 도리어 사랑은 이미 확립된 자기정체성을 뒤흔든다. 그리고 사랑은 특정한 무엇을 사랑한다기보다는 (나를 향한 타자의) 사랑을 사랑한다. 이처럼 만해에게 사랑은 주어와 목적어를 아우르는 전일적인 동(사)적 현상이다. 존재와 무 그래서 변화를 주도하는 동사는 자기동일성보다는 타자성에 기대 있다. 처음부터 사랑이 언술될 수 없는 것이라 한다면, '사랑'이라 언술되면서 확보해야 하는 불가피한 동일성도 결국 비동일성, 차이성, 부정성, 타자성에서 조성된 임시적 규정성일 뿐이다.

만해에게 사랑은 타자의 사랑에 호응하는 타자에 대한 사랑이다. 그리고 이런 사랑은 타자의 '존재' 자체를 사랑하는 모습으로 등장한다. 다음의 시를 보자.

> 내가 당신을 사랑하는 것은 까닭이 없는 것이 아닙니다. 다른 사람들은 나의 홍안紅顔만을 사랑하지마는, 당신은 나의 백발白髮도 사랑하는 까닭입니다. // 내가 당신을 기루어하는 것은 까닭이 없는 것이 아닙니다. 다른 사람들은 나의 미소微笑만을 사랑하지마는, 당신은 나의 눈물도 사랑하는 까닭입니다. // 내가 당신을 기다리는 것은 까닭이 없는 것이 아닙니다. 다른 사람들은 나의 건강健康만을 사랑하지마는, 당신은 나의 죽음도 사랑하는 까닭입니다.(「사랑하는 까닭」, 105쪽)

이 시에서 시적 화자는 님을 사랑하는 까닭을 말하고 있다. 사랑이 포착 불가능한 동적 현상이라면, 사랑하는 까닭이란 원칙적으로 존재할 수 없다. 하지만 사랑하는 까닭을 굳이 말하라면, 있음 자체에 대한 무조건적 사랑 때문이라 할 수 있다. 님이 자신을 사랑하기에 님을 사랑하는 것이고, 님이 나의 일부 장점만을 사랑하는 것이 아니라 나의 존재 자체를 사랑하기에 님을 사랑하는 것이라고 말하고 있다. 만해에게 사랑은 먼저 타자로부터 오며 그것도 무조건적인 모습으로 다가온다. 때문에 님에 대한 나의 사랑도 그에 호응하는 무조건적 모습을 요구한다. 결국 만해에게 사랑은 타자적 존재에 대한 무조건적 사랑을 뜻한다.

Ⅳ. 이별과 상실

만해는 사랑만이 아니라 님의 상실을 노래한다. 아니 정확히 말해 상실이 아니라 님과의 이별이다. 만나 사랑한 것과의 이별이다. 엄밀한 의미에서 보자면, 만해에게 상실이란 없다. 왜냐하면 처음부터 님은 '자기 것'이었다고 주장할 수 있는 것이 아니기 때문이다. '상실'이 통상 '자기 소유'였던 것을 잃어버린다는 뜻이라면, 그래서 그 어떤 상실도 결국 근본적으로 '자기 상실'로 귀착된다면, 이런 의미의 상실은 만해에게 존재하지 않는다. 그에게 "님"은 처음부터 합일될 수 없는(더구나 자기와 하나였던 적도 없는) 타자적 존재이기 때문이다. 그래서 상실이 아니라, 다만 님과의 이별만이 있을 뿐이다. 만해의 「님의 침묵」은 처음부터 이런 이별을 노래하고 있다. "님은 갔습니다. 아아 사랑하는 나의 님은 갔습니다." 님과의 이별, 님의 부재가 몰고 오는 정신적 충격을 표현하고 있다. 님이 어디로 떠났는지, 어떤 이유로 가버렸는지는 분명하게 제시되지 않는다. 단지 현재 이곳에 님이 존재하지 않는다는 처연한 상황만이 부각되고 있다. 이 시집에 수록된 대개의 시들은 이런 이별을 전제하고 시작된다.

만해에게 사랑은 언제나 거리와 부재를 전제한다. 님과 함께 있을 때에도 거리가 전혀 없다고 말하기 힘들다. 님과 나는 결코 절대적인 '하나'가 아니기 때문이다. 사랑은 어쩌면 절대적인 합일에 이르는 것에 있다기보다는 나와 님 "새이"에 있다. 다시 말해 사랑의 존재론적인 자리는 양자의 수렴과 합일 지점이 아니라, 그 '사이'에 있다.[21] '사이' 속에서만 사랑은 거주할 수 있다. 이런 점에서 만해의 사랑은 '사이 사랑'이라 명명할 수 있을 것이다. 이런 이유에서 사랑에서 거리를 완벽히 제거할 수 없는 것은 말할 나위도 없으며, 그런 점에서 부재와 이별은 사랑의 필연적인 계기이자 본질적인 사태다.

> 질겁고 아름다운 일은 양量이 만할수록 좋은 것입니다. 그런데 당신의 사랑은 양量이 적을수록 좋은가 버요. 당신의 사랑은 당신과 나와 두 사람의 새이에 있는 것입니다. 사랑의 양量을 알랴면, 당신과 나의 거리距離를 측량測量할 수밖에 없읍니다. 그래서 당신과 나의 거리距離가 멀면 사랑의 양量이 만하고 거리距離가 가까우면 사랑의 양量이 적을 것입니다. 그런데 적은 사랑은 나를 웃기더니 만한 사랑은 나를 울립니다. // 뉘라서 사람이 멀어지면, 사랑도 멀어진다고 하여요. 당신이 가신 뒤로 사랑이 멀어졌으면, 날마다 날마다 나를 울리는 것은 사랑이 아니고 무엇이여요.(「사랑의 측량測量」, 58-59쪽).

21 사랑과 '사이'의 연관성에 관해서는 다음의 책을 참조하기 바란다. 김동규, 『하이데거의 사이-예술론—예술과 철학 사이』, 그린비, 2009.

사랑은 본시 측량할 수 있는 것이 아니다. 손으로 잡을 수 없고 언표할 수도 없는 것을 어떻게 측량할 수 있을까? 하지만 굳이 측량한다면, 만해는 님과의 거리를 통해 측량할 수 있다고 보고 있다. 측량의 방법은 간단하다. 사랑의 양은 거리에 비례한다. 님과의 거리가 크면 클수록 사랑의 양은 커지고, 그와 반대로 거리가 가까우면 가까울수록 사랑의 양은 작아진다. 그래서 사랑이 커질수록 울음의 양은 많아지고, 사랑이 작아질수록 웃음의 양이 많아진다. 여기에서 사랑은 마냥 좋고 행복을 보장하는 것이 아니다. 도리어 그것은 "날마다 날마다 나를 울리는 것"이다. '사랑의 슬픔'이란 것이 따로 있는 것이 아니라, 근본적으로 사랑은 그리움이고 슬픔이다. 왜냐하면 사랑이란 본래부터 님과의 사이, 거리에서 생겨나는 것이기 때문이다.

만해에게서 님의 부재는 두 가지로 나뉠 수 있다. 하나는 현실적인 의미에서 님이 여기 이곳에 없다는 의미이며, 다른 하나는 사랑의 본질적인 계기로서 존재하는 부재를 뜻한다. 어떤 의미에서든 님의 부재가 사랑을 깨트리는 결정적인 요소는 아니며, 현실적으로 님과 함께 있는 것이 사랑을 보장하지도 않는다. 도리어 님의 부재가 사랑을 키우기도 하고 님과 함께함이 사랑을 희석시키기도 한다. 그래서 사랑하는 이는 님이 옆에 있어도 님의 부재를 실감할 수 있다. "사람이 멀어질수록 마음이 가까워지고 마음이 가까워질수록 사람은 멀어진다." (「그를 보내며」, 90쪽). 이렇듯 사랑에는 본질적으로 거리 또는 이별이 내포되어 있다.

만해에게 이별은 결코 (자기 것의) 상실도 아니며, 영원한 부재를 뜻하는 말도 아니다. 그에게 이별은 언제나 재회를 전제하는 사랑의 한

축일 뿐이다. 무조건적인 사랑 속에서 언제나 이별은 재회로 이어지기 때문에 이별은 사랑의 마지막이 결코 아니다. "그러면 지금의 이별이 사랑의 최후는 아닙니다."(「요술妖術」, 134쪽) 또한 이별이 사랑 속에서 보듬어지는 것이기에 이별은 아름다울 수 있다. 즉 "이별은 미의 창조"(「이별은 미美의 창조創造」, 34쪽)일 수 있다. 만남과 이별은 사랑 속에서 각기 하나의 축을 형성하고 있는 것들이다. 어쩌면 기약 없는 이별도 있을 것이고 영원한 이별이 있을지도 모른다. 하지만 만해에게 다시 만남으로 이어지지 않는 이별은 존재할 수 없다. 만해가 이별을 이처럼 생각하는 것은 "사랑의 존재"에 대한 무조건적인 믿음에서 나온다. "우리는 만날 때에 떠날 것을 염려하는 것과 같이 떠날 때에 다시 만날 것을 믿습니다."(「님의 침묵」, 33쪽) 그리고 이런 믿음 속에서만 굳건한 기다림이 가능하다. "그러나 당신이 언제든지 오실 줄만은 알어요. 나는 당신을 기다리면서 날마다 날마다 낡어갑니다."(「나룻배와 행인」, 50쪽) 여기에서 기다림은 어떤 도덕적 의무에서 유래한 것이 아니라, 사랑에서 자연스레 흘러나온 기다림이다. "내가 당신을 기다리고 있는 것은 기다리고자 하는 것이 아니라 기다려지는 것입니다."(「자유정조」, 47쪽) 이별은 사랑을 이루는 한 축이다. 그래서 이별은 사랑보다 더 클 수 없다. 사랑의 존재를 조건 없이 믿는다면, 최후의 이별 같은 것은 없다. 만해는 「님의 침묵」에서 유별나게 단호한 어조로 이렇게 말한다.

> 이 세상에는 진정한 사랑의 이별은 있을 수가 없는 것이다. (…) 사랑의 이별은 이별의 반면反面에 반드시 이별하는 사랑보다 더 큰 사랑이

있는 것이다. 혹은 직접直接의 사랑은 아닐지라도 간접間接의 사랑이라도 있는 것이다. 다시 말하면 이별하는 애인愛人보다 자기自己를 더 사랑하는 것이다. 만일 애인愛人을 자기自己의 생명生命보다 더 사랑하면, 무궁無窮을 회전回傳하는 시간時間의 수리바퀴에 이끼가 끼도록 사랑의 이별은 없는 것이다. (…) 진정한 사랑을 위하야는 괴롭게 사는 것이 죽음보다도 더 큰 희생犧牲이다. 이별은 사랑을 위하야 죽지 못하는 가장 큰 고통苦痛이오 보은報恩이다. (…) 그러므로 사랑은 참어 죽지 못하고, 참어 이별하는 사랑보다 더 큰 사랑은 없는 것이다.(「이별」, 43-45쪽)

때문에 만해가 이별과 부재를 긍정하는 것은 사랑을 긍정한다는 말과 동일하다. 이런 긍정은 한갓 체념주의 또는 순응주의에서 비롯된 것과는 다른 종류의 것이다. 그는 떠나가는 님을 향해 "나의 님이여 걸음을 돌리서요, 거기를 가지 마서요 나는 싫여요."(「가지 마서요」, 38쪽) 라고 분명히 말할 줄 안다. 때때로 만해 시의 주인공은 오지 않을 테면 도리어 가버리라고 호통 치기도 한다. "님이여 오서요 오시지 아니하랴면 차라리 가서요."(「차라리」, 51쪽) 또 돌아오라고 간절히 호소하기도 한다. "오서요 당신은 오실 때가 되얐읍니다 어서 오서요."(「오서요」, 144쪽) 이처럼 적극적이고 능동적인 모습은 체념주의 또는 순응주의하고는 애초부터 어울리지 않는다. 그가 여기에 빠지지 않을 수 있었던 것은 오직 무조건적인 사랑의 지평에서만 이별과 부재를 긍정하기 때문이다.

만남과 이별은 사랑을 구성하는 두 축이다. "날카로운 첫 「키스」"와 같은 만남과 "나의 애를 도막도막 끊어놓는"(「어느 것이 참이냐」, 85쪽) 이별이야말로 사랑의 징표이기 때문이다. 만일 사랑의 이별을 긍정하지 않는다면, 사랑도 없고 님도 없다. 그리고 이별을 긍정하는 궁극적인 힘은 다시 만남, 재회, 사랑을 약속하고 믿기 때문이다. "이별하고 만나지 않는 것은 님이 아니라 길가는 사람입니다. 우리들은 님에 대하야 만날 때에 이별을 염려하고 이별할 때에 만남을 기약합니다."(「최초最初의 님」, 121쪽) 여기에서 "길가는 사람"이란 나와 사랑으로 엮여지지 않은 사람을 말한다. 이별과 만남이 없다면, 그런 무관한 사람으로 전락하고 만다. 오직 사랑하는 자만이 이별을 경험할 수 있다.

만해에게 상실이 아닌 사랑의 이별만 있다면, 하이데거는 상실을 분명하게 말한다. 양차 세계대전 속에서 찬란한 서구 문화가 몰락해가는 것을 목도한 하이데거는 깊은 상실감을 표출한다. 자긍심 높은 서구 문화가 일시에 추락하는 모습을 보며 하이데거는 그 원인을 추적한다. 하이데거가 자기네 전통을 신랄하게 비판한 배경에는 그런 역사적 상황이 놓여 있다. 헤겔이나 니체처럼 하이데거는 서양 문화의 모체를 고대 그리스 문화로 보고 있으며, 이미 플라톤 때부터 그것은 시나브로 쇠약해져가고 있다고 보고 있다. 건강한 그리스적 존재이해의 상실, 그것이 서구 문명의 현재 위기를 낳았다는 것이다. 하이데거에게 상실의 일차적 의미는 이런 서구 역사적 문맥 속에서 이해되어야 된다.

궁극적으로 하이데거에게 상실이란 존재의 자기 상실이다. 그는 존재의 상실을 다양한 어법으로 표현하고 있다. "고향 상실"(Heimatlosigkeit), "존재의 떠남"(Seinsverlassenheit), 존재의 "스스로를 빼내는 은폐함"(Sichentziehende Verbergen), "신들의 떠나감", "궁핍(Not) 속에서의 궁핍 상실"(GA65, 111-113 참조) 등등. 하이데거 텍스트에서 상실을 뜻하는 다양한 단어군들을 만나는 일은 그다지 어렵지 않다. 기본적으로 하이데거는 존재를 '자기-존재'로 파악하고 있고,[22] 따라서 자기에서 '멀어지고' 은폐되어 상실될 수 있지만, 결국 다시 자기로 '가까이' 재귀(再歸)할 수 있는 것으로서 존재를 이해하고 있기 때문이다. 또한 존재의 자기 상실, 부재, 무를 통해서, 자기 부정을 통해서만 존재는 자신을 알린다. 존재는 언제나 부재와 무(無) 속에서만 현상할 수 있다. 이런 점에서 존재의 자기 상실은 존재의 필연적인 국면이다. 그리고 상실은 항상 재전유해야 할 것으로 이해된다. 파르메니데스, 헤라클레이토스, 아낙시만드로스 등등 소크라테스 이전 철학자들과 주류 담론에서 배제되어 온 예술가들의 통찰들을 재전유함으로써 도래할 존재를 맞이하려는 것이 하이데거의 기본 전략이다.[23] 서양의 시원적인 것을 되찾아오는 일, 그것이 하이데거가 상실을 극복하는 방법으로 생각해낸 길이다.

22 여기에서 하이데거의 '자기-존재'(Selbst-Sein)는 '실체적 주체'로 오해되어서는 안 된다. 차라리 그것은 서양 언어에 등장하는 재귀대명사(그리스어 he, 라틴어 se 또는 독일어 sich) 또는 모든 존재자들의 동일성을 재확인하는 지시대명사(selbst)가 보여주는 존재이해에 가깝다. 이런 관점에서 하이데거의 철학을 분석하고 있는 아감벤의 글은 참조할 가치가 있다. Giorgio Agamben, 같은 책, 8장 "*Se: 헤겔의 절대자와 하이데거의 존재사건" 참조.

23 하이데거는 줄곧 이와 같은 입장을 견지하고 있다. 전후기를 아울러서 하이데거의 다음의 말을 쉽게 들을 수 있다. "철학의 구성은 필연적으로 해체(Destruktion)다. 다시 말해 전통에로 역사적으로 소급해 올라가면서 수행되는 전수된 것의 허물기(Abbau)다. 그러나 이 일은 결코 전통을 부정하거나 전통을 무효로 선고하는 것이 아니라, 오히려 반대로 그야말로 전통을 긍정적으로 자기 것으로 만드는 것(positive Aneignung: 전통의 적극적인 전유)을 뜻한다."(GA 24, 31)

반면 만해에게 상실은 처음부터 존재하지 않는다. 상실이 자기 소유의 무엇인가를 잃어버린다는 뜻이라면, 곧 '자기'와 '소유'를 전제하는 용어라면, 만해의 "님"은 처음부터 자기 소유물이 아니고, 따라서 잃어버릴 수도 없는 것이다. 그렇다면 만해와 하이데거 양자 사이에서 이런 차이가 발생하는 까닭은 무엇일까? 만해에게 "님"은 철두철미 타자적인 존재임에 반해, 하이데거의 "존재"는 여전히 자기성을 가지고 있기 때문이 아닐까? 하이데거는 "존재 자체"(Sein selbst), "존재사건"(Ereignis)[24]이라고 언급하며 '존재의 자기동일성'을 포기하지 않는다면, 만해의 "님"은 '님 자체'라고 말하는 대신 "당신의 사랑"을 말하면서 사랑의 타자성에 좀 더 귀 기울인다고 말할 수 있지 않을까? 하이데거를 위시하여 탈근대 담론의 개척자들은 근대 주체 개념을 비판하면서 차이와 타자성에 주목하는 사유의 길을 걸었다. 하지만 그들 행보의 선구자인 하이데거에게 여전히 자기중심적인 존재론이 남아 있다면, 어떠한가? 이것은 서구의 탈근대 담론 역시 그 전통의 테두리 안으로 다시 포섭된다는 것을 함축하고 있지 않을까? 이제 마지막으로 이런 의문에 대한 작은 답을 구해보기로 한다.

V. 기룸과 멜랑콜리

지금까지 우리는 만해의 사랑을 하이데거의 존재로, 하이데거의 존재를 만해의 사랑으로 해석해보았다. 그렇다면 그 둘은 완벽히 동일

24 어원상 이 용어에는 '자기동일성', '고유성'이란 의미가 함축되어 있다. 이 용어와 관련해서 존재를 해명하는 동계열의 용어에는 eigen, eignen, eigentlich, uneigentlich, aneignen, übereignen, enteignen, vereignen, zueignen 등이 있다.

한 것일까? 분명 사랑과 존재는 상호 긴밀한 공속관계에 있다. 그러나 양자의 미묘한 차이 역시 무시할 수 없다. 그렇다면 양자의 차이는 무엇이고 그것은 어디에서 기인하는가? 아마 어느 누구도 이 물음에 대한 명쾌한 대답을 제출할 수 없을 것이다. 왜냐하면 양자 사이에는 시와 철학, 비근대와 탈근대, 동양과 서양의 '사이'라는 심원한 중층적 거리가 존재하기 때문이다. 그렇지만 이 물음 앞에서 마냥 침묵하는 것이 지적 미덕은 아닐 것이다. 소박하게나마 우리는 만해의 사랑과 하이데거의 존재에 깔려 있는 분위기의 미묘한 차이에서부터 이 물음에 대한 답의 실마리를 구해보고자 한다. 미리 우리의 테제를 제출하면, 다음과 같다. **만해의 시 전편에 깔린 분위기는 '기룸'인 반면, 하이데거 철학 전반을 규정하는 근본정조는 '멜랑콜리'다.** 그렇다면 이 두 정조는 어떻게 다르며, 양자의 차이는 어떤 문화적 기반에서 갈라지는 것일까?

다른 곳에서 이미 나는 전기 하이데거 철학에 존재하는 '실존론적 유아론'의 측면을 부각시키고 그 유아론에 바탕을 둔 정조가 멜랑콜리임을 논증한 바 있다. 그 논의의 결론에 따르면, 하이데거 철학의 멜랑콜리는 못내 지우지 못한 서양의 자기-중심적 존재론의 필연적인 귀결이다. 후기로 갈수록 하이데거는 이런 존재론을 말소시키고자 한다. "초연한 내맡김"(Gelassenheit)이라는 용어가 그 지난한 노력의 대표적인 산물이다. 그러나 과거의 시간(전통)은 아무리 지우려 해도 지워지지 않는 자국으로 남아 있다. 그의 후기 철학에서도 어렵지 않게 멜랑콜리 정조를 느낄 수 있는 것이 이것을 증명한다. 후기 철학 곳곳에서 멜랑콜리의 주요 모티브들은 쉽게 발견된다. 예컨대 현존재의 후기 철학적 버전인 죽을 자(죽음), 고통, 자제(Zurückhaltung), 멜랑콜리의 독일어 번역어인 무거운 심정(Schwermut), 슬픔(Trauer), 은둔성(Abgeschiedenheit), 이별(Abschied), 방랑자, 고독, 단념(Verzicht) 등등의 모티브는 계속 이어진다. 그렇다면 이 모티브들의 뿌리는 어떤 철학적 토양에 박혀 있을까? 여기에서는 이전 논의와 연계하여 이제 유아론적 자기중심의 존재론이 그대로 자유의 존재론으로 이어지며, 바로 이런 서양 특유의 '자기-자유의 사랑-존재론'[25] 위에 멜랑콜리 모티브가 굳건히 뿌리박고 있음을 밝힐 것이다.

하이데거 본인 스스로 밝힌 바 있듯이, 그의 전기 철학은 "실존론적 유아론"이라 명명될 수 있다. 그런데 이런 생각은 『존재와 시간』 이후에도 계속된다. "세계-내-존재", "공동존재"를 통해 근대의 '고립된 주체' 개념을 비판하고는 있지만, "자기성"(Selbstheit)은 여전히 현존재를 규정하는 최고의 심급을 차지한다. 「근거의 본질에 관하여」(1929)에서도 그는 이렇게 말하고 있다. "세계는 자기성에 속해 있다. 세계는 본질적으로 현존재 관련적이다."(GA9, 157) 그렇다고 이 말을 통속적으로 이해해서는 곤란하다. 하이데거는 일상적 이해의 지평에서가 아니라 존재론적인 지평에서 '자기성'을 말하고 있다. 이 부분에 대한 하이데거의 해명을 들어 보기로 하자.

현존재는 자신 때문에 실존한다라는 명제는 그때마다의 현사실적인 인간의 맹목적인 자애심을 위한 그 어떤 이기주의적-존재자적 목적

25 거친 형태로 서술하기는 했지만 서양의 이런 존재론의 모습에 대해서는 나의 다음 글을 참조하기 바란다. 김동규, 『멜랑콜리 미학—사랑과 죽음 그리고 예술』, 문학동네, 2010, 제1부.

정립도 포함하지 않는다. 따라서 이 명제는 많은 인간들이 **타인을 위해** 자신을 희생한다는 사실 및 여하튼 인간들은 오로지 자신만을 위해서가 아니라 오히려 공동사회 안에서 실존한다는 사실에 대한 지적을 통해서도 '반박'될 수 없다. 언급된 명제에는 현존재의 유아론적 고립화도 또한 현존재의 이기주의적 상승도 없다. 오히려 이 명제는 인간이 '이기적'**이거나 또는** '이타적으로' '스스로' 태도를 취할 수 있는 그 가능조건을 부여한다. 현존재 그 자신이 자기성을 통해 규정되기 때문에만, 나의-자기는 너의-자기에 대해 태도를 취할 수 있다. 자기성은 항상 단지 너 안에서만 개시되는 나임의 가능성에 대한 전제이다. 그러나 결코 자기성은 너와 관련되지 않는다. 오히려 자기성은 이 모든 것을 가능하게 하기 때문에 나의 존재와 너의 존재에 대하여 또한 실로 가령 '남녀의 성'(Geschlechtlichkeit)에 대하여 중립적이다.(GA9, 157-58)

하이데거 자신이 말하는 자기성은 한갓 통속적인 '이기주의', '자아중심주의'를 뜻하는 말이 아니다. 그가 말하는 자기란 "나의 자기"와 "너의 자기"를 모두 아우르는 자기다. 그것은 나와 너 그리고 우리를 가능케 하는 자기이며, 각각에 동일성을 부여하는 자기이자, 따라서 그 모두에 중립적인 자기다. 그것은 결국 존재의 자기성을 뜻하는 말이다. 존재의 자기성이란 존재의 자기 '동일성', 자기 '정체성'을 의미한다. 이런 자기중심적 존재론에서 나의 자기와 너의 자기, 그리고 우리의 자기도 가능해진다. 따라서 자기의 지평에서 존재를 이해하는 이런 의미의 "유아론"을 한갓 편협한 윤리적 잣대로 선불리 재단해서는 곤란하다. 왜냐하면 그것은 '우리'라는 공동체를 포함하는(자기의 확장으로서 공동존재를 파악하는) 존재의 자기중심성을 뜻하는 용어이기 때문이다. 이런 의미의 자기성을 바탕으로 사람들은 이기적일 수도 있고 이타적일 수도 있다. 레비나스의 용어로 말하자면, 서로 "어깨를 나란히 하는"(côte-à-côte)[26] 자유인들인 '우리'의 '함께 있음'을 함축하고 있는 용어이기 때문이다. 그리고 하이데거는 이런 자기성의 중립적 성격이 마치 남녀가 아닌 '중성'과 같다고 덧붙여 설명한다.

이런 자기성의 본질은 자유다. 자기존재는 궁극적으로 자유로운 존재다. 하이데거 철학 내에서는 지극히 당연한 이야기이지만, 자기는 어떤 주체나 실체가 아니다. 그것은 차라리 '난데없이'(ex nihilo) 스스로를 기투하고 초월하는 자유, 그 어디에 근거해서가 아니라 도리어 근거의 심연적인 근원으로서의 자유에 가깝다. 당연히 이런 자유는 일상인들이 생각하는 선택의 자유를 뜻하지 않는 것은 물론이며, 근대철학자들이 주창했던 의지의 자유, 주체의 자유를 뜻하지도 않는다. 도

26 Emmanuel Levinas, *Le Temps et L'autre*[『시간과 타자』, 강영안 옮김, 문예출판사, 2001, 116-117쪽] 참조. 레비나스에 따르면, 플라톤 이래 서양적 주체는 "타자를 자신으로 동일시하는 경향"이 있으며, "진리로 향하면서 타자를 자신과 얼굴과 얼굴을 맞댄 존재로 보지 않고 단지 자신과 나란히 있는 자로서 인식하는 집단성"을 낳았으며, 이것은 "매개자로서 역할하는 제3자를 중심으로 형성되는 집단성"이며, 하이데거도 여기에서 예외가 아니라고 주장한다. "여타의 공동체의 철학이 모두 그렇듯이 하이데거에게서도 마찬가지로 사회성은 홀로 있는 주체에게서 발견되며 고독이란 개념을 통해서 그 본래적 존재에 있어서의 현존재 분석이 수행된다." 레비나스의 비판을 모두 수용할 수는 없다 하더라도, 하이데거가 제3의 중성적인 자기성을 분석의 최고심급으로 삼는다는 해석은 동의할 수 있을 것이다. 하나의 공동체 내에서 이런 자기중심적 사유는 특별한 문제를 산출하지 않는다. 하지만 서로 다른 공동체들 "사이"에서 발생하는 문제는 이런 사유의 지평에서 풀어내기 어렵다.

리어 존재의 무화작용, 또는 존재사건이 일어나는 (현)존재의 진리에 가깝다. 자유를 이렇게 이해하기 때문에 하이데거는 "자유는 존재자를 존재-하게 함(Sein-lassen von Seiendem)으로 드러난다"(GA9, 188)고 말할 수 있었다. 하이데거의 자유는 존재자를 존재하게 하는 진리의 본질로서 존재론적인 의미를 내포한다. "진리의 본질은 자유로서 드러난다. 자유는 탈-존하면서 존재자를 탈은폐하면서 존재하게 하는 것이다."(GA9, 192) 결국 자유는 존재의 진리를 드러내는 (현)존재 자신(자기)의 본질이다.

하이데거의 자유 개념은 그의 여타 개념들과 마찬가지로 상식적·일상적 개념과 전승된 철학 전문 개념을 전적으로 부정하지 않는다. 오히려 그는 그것들의 의미를 근본적으로 새롭게 재정위시킨다. 하이데거가 보기에, 자유에 대한 숱한 개념들이 가능하기 위해서는 먼저 존재 개방의 힘(탈은폐성)으로서 자유가 전제되어야 한다. 자유에 대한 이런 존재론적 이해의 지평 속에서만 우리가 알고 있는 모든 자유(로운 행위)가 가능하기 때문이다. 특히 하이데거의 자유는 주체로서의 인간이 행사하는 능력으로서 자유를 이해하기보다는 도리어 자유를 통해 인간이 규정된다는 점을 강조한다. "인간이 자유를 속성으로서 '소유하는 것'이 아니다. 오히려 기껏해야 그것의 역이 타당하다. 말하자면, 자유가, 곧 탈-존적이며 탈은폐하는 현-존재가 인간을 소유한다."(GA9, 190) 인간이 자유를 소유하고 있는 것이 아니라 자유가 인간을 소유하는 것이라고 말하면서 하이데거는 주체 중심, 인간 중심적 전통에서 비껴간다. 하지만 여기에서도 하이데거는 존재의 '자기성'만큼은 포기하지 않는다. 어떤 의미의 자유이든 자유는 자기'의' 자유, 곧 자기에게 귀속되고 수렴되는 자유다. 하이데거는 자기를 주체, 실체, 인간으로 삼는 대신에 존재의 자기성으로 치환시킨다. 이런 자유의 자기중심적 존재론을 바탕으로 멜랑콜리라는 색조의 근본정조가 일어날 수 있었던 것이다.

하이데거적 자유를 포함해서 서양적 자유는 복종을 금기시한다. 복종은 자유의 적대자이자, 치욕적인 굴종이다. 복종하는 것은 자유인이 아닌 노예의 증표일 뿐이다. 더 나아가 자기에게 타자를 복종시킬 수 있을 때에만 자유인이 될 수 있다. 헤겔의 유명한 주인-노예의 변증법에 따르더라도, 타자를 복종시킬 수 있는 주인-됨이 자유인의 자격 조건이다. 이런 논리에 따를 때 누군가 복종한다면 그것은 이유가 어찌되었든 자기 자유의 포기, 곧 예속적 상태에 진입한 것을 뜻한다. 하지만 우리가 사랑에 빠지면, 불가피하게 복종을 경험한다. 자유인으로서의 드높은 자긍심마저 버리고 사랑하는 연인에게 자신을 무한히 낮춘다. 그래서 서양적 자유의 관점에서 볼 때, 이런 사랑은 위험천만하고 미친 짓이다. 플라톤의 『파이드로스』 초반부에서 소크라테스마저 사랑의 신 에로스를 폄훼한 것은 지극히 자연스러운 자유인으로서의 태도다.[27]

그렇다면 왜 하이데거는 만해처럼 존재를 사랑으로 이해하면서도 복종을 불허하는 자유에서는 자유롭지 못한 것일까? 그 까닭은 그가 사랑을 사랑하기보다 자유를 사랑하기 때문이며, 그것도 '자기'의 '자

27 플라톤, 『파이드로스』, 조대호 옮김, 문예출판사, 2008, 36쪽 이하 참조. 이후 다이몬의 목소리를 듣고 소크라테스는 에로스를 비난하던 첫 번째 연설을 번복한다. 하지만 번복 이전과 이후에도 변하지 않는 것은 사랑을 자유인의 관점에서 보고 있다는 점이다.

유'를 사랑하기 때문이 아닐까? 자긍심 높은 서양의 자유인들도 사랑한다. 하지만 그네들의 사랑은 언제나 자기 사랑으로 귀착된다. 서양 철학 전반에 걸쳐 여전히 사위지 않는 멜랑콜리 정조는 그런 자기중심적 사랑, 곧 나르시시즘에 기초한 자유에서 유래한 정조다. 그러나 서양의 자유에 대해 만해는 다음과 같이 거세게 질타할 것이다. "그러나 너희는 이름 좋은 자유에 알뜰한 구속拘束을 받지 않너냐. 너에게도 님이 있너냐. 있다면 님이 아니라 너의 그림자니라."(「군말」, 31쪽). 자유를 목숨처럼 생각하는 서양적 사랑은 만해의 시각에서 볼 때, 한갓 '자기 그림자'에 대한 사랑에 불과하다. 이번에는 만해의 「복종」(服從)이란 시를 떠올려보자.

> 남들은 자유自由를 사랑한다지마는 나는 복종服從을 좋아하야요. 자유自由를 모르는 것은 아니지만 당신에게는 복종服從만 하고 싶어요. 복종服從하고 싶은데 복종服從하는 것은 아름다운 자유自由보다도 달금합니다. 그것이 나의 행복幸福입니다. // 그러나 당신이 나더러 다른 사람을 복종服從하라면 그것만은 복종服從할 수가 없습니다. 다른 사람을 복종服從하랴면 당신에게 복종服從할 수가 없는 까닭입니다.(「복종」, 82쪽)

여기에서 시적 화자는 만해의 대부분의 시에서와 마찬가지로 여성적인 목소리를 내고 있다. 시(詩)의 바깥에서는 지극히 남성적인 풍모를 보여주었던 만해가 시적 화자의 목소리를 여성적 어조로 설정한 까닭은 무엇일까? 젠더(gender)적 시각에서 볼 때, 그것은 자기애적 사랑에서 유래하는 남성적 자유가 아니라(비록 하이데거는 중성을 지향했지만, 결국 남성에 가까운 중성이라 할 수 있다), 타자사랑에 기초한 여성적 자유를 말하고자 하기 때문이 아닐까? 서양의 자유로운 남성들 공동체에서, 남성적 자유의 틀 내에서 "아름다운 자유보다 달금한" 복종은 상상할 수 없다. 그런 복종은 어이없는 자유의 포기이거나 자유를 위한 전략적 후퇴일 뿐이다. 물론 하이데거도 자유의 복종적 성격을 어느 정도 알고 있었다.

> 자유롭게 만드는 것은 해방시키는 것이고 자유로이 만드는 것이다. 빛 속에서 본다는 것은 그것과 내가 관계를 맺고 있는 바로 그 자유롭게 만드는 것을 향해 그것에로 자유롭게 됨을 말한다. 그것이 나를 그러한 관계맺음에서 **본래적으로** 자유롭게 해준다. 다시 말해서 두루 통과시키는 그것에 나 자신을 묶음을 말한다. 구속을 통해서 나는 힘을 얻는 것이지 나 자신을 포기하는 것이 아니다. 구속은 권력의 상실이 아니라 오히려 권력을 차지함이다. 자유와 빛의 연관은 이렇게 설명된다.(GA 34, 59, 번역본 69쪽)

인용문에서 하이데거는 자유가 필연적으로 내포하는 복종을 "구속"의 수준에서 이해한다.[28] 하지만 그의 구속은 "나"를 "포기"하는 구속이 아니라 도리어 내가 "힘"을 얻고 "권력"을 얻는 구속으로 설정된다. 위

28 만해 역시 스스로를 묶는 사랑의 속박에 대해 이렇게 말한 바 있다. "사랑의 속박束縛은 단단히 얽어매는 것이 풀어주는 것입니다."(「선사禪師의 설법說法」, 89쪽)

인용문에서 빛은 진리를 뜻한다. 그리고 진리는 자유다. 그런데 이때 자유는 궁극적으로 '자기'의 자유다. 결국 빛에 속박된다는 것은 진리에 스스로를 묶는 것이요, 그것은 스스로를 진정한 자기존재에게 묶는 셈이다. 이런 의미의 구속은 비본래적 자기 자신에서 벗어나 '본래적인 자기'에 구속시킨다는 의미의 자유를 뜻할 뿐이다. 이런 자유에서 타자에 대한 만해식의 복종을 읽어내기는 어렵다. 그러나 만해의 복종은 또 다른 자유를 보여주고 있다. 만해에게 자유란 타자를 향한, 정확히 말해 '사랑하는' 타자를 향한 복종의 모습으로 등장한다. 자신의 자유에 복종하는 것이 아니라, 사랑(하는 타자)에 복종하는 자유가 만해가 말하고자 하는 진정한 자유다. 여기에서의 복종이란 (자기) 자유에의 구속이 아니라, (타자) 사랑에의 복종이다. 이런 사랑에 뿌리 내리고 있는 자유를 여성적 자유라고 명명할 수도 있을 것이다. 서구의 남성 중심적 자유와 대비해서 말이다.[29]

하이데거 철학은 멜랑콜리한 정조를 발산하고 있다. (자기) 존재의 상실감이 전후기 철학을 지배하고 있다. 그렇다면 만해의 시는 어떤 정조에 휩싸여 있을까? 만해의 시가 님의 부재와 슬픔을 노래한다고 해서 그 시의 정조를 멜랑콜리하다고 할 수는 없다. 멜랑콜리라는 용어는 만해의 시에 대한 적합한 수식어가 아니다. 그렇다면 만해의 사

29 여기에서 언급되고 있는 여성이란 타자성의 다른 이름이다. 여성이란 말로 내가 강조하고픈 것은 '여성'의 사랑(생물학적 여성 또는 남성 중심적 사회에 길들여진 여성들의 사랑)이 아니라 '사랑 자체의 여성성'이며 여성성의 타자적 성격이다. 이 점에서 하이데거가 말하는 제3의 중성은 기존의 남성적 자기중심성에서 크게 벗어나지 못한 것으로 평가된다.

랑시를 규정하는 근본정조는 무엇일까? 멜랑콜리와 유사하지만, 그와는 전적으로 차별되는 정조를 무엇이라 명명할 수 있을까? 나는 만해의 시어 가운데 하나인 '기룸'을 제시하고 싶다. 기룸이라는 용어는 우리에게 낯설다. 어떤 이는 그것을 개인시어(idiolect)라 하기도 하고 어떤 이는 방언에서 유래한 말이라고도 한다.[30] 그것이 개인시어든 방언이든 여기에서는 그다지 중요한 문제는 아니다. 문제는 그것이 만해의 시에서 어떤 의미와 정조를 가리키는지를 밝히는 것이다.

이미 언급한 적이 있는 「사랑하는 까닭」이란 시에서 '기루다'는 '사랑하다', '기다리다'와 같은 계열의 의미로 사용되고 있다. 1연 첫 행, "내가 당신을 사랑하는 것은", 2연의 "내가 당신을 기루어하는 것은", 3연의 "내가 당신을 기다리는 것은"이 모두 호응을 이루고 있다. 또한 2연에서 기루어하는 까닭을 설명하면서 "당신은 나의 눈물도 사랑하는 까닭"이라고 답한다는 점에서 기룸은 사랑과 거의 같은 의미로 사용되고 있음을 확인할 수 있다. 만해가 생각하는 사랑은 기룸이란 이름으로 표현되고 있고, 그래서 기룸이란 시어는 만해 특유의 사랑을 가리킨다. 이런 맥락에서 우리는 만해의 사랑, 특히 그 사랑의 독특한 정조를 기룸이라 규정하고자 한다. 이렇게 가정한다면, 기룸이란 용어의 낯설음은 도리어 통속적인 사랑 이해의 굴레에서 탈피해서 만해의 사랑을 규정하는 데 도움이 될 것이다.

30 (기본적으로 방언으로 보고는 있지만) 최전승 교수의 글은 이 시어에 대한 포괄적인 논의들을 다루고 있어 참조할 만하다. 최전승, 「詩語와 方言—'기룹다'와 '하냥'의 방언형태론과 의미론」, 『국어문학회』 35권, 2000, 75-135쪽. 기룸은 초판본에서는 '긔룹/긔루-'으로 표기된 형용사 '기룹다'의 명사형이다.

기룸은 만해식 사랑을 뜻한다. 그런데 이 사랑은 달콤한 사랑만이 아니라, 깊은 슬픔에 물든 그리움과 기다림을 내장하고 있다. 기룸은 애틋함, 슬픔, 안타까움, 가여움, 아쉬움, 한스러움 등등의 정조와도 밀접히 연관된다. 왜냐하면 만해의 사랑에는 처음부터 님과의 거리와 부재가 내포되어 있기 때문이다. 이런 점에서 멜랑콜리처럼 기룸도 역시 님을 "그리워하는 슬픔"(「의심하지 마서요」, 64쪽)이다. 하지만 그 슬픔은 자기중심적 나르시시즘의 자기 상실에서 오는 슬픔은 아니다. 만해는 분명히 이렇게 말한다. "그러나 이별을 쓸데없는 눈물의 원천源泉을 만들고 마는 것은 스스로 사랑을 깨치는 것인 줄 아는 까닭에, 걷잡을 수 없는 슬픔의 힘을 옮겨서 새 희망希望의 정수박이에 들이부었습니다."(「님의 침묵」, 33쪽) 만해의 슬픔은 멜랑콜리처럼 검게 변색되지 않는다. 애초부터 만해에게 사랑은 자기중심적 사랑이 아니라, 철저히 타자(정확히는 '사이') 중심적 사랑이기 때문이다. 또한 사랑은 상실로 깨어질 수 있는 것이 아니라, 재회에 대한 굳은 믿음이기 때문이다. 만해에게, 처음부터 사랑은 슬픔이다. 그러나 그는 "걷잡을 수 없는 슬픔"을 "쓸데없는 눈물의 원천"으로 방치하지 않고 "새 희망"의 동력으로 삼는다. 사랑 속에 내재된 님의 거리와 부재는 "그리워하는 슬픔"과 "고대" 그리고 끝없는 "기다림"을 낳지만, 그것은 중단 없이 사랑을 이어가는 "새 희망"과 접속되기에 절망스럽지 않다. 이런 사랑의 정조를 포괄하는 시어가 바로 '기룸'이다.

만해의 사랑에는 자기를 관철시키려다 이내 겪을 수밖에 없는 드라마틱한 비극성, 또는 고독한 멜랑콜리가 없다. 까닭은 자기중심적인 존재론, 곧 자기(자기로서의 하나, 동일성)로 모든 것을 수렴하고 끊임없이 반복적으로 자기에게로 회귀해야만 하는 "엄밀한" (혹은 강박적인) 존재론을 애초부터 가지고 있지 않기 때문이다. 그래서 만해의 사랑에는 언제나 느긋한 '여유'(餘裕)가 있다. 이 여유는 님과의 이별을 파국적인 자기 상실로 해석하지 않는 '사이 사랑'에서 나온 것이다. 이런 여유 있는 사랑 속에서 님과의 거리와 님의 부재는 사랑을 증폭시키는 기제로만 작용한다. 여유 있는 사랑은 멜랑콜리를 알지 못한다. 만해의 사랑은 타자를 수미일관 자기로 포섭함으로써 확보되는 '자기' '능력'의 '성취'를 포기한다(그럼으로써 무능력한 실패 역시 포기된다). 도리어 그것을 포기함으로써 더 큰 여유가 생기고 그만큼 풍부한 여운(餘韻)을 남긴다.

만해의 시 가운데 「수繡의 비밀秘密」이란 제목의 시가 있다. 거기에서 시적 화자는 님의 옷을 만들고 주머니에 수를 놓고 있다. 그런데 그이는 주머니를 마저 짓지 않는다. 님을 기다리며 짓던 옷을 완성시키지 않는다. 그리고 그 까닭을 이렇게 말한다. "이 적은 주머니는 짓기 싫여서 짓지 못하는 것이 아니라, 짓고 싶어서 다 짓지 않는 것입니다." (「수繡의 비밀秘密」) 아마도 하이데거라면 이렇게 말했을 것이다. '짓기 싫어서 짓지 못하는 것이지, 짓고 싶어 한다면 잘 지을 수 있을 것입니다.' '좋아하면 할 수 있다'는 하이데거의 논지대로 말한다면 말이다. 사랑하면 할 수 있고, 자기의 여러 가능성을 실현하는 능력을 소유할 수 있다. 하지만 만해는 "짓고 싶어서 다 짓지 않는다"고 말한다. 만해의 사랑에는 하이데거 식의 '능력 있는[31] 자기'는 없는 대신 '완성을 유예하는 여유'가 있다. 그는 힘과 능력을 얻기 위해서가 아니라, 사랑을 이어가기 위해서 여유를 남겨둔다. 그 여유로운 '사이'가 바로 타자성이 거주할 수 있는 장소다. 자기의, 자기에 의한 사랑, 결국 자기를 위한 사랑은 멜랑콜리를 낳지만, 자기 성취를 유예하고 타자와의 '사이'를 지향하는 사랑은 여유 있는 기룸을 낳는다.

31 하이데거를 비판적으로 보고 있는 레비나스는 "소유, 인식, 장악은 '할 수 있음'과 같은 말이다"라고 말하면서 타자성이 빠진 에로스를 비판하고 있다. Emmanuel Levinas, 같은 책, 110쪽.

참고문헌

§. 하이데거 저작 약어표 및 한글 번역본

GA2: Sein und Zeit. hrsg. Friedrich-Wilhelm von Herrmann. Frankfurt a. M.: Klostermann. 1977. 『존재와 시간』, 이기상 옮김, 까치, 1998.

GA4: Erläuterungen zu Hölderlins Dichtung. hrsg. Friedrich-Wilhelm von Herrmann. Frankfurt a. M.: Klostermann. 1981. 『횔덜린 시의 해명』, 신상희 옮김, 아카넷, 2009.

GA7: Vorträge und Aufsätze, 4. Auflage, Neske, Pfullingen, 1978. 『강연과 논문』, 이기상, 신상희, 박찬국 옮김, 이학사, 2008.

GA9: Wegmarken. hrsg. von Friedrich-Wilhelm von Herrmann. Vittorio Klostermann. Frankfurt am Main, 1976. 『이정표 2』, 김선일 옮김, 한길사, 2005.

GA12: Unterwegs zur Sprache. hrsg. Friedrich-Wilhelm von Herrmann. Frankfurt a. M.: Klostermann. 1985.

GA16: Reden und Andere Zeugnisse eines Lebensweges. hrsg. von Hermann Heidegger. Vittorio Klostermann. Frankfurt am Main. 2000.

GA24: Die Grundprobleme der Phänomenologie. hrsg. von Friedrich-Wilhelm von Herrmann. Vittorio Klostermann. Frankfurt am Main. 1975. 『현상학의 근본문제들』, 이기상 옮김, 문예출판사, 1994.

GA34: Vom Wesen der Wahrheit. Zu Platons Höhlengleichnis und Theätet. Vittorio Klostermann. Frankfurt am Main. 1988. 『진리의 본질에 관하여—플라톤의 동굴의 비유와 테아이테토스』, 이기상 옮김, 까치, 2004.

GA65: Beiträge zur Philosophie (vom Ereignis). hrsg. von Friedrich-Wilhelm von Herrmann. Vittorio Klostermann. Frankfurt am Main. 1989.

§. 인용된 문헌들

김동규 2008: 「하이데거의 멜랑콜리 해석—창작하는 자유인의 무거운 심정」, 『해석학 연구』 제21집.

김동규 2009: 「하이데거 철학의 멜랑콜리—『존재와 시간』에 등장하는 실존론적 유아론의 멜랑콜리」, 『하이데거 연구』 제19호.

김동규 2009: 『하이데거의 사이-예술론—예술과 철학 사이』, 그린비.

김동규 2010: 『멜랑콜리 미학—사랑과 죽음 그리고 예술』, 문학동네.

김형효 2004: 「所有와 當爲를 넘어선 無의 길」, 『문명갈등시대의 동서사상의 대화』 대회보 1, 제17회 한국철학자대회(한남대학교 문과대학), 2004년 10월 29-30일.

박동환 1993: 『동양의 논리는 어디에 있는가』, 고려원.
최전승 2000: 「詩語와 方言—'기룹다'와 '하냥'의 방언형태론과 의미론」, 『국어문학회』 35권.
한용운 2007: 『조선불교유신론』, 이원섭 옮김, 운주사.
한용운 2009: 『한용운 시전집』, 최동호 편, 서정시학.
Agamben, Giorgio 1999: Potentialities: collected essays in philosophy, edited and trans. by Daniel Heller-Roazen, Stanford Unversity, Stanford California.
Cassirer, Ernst 2007: Zur Logik der Kulturwissenschaften. 『문화과학의 논리』, 박완규 옮김, 길.
Freud, S. 2000: "Trauer und Melancholie", in: Psychologie des Unbewußten (Studienausgabe Bd.Ⅲ) von hrsg. von A. Mitscherlich A. Richards J. Strachey, Frankfurt am Main, Fischer Taschenbuch Verlag. 『무의식에 관하여』, 윤희기 옮김, 열린책들, 1998.
Keaney, Richard 2004: Strangers, Gods and Monsters. 『이방인, 신, 괴물—타자성 개념에 대한 도전적 고찰』, 이지영 옮김, 개마고원.
Levinas, Emmanuel 2001: Le Temps et L'autre. 『시간과 타자』, 강영안 옮김, 문예출판사.
Platon 2008: 『파이드로스』, 조대호 옮김, 문예출판사.

Inhalt

Studien

Stichwort: Digitales Selbst. Personale Identität im Zeitalter des Internet

Eingriffe

Gertrud Hardtmann	Vatersehnsucht – Vaterhunger. Gespräche mit rechtsradikalen Jugendlichen
Robert E. Norton	Wozu Stefan George?
Sidonia Blättler	Judith Shklar. Aufklärung ohne Glücksversprechen

Mitteilungen

Axel Honneth	Ein intellektueller Glücksfall der deutschen Nachkriegsgeschichte. Nachruf auf Ludwig von Friedeburg
Christa Sonnenfeld	Ein Fundstück aus dem IfS-Archiv: Die Freizeitstudie (1957 bis 1958)

:: 클라우스 오페 Claus Offe

1940년 베를린에서 태어나 쾰른 대학과 베를린 자유대학에서 사회학, 경제학, 철학을 공부했고 프랑크푸르트 대학에서 박사학위를 받았다. 프랑크푸르트 사회연구소에서 하버마스의 조교로 연구에 참여했으며, 콘스탄츠 대학 정치학과에서 교수자격학위를 취득했다. 빌레펠트 대학, 브레멘 대학, 훔볼트 대학에서 정치사회학 교수를 역임했고, 스탠포드 대학, 프린스턴 대학, 하버드 대학 등에서 방문교수로 활동했다. 정년퇴직 후 헤르티 거버넌스 스쿨에서 정치사회학 교수로 재직 중이다. 하버마스와 함께 프랑크푸르트학파 2세대를 형성하는 학자로서 마르크스주의 정치이론, 정치사회학을 중심으로 민주주의 정치와 자본주의 경제의 관계를 심도 있게 연구해왔다. 주요 저서로 『자본주의 국가의 구조적 문제』 『복지국가의 모순들』 『해체된 자본주의』 『근대성과 국가』 등이 있다.

:: 율리아네 레벤티쉬 Juliane Rebentisch

베를린 자유대학에서 철학과 독문학을 공부했고 포츠담 대학에서 박사학위를 받았다. 프랑크푸르트 대학 철학과에서 교수자격학위를 취득했으며, 프랑크푸르트 사회연구소의 일원이기도 하다. 오펜바흐 조형예술대학에서 철학과 미학 교수로 재직 중이다. 미학, 윤리학, 정치철학을 중심으로 현대예술과 자본주의 그리고 민주주의의 관계에 관해 독창적인 연구 활동을 펼치고 있다. 주요 저서로 『설치미술의 미학』 『창조와 우울—현대 자본주의의 자유』(공저) 『자유의 예술—민주적 실존의 변증법』 등이 있다.

:: 헬무트 토메 Helmut Thome

베를린 대학, 미니애폴리스 대학, 애머스트 대학에서 사회학을 공부했고 베를린 자유대학 사회학과에서 박사학위와 교수자격학위를 취득했다. 베를린 기술대학, 쾰른 대학, 비텐베르크 대학에서 사회학 교수를 역임했고, 에식스 대학 등에서 방문교수로 활동했다. 정년퇴직 후 비텐베르크 대학 사회학과에서 연구 활동을 계속하고 있다. 현대 사회의 갈등과 폭력 문제에 관해 중점적으로 연구해왔으며, 폭력 범죄의 시계열 분석과 그 해석에서 뛰어난 연구 성과를 보여주고 있다. 주요 저서로 『정당성 이론과 집단적 입장들의 역학』 『시계열 분석』 『사회 변화와 폭력 범죄—독일, 영국 그리고 스웨덴 1950~2000』(공저) 『공공장소에서의 폭력』(공저) 등이 있다.

:: 셰리 터클 Sherry Turkle

1948년 뉴욕에서 태어나 파리 정치대학을 거쳐 하버드 대학에서 사회학과 성격심리학으로 박사학위를 받았다. 매사추세츠 공과대학(MIT)에서 과학기술사회학 교수로 재직 중이며, '기술과 자아에 관한 MIT 연구'의 책임을 맡고 있다. 지난 30여 년간 사회심리학자로서 컴퓨터와 인간의 관계에 주목해왔으며, 모바일 기술, 소셜 네트워킹, 로봇을 비롯한 새로운 디지털 문화와 인간 사이의 변화하는 관계를 심도 있게 연구해왔다. 주요 저서로 『라캉과 정신분석 혁명』 『제2의 자아』 『스크린 위의 삶—인터넷 시대의 정체성』 『내 인생의 의미 있는 사물들』(공저) 『외로워지는 사람들』 등이 있다.

:: 카이 드뢰게 Kai Dröge

독일 지겐 대학에서 사회학, 철학, 정보학을 공부했고 기센 대학에서 사회학과 문화학으로 박사학위를 받았다. 프랑크푸르트 사회연구소와 스위스 로잔 대학에서 연구원으로 재직 중이며, 루체른 대학에서 학생들을 가르치고 있다. 올리비에 부아롤과 함께 '온라인 연애—낭만적 사랑과 경제적 합리화의 매개적 소통' 프로젝트에 관해 연구하고 있다. 공저로 『성과 문제의 귀환—노동, 기업 그리고 사회의 성과』 등이 있다.

:: 바이오스 카라바스 Vaios Karavas

아테네 대학과 프랑크푸르트 대학에서 법과 연극학을 공부했고 프랑크푸르트 대학에서 법학으로 박사학위를 받았다. 스위스 루체른 대학에서 법사회학 교수로 재직 중이며, 사법과 사법이론, 법과 테크노사이언스, 법사회학에 관해 연구하고 있다. 저서로 『디지털 기본권—인터넷 정보 흐름의 헌법적 요소』 『사회계약법—법의 진화론적 연구』(공저) 『법의 변이—초국가적 공간에서의 법의 생성과 진화』(공저) 등이 있다.

:: 올리비에 부아롤 Olivier Voirol

스위스 로잔 대학에서 사회학을 공부했고 파리 사회과학고등연구원(EHESS)과 로잔 대학에서 박사학위를 받았다. 로잔 대학에서 문화사회학, 커뮤니케이션 사회학을 가르치고 있으며, 카이 드뢰게와 함께 '온라인 연애—낭만적 사랑과 경제적 합리화의 매개적 소통' 프로젝트에 관해 연구하고 있다. 공저로 『인정의 탐구—새로운 총체적 사회현상』 『정의와 부정의—감정, 인정 그리고 집단행동』 등이 있다.

:: 고지현
독일 브레멘 대학 철학과에서 박사학위를 받았다. 가천대 아시아문화연구소 학술연구교수로 재직 중이다. 저서로 『꿈과 깨어나기—발터 벤야민 파사주 프로젝트의 역사이론』 『프랑크푸르트학파의 테제들』(공저) 『포스트모던의 테제들』(공저) 등이 있다.

:: 김동규
연세대 철학과에서 박사학위를 받았다. 연세대에서 학생들을 가르치고 있다. 저서로 『하이데거의 사이-예술론』 『멜랑콜리 미학』 등이 있으며, 역서로 『마르틴 하이데거, 너무나 근본적인』 등이 있다.

:: 김원식
연세대 철학과를 졸업하고 같은 학교 대학원에서 박사학위를 받았다. 국가안보전략연구소 연구위원으로 재직 중이다. 공저로 『철학과 합리성』 『이성의 다양한 목소리』 『프랑크푸르트학파의 테제들』 『포스트모던의 테제들』 등이 있으며, 역서로 『이성의 힘』 『하버마스와 현대사회』 『지구화 시대의 정의』 등이 있다.

:: 김홍중
서울대 사회학과와 같은 학교 대학원을 졸업하고, 프랑스 파리의 사회과학고등연구원(EHESS)에서 문학사회학과 예술사회학으로 박사학위를 받았다. 서울대 사회학과 조교수로 재직 중이다. 계간 『사회비평』 편집위원으로 활동했고, 현재 『문학동네』 편집위원을 맡고 있다. 저서로 『마음의 사회학』 『사회과학 명저 재발견 3』(공저) 등이 있으며, 역서로 『모던보이 알렝』 등이 있다.

:: 남기호
연세대 철학과를 졸업하고 독일 보훔 대학에서 예나 시기 헤겔의 인륜성 개념에 대한 논문으로 박사학위를 받았다. 연세대에서 학생들을 가르치고 있다. 공저로 『철학자의 서재 2』 『다시 쓰는 서양 근대철학사』 등이 있으며, 역서로 『삶의 물음에 '예'라고 대답하라』 『헤겔—생애와 사상』 등이 있다.

:: 문성훈
연세대 철학과를 졸업하고 독일 프랑크푸르트 대학 철학과에서 악셀 호네트 교수의 지도로 박사학위를 받았다. 서울여대 교양학부 현대철학 담당 교수로 재직 중이며, 『베스텐트 한국판』 책임편집자를 맡고 있다. 저서로 『현대철학의 모험』(공저) 『이성의 다양한 목소리』(공저) 『미셸 푸코의 비판적 존재론』 『프랑크푸르트학파의 테제들』(공저) 『포스트모던의 테제들』(공저) 등이 있으며, 역서로 『철학 오디세이 2』 『정의의 타자』 『인정투쟁』 등이 있다.

:: 박영도

서울대 사회학과를 졸업하고 같은 학교 대학원에서 박사학위를 받았다. 연세대 국학연구원 HK연구교수로 재직 중이다. 저서로 『비판의 변증법』 『사회인문학이란 무엇인가?』(공저) 『포스트모던의 테제들』(공저) 등이 있으며, 역서로 『사실성과 타당성』 등이 있다.

:: 이유선

고려대 철학과를 졸업하고 같은 학교 대학원에서 박사학위를 받았다. 서울대 기초교육원 전임대우 강의교수로 재직 중이다. 저서로 『리처드 로티』 『실용주의』 『아이러니스트의 사적인 진리』 『사회 철학』 『포스트모던의 테제들』(공저) 등이 있으며, 역서로 『우연성, 아이러니, 연대성』 『철학자 가다머 현대 의학을 말하다』 『퍼스의 기호학』 『철학의 재구성』 등이 있다.

:: 최문규

연세대 독어독문학과를 졸업하고 독일 빌레펠트 대학에서 박사학위를 받았다. 연세대 독어독문학과 교수로 재직 중이다. 저서로 『탈현대성과 문학의 이해』 『문학과 철학의 만남』(공저) 『문학이론과 현실인식』 『유럽의 파시즘』(공저) 『기억과 망각』(공저) 『독일 낭만주의』 『자율적 문학의 단말마?』 『예술의 시대』(공저) 『파편과 형세』 등이 있으며, 역서로 『아방가르드와 현대성』 『절대적 현존』 『한줌의 도덕』 『그림자를 판 사나이』 『바이로이트의 리하르트 바그너 유고』 등이 있다.

베스텐트 2013/1

1판 1쇄 발행 2013년 1월 31일

편저자 연구모임 사회 비판과 대안
지은이 클라우스 오페 외
옮긴이 이유선 외
펴낸이 안희곤
펴낸곳 사월의책

편집 박동수 | 디자인 한승연
마케팅 현명하

등록번호 2009년 8월 20일 제396-2009-126호
주소 경기도 고양시 일산동구 무궁화로 7-45 451호
전화 031)912-9491 | 팩스 031)913-9491
이메일 aprilbooks@aprilbooks.net
홈페이지 www.aprilbooks.net
블로그 blog.naver.com/aprilbooks

ISBN 978-89-97186-12-9 94100
ISBN 978-89-97186-10-5 (세트)

* 책값은 뒤표지에 있습니다.
* 이 도서의 국립중앙도서관 출판시도서목록(CIP)은 e-CIP홈페이지(http://www.nl.go.kr/ecip)와 국가자료공동목록시스템(http://www.nl.go.kr/kolisnet)에서 이용하실 수 있습니다.
(CIP제어번호: CIP2013000294)